JN120357

神降臨

KAMI KOURIN

本当の神が現れる

竹田文義
author
TAKEDA
Fumiyoshi

文芸社

人は福音《ふくいん》（真実）を知る時が来た

真実は、人の想像を遙《はる》かに超《こ》える。
それはもう、冗談としか思えないほどの突拍子もない話だ。
あなたはこれから、真《まこと》の神《かみ》の福音の書を開く。
これまで、神を必死に信じて来た人も、神を信じられずにいた人も、
宗教の中の神ではない、本当の神を知る時が来た。
それは、宗教の外で、神の上に君臨する隠されていた神だ。
この世界の成り立ちも、神霊界のことも、また、神に対しても、
このあまりに常識を超えた話に、あなたは失笑をこぼすのか、
それとも、この真実と現実に、猛り狂うほどの怒りを抱くのか。
どちらにしても人は、最後にはこの福音を受け入れることになる。

はじめに

最初に、本書で語ることの根拠としている『お筆先《ふでさき》』について話をしよう。
この『お筆先《ふでさき》』は、狭い世間の中でなら知る人も居るが、一般には、その名も知らない人ばかりであろう。
なので、まずはこの『筆先《ふでさき》』の出自から話そう。

お筆先とは、大本《おほもと》の開祖、出口直《でぐちなお》に艮《うしとら》の金神《こんじん》が憑《かか》ってお供《そな》えの紙に筆で書かせたものを言う。そのお筆先の文字は、釘《くぎ》が曲がったような平仮名《ひらがな》と少しの漢数字で膨大な量が書き残された。

現在、一般に読むことができる筆先は、出口王仁三郎聖師《でぐちおにさぶろうせいし》が漢字や句読点をあてて読みやすくしたもので、『大本神諭《おほもとしんゆ》』七巻にまとめられ、天声社から出版されているものだ。他からも出版されている大本神諭もあるが、本書では、天声社の『大本神諭』七巻を参照元としている。本書で参照する場合は、この神諭の巻数ページ数で出自を明らかにしているので参考にしてほしい。

また、近年になって《神島開き一〇〇周年》の節目に、大本の新たな経典として『伊都能売神諭《いづのめしんゆ》』が出版されたが、これは出口王仁三郎聖師に艮の金神が憑《かか》って書かせたもので、同じ神から降ろされたものなので、こちらも『筆先』として、本書での解説の元としている。

いずれの神諭も明治二十五年から大正の時代に神から降ろされたもので、筆先を知る関係者は、筆先の内容は実地に見せて既に終わった、もしくは遥か未来に起きると思っていることだろう。しかし、残念ながら今が筆先の預言成就の時なのだ。
そして、この筆先の解説本が出版されたなら、また一つ、神の預言が成就することになる。
また、筆先を管理している教団大本については本編の中で語ろう。この教団は、筆先に預言された通りの道を歩んでいる。それ故、筆先を学ぶには持って来いの対象なのだ。と言うよりも、大本を舞台にした教えなのだから外せない教材となるのだ。

では、知る人の少ない筆先について、この筆先の価値がどれほどのものなのか、これを降ろした神自身が語っているので、その筆先を紹介しよう。

大本神諭　四巻Ｐ二二四　明治四十三年旧四月十八日
出口直《でぐちなお》に書《か》かした筆先《ふでさき》は、世《よ》の本《もと》を創造《こしらえ》た国常立尊《くにとこたちのみこと》が、体内《たいない》へ這入《はい》りて書《か》くので在《あ》るから、チットも間違《まちが》いの無《な》い事《こと》ばかりで在《あ》るぞよ。

筆先は、この世界を造った国常立尊が出口直に書かせたもので、『間違《まちが》いの無《な》い』内容なのだ。出自の明らかな神が、《筆先に書かれていることに間違いは無い》と保証しているのが、この筆先なのだ。

大本神諭　四巻Ｐ八八　明治四十一年旧六月十三日
筆先《ふでさき》のお話《はなし》も聴《き》いて居《お》らん人《ひと》は、大変気《たいへんき》の毒《どく》があるから、知《し》らん人《ひと》には知《し》らしてやるが善《よ》いなれど、この『間違《まちが》いの無《な》い』筆先（預言）を知らなければ、この先に何が起きるのか分からない。この激変する世界をどう生きて行けば良いか分からなくなる。その時に指針となるのが筆先なのだ。

では、この先に何が起こるのか？

それは次の筆先に書かれている。

大本神諭　三巻P一二八　大正六年旧十月十六日
世《よ》の終《しま》いの艮《とどめ》と、世《よ》の始《はじ》まりとの境《さかい》の筆先《ふでさき》であるぞよ。

このシンプルな筆先に言葉を足せば、《この世の終わりが来て新しい世界が始まるので、その境目の時を乗り越えるために必要なことを、筆先を理解して身に付けなさい》となる。それ故、筆先を知らなければ右往左往するだけで何の対処もできずに死ぬ、という『大変気《たいへんき》の毒《どく》』なことになるのだ。

では、『境《さかい》』の時に何があるのか？

それは、これまでの宗教でも語られてきた《最後の審判》ということなのだ。筆先では、それを『大峠《おおとうげ》』と表現している。

その大峠について書かれている筆先を出そう。

大本神諭　一巻P六五　大正五年旧十一月八日

立替《たてか》えの真最中《まっさいちゅう》に成《な》りて来《く》ると、智慧《ちえ》でも学《がく》でも金銀《きんぎん》を何程《なにほど》積《つ》みて居《お》りても、今度《こんど》は神《かみ》にすがりて、誠《まこと》の神力《しんりき》で無《な》いと、大峠《おおとうげ》が越《こ》せんぞよ。


まず、理解すべきことは、大峠になれば人間の『智慧《ちえ》でも学《がく》でも』対処不能、どれほど金を掛けた対策をしても、それを超えた事態が起きることになるのだ。

だが何故、人の想定を超えるのか？

それは、最後の審判を行うのが『神《かみ》』であるからだ。

それ故に、神を理解して神に縋《すが》らなければ大峠は越えられないことになる。

新しい世界は、大峠を越えた先に在る。その新しい世界が天国なのだ。

では、天国に行けない者はどうなるのか？

それは次の筆先にある。

大本神諭　三巻P一七七　大正六年旧十一月二十三日
それで改心《かいしん》の出来《でき》ぬような人民《じんみん》は、気《き》の毒《どく》でも、今度《こんど》の二度目《にどめ》の世《よ》の立替《たてか》えには間曳《まび》かれて、万古末代根《まんごまつだいね》の国《くに》、底《そこ》の国《くに》へ霊魂《みたま》を落《お》として了《しま》うと云《い》う神界《しんかい》の規則《きそく》であるぞよ。神《かみ》は人民《じんみん》を助《たす》けたさの、永《なが》い間《あいだ》の此《こ》の苦労《くろう》であるぞよ。

天国に入れない者は、『万古末代根《まんごまつだいね》の国《くに》、底《そこ》の国《くに》へ霊魂《みたま》を落《お》として了《しま》う』ということになる。『根《ね》の国《くに》、底《そこ》の国《くに》』とは、一般には地獄と言われる所だ。

この筆先には、人が地獄に落ちないためには『改心《かいしん》』が必要だと書かれている。その改心を学ぶのが本書の目的となる。

だが、俗世《ぞくせ》から信徒になるという改心なら、これまでの宗教でも行われていたはずだ。ならば筆先とこれまでの宗教とは何が違うと言うのか？

それについては次を見よう。

大本神諭　四巻Ｐ六〇～　明治三十五年旧七月十一日
真実《まこと》を出口《でぐち》に、分《わ》かるように細密書《こまごまか》かして居《お》るから、他《ほか》の教会《きょうかい》とは違《ちが》うと申《もう》すのじゃ。

『他《ほか》の教会《きょうかい》とは違《ちが》うと申《もう》すのじゃ』と書かれているから違うのだ、では説明にはならないだろう。大事なのはその前、『真実《まこと》を出口《でぐち》に、分《わ》かるように細密書《こまごまか》かして居《お》るから』の所。要点を詰めれば『真実《まこと》を』『書《か》かして居《お》る』という所だ。

つまり、今までの宗教の教えは、真実《しんじつ》ばかりではなく間違いも多かった、ということなのだ。

大本神諭　六巻Ｐ七二　明治三十五年旧三月十二日
外《ほか》の教会《きょうかい》は皆先駆《みなさきがけ》り、神業完成《とどめ》が此《こ》の綾部《あやべ》の大本《おほもと》で、末代《まつだい》の世《よ》の元《もと》に成《な》る所《とこ》で在《あ》るから、正当な宗教の開祖は正しい教えを地上に降ろしている。だが二代目以降の教祖は、団体を大きくすることを優先し、教えを正しく理解せず、正しい教えを伝えられなくなる。そうやって神の教えは宗教団体となって堕落して行く。そんな団体となった宗教を、筆先は『教会《きょうかい》』と言う。

そして、『神業完成《とどめ》が此《こ》の綾部《あやべ》の大本《おほもと》で』と語られているが故に、『大本《おほもと》』以降に出現した宗教団体は、すべてが偽物である、ということなのだ。

間違いのない筆先であるが故に、こんな簡単な言葉にも新興宗教の真実を知ることになる。

だが、『綾部《あやべ》の大本《おほもと》』も、先例に漏れず現在では普通の宗教団体となって堕落してしまった。それ故、大本は筆先を理解できない状態のままに在るのだ。

なので、本書で語ることは、教団大本の解釈とは全く違うと理解してほしい。故に、この本について大本に問うても、まともな答えは得られないだろう。このことは注意しておく。

ここまでの内容でも、様々な疑問が噴出しているだろうと思う。

最初に参照した筆先でも、古事記を知る人ならこの世界を造ったのが国常立尊って、違うんじゃない？　って思うのが普通の感覚だろう。

だが、筆先が正しく、古事記こそが嘘《うそ》なのだ。

筆先を前にすれば、古事記の内容の粗《あら》が見えるようになる。突き詰めればどちらが真実かは明白なのだ。

大本神諭　三巻P四七　明治三十二年旧七月二十九日

分《わ》からん事《こと》は、出口直《でぐちなお》に問《と》うて下《くだ》されよ。皆筆先《みなふでさき》に出《だ》して在《あ》るぞよ。


この筆先には、《あなたが疑問に思うことのすべてに答えが書かれているぞ》と、書かれている。

それ故、筆先に対しては、とことんまで探求する価値があるのだ。あなたがこれを信じられるなら、大本神諭七巻と伊都能売神諭の計八巻だけ読み解くだけで、神とこの世界のすべてが解《わか》る、ということなのだ。

だがこれまで参照したように、こんな平易な言葉で書かれている筆先から、深い意味を読み解くには、筆先に真剣に向かい合う必要がある。興味半分、覗《のぞ》き見《み》気分、もしくは何か得《とく》になる話があるかな、なんて姿勢で筆先に接しても神の真実には到底辿《たど》り着けはしない。

そのことについては、筆先に次のように書かれている。

大本神諭　七巻P一四四　明治三十六年旧六月十五日
此《こ》の大本《おほもと》は、他《ほか》の教会《きょうかい》と同《おな》じ如《よ》うな所《とこ》ざと思《おも》うて居《お》ると、大間違《おおまちが》いが出来《でき》るぞよ。

これまでの学びや経験で自分が獲得してきた知識や常識、それを基準に筆先を読み解こうとするのなら大間違いになるぞ、ということだ。

例えば、大本《おほもと》は日本神道の系統だから、古事記の知識も参考になる、なんて思っていると間違うことになる。

そして『他《ほか》の教会《きょうかい》』の教えどころか、今までのあらゆる知識、情報の一切を否定している筆先を出そう。

大本神諭　四巻P四～　大正七年旧二月二十六日
綾部《あやべ》の大本《おほもと》は、世界《せかい》の大元《おおもと》と成《な》る大望《たいもう》な事《こと》を致《いた》す所《ところ》であるから、書《か》き置《お》きにも言《い》い置《お》きにも、歴史《しょもつ》にも無《な》い事《こと》を、いろは四十八文字《しじゅうはちもじ》で、世界中《せかいじゅう》へ知《し》らせる尊《とうと》い所《ところ》であるから、今《いま》の人民《じんみん》は真実《ほんま》にいたさねど、言葉《ことば》で申《もう》してあることも、筆先《ふでさき》で書《か》いてある事《こと》も、毛筋《けすじ》も違《ちが》いの無《な》い事斗《ことばか》りで在《あ》るから、疑念《うたがい》を去《さ》って了《しも》うて、産児《うぶ》の心《こころ》に持《も》ち代《か》えて、誠一《まことひと》つに成《な》りたならば、何《ど》んな事《こと》でも合点《がてん》が行《い》くように成《な》るぞよ。

筆先を少し読んでみれば、これまでの宗教と同じようなことを語っていると思うだろう。古事記に出てくる神の名があり出来事が在る。それ故、似た資料を参考にしたくなるのだろう。だが、これまでの情報と筆先とでは似て非なるものなのだ。これまでの教えは、本当の神の教えに似せた悪神（悪魔）の教えであったのだ。それ故、筆先のみで学ばなければ神の真実には辿り着けないことになる。

筆先の脇にあるものを参考にする。それは悪魔の教えを取り込む行為となる。そうやって人は思考の迷宮に迷い込む。筆先だけを見れば、筆先だけの世界が見えて来る。それが真実の神の世界なのだ。そこが見えて来ると『疑念《うたがい》を去《さ》って了《しも》うて、産児《うぶ》の心《こころ》に持《も》ち代《か》えて、誠一《まことひと》つに成《な》りたならば、何《ど》んな事《こと》でも合点《がてん》が行《い》くように成《な》るぞよ』という言葉が真実だと判《わか》るのだ。

この《筆先だけ》ということを、端的に語っている筆先を出そう。

伊都能売神諭　P二五八　大正八年四月十三日
筆先一方《ふでさきいっぽう》で開《ひら》くとまで申《もう》してある位《くらい》の大本《おほもと》であるから、入《い》れ言《ごと》やら混《ま》ぜりの教《おし》えは神《かみ》は大変《たいへん》にいやであるぞよ。

筆先だけを学びなさい。筆先の学びの先に天国はある。それ以外の教えは悪魔の教えで、神の教えの筆先に悪魔の教えを混ぜ込むのは、『神《かみ》は大変《たいへん》にいやであるぞよ』ということなのだ。

筆先が、人類にとってどれほどの価値を持つのか分かってくれただろうか。

これから筆先を読み解いて、神を明確に顕《あらわ》して行く。その過程で、これまで神と信じて疑わなかった悪魔（悪神）も明確に見えて来るだろう。

大本教団は、これほどの教えを隠し持っていたのだ。
これを読み解けず、世に顕《あらわ》すことができなかった大本の不甲斐《ふがい》なさを思う。
だが、すべては神が仕組《しく》んだことなのだ。
これから、一切の秘密を解き明かす。
人は、筆先によって真実を学べる時が来たのだ。
その機会を得て、歓喜するのか、怒りに思うのか、それは人それぞれであろう。
だが、何人《なんぴと》も筆先を知らずに通り過ぎることだけは、神が許してはくれないのだ。
今まで隠されていた真実が明らかになる。
神は、何を思ってこんな世界を造ったのか？　その答えがここにある。

この世界が在る意味も、人類という存在の意味も解るのだ。

今の人間は、物質という目に見える物こそ確実なモノと信じて、シンプルになりすぎの獣《けもの》のレベルにまで落ちてしまっている。

この世界の実相は、多層階層の複雑怪奇な世界なのだ。

物質世界の中ばかりを見ていては、真実は見えては来ない。多層階層を理解し、上に在るものを見なければ真実は見えては来ないのだ。

そんなことを理解して、この世界の認識を新たにするつもりで学んでほしいと願う。

目次

人は福音《ふくいん》（真実）を知る時が来た……3
はじめに……4
人は、神を解らねばならんぞ……21
大本について……22
悪魔とか悪神とか……34
筆先は一神教である……38
筆先の教えの基本……41
二大教祖の役割を知るべし……44
筆先には、型の時代と実地の時代がある……50
天地創造史実……54
天地創造から解る世界の姿……65
古事記との比較……68
神霊界の実相……75

人間の構造……80
洗礼者ヨハネとイエス・キリスト……86
大本の経綸　引っ掛け戻し……91
筆先の引っ掛け……93
閑話　オオカミが来たぞ～！……98
大本の経綸　三人世の元……99
神、仏、人民という言葉に隠されていること……103
ミロクの世（天国）は何処に出来るのか……111
ミロクの世の姿……117
幹となる者たち……118
枝となる者たち……119
日本と外国との繋がりについて……128
図一　ミロクの世の世界の姿……132
神が造らなかった『中界』について……135
天と地の夫婦……140
天地創造から岩戸開きまでの宇宙の変遷……147

図二　宇宙の変遷……148
霊界物語の世界……152
閑話　あなたは天国へ行けるかい？……161
天国の姿、地の塩……162
世界は廻《めぐ》る……168
型と実地の間の長い休み……176
筆先に仕組まれた悪の経綸……188
筆先に仕組まれた王仁三郎の悪の経綸……189
筆先の神の教えの神髄……197
エリヤについて……198
聖地の経綸……204
出口澄子の経綸……206
出口紅様に向けた神からの直言……217
大本の大峠前夜……223
紅様の本来の御用……229
人間の構造　親子関係……236

図三　人間の構造　ミロクの世バージョン……240
繰り返される世界……242
図四　繰り返される世界で三人世の元の経綸……245
悪神の親子関係……248
神の出自……254
一人一人の御用……260
身魂磨きの背景を知る……264
人間の霊的階層……267
図五　子宮の中の世界の階層……270
身魂研き……276
門は何処にある?……276
細い道の道すがら……279
身と心のゴミ……284
王仁三郎の身魂研き……290
この宇宙の法則……307

王仁三郎の実地の御用……311
大本の大峠……313
澄子の身魂研き……316
預言の真実……320
死を味わわない者……325
幼子たち……330
神と悪神の違い……337
預言が成就する時……346
戦いの時……356
隣人を愛せよ……363
わたしはアルファであり、オメガである……370
筆先の解読について……375
変性男子について……375
一度目の天の岩戸開きについて……379
閑話　仮の世界は終わる……383
私について……384
徴《しるし》……386

私は何者?……392
私は何者?　の二……399
この世界を終わらせる理由……409
善の魂は綾部の大本に集合する……412
綾部の大本が地の高天原になる……415
のんきな大本の役員様たち……417
紅様の身魂磨きの内容……420
終わりが来る前に……428
悪神の手柄……430
筆先の勉強……431
謎解きは、ランチより大事……434
ミステリと言う勿《なか》れと云うことなり……439
ちょっと修正しよう……445
繰り返される?……447
素盞嗚尊……450
悪神たちの救いの道……452
終わりに……458

おまけ、それとも負け巻け捲け撒け？…………467
引用・参考文献…………476

人は、神を解らねばならんぞ

多くの者が、人間には神は解らんものだと、
神に仕える者すらそれは当然のことだと平気で言う。
しかし、人の常識を捨て、すべてを神の言葉のままに、
素直に読んで理解すれば、神の真実はそこに現れている。
もうこれからは、筆先を知って神を解らんと言う者は、
悪神に魂を売った者として神から認識される。
神に従う者は、神に対して盲目であってはならない。
神の言葉を見定め、信じるに値する神を信仰せよ。
盲目の信仰は罪である。それが神の認識なのだ。
本当の天国に導く神を選び、その神の命令《れい》に和《わ》せよ。

大本について

《はじめに》では、筆先について語った。ここでは教団としての大本を語ろう。

この《教団としての大本》という言葉に不自然さを感じる人も居るだろう。実際、《教団ではない大本》というものもある故に、こんな表現になった。

教団大本も、教団ではない大本で在ろうとしている。

故に大本は、宗教団体ではあるが、《教》を付けて《大本教》とはしていないのだ。

と、建て前のようなことを言ってみたが、どうやら教団大本は、《教団ではない大本》の本当の意味を理解してないようで、それ故に、大本は世界の大本、大本が世界で一番、という大本に携わる者のプライドばかりが見え透いてしまうのだ。

仕切り直そう。

大本は、出口直に艮《うしとら》の金神《こんじん》が憑《かか》って始まっている。

明治二十五年の節分に、直に艮の金神が憑《かか》って、

「この神は三千世界を立替え立直す神じゃぞよ。三千世界一度に開く梅の花、艮の金神の世になりたぞよ。とどめに艮の金神が現われて三千世界の大洗濯を致し、一つに丸めて万劫末代続く神国に致すぞよ」

と言ったのが第一声で、大本はこの日を開教の日としている。

艮の金神は、最初、言葉で顕《あらわ》れた。しかし、神懸《かんがか》りされ節操なく大声で叫ばれて、直も辟易《へきえき》してこの神にお願い申し上げて、筆で紙に書くことになった。このことで艮の金神の言葉が記録として残された。

ただ、直には学がなく、文字が書けなかった。なので、艮の金神による自動書記という形で記された。故に、お筆先に直の意思が入り込む余地は無く、純度一〇〇パーセントの神の言葉が残されることになった。

しかし、そのお筆先は、下手な字が並ぶばかりで、そのほとんどが平仮名で書かれ、その上、平易な言葉ばかりで、そこに込められた意味のほとんどを読み解けなかった。

上田喜三郎《うえだきさぶろう》が直の元に来たのは明治三十一年。それは、『伊都能売神諭《いづのめしんゆ》』に書かれている。

上田喜三郎は、出口直の末子の澄子と結婚し、姓を出口と変え、神から王仁三郎と名を変えるように言われ、その名を名乗るようになった。

その王仁三郎は、直のお筆先を説いて聞かせる者として期待され大本に入った。それは、お筆先に漢字や句読点を当てて読みやすくしたものを『大本神諭《おほもとしんゆ》』七巻に纏《まと》めるという形で成果を示した。これだけを見るならば、その期待は果たされたと言えるのだろう。

だが、艮の金神が望んだ世《よ》の在り方と、大本の現状は、全く違う有り様《ありよう》となっていたのだ。

現在の大本については、そのホームページを見れば分かる。ここまでの話もネットからの情報ではあるが、ここからは、大本のホームページを元に話を進めよう。

だがその前に、簡単な検索では出てこないことについて語ろう。まず理解したいことは、綾部を本拠地とする教団は、『大本』と『大本信徒連合会』の二つが在るということだ。

普通に『大本』と検索して、検索トップの［大本公式サイト］をクリックすれば、生長殿の全景を空から写したページが現れ、［日本語］を選択すれば、『おほもと』のトップページになる。こちらの五代教主は、出口紅《くれない》だ。だが、『大本信徒連合会』と入力し、検索トップの［大本］をクリックすれば、【大本―身魂の立替え立直し】と書かれたシンプルなトップページが現れる。その中の［教主ごあいさつ］の中を見れば、『大本五代教主　出口直子《なおこ》』が出てくる。実は、こちらも『おほもと』なのだ。

これは、四代教主選定に際し、次代を担う正当な後継者がどちらなのかを争い、決着が付かずに教団を分け、結果、現在に至るまで教主が二人居るという状態になったのだ。この四代教主選定から大本が分裂するまでの一連の出来事を「第三次大本事件」という。

この第三次大本事件は、大本にあることは世界にあるという経綸《しぐみ》を現すために、神によって行われた。この大本を型にして世界が分離分裂をしていく未来を示していた。それ故、神によって大本に争いの場が作られ配役され、人がそれを演じることになった。なので、その御用を終えたなら、相手を恨みに思う必要もないことなのだ。

つまり、当人たちの心情を無視して神から強制的にやらされたことなのだから、「罪を憎んで人を憎まず」という言葉が、当事者であるならば実感とともに判るだろう。

と、つい余計なことを語ってしまったけれど、皆、親類縁者なのだからいつまでも根に持たず仲良くしてくれよと願い、これを語ってみたのだ。とは言え、今更大本を一つに戻すこともできないだろう。けれど、互いにわだかまりを捨てることはできると思うのだ。

昔は、『大本』で検索すれば、どちらの『おほもと』も出ていた。だが、現在では『大本信徒連合会』の方は、検索のリストにすら上らず、ネット上では完全に追いやられた形になっている。

ネットでもそう在るように、正当な後継者は『大本』の方なのだ。それは本書を読み進めていけば判る。なので『大本信徒連合会』について、これ以上この本で語ることはない。でも、正当であったとしても、それが良いことなのかは全くもって保証されてはいないのだ。

次は、大本の教えについて見てみよう。

基本の教えはどちらの『おほもと』も同じではあるのだが、ここは正当な方の『大本』のホームページで話を進めよう。

そこには、信者のするべきことが書かれている。

大本教旨
神《かみ》は万物普遍《ばんぶつふへん》の霊《れい》にして人《ひと》は天地経綸《てんちけいりん》の主体《しゅたい》なり、
神人合一《しんじんごういつ》して茲《ここ》に無限《むげん》の権力《けんりょく》を発揮《はっき》す

三大学則
一、天地の真象を観察して、真神の体を思考すべし

一、万有の運化の毫差なきを視て、真神の力を思考すべし

一、活物の心性を覚悟して、真神の霊魂を思考すべし

人類生活の原理「四大綱領《しだいこうりょう》」

一、祭《まつり》　惟神の大道〈政《せい》　万世一系〉

一、教《おしえ》　天授の真理

一、慣《ならわし》　天人道の常

一、造《なりわい》　適宜の事務

大道実践の原理「四大主義《しだいしゅぎ》」

一、清潔主義　心身修祓の大道

一、楽天主義　天地惟神の大道

一、進展主義　社会改善の大道

一、統一主義　上下一致の大道

これらの教旨、学則、原理は、出口王仁三郎が決めたことで、大本の教えや活動は、すべて王仁三郎によって形作られた。興味があれば、ホームページにその解説が細かく書かれているので確認してほしい。

しかし、その解説のどれを読んでも、私の脳が捻《ね》じれるようで、それは、何かがズレているという感覚を受けるのだ。

思考を妨げるその感覚の正体を明らかにしよう。

大本教旨を見る。最初に、『神《かみ》は万物普遍《ばんぶつふへん》の霊《れい》にして』とある。だが、この『万物普遍の霊』という言葉に、あなたはどんなイメージを持つだろうか？　万物普遍の霊という有象無象の焦点の定まらないあやふやなモノと、あなたはどうやって合一できると思うだろうか？

そもそも大本の開祖である出口直に憑《つ》いて語った国常立尊は、『万物普遍の霊』の範疇《はんちゅう》なのか？　個として存在する国常立尊が、普遍《ふへん》に在るなんて有り得ないと、それくらいは誰でも判るだろう。

と、ここまで考えれば、この言葉に隠された意味が見えて来る。

王仁三郎は、この教旨の中で、国常立尊という明確で正当な神ではなく、『万物普遍《ばんぶつふへん》の霊《れい》』という取るに足らない雑多な神と合一しなさいと語っていた。そして、この《雑多な神》には、必然、邪神や悪神が居たのだ。

次の『人《ひと》は天地経綸《てんちけいりん》の主体《しゅたい》なり』については、『人《ひと》は』『主体《しゅたい》なり』と縮《ち》めてみれば、この言葉の意図が判るだろう。

筆先では、人《ひと》＝体《たい》、神《かみ》＝霊《れい》なのだ。筆先では霊主体従《れいしゅたいじゅう》が正しく、体主霊従《たいしゅれいじゅう》は悪なのだ。なのに、教旨では『人《ひと》は』『主体《しゅたい》なり』と、体主霊従を推奨している。

何故、体主霊従が悪なのか？　それは、人の心があやふやで不完全であるからだ。そんな不完全で揺れ動くあやふやな心を持つ人が神を求めれば、心の隙《すき》を突いて邪神が寄《よ》り憑《つ》くことになる。故に、体主霊従は悪なのだ。

大体、人が『天地経綸《てんちけいりん》』を『主体《しゅたい》』するなんて、おこがまし過ぎる上に、あまりにも神を馬鹿にしていると気付いてほしいのだ。神の計画を知らず、人が『天地経綸《てんちけいりん》』を『主体《しゅたい》』するって？　神を一体なんだと思っているんだ？　ということなのだ。それが体主霊従という状態なのだ。

なら、本来のあり方である霊主体従の状態とは、どのようなモノであるのか？　それを話そう。

人が神の計画を理解し、それを実現することで、霊主体従という状態となれるのだ。これが正しいのだから、これを無視した話は、悪に落ちることになる。

神の計画はお筆先に示されている。故に、お筆先を学び理解しなければ、何の議論も始まらないはずなのだ。なのに、王仁三郎は、そのことについては何も語らず、人間が主体だと言って神を退《の》けていたのだ。そうやって正当な神を除けて、その隙間に悪神が入り込んで人間が主体だと言わせていた。

結局、『神《かみ》は万物普遍《ばんぶつふへん》の霊《れい》』も、『人《ひと》は天地経綸《てんちけいりん》の主体《しゅたい》』も、邪霊邪神を寄せ付けるギミックが隠されていた。

つまり、大本教旨を言葉のままに理解するなら、《大本の信者は、悪神を寄せ憑けて、悪の限りを尽くしなさい》と、悪神と合一すればその方向で『無限《むげん》の権力《けんりょく》を発揮《はっき》』するぞと、そんなことが堂々と書かれていたのだ。

大体、そんな論を語る以前に、羅列する言葉が矛盾していることに気付けば良い。

『神《かみ》は万物普遍《ばんぶつふへん》の霊《れい》』と言うならば、《神＝《イコール》万物普遍の霊》と解釈しなければ、この文章は成立しないはずだ。だが、王仁三郎は別の所で、神と霊は同じではないと言っている。そして、王仁三郎は、この矛盾を矛盾ではないとするためにたくさんの言葉を弄《ろう》していた。だから、王仁三郎を無条件に信じるばかりでは、言葉の矛盾に絡《から》め取られて、いつまでも真実には辿り着けないことになる。

大本神諭　二巻P一〇八　大正元年旧十月五日
善《よ》い守護神《しゅごじん》もあれば、悪《わる》い守護神《しゅごじん》もあるから、其《そ》の事《こと》がわからんと、悪《わる》き守護神《しゅごじん》がでてくるから、よく見《み》わけぬと、表皮善《うわつらよ》く見《み》せて、悪神《わるがみ》がでて来《く》るから、審神者《さにわ》が余程骨《よほどほね》が折《お》れるぞよ。われの心《こころ》が曇《くも》りて居《お》ると、曇《くも》りて居《お》る霊魂《みたま》がわからんぞよ。

お筆先でどれほど《審神者《さにわ》せよ》と言われても、身魂を磨かなかった王仁三郎では、『われの心《こころ》が曇《くも》』っていることに気付かず、それ故、自分が呼び寄せた存在は神だと思って、『曇《くも》りて居《お》る霊魂《みたま》（＝悪神）』であることに気付かなかった。

王仁三郎ですらこの状態だった。本当の神（筆先）を判らなければ、偽物（悪神）を見抜くことは不可能だ。しかし、本物が判らなかったが故に、こんな間違いがこれまで平然と通用していたのだ。

三大学則の内容も最初の二つを簡単に言えば、《この世界の事象を見て、神を知れ》という意味で、これもお筆先に語られていることとは真っ向から対立している。先ほどの言葉を体《たい》と霊《れい》に分けると、《この世界》が体で、《神》が霊で、《体《この世界の事象》を見て、霊《神》を知れ》となり、これも体主霊従の形なのだ。

では、学則の三つ目はどうかと言えば、考える以前に思考が捻じ切れてしまうのだ。『思考すべし』と言いながら、思考ができない呪いが、そこに掛けられている。

三つ目は、『活物の心性を覚悟して、真神の霊魂を思考すべし』って書かれているけれど、『活物』って何？『活物の心性』とは何ぞや？『活物の心性を覚悟』って、どうせよと？それに『真神の霊魂』とは何なのだ？これでどう『思考すべし』と？さっぱり分からん。この言葉を堂々と言える《ガリレオ》の湯川学教授は凄いよね。

王仁三郎は、筆先に無い言葉を作って、意味のある言葉に見せかけて、人を混乱の縁《ふち》に立たせて、知者か愚者かを選ばせる。この場合、どちらを選んでも愚者なのだが、解ったふりの知者を選べば徒党を組んで権威を得られる。しかし、正直に解らんと愚者を選べば落ちぶれる。人は神の言葉によって生きるのだ。その神の言葉が筆先なのだ。悪魔は、神の言葉ではない言葉を人に与え、神から引き離そうと画策する。王仁三郎は、一体何をやっている？

難しい言葉で人を煙に巻く。立派なことを語っているように見せて、その内容は人を悪へと誘《いざな》っている。

気付くだろうか？

これだけ並べた大本の信者が成すべきことの中に、《お筆先を学びなさい》という言葉は何処《どこ》にもないのだ。それどころか、お筆先と対立させることばかりなのだ。

その上、大本のホームページに示され公式に行っている活動も、芸術やエスペラント語を推奨するなど、お筆先の言葉を完全に無視している上に、お筆先から人を遠ざけるために行っているとしか思えない内容なのだ。

大本大道場の《修行のしおりに》には、《大本教法》が書かれている。この大本大道場は、現在では大道場修行と言うらしい。

その《大本教法　第一章》を出そう。修行のしおりの表紙の裏か、内表紙の裏にそれはあった。

大本教法　第一章（祭神）大本は、天地万有を生成化育したもう霊力体の大元霊にまします独一真神をはじめ奉り、大地を修理固成したまえる祖神厳霊国常立尊、瑞霊豊雲野尊その他もろもろの天使を、大本皇大神と仰ぎて斎きまつる。

これを読めば、神であるはずの国常立尊が、『もろもろの天使』の一人という扱いで、十把一絡《じっぱひとから》げにされていると判るだろう。

「国常立尊は神ですよね。天使になってるんですけど？」と、私が大道場の講義を聞いて指摘したら、いつの間にか、ホームページの『祭神』の内容が変わっていた。その他にもいろいろと指摘した結果なのだろうと思うが。

いや、なんで大本は私の言うことに反応するの？　と思う。私なんて教団大本からしたら、何処かの馬の骨でしかないはずだ。だが、私の言うことでいろいろと変化してしまっているのも事実だ。だから、ここに書いたことを大本の役員が読めば、ホームページも大きく様変わりすることになるだろうと思う。なので、早くに読んでおくことをお勧めする。まあ、変えるとすればどう変えるのか？　それを見るのも楽しみではある。

ところで、大本の『祭神』は、現在のホームページでは、大天主太神《おおもとすめおおかみ》となっていて、大本教法　第一章の『大本皇大神』とは違っている。読み方だけは態《わざ》と変えていないのだろうけれど、今は善の神々を総称してそう言っていることになっている。

そう決めたのならそれを間違いと言うつもりはない。だが、『大本皇大神』も大天主太神《おおもとすめおおかみ》もお筆先には無い言葉で、違和感の元なのだ。しかし、天之御中主大神《あめのみなかぬしのおおかみ》を国常立尊としているところは明確な間違いだ。大本神諭　三巻を読めば、天之御中主大神《あめのみなかぬしのおおかみ》がミロク様であることは明白なのだ。

こんなことは一度筆先を読めば分かるはずなのだが、大本の先生は自分が信仰する神が一番であることこそが重要で、一番の神に無理繰《く》りこじつけようとして間違ってしまったのだろう。この天之御中主大神《あめのみなかぬしのおおかみ》は、古事記で一番最初に登場した神だから一番だと思ったのかは、大本の先生に聞くしかないところではあるのだが。

本書を読めば何が正しいのかは明らかになる。だが、神については、大本の先生が思うより遙かに複雑だと知るべしだ。と言うか、それ以前に大本の先生は、神が、人間と同じように、個を持った集団であることを知らないのだろう。それ故、神という存在が横滑《よこすべ》りして、神は皆同じなんて感覚で、『神《かみ》は万物普遍《ばんぶつふへん》の霊《れい》』なんて言葉を簡単に受け入れてしまえたのだろう。

宗教団体として一番肝心な祭神すらこの状態なのだ。今の大本の迷走ぶりがよく分かるというものだ。


現在の大本についての話は、また後にしよう。

前に語った教旨は、大本教法の第八章にある。そして、学則は第九章に書かれている。また、原理の四大綱領《しだいこうりょう》は第十章、四大主義《しだいしゅぎ》は第十一章の内容なのだ。つまり、大本教法が、大本の根幹なのだ。

そして、原理の中で唯一、教えについて語っている『教《おしえ》　天授の真理』は、その説明を読めば悪を混ぜ込む教えなのだ。

つまり、教団大本の土台とも根幹とも言える大本教法には、多くの矛盾、間違いがあると判る。そして、それらの根幹となる部分のすべてが、王仁三郎によって定められていた。

もう、ここまで語れば判るだろう。

大本の先生が堂々とネットに晒《さら》していた多くの悪意や間違いを、凡人の私でもお筆先を理解したことで気付けたのだ。誰でもお筆先を理解したなら、これほどの大きな矛盾や間違いであれば簡単に気付けたことだろう。

だからこそ、王仁三郎は、お筆先を意図的に貶《おとし》め、人々の目に留まらないように隠そうとしたのだ。

それは、心有る者にお筆先を気付かせないようにするため、そして、お筆先の中心地である大本では、熱心な信者であればあるほど、お筆先から遠ざけられ、真実を見る目を矛盾によって曇らされるように仕向けたのだ。


では何故、王仁三郎はそんなことをしたのか？

それは、お筆先を読み解く御用が、王仁三郎の来世に与えられていたからだ。

来世で筆先を読み解く時が来るまで、誰にも筆先に手を付けさせないようにするためだったのだ。

王仁三郎は、その来世の御用の成就のために、こんな手段を使って筆先を封印した。


だが、もう、その封印は解《と》かれたのだ。

これまで隠されていた秘密の一切が、明らかになった。

そう。なって、しまったのだ。

そこには、人類滅亡のカウントダウンを見るような、退《の》っ引《ぴ》きならない真実があった。

しかし、世界の終わりをセンセーショナルに伝えるのは私の望むことではない。

世界が終わっても、それでも人は終わりはしない。あなたはその先で、天国か地獄かが与えられる。

故に、この世界が終わる前に、人が知るべきこと、成すべきことを可能な限り伝えたいと思うのだ。

悪魔とか悪神とか

前項では、いきなり邪神とか悪神とか出してしまったが、まずは気持ちを楽にして、神について、誰もが知っている言葉から始めてみよう。

日本人にとって神に対する一番馴染み深い言葉は、《日本は神国、八百万《やおよろず》の神の国》というフレーズだろう。

そこには悪神は存在しない。様々な神が存在するとしても、その中に悪という神が居るとは思っていないのが一般の日本人の感覚だろうと思う。

だが、筆先には、明確に悪神、悪魔という言葉がある。それが書かれた筆先を出そう。

大本神諭　三巻P二三二　大正七年旧正月十二日
向《むこ》うの国《くに》の極悪神《ごくあくがみ》の頭《かしら》が、日本《にほん》の人民《じんみん》を一人《ひとり》も無《な》いように致《いた》す仕組《しぐみ》を為《し》て居《お》るなれど、

大本神諭　一巻P二八　明治二十五年旧正月
日本《にほん》は神道《しんどう》、神《かみ》が構《かま》わな行《い》けぬ国《くに》であるぞよ。がいこくはけものの世《よ》、強《つよ》いもの勝《が》ちの、悪魔《あくま》ばかりの国《くに》であるぞよ。日本《にほん》もけものの世《よ》になりて居《お》るぞよ。

悪神どころが『極悪神《ごくあくがみ》』、そして『悪魔《あくま》』という言葉が書かれた筆先を出したが、せっかく参照に出したので、ここ

で少し解説しよう。

『向《むこ》うの国《くに》の極悪神《ごくあくがみ》』とか、『がいこくはけものの世《よ》、強《つよ》いもの勝《が》ちの、悪魔《あくま》ばかりの国《くに》』とあって、『向《むこ》うの国《くに》』が《外国》とすると、外国は悪神や悪魔の国で、日本が神国で、第二次世界大戦の焼夷弾《しょういだん》による空爆のことを思えば、『日本《にほん》の人民《じんみん》を一人《ひとり》も無《な》いように致《いた》す仕組《しぐみ》を為《し》て居《お》るなれど』という言葉に少しは納得できると思う。

たとえ日本から戦争を仕掛けたとしても、そう仕向けさせたのが『極悪神《ごくあくがみ》の頭《かしら》』だったのだ。

そして現在、日本は戦争に負けはしたが、日本の国は残って『極悪神《ごくあくがみ》の頭《かしら》』の目的は潰《つい》えたと思っている人も居ると思うのだ。だが、残念ながら『日本《にほん》もけものの世《よ》になりて居《お》るぞよ』と書かれている通り、『極悪神《ごくあくがみ》の頭《かしら》』の目的は達成されてしまっているのが現状なのだ。

大本神諭　三巻P一四六　大正六年旧十一月二十三日
鬼《おに》とも蛇《じゃ》とも悪魔《あくま》とも譬《たと》え方《かた》の無《な》いイヤらしい、がいこくの性来《しょうらい》を日本《にほん》の守護神《しゅごじん》が見習《みなろ》うて、がいこくの行《や》り方《かた》は良《よ》いと申《もう》して、上《かみ》も下《しも》も真似斗《まねばか》り致《いた》して、今《いま》の日本《にほん》の国《くに》の心配《しんぱい》、がいこくの今《いま》の態《さま》、アレ丈《だけ》ちくしょうの性来《しょうらい》が現《あら》われて来《き》て居《お》りても、未《ま》だ眼《め》が覚《さ》めぬか。大将《たいしょう》までが下《した》に成《な》りたり、上《うえ》に成《な》って見《み》たり、全然《さっぱり》日本《にほん》の神国《しんこく》を、ちくしょうの玩弄物《おもちゃ》に為《し》られて了《しも》うて、天地《てんち》の先祖《せんぞ》も堪忍袋《かんにんぶくろ》が切《き》れ掛《か》けたぞよ。

明治から外国を見習って外国の真似《まね》をする日本に対して、神がどう評《ひょう》しているのかを知ってほしい。

『大将《たいしょう》までが下《した》に成《な》りたり、上《うえ》に成《な》って見《み》たり』とは、選挙で県や市町村のリーダーを決めたり、総理大臣がコロコロと入れ替わる社会システムのことを言っている。勝った者が大将、たとえ選挙というそれなりに平和的な戦いでも、勝った者を大将とする弱肉強食の理論は、『ちくしょう（獣《けもの》）』のやり方なのだ。

神国日本は万世一系《ばんせいいっけい》を貫く国でなければならなかった。

戦後の日本は、更に西欧化を推し進め、神から見れば日本も『鬼《おに》とも蛇《じゃ》とも悪魔《あくま》とも譬《たと》え方《かた》の無《な》いイヤらしい』国と成り果てているのが現状なのだ。

日本人は、悪神も神と思ってしまった。悪魔という存在を認識することなく悪魔を神として受け入れてしまった。日本人は、知らないうちに八百万《やおよろず》の中に悪魔を紛《まぎ》れさせてしまっていたのだ。

日本は外国の真似をしてはいけない国だった。

だが、外国の真似をしなければ外国の脅威に対処することもできなかったと、多くの人が思うだろう。

しかし神は、『日本《にほん》は神道《しんどう》、神《かみ》が構《かま》わな行《い》けぬ国《くに》であるぞよ』と言う。日本人は、神と共に生きてこそ艱難《かんなん》を越えて行ける国だったのだ。なのに日本は、一生懸命に外国（悪魔）の知識と技術を身に付けることに身を賭《と》してしまった。

だがこれも、神の経綸《しぐみ》の内だった。

明治から昭和にかけて行われた戦い、第一次、第二次世界大戦すら、神が筆先で真実を教えるための教材として行わせていた。神が悪魔を使ってこの戦争を行わせていたのだ。

と、こんなことを言えば、神と悪魔が裏で手を組んでいるのか？　と疑いを抱く者も居るだろう。だが、これについては後で詳しく書くことにする。

ところで、『天地《てんち》の先祖《せんぞ》』と筆先にあるのだが、この天地の先祖は、この世界を造った神々のことなのだ。でも、筆先は、実は一神教なのだ。

このことについては、次の項で語ってみよう。

筆先は一神教である

日本は神国、八百万の神の国。昔からそう言われていた日本が、実は一神教こそが正しい国のあり方だった。それは、筆先を読むと解る。

ただ、この一神教は、世間一般に理解される一神教の認識とはちょっと違う。

一神教と言えば、キリスト教とかイスラム教を思い浮かべるだろう。それらの宗教では、神は唯一神《ゆいいつしん》で神は一柱《ひとはしら》のみと言われている。しかし、筆先の一神教は、それらの宗教観とは異なる概念だ。と言うより、同じ一神教という言葉に、違う意味があると理解してほしい。

筆先が語る一神教は、神はたくさん居るが、その中の一番の神の教えに従うという意味だ。

王の中の王、神の中の神とも言える存在を唯一神として、その神の教えにすべての神が従うという社会体制、これが《一**神**《いっしん》の**教**《おし》えに従う》ということで、これが本来の天国の在り方なのだ。この教えを伝える筆先であるが故に、筆先は一**神教**となる。このことは筆先に、次のように書かれている。

大本神諭　七巻Ｐ四一　大正五年旧二月八日

ミロク様《さま》の御教示《おしえ》を、地《ち》の先祖《せんぞ》の大国常立尊《おおくにとこたちのみこと》が出口直《でぐちなお》の口《くち》と手《て》とで、元《もと》の昔《むかし》の根本《こんぽん》の事《こと》から説《と》き聞《き》かすぞよ。

筆先では、同じ神でも様々な名で表される。なので《この筆先では》と前提を付けているのだが、この筆先では、最高神は『ミロク様《さま》』となる。

この一柱の『ミロク様《さま》』の教えを『大国常立尊《おおくにとこたちのみこと》』が『出口直《でぐちなお》』に書かせたものが『筆先』なのだ。

大本神諭　六巻Ｐ五二　明治三十五年旧六月十六日
今度竜宮館《こんどりゅうぐうやかた》で変性男子《へんじょうなんし》に定《き》めさした規則《きそく》は、末代《まつだい》の世《よ》の規則《きそく》で在《あ》るから、チットも違《ちが》わす事《こと》は出来《でき》んぞよ。

『変性男子《へんじょうなんし》』とは出口直で、この直《なお》が書いた筆先が『定《き》めさした規則《きそく》』で、この筆先が『末代《まつだい》の世《よ》の規則《きそく》』なのだ。

この『末代《まつだい》の世《よ》』とは、《平和が末代続く世界》ということで、これは天国のことだ。なので、《筆先とは、天国の規則である》と理解してほしい。筆先で示《しめ》された『ミロク様《さま》の御教示《おしえ》』が、『規則《きそく》』なのだ。

筆先は『規則《きそく》』である。筆先が『規則《きそく》』だと認識されなければ、筆先も単なる物語、単に情報源の一つという認識になってしまう。わざわざこんなことを語るのは、これに気付いていない人たちが大本の役員の中に大勢居るからなのだ。

だが、これについては後で語ろう。

引き続き、唯一神について見てみよう。

大本神諭　五巻Ｐ一九二　明治三十三年旧八月八日
天地《てんち》の誠《まこと》の統一《ひとつ》神の王《おう》で治《おさ》める経綸《しぐみ》が致《いた》して在《あ》るぞよ。

この筆先では、唯一神を『統一神の王《ひとつおう》』と表現している。『統一神の王《ひとつおう》』が治める一つの世界、それが天国の社会の在り方だ。他にも天国について書かれている筆先がある。

大本神諭　五巻P一九七　明治三十二年旧正月
明治《めいじ》二十五年《ねん》に出口直《でぐちなお》に申《もう》し置《お》きたが、神《かみ》は元《もと》は一株《ひとかぶ》で在《あ》るから、神《かみ》の道《みち》は皆一《みなひと》ツで在《あ》るから、終局《しまい》には皆一《みなひと》ツに成《な》るので在《あ》るぞよ。

この『一《ひと》ツに成《な》』った世界が天国なのだ。だが、この言葉だけで天国だよ、なんて言ってもイメージも湧かないだろう。なので、『一《ひと》ツ』の成り立ちや具体的な天国の姿についても、後で広く語るとしよう。

筆先の教えの基本

筆先の教えは、これまでの宗教の教えとは違う。

だが、これを語る前に、ひとつ、理解してほしいことがある。

今、宗教団体として在る大本《おほもと》は、筆先を読み解けてはいない。なので、今の大本は、筆先の教えとは全く違うことを行っている。つまり、今の大本は、これまでの宗教と同じカテゴリーの中にある。故に、この項のタイトルは《大本の教え》ではなく、《筆先の教え》としている。

また、筆先に書かれている『大本《おほもと》』とは、宗教団体の名前としての《大本《おほもと》》ではなく、《天国（ミロクの世）》の土台となる所、神の教えの中心となる所、天国の始まりの元《もと》となる大《おお》いなる所、という意味の『大本《おほもと》』なので、ここは間違えないでほしい。


これまでの宗教の教えは、《人生に役に立つ教え》とか《人の救いとなる教え》というような、人に寄り添った教えに集約される。その上、宗教の根幹となる教えも、教えの真理よりも、規律や知識的な情報に終始している。それ故、儀式や祭典のやり方にその宗教の個性を主張するような、所作《しょさ》の形ばかりを教えることになる。

今の宗教は、教えの本質を理解しないが故に、意味の無い所に意味を見出《みいだ》す、意味不明な理屈でお茶を濁《にご》すような、そんな教えになっていたのだ。

筆先の教えは、既存の宗教を歯牙《しが》にもかけない、と言うか、次元の違う教えだ。

しかし、その教えの入り口は、昔気質《むかしかたぎ》の職人《しょくにん》と同じ《見て学べ》というもので、筆先の表現で言えば、《鏡に見せる教え》となる。それ故、教えを受け取る者の能力が問われることになる。

まずは、《鏡に見せる教え》について書かれた筆先を見よう。

大本神諭　三巻P二四五　明治三十六年旧六月八日
変性男子《へんじょうなんし》の御役《おんやく》は誠《まこと》に辛《つら》いぞよ。人《ひと》には命《さ》せられん約《つま》らん事《こと》を我子《わがこ》に命《さ》して、鏡《かがみ》に出《だ》して置《お》いて、人《ひと》の心《こころ》を直《なお》さねば成《な》らんと云《い》う、実《まこと》に辛《つら》い変性男子《へんじょうなんし》の天職《やく》であるぞよ。

この筆先では、《『変性男子《へんじょうなんし》』である出口直の『我子《わがこ》』を『鏡《かがみ》』にして、信者に見せる》ということをやっている、と語っている。何故、直の『我子《わがこ》』に『約《つま》らん事《こと》』をさせているのか？　その理由も筆先に書かれ、その因果を信者に教えていた。何もかも細々《こまごま》と筆先に書かれていたのだ。

この因果については筆先を読んで勉強してほしい。ただ、神の近くに居る者ほど苦労する、という因果を理解するのは、ご利益信仰の者には理解できないかもしれない。

今は『鏡《かがみ》』について語ろう。

伊都能売神諭　P六九　大正七年十二月二十六日（旧十一月二十四日）
綾部《あやべ》の大本《おほもと》には変性男子《へんじょうなんし》の身魂《みたま》と女子《にょし》の身魂《みたま》とが現《あらわ》して、世界《せかい》の鏡《かがみ》が出《だ》してあるから、この鏡《かがみ》に我《われ》の姿《すがた》を移《うつ》して、一日《いちにち》も早《はや》く世《よ》のため国《くに》のためにそれぞれ身魂相応《みたまそうおう》の活動《はたらき》をいたしてくだされよ。


この筆先に見るように、『鏡《かがみ》』と言えば基本的には、『変性男子《へんじょうなんし》』と『変性女子《へんじょうにょし》』だ。

『この鏡《かがみ》に』自分を投影して学べ、というのが筆先の教えのスタンスなのだ。

大本神諭　三巻P六七～　明治三十六年旧十二月二十九日
綾部《あやべ》の大本《おほもと》は、錦《にしき》の機《はた》の経綸《しぐみ》であるから、経《たて》は変性男子《へんじょうなんし》なり、緯《よこ》は女子《にょし》で、経《たて》と緯《よこ》との戦《たたか》いで、世界《せかい》の事《こと》が判《わか》るように致《いた》して、善悪《ぜんあく》の鏡《かがみ》を出《だ》す大本《おほもと》であるから、此《こ》の大本《おほもと》から善一《ぜんぴと》つに致《いた》して、悪《あく》の身魂《みたま》も善《ぜん》へ立《た》ち復《かえ》るぞよ。

人の目に見えるように、『変性男子《へんじょうなんし》』と『女子《にょし》』を使って『善悪《ぜんあく》の鏡《かがみ》を出《だ》』してあるから、筆先を読んで《神がどう善悪を判断するのか》、それを学びなさいというのが筆先の教え方だ。

ちなみに、『変性男子《へんじょうなんし》』は出口直《でぐちなお》なのだが、『女子《にょし》』と略して語られている『変性女子《へんじょうにょし》』は、出口王仁三郎《でぐちおにさぶろう》なのだ。

だが、この『変性男子《へんじょうなんし》』と『変性女子《へんじょうにょし》』は、出口直と王仁三郎だけを指しているわけではない。『変性男子《へんじょうなんし》』も『変性女子《へんじょうにょし》』も、この言葉に複数の神や人間を重ねている。なので、わざわざ『変性男子《へんじょうなんし》』と『変性女子《へんじょうにょし》』という言葉が使われているのだと理解してほしい。その辺りのことも、後々《のちのち》話していこう。

引き続き、なかなか読み解くことが難しい筆先を理解するために、知っておくべき基本的な事柄について説明しよう。

二大教祖の役割を知るべし

大本《おほもと》には、出口直開祖《かいそ》と出口王仁三郎聖師《せいし》の二人が教祖として在《あ》った。
まずは、それが何を意味するのかを理解しよう。これが、教団としての現在の大本の在り方と、未来の行く末に多大な影響を及《およ》ぼしていた。

大本神諭　七巻P一〇〇　明治三十六年旧八月二十七日
初発《しょっぱつ》から、旧道《きゅうみち》と新道《しんみち》と道《みち》が二《ふた》つ拵《こしら》えて、皆《みな》の心《こころ》を試《ひ》きてありたから、因縁《いんねん》の在《あ》る身魂《みたま》は、是《これ》は道《みち》が異《ちが》うと気《き》が付《つ》いて、艮《うしとら》の金神《こんじん》が表面《おもて》に顕《で》る道《みち》は、矢張《やっぱ》り筆先《ふでさき》に本《もと》づかな判《わか》らんと、速《はや》く気《き》の付《つ》いた人《ひと》は、因縁《いんねん》のある身魂《みたま》であるなり。

大本には『道《みち》が二《ふた》つ拵《こしら》えて』あった。この二つの道を身をもって示すことが二大教祖の役割だった。

大本神諭　七巻P一八八～　大正五年旧六月十日
日本《にほん》の国《くに》は、いろはで無《な》いと建《た》ちては行《い》かん神《かみ》の国《くに》で在《あ》るから、此《こ》の先《さき》は学《がく》の世《よ》を立替《たてか》えと致《いた》して、善一《ぜんひと》つの御《おん》道《みち》で、いろはで通用《つうよう》を致《いた》さすぞよ。

『いろは』とは、平仮名《ひらがな》で書かれた《お筆先》のことで、この筆先が『善一《ぜんひと》つの御道《おんみち》』なのだ。

では、もう一つの道とは何《なん》なのか？

これこそが、大本に秘められた秘密だ。だがもう、この秘密は暴《あば》かれる。

大本には、出口直開祖が残し王仁三郎聖師が読みやすくした《筆先》と、王仁三郎聖師が語り役員が筆記した口述筆記による《霊界物語《れいかいものがたり》》の二つの教典がある。その二つの教典が、『初発《しょっぱつ》から』、『拵《こしら》えて』あった『旧道《きゅうみち》と新道《しんみち》』の《二つの道》だったのだ。

しかし、このことは大本の役員信者には異論があるだろう。大本発足の『初発《しょっぱつ》』には、王仁三郎も霊界物語も存在しなかった。なので、大本に居る人たちには『旧道《きゅうみち》と新道《しんみち》』に対する認識は、私の解釈とは違うだろう。

だが神は、一〇〇年後の今を基準にして筆先で語っていたのだ。これも、本書を読み進めて神の計画（経綸《しぐみ》）の全体像が見えてくれば、出口直と王仁三郎が居た時代が『初発《しょっぱつ》』の時という認識が正しいと判ってくるだろう。

ここまで説明して理解されたと思うのだが、大本の信者は、出口直の筆先か、王仁三郎の霊界物語かの、どちらかを選ばなければならなかったのだ。

大本神諭　七巻P一八八　大正五年旧六月十日
大出口直《おおでぐちなお》の書《か》くいろはは、昔《むかし》のミロク様《さま》の始《はじ》まりの根本《こんぽん》のいろはで在《あ》るから、途中《とちゅう》に出来《でき》た枝《えだ》の神《かみ》やら、今《いま》の学《がく》の在《あ》る人《ひと》には判《わか》り難《にく》うて面倒《めんど》いなれど、

先ほど参照した筆先の前に書かれている言葉だ。

筆先は、唯一神の教えを艮《うしとら》の金神《こんじん》が出口直に書かせたもので、幹《みき》となる教えだ。それに対して霊界物語は、『枝《えだ》の神《かみ》』が書かせたものであることは、その内容を読めば判ることなのだ。

と、これでは説明になってないと言う人も居るだろう。だが、今は解説しない。しかし、筆先を解って来れば、それは明白な事実だと自《おの》ずから判ることになろう。

伊都能売神諭　P二五八　大正八年四月十三日
筆先《ふでさき》一方《いっぽう》で開《ひら》くとまで申《もう》してある位《くらい》の大本《おほもと》であるから、入《い》れ言《ごと》やら混《ま》ぜりの教《おし》えは神《かみ》は大変《たいへん》にいやであるぞよ。

これを読めば、口述筆記《こうじゅつひっき》で書かれた霊界物語は、『筆先《ふでさき》』ではないのだから、教祖の王仁三郎聖師の経典と言えども『混《ま》ぜりの教《おし》え』として除外されるべきだと理解せねばならなかったのだ。

大本神諭　二巻P一四五　大正三年旧七月十四日
善悪《ぜんあく》の鏡《かがみ》の出《で》る大本《おほもと》であるから、初発《しょっぱつ》からドンな鏡《かがみ》も出《だ》して見《み》せてあるから、

これまでの流れでこの筆先を読めば、『善悪《ぜんあく》の鏡《かがみ》』が誰を指しているのか判るだろう。

善の鏡は出口直、悪の鏡は王仁三郎だ。

大本神諭　五巻P二〇〇　明治三十二年旧正月

此《こ》の出口直《でぐちなお》が良《よ》い鏡《かがみ》で在《あ》る、是《こ》の御方《おんかた》が三千世界《さんぜんせかい》の鏡《かがみ》で在《あ》るぞよ。

この筆先では、はっきりと出口直が善の鏡だと言っている。

しかし、これまでの大本は、王仁三郎を聖師《せいし》と仰ぎ、悪の鏡を善と間違えて、『新道《しんみち》』を歩んでいた。『筆先一方《ふでさきいっぽう》で開《ひら》く』べき大本《おほもと》が、『筆先一方《ふでさきいっぽう》』を選べなかったが故に、筆先に書かれていることが判らずに間違った方向に進んでしまっているのが現在に至るまでの大本なのだ。

筆先は、素直に読んで素直に理解すれば、無理なく解ることも多い。なのに一〇〇年読んでも判らないのは、当人の思い込みが混ぜりを引き寄せて、真実への理解を邪魔させられていたからなのだ。

筆先を判らない理由は、それ以外にもある。

大本は、《鏡に見せる大本》と神が語るように、《人に見せるための舞台》とも言える場なのだ。

それ故、大本という神の御前《おんまえ》で、王仁三郎という神の取次《とりつぎ》が、神とは違うことを言って信者を翻弄《ほんろう》して振り回す姿を見せていた。

それが、世界中の宗教が信者に対してやっていることなのだと、王仁三郎を使って神が鏡に見せていたのだが、大本の役員がそんな経綸《しぐみ》になっているとは思いもせず、王仁三郎が悪の鏡として見せた演技に素直に騙《だま》されて、神を信じると言いながら、実は王仁三郎という人間の言うことを信じている役員信者の姿を、大本を舞台にして世界中に見せていたのだ。

今の地上にある宗教は、神を信じなさいと言いながら、教祖（人間）の語ることを信じさせている。それが神の教えと違っても教祖の言うことを信じる役員と信者の姿を、大本という教団を鏡にして全世界に見せていたのだ。

人間（教祖）が神に成り変わって、本当の神を床下に放《ほう》り込んでいるぞと、王仁三郎にさせて見せてあったのだ。

大本神諭　一巻P一四九　大正三年旧七月十一日
此《こ》の大本《おほもと》は世界《せかい》に在《あ》る事《こと》が皆写《みなうつ》るから、大本《おほもと》にありた事《こと》は、大《おお》きな事《こと》も小《ちい》さい事《こと》も、善《よ》き事《こと》も悪《あ》しき事《こと》も、皆世《みなせ》界《かい》から出《で》て来《く》るから、

これを読めば、ここまで説明した通りのことが、筆先に書かれてあり、それが神の見せたかったことであったと判るだろう。

大本を見れば、世界に何が起きているのか判るように、神からさせて見せてあったということだ。

大本の信者たちは、そんな神の計画に従った王仁三郎に玩《もてあそ》ばれて、真実を判らなくさせられていた。

伊都能売神諭　P二五八〜　大正八年四月十三日
この大本《おほもと》は世界中《せかいじゅう》の人民《じんみん》を阿房《あほう》に致《いた》す神《かみ》の大本《おほもと》であるから、変性女子《へんじょうにょし》の大化物《おおばけもの》が申《もう》すことと行動行《おこないや》り方《かた》を気《き》を付《つ》けておりてくだされたら、何《なに》も判《わか》るのであるぞよ。

前に参照した伊都能売神諭の続きが、この筆先だ。

『変性女子《へんじょうにょし》』とは王仁三郎で、この王仁三郎が『大化物《おおばけもの》』で、『大化物《おおばけもの》が申《もう》すことと行動行《おこないや》り方《かた》を気《き》を付《つ》けて』見てい

れば、これまで解説してきたことは『何《なに》も判《わか》るのである』はずだった。

何でも王仁三郎が一番だとする今の大本の役員や信者の方々には、こんな話を素直に受け入れることはできないだろう。しかし、これが筆先に書かれた事実だと理解されることを願う。王仁三郎の呪縛から抜け出せなければ、大本に居ても《お筆先は判らない》と永遠に言い続けることになる。

『この大本《おほもと》は世界中《せかいじゅう》の人民《じんみん》を阿房《あほう》に致《いた》す神《かみ》の大本《おほもと》である』とは、呆気《あっけ》にとられて呆《ほう》ける人間の姿を言っているのだと理解せよ。それが神が仕組んだ計画なのだ。

王仁三郎の教えを捨てる時が来たのだ。

大本神諭　七巻P一〇〇～　明治三十六年旧八月二十七日
仕放題《しほうだい》にし度《た》い人《ひと》が新道路《しんどうみち》。心試《こころひ》かれて、楽《らく》な道《みち》に行《い》て置《お》いて、好都合間《よいあいだ》は楽《らく》な方《ほう》で仕放題《しほうだい》に為《し》て置《お》いて、加減《かげん》悪《わる》くなりたと申《もう》して、又旧道《またきゅうみち》へ戻《もど》りて来《き》ても、大本《おほもと》の元《もと》の御用《ごよう》は出来《でき》んぞよ。

これは、この項の最初に参照した『大本神諭　七巻P一〇〇』の続きなのだが、この中の『楽《らく》な道《みち》』という意味が判るだろうか?

この『楽《らく》な道《みち》』とは、《人間には、神は判らないものである》という道なのだ。

《神（筆先）を判らない》と言っていれば威張っていられる。大本の役員は、神の取次のはずなのに、神を判らなくても先生をやっていられるのだから、こんな楽な道は無いと言っても間違いではなかろう。

いくら修行をしても神を解らない。そんな修行を何年やっても神には繋《つな》がっていないことは、神を解らないと自覚している当人がそれを証明している。そんな意味の無い修行をして、苦労しているつもりでも何の成果もないのなら、無駄な人生を送って来たとしか言いようがないのだ。

そんな、神を判らんと棚に上げて、好き勝手なことを語ってきた人間が、神を解っていることを前提とした『旧道《きゅうみち》へ戻《もど》って来《き》ても、大本《おほもと》の元《もと》の御用《ごよう》は出来《でき》ん』のが当然だ。

そのことを承知して、本書で勉強し直してほしい。

筆先には、型の時代と実地の時代がある

筆先を理解するための基本的な事柄として、これから、《二つの時代がある》ということについて話していこう。

出口直と王仁三郎が生きていた時代が、型の時代になる。

その当時に《筆先と実地に見せてある》と神が語ったことは、筆先に書かれたことも世界に起きていたことも合わせて《型に見せた時代》なのだ。なので、型の時代に起きていたことは、筆先の内容とは違いがあった。

その例に、次の筆先を出そう。

大本神諭　一巻P一二四　明治二十九年旧十二月二日
世界《せかい》の人民三分《じんみんさんぶ》になるぞよ。

筆先では九分九厘と一厘で全部となる。なので『三分《さんぶ》』は三割となる。

当時は、幾多《いくた》の戦争と第一次、第二次の世界大戦があった。しかし、それで『世界《せかい》の人民《じんみん》』が三割しか生き残らなかったのかと言えば、そこまで世界の人口は減ってはいない。だがそれでは、一分一厘間違いのないはずの筆先が、間違っていることになるのだ。

そうやって筆先を検証してみれば、当時の実地に見せていた物事は、筆先に書かれていた内容よりも大分緩《ゆる》いことが起きていたと判る。

これが示す意味を推察《すいさつ》すれば、当時は、実地と言いつつも、現実に起きていたことも含めて、《型に見せるため》に行われていたと判るのだ。

つまり、筆先に書かれた一分一厘間違いのないことが現実に起きるのは、これからなのだ。

伊都能売神諭　P四～　大正七年十二月二日（旧十月二十九日）
明治《めいじ》二十五年《ねん》から大出口直《おおでぐちなお》の手《て》を借《か》りて、三千世界《さんぜんせかい》の大芝居《おおしばい》が始《けじ》まるぞよと申《もう》して知《し》らしておいたが、一番叟《いちばんそう》、二番叟《にばんそう》、三番叟《さんばんそう》も相済《あいす》みて、いよいよこれから初段《しょだん》が始《はじ》まるぞよ。初段《しょだん》、二段《にだん》の始《はじ》まりておる間《あいだ》に、世界《せかい》の大本《おほもと》は皆揃《みなそろ》うて霊魂《みたま》を研《みが》いて、何彼《なにか》の準備《じゅんび》を致《いた》して、三段目《さんだんめ》の立役者《たちやくしゃ》となりて、

出口直と王仁三郎が居た頃が《型の時代》で、それは、『一番叟《いちばんそう》、二番叟《にばんそう》、三番叟《さんばんそう》』と表現された。だが、今はもう《実地の時代》に入っている。その実地の時代にも『初段《しょだん》、二段《にだん》』『三段《さんだん》』の段階がある。

本書を執筆している頃は、そろそろ初段が終わり、次の二段目が始まろうという頃だ。二段は割と早くに終わり、後の三段目は、その内容を知れば、初段二段よりも遙かに膨大な内容でありながら、非常に短い期間で行われる。

そこで、『世界《せかい》の大本《おほもと》は皆揃《みなそろ》うて』二段が終わる前に『霊魂《みたま》を研《みが》いて、何彼《なにか》の準備《じゅんび》を致《いた》して』おかねば、『三段目《さんだんめ》の立役者《たちやくしゃ》』になり損なってしまうぞ、ということなのだ。

また、この筆先からもう一つ理解してほしいことは、《型の時代》は、すべて神のシナリオに沿って神に強制されて行われていたということなのだ。大本の中に起こったことも、世界に起きたことも、すべてが神の仕組んだことで、神のシナリオに沿ってそれぞれの役者が演じていた。なので、神はそれを『大芝居《おおしばい》』と言ったのだ。

型に見せた神のシナリオの強制力がどれほどのものか、それを理解するための参考に次の話を出そう。近代史に詳しい人なら、その歴史の流れを不思議に思うことがあるだろう。

第二次世界大戦の日米開戦の時、何故、日本は無謀な真珠湾攻撃を止められなかったのか？

また終戦の時も、何故、日本は原爆が落とされる以前でも極限状態だったのに、原爆が投下されるまで降伏できなかったのか？

型に見せた時代、それらすべてに神の意志が働いていたと理解してほしい。

そのことが筆先には次のように書かれている。

大本神諭　一巻P一四五～　大正三年旧七月十一日

人民《じんみん》が各自《めいめい》に力一《ちからいっ》ぱい気張《きば》りて為《し》て来《き》た事《こと》が、皆天地《みなてんち》の神《かみ》から為《さ》せられて居《お》りたと申《もう》す事《こと》が、世界《せかい》の人民《じんみん》に了解《わか》る時節《じせつ》が参《まい》りて来《き》たぞよ。

『皆天地《みなてんち》の神《かみ》から為《さ》せられて居《お》りた』のだ。

筆先が降ろされた当時から王仁三郎が昇天するまでの、あらゆる出来事の不思議の裏には、神が意図して陰から世界を動かしていたと、それが判る時が来たのだ。

実地の『初段《しょだん》』は、誰にも判らない所で行われた。次の実地の『二段《にだん》』は、大本教団を舞台にして行われる。そして、実地の『三段目《さんだんめ》』は、全世界で行われることなのだ。

もう、実地の本番は始まっている。その先には、最後の審判が待ち受ける。

ミロクの世は、最後の審判の先にある。

誰一人、最後の審判を受けずに天国に行くことはできないのだと心に留めておいてほしい。

天地創造史実

さて、これから天地創造について話して行こう。

天地創造は、地球上では一つの出来事のはずだ。だが、何故宗教や地域により、様々な天地創造神話があるのだろう？　と、そんなことを考えたことはないだろうか。

その答えを簡単に言えば、今まで人間に天地創造を伝えていた神は、天地がどうやって造られたのか、本当のところは知らなかったのだ。だから、こうだったんじゃないかという推測を人間に語った。そんな様々な憶測を、まるで見て来たかのように語られていたのが、これまでの天地創造神話だったのだ。そして、当然の如《ごと》く、それを語った神の性質がそこに現れている。

だから、そんな天地創造神話は単なる物語と思って脇に置いて、実際に天地を造った神が語った筆先を見るべし、というこことなのだ。

筆先には正しい歴史が記されている。

長文とはなるが、まずは、筆先の天地創造を参照しよう。

伊都能売神諭　P一八一～一八五　大正八年二月十八日（旧一月十八日）

この地《ち》の世界《せかい》の始《はじ》まりは世界一体《せかいいったい》に泥海《どろうみ》であって、光《ひかり》も温《ぬく》みも何《なに》ものもなかりたぞよ。丁度譬《ちょうどたと》えて曰《い》えば朧月夜《おぼろつきよ》の二三層倍《にさんそうばい》も暗《くら》い冷《つめ》たい世界《せかい》で、山《やま》も河《かわ》も草木《くさき》も何一種《なにひといろ》なかったのであるぞよ。その泥《どろ》の世界《せかい》に身《み》の丈《たけ》は五百《ごひゃく》丈《じょう》ばかり、身《み》の太《ふと》さは三百《さんびゃくじょう》丈ほどもある蛇体《じゃたい》の荒神《あらがみ》が住居《すまい》しておられたのが、御精神《ごせいしん》の良《よ》い大神様《おおかみさま》の前身《ぜんしん》で、これが五六七《みろく》の大神様《おおかみさま》とおなり遊《あそ》ばしたのであるぞよ。誠《まこと》に長閑《のど》やかな御神姿《おすがた》で、鱗《うろこ》は一枚《いちまい》もなし、角《つの》も一本《いっぽん》もなし、体《からだ》の色《いろ》は青水晶《あおずいしょう》のような立派《りっぱ》な神様《かみさま》で、天地《てんち》の元《もと》の祖神《おやがみ》となられたのであるぞよ。この世《よ》を創造《そうぞう》して、天《てん》地《ち》を開《ひら》くことに非常《ひじょう》に苦心遊《くしんあそ》ばしましたのが、この大神様《おおかみさま》が第一番《だいいちばん》で、ミロクの大神《おおかみ》ともツキの大神《おおかみ》とも申《もう》し上《あ》げる御神様《おんかみさま》であるぞよ。世界《せかい》を造《つく》るについて非常《ひじょう》に独神《ひとり》でご心配《しんぱい》を遊《あそ》ばして御座《ござ》る所《ところ》へ、同《おな》じく似《に》たような御神《おす》姿《がた》の大蛇神《だいじゃしん》が現《あらわ》れたが、この神《かみ》には十六本《じゅうろくほん》の頭《あたま》に角《つの》が生《は》えて、その角《つの》の先《さき》から大変《たいへん》な光《ひかり》が現《あらわ》れておる神様《かみさま》に、五六七《みろく》の大神様《おおかみさま》が世界創造《せかいそうぞう》のご相談《そうだん》をお掛《か》けになったのであるぞよ。

さてその時《とき》の六六六《みろく》の大神様《おおかみさま》の御言葉《おことば》には、いつまでこうして泥《どろ》の世界《せかい》の暗《くら》い所《ところ》に住居《すまい》を致《いた》しておっても、何一《なにひと》つの楽《たの》しみもなし、何《なん》の功能《こうのう》もなし、たくさんの眷属《けんぞく》もあることとなり、何《なん》とか致《いた》して立派《りっぱ》な天地《てんち》を造《つく》り上《あ》げ、万《よろず》の眷属《けんぞく》の楽《たの》しく暮《く》らすように致《いた》したいのが、我《われ》の大望《たいもう》であるが、其方様《そなたさま》は我《われ》の片腕《かたうで》となりて天地《てんち》を立《た》て別《わ》け、美《うる》わしき地上《ちじょう》の世界《せかい》を造《つく》る御心《おこころ》はありませぬかとお尋《たず》ね遊《あそ》ばしたら、日《ひ》の大神《おおかみ》の前身《ぜんしん》なる頭《あたま》に十六本《じゅうろくほん》の光《ひか》る角《つの》を生《は》やした大蛇神様《だいじゃしんさま》がお答《こたえ》には、我身《わがみ》は女体《にょたい》のことなり、かつまたこんな業《ごう》の深《ふか》い見苦《みぐる》しき姿《すがた》でありますから、貴神様《あなたさま》のような御精神《ごせいしん》の良《よ》い、立派《りっぱ》な神様《かみさま》の片腕《かたうで》になるということは、恐《おそ》れ入《い》りて御言葉《おことば》に従《したが》うことができませぬと、大変《たいへん》に謙《へりくだ》ってご辞退《じたい》を遊《あそ》ばしたなれど、六六六《みろく》の大神様《おおかみさま》が強《し》いて御頼《おたの》みになり我《われ》の片腕《かたうで》になるのは其方様《そなたさま》よりほかにない、我《われ》が見込《みこ》んでおるからとの仰《おお》せに、日《ひ》の大神様《おおかみさま》も左様《さやう》なれば御本望《ごほんもう》の遂《と》ぐるまで我身《わがみ》の力一杯《ちからいっぱい》活動《かつどう》いたして見《み》ます、さる代《か》わりに天地《てんち》が立派《りっぱ》にでき上《あ》がりましたら、我《われ》を末代貴神様《まつだいあなたさま》の女房役《にょうぼうやく》と致《いた》してくだされ、私《わたし》は女房役《にょうぼうやく》となりて万古末代世界《まんごまつだいせかい》を照《て》らしますとのお約束《やくそく》が地《ち》の高天原《たかあまはら》の竜宮館《りゅうぐうやかた》で結《むす》ばれたのでありたぞよ。

そこへ艮《うしとら》の金神《こんじん》の前身《ぜんしん》 国常立尊《くにとこたちのみこと》の荒神《あらがみ》が現《あらわ》れて、世界《せかい》を造《つく》り遊《あそ》ばすお手伝《てつだ》いをさしてくだされとお願《ねが》い申《もう》し上《あ》げたのでありたぞよ。そこで六六六《みろく》の大神様《おおかみさま》が早速《さっそく》にご承知被下《しょうちくだされ》て仰《おお》せ遊《あそ》ばすには、その方《ほう》は見掛《みか》けによらぬ誠《せい》忠《ちゅう》無比《むひ》の神《かみ》であるから世界《せかい》の一切《いっさい》を委《まか》すから、落度《おちど》のなきように致《いた》すが良《よ》かろうと仰《おお》せられ、その上《うえ》に国常立之《くにとこたちの》命《みこと》に思兼《おもいやり》の神《かみ》と申《もう》す御名《おんな》をくだされ、八百万《やほよろず》の神様《かみさま》を天《あま》の山河澄《やます》の川原《かわはら》に集《あつ》めて、一人《いちにん》の眷属《けんぞく》も残《のこ》さず相談《そうだん》の仲《なか》間《ま》へ入《い》れて大集会《だいしゅうかい》を遊《あそ》ばしたので、地《ち》のある限《かぎ》りに住居《すまい》いたしておれる蛇体《じゃたい》の神々様《かみがみさま》が集《あつ》まり合《お》うてご協議《きょうぎ》の上《うえ》、六六六様《みろくさま》の仰《おお》せの通《とお》りに国常立之命《くにとこたちのみこと》を総体《そうたい》の局《つぼね》に選《えら》みくださりたのであるぞよ。

そこで八百万《やほよろず》の神々《かみがみ》の意見《いけん》を聞《き》き取《と》りて、その由《よし》を五六七《みろく》の大神様《おおかみさま》へ申《もう》し上《あ》げたら、日《ひ》の大神《おおかみ》 伊邪那岐之尊様《いざなぎのみことさま》と月《つき》の大神《おおかみ》 五六七様《みろくさま》との御二体《おふたかた》の大神様《おおかみさま》が更《さら》に集会《しゅうかい》あそばして、国常立之尊《くにとこたちのみこと》を地《ち》の造《つく》り主《ぬし》と致《いた》すぞよとの御命《ごめい》令《れい》が下《くだ》りたので、この方《ほう》が地《ち》の主宰《しゅさい》となりて多陀与幣流地面《ただよえるくに》を修理固成《つくりかため》いたしたのであるぞよ。

伊都能売神諭　P一八六～一九一　大正八年二月十八日（旧一月十八日）

国常立之尊《くにとこたちのみこと》が世《よ》の元《もと》を修理固成《かためしめ》るについて、天地中界《てんちちゅうかい》の区別《くべつ》もなく、世界《せかい》は一団《いちだん》の泥土泥水《どろつちどろみず》で手《て》の付《つ》けようがなかりたので、堅《かた》いお土《つち》の種《たね》をミロクの大神様《おおかみさま》に御願《おねが》い申《もう》し上《あ》げたら、大神様《おおかみさま》が直《す》ぐにご承知《しょうち》になりて、一生《いっしょう》懸命《けんめい》に息《いき》を吹《ふ》き懸《か》けなされて一凝《ひとこ》りの堅《かた》いお土《つち》ができたのを、国常立之尊《くにとこたちのみこと》の此方《このほう》にお授《さず》けになりたので、その一《いち》団《だん》のお土《つち》を種《たね》に致《いた》して土《つち》と水《みず》とを立《た》て別《わ》け、山《やま》、川《かわ》、原《はら》、野《の》、海《うみ》を拵《こしら》えたのが、地《ち》の先祖《せんぞ》の大国常立之尊《おおくにとこたちのみこと》であるぞよ。艮《うしとら》の金神《こんじん》 大国常立之尊《おおくにとこたちのみこと》の姿《すがた》は今《いま》まで筆先《ふでさき》にも現《あらわ》したことはなかりたなれど、畏《おそ》れ多《おお》きミロクの大神様《おおかみさま》、日《ひ》の大神《おおかみ》さまの御神姿《おんみすがた》まで筆先《ふでさき》に出《だ》して知《し》らしたから、いつまでも発表《はっぴょう》を見合《みあ》わすことができぬから、実地《じっち》の姿《すがた》を書《か》き誌《しる》すぞよ。

大国常立之尊《おおくにとこたちのみこと》の元《もと》の誠《まこと》の姿《すがた》は頭《かしら》に八本角《はちほんつの》の生《は》えた鬼神《おにかみ》の姿《すがた》で、皆《みな》の神々《かみがみ》があまり恐《おそ》ろしいと申《もう》して寄《よ》り付《つ》かぬように致《いた》した位《くらい》の姿《すがた》であるから、今《いま》の人民《じんみん》に元《もと》の真《しん》の姿《すがた》を見《み》せたら、震《ふる》い上《あ》がりて眼《め》を回《まわ》すぞよ。

月《つき》の大神《おおかみ》におなり遊《あそ》ばした五六七《みろく》の大神様《おおかみさま》と日《ひ》の大神様《おおかみさま》と、御二体《おふたかた》の大神《おおかみ》が（水火《いき》）を合《あ》わして天《てん》を固《かた》めにお上《あ》がり遊《あそ》ばした霊場《れいじょう》が今《いま》の綾部《あやべ》の神宮本宮《しんぐうほんぐう》の坪《つぼ》の内《うち》、竜宮館《りゅうぐうやかた》の地《ち》の高天原《たかあまはら》であるぞよ。日本《にほん》は世界《せかい》の中心《まんなか》であり、綾部《あやべ》は日本《にほん》の中心《まんなか》であるから、天地《てんち》の神々《かみがみ》が世《よ》の元《もと》から昇《のぼ》り降《くだ》りを致《いた》されたり集会《しゅうかい》を遊《あそ》ばし坐《ま》して、天地《てんち》を造《つく》られる折《おり》にご相談《そうだん》なされた結構《けっこう》な霊地《とち》であるから、その時分《じぶん》にはたつ鳥《とり》も落《お》ちる勢《いきお》いの場所《ばしょ》で言霊《ことたま》の世《よ》の元《もと》でありたぞよ。

その後《のち》に艮《うしとら》の金神《こんじん》が八百万《やほよろず》の邪神《あくがみ》に艮《うしとら》へ押《お》し込《こ》められてから、一旦《いったん》は悉皆《みな》影《かげ》も形《かたち》もなきように亡《ほろ》びてしもうたが、時節参《じせつまい》りて煎豆《いりまめ》にも花《はな》が咲《さ》きて再《ふたた》び国常立之尊《くにとこたちのみこと》の世《よ》に世《よ》が戻《もど》りて来《き》たから、変性男子《へんじょうなんし》と女子《にょし》との身魂《みたま》を借《か》りて、世《よ》の元《もと》からの因縁《いんねん》を説《と》いて聞《き》かせる世界一《せかいいち》の大本《おほもと》となりたのであるぞよ。

天《てん》の固《かた》まりたのは御二体《おふたかた》の大神様《おおかみさま》が天《てん》へ上《あ》がりて、各自《めいめい》に水火《いき》を合《あ》わしてキリキリと左右《さゆう》に三遍御舞《さんべんおま》いなされて伊吹《いぶき》の狭霧《さぎり》を遊《あそ》ばすと、それで天《てん》が完全《かんぜん》に固成《かたまり》たのであるぞよ。次《つぎ》にまた吹《ふ》き出《だ》したまう伊吹《いぶき》の狭霧《さぎり》によりて天《てん》に幾億万《いくおくまん》の星《ほし》が出現《しゅつげん》したのであるぞよ。その星《ほし》の数《かず》だけ地《ち》の世界《せかい》に生物《いきもの》が育《そだ》ちたら、それで一旦《いったん》世《よ》の洗《あら》い替《か》えになるのであるぞよ。天《てん》は判然《はっきり》と造《つく》れたなれど、まだ地《ち》の世界《せかい》が充分《じゅうぶん》に固《かた》まりておらなんだ際《さい》に、頭《かしら》に十本《じっぽん》の角《つの》の生《は》えた大蛇神《だいじゃしん》が、我《われ》は地《ち》の世界《せかい》の修理固成《つくりかため》の加勢《かせい》よりも天《てん》へ上《あ》がりて天上《てんじょう》から働《はたら》きたいと申《もう》されて、天《てん》で○○○○○○となられたのであるが、大変《たいへん》な御神力《ごしんりき》が強《つよ》いので御惣領《ごそうりょう》にしてあるなれど、今《いま》の世界《せかい》の人民《じんみん》の思《おも》うておるようなこととは神界《しんかい》の様子《ようす》はまた大変《たいへん》な違《ちが》いであるぞよ。

それで先《ま》ず天《てん》の方《ほう》は固《かた》まりて動《うご》かぬことになりたなれど、国常立之尊《くにとこたちのみこと》の主宰《しゅさい》する地《ち》の世界《せかい》はまだ充分《じゅうぶん》の所《ところ》へは行《い》っておらんから、この方《ほう》が先途《せんど》に立《た》ちて、地《ち》のあらん限《かぎ》り方々《ほうぼう》の神《かみ》に申《もう》し付《つ》けて、持《も》ち場《ば》持《も》ち場《ば》を固《かた》めさしたのが国々《くにぐに》の国魂神《くにたまがみ》であるぞよ。その折《おり》には何《いず》れの神《かみ》も心一《こころひと》つに素直《すなお》に活動《かつどう》なされて、地《ち》の世界《せかい》もほどなく固《かた》まりて目鼻《めはな》が付《つ》くように結構《けっこう》になったのであるが、今《いま》のろ国《こく》の方面《ほうめん》に八頭八尾《やつがしらやつお》の大蛇神《だいじゃしん》が住居《すまい》いたしておりたが、その蛇神《じゃしん》の目的《もくてき》は綾部《あやべ》の高天原《たかあまはら》を中心《まんなか》としておいて、自身《われ》が天《てん》へ上《あ》がりて天《てん》から末代地《まつだいち》の世界《せかい》を守護《しゅご》いたしたいという思《おも》わくでありたなれど、それより先《さき》に天《てん》を造《つく》りたいと思《おも》うてそれぞれ苦労《くろう》を遊《あそ》ばしたミロク様《さま》なり、一番《いちばん》に相談《そうだん》に乗《の》って共々《ともども》に活動《かつどう》なされた日《ひ》の大神様《おおかみさま》なり、地《ち》の世界《せかい》は国常立之尊《くにとこたちのみこと》なり、世《よ》の元《もと》の根本《こんぽん》の始《はじ》まりに天地三《てんちさん》体《たい》の神《かみ》が八百万《やほよろず》の神《かみ》を集《あつ》めて天地《てんち》を創造《そうぞう》いたしたその後《あと》へ八頭八尾《やつがしらやつお》の巨蛇神《おおじゃしん》が現《あらわ》れて、何《なに》ほど天地《てんち》を自由《じゆう》に致《いた》そうと思《おも》うても誰《だれ》も相手《あいて》に致《いた》すものがなかったのであるぞよ。

伊都能売神諭　P一九二〜一九八　大正八年二月二十日（旧一月二十日）

艮《うしとら》の金神《こんじん》国常立之命《くにとこたちのみこと》の御魂《みたま》が、瑞《みづ》の御魂《みたま》の宿《やど》りておる言霊幸彦之命《ことたまさちひこのみこと》の手《て》を籍《か》りて、世界《せかい》の根本《こんぽん》の成立《なりたち》を書《か》きおくぞよ。

天《てん》は日《ひ》の大神《おおかみ》月《つき》の大神様《おおかみさま》は御両神《おふたかた》がお固《かた》め遊《あそ》ばして結構《けっこう》であれど、地《ち》の世界《せかい》は八百万《やほよろず》の荒神《あらがみ》を使《つこ》うて所々《ところどころ》の持《も》ち場《ば》をそれぞれに凝《こりかた》めたなれど、山《やま》にも野《の》にも草木《くさき》一本《いっぽん》もなく、全然《まるで》炮烙《ほうらく》を伏《ふ》せたような有様《ありさま》であったから、国《くに》常立之尊《とこたちのみこと》が一旦天《いったんてん》へ登《のぼ》りて、御両方《おふたかた》の大神様《おおかみさま》に地上繁栄《ちじょうはんえい》の御指示《おさしず》をお願《ねが》い申《もう》し上《あ》げたら、天《てん》の御二方様《おふたかたさま》が仰《おお》せには、世界《せかい》の大体《だいたい》を固《かた》めるには勇猛《ゆうもう》な神力《しんりき》が要《い》るから、〇〇《だいじゃ》の姿《すがた》でなければ活動《かつどう》ができぬなれど、この通《とお》り山川海《やまかわうみ》野《の》ができ上《あ》がりた上《うえ》は、山野《やまの》に草木《くさき》を生《は》やさねばならぬから、天《てん》にも夫婦《ふうふ》が水火《いき》を合《あ》わして活動《かつどう》したのであるから、地《ち》にも夫婦《ふうふ》ということを拵《こしら》えて陰陽《いんよう》を揃《そろ》えねばならぬとの御神言《おことば》であったから、艮役《うしとら》の金神《こんじん》が女房《にょうぼう》をお授《さず》けくだされたいとお願《ねが》い申《もう》し上《あ》げると、天《てん》に坐《ま》します御二方様《おふたかたさま》が頭《かしら》に角《つの》の四本《よんほん》ある〇〇《じゃたい》のヒツジ姫命《ひめのみこと》を女房《にょうぼう》にお授《さず》けくださりたから、艮《うしとら》の金神《こんじん》は未姫《ひつじひめ》の神《かみ》と夫婦《ふうふ》となり、両神《ふたり》が水火《いき》を合《あ》わして山《やま》に向《む》かって、ウーとアーの言《こと》霊《たま》を産《う》み出《だ》し、一生懸命《いっしょうけんめい》に気吹《いぶき》を致《いた》すと、山《やま》の上《うえ》に雌松《めまつ》が一本生《いっぽんけ》えたのが木《き》の世界《せかい》に現《あらわ》れた根元《こんげん》であるぞよ。松《まつ》が一本限《いっぽんき》りでは種《たね》ができぬから、今度《こんど》はヒツジ姫《ひめ》が一神《ひとり》で気吹放《いぶきはな》ちを致《いた》すと、また雄松《おまつ》が一本《いっぽん》できたので、二本《にほん》の松《まつ》の水火《いき》から松傘《まつかさ》が実《みの》り種《たね》を生《う》みして、今《いま》のような世界《せかい》の良《よ》き土地《とち》に限《な》りて、松《まつ》が繁《しげ》り栄《さか》えるようになりたのであるぞよ。

松《まつ》を木《き》の公《きみ》と申《もう》すのは世界《せかい》に一番先《いちばんさき》にできたからであるぞよ。綾部《あやべ》の大本《おほもと》は天地《てんち》の初発《しょっぱつ》の神《かみ》が現《あらわ》れて世界《せかい》の経綸《しぐみ》を致《いた》す霊地《れいち》であるから、松《まつ》の大本《おほもと》とも申《もう》すのであるぞよ。

天《てん》に坐《ま》します日《ひ》の大神《おおかみ》　伊邪那岐之尊様《いざなぎのみことさま》が九天《つくし》の日向《ひむか》のアオウエイ五大母音《たちはなのおど》のカサタナハマヤラワ《あはぎがはら》で禊身《みそぎ》し給《たま》い、祓戸四柱《はらいどよはしら》の神様《かみさま》を生《う》み遊《あそ》ばし、最後《さいご》に右《みぎ》の御眼《おんめ》を洗《あら》いて月球《げっきゅう》を造《つく》り、左《ひだり》の御眼《おんめ》を洗《あら》いて日球《にっきゅう》を造《つく》り、御鼻《おんはな》を洗《あら》い給《たま》いて素盞鳴之命《すさのおのみこと》を生《う》み遊《あそ》ばし、御自分《ごじぶん》は天《あめ》の日能若宮《ひのわかみや》に鎮《しず》まり遊《あそ》ばし、月《つき》の大神様《おおかみさま》は月界《つきのよ》の御守護《ごしゅご》を遊《あそ》ばすことになり、天照大御神様《あまてらすおおみかみさま》は天上《てんじょう》の御主宰《おんつかさ》となられたが、素盞鳴命《すさのおのみこと》は海原《うなばら》を知《し》ろし召《め》すべしと仰《おお》せられたので、天《てん》よりお降《くだ》りになり、海原《うなばら》の守護《しゅご》となられたのであるぞよ。海原《うなげら》の守護《しゅご》と申《もう》すことは全地上《ぜんちじょう》の主宰《つかさ》であるが、艮《うしとら》の金神《こんじん》　坤《ひつじさる》の金神《こんじん》が既《すで》に大体《だいたい》を修理固成《しゅうりこせい》いたした所《ところ》へ大地《だいち》の主宰神《つかさがみ》がお降《くだ》りになったので、天《てん》にも御両方《おふたかた》の神様《かみさま》がお固《かた》め遊《あそ》ばした所《ところ》を天照皇太神宮様《てんしょうこうだいじんぐうさま》が総主権《そうしゅけん》をお持《も》ち遊《あそ》ばしたのであるから、地《ち》の世界《せかい》も天《てん》に従《したご》うて主権《しゅけん》を素《す》盞鳴尊《さのおのみこと》にお譲《ゆず》り申《もう》し上《あ》げ、艮《うしとら》の金神《こんじん》　坤《ひつじさる》の金神《こんじん》は地《ち》の上《うえ》の一切《いっさい》の世話《せわ》を致《いた》して時節《じせつ》を待《ま》つことに致《いた》しておりたぞよ。

この大神様《おおかみさま》は神代《かみよ》の英雄《えいゆう》で何事《なにごと》もハキハキと万事《ばんじ》を片付《かたづ》ける器量《きりょう》のある神様《かみさま》であれど、あまり行《や》り方《かた》が激《はげ》しかったので、地《ち》の上《うえ》の守護神《しゅごじん》が色々《いろいろ》と苦情《くじょう》を申《もう》して、終《しま》いには大神《おおかみ》の御命令《ごめいれい》を一柱《ひとはしら》の神《かみ》も聞《き》かぬように立《た》ち到《いた》ったので、大神様《おおかみさま》も地《ち》の世界《せかい》が厭《いや》になり、月《つき》の大神様《おおかみさま》の守護《しゅご》遊《あそ》ばす夜見《よみ》の国《くに》へ行《ゆ》くという覚悟《かくご》を遊《あそ》ばしたのであるが、それまでに天《てん》に坐《ま》します姉神《あねがみ》の天照皇太神宮《てんしょうこうだいじんぐう》に暇乞《いとまごい》をなさんと仰《おお》せられ、大変《たいへん》な御勢《おんいきお》いで天《てん》へお登《のぼ》りになったから、山川《やまかわ》も国土《こくど》も一度《いちど》に震動《しんどう》して大変《たいへん》な事変《こと》になったのである。そこで天上《てんじょう》に坐《ま》します天照大御神様《あまてらすおおみかみさま》が非常《ひじょう》に驚《おどろ》きなされて、彼《か》のような勢《いきお》いで天《てん》へ上《あ》がり来《く》るのはこの高天原《たかあまはら》を弟《おとうと》　神素盞嗚尊《かむすさのおのみこと》が占領《せんりょう》する心算《つもり》であろうと思《おぼ》し召《め》して、大変《たいへん》な戦《たたか》いの用意《ようい》をさしてお待《ま》ち受《う》けになり、天《あま》の八洲河原《やすかわはら》において互《たが》いに誓約《うけい》を遊《あそ》ばし、御両神《ごりょうしん》様《さま》の御魂《おんたま》から五男三女《ごなんさんじょ》の八柱《やはしら》の神《かみ》がお生《う》まれ遊《あそ》ばしたのであるが、これが神《かみ》が人間《にんげん》の肉体《にくたい》になりた初《はじ》まりであるぞよ。

口《くち》で申《もう》せば短《みじか》いなれど、この誓約《うけい》を遊《あそ》ばして八柱《やはしら》の神《かみ》をお生《う》みになる間《あいだ》というものは、数十万年《すうじゅうまんねん》の永《なが》い月日《じつげつ》が掛《か》かりておるぞよ。その間《あいだ》に艮《うしとら》の金神《こんじん》と坤《ひつじさる》の金神《こんじん》が相談《そうだん》いたして天照皇太神宮様《てんしょうこうだいじんぐうさま》の御妹神《おいもとがみ》　若日女君命《わかひめぎみのみこと》を天《てん》から下《さ》げて戴《いただ》き、地《ち》の世界《せかい》の主宰神《つかさがみ》と仰《あお》ぎ奉《まつ》り、世界経綸《せかいけいりん》の機《はた》を織《お》りつつ、世界《せかい》を治《おさ》めておりたのであるぞよ。

若姫君尊《わかひめぎみのみこと》は三男五女神《さんなんごじょしん》の八柱神《やはしらかみ》を養育《よういく》して、立派《りっぱ》に神代《かみよ》の政治《せいじ》を遊《あそ》ばしておりた処《ところ》へ、元《もと》の素盞嗚之命様《すさのおのみことさま》がまた地《ち》の世界《せかい》へ降《くだ》りて非常《ひじょう》に御立腹《ごりっぷく》遊《あそ》ばして、若姫君命《わかひめぎみのみこと》の生命《いのち》を取《と》り、天《てん》も地《ち》も一度《いちど》に震動《しんどう》させ、再《ふたた》び常夜《とこよ》の暗《やみ》となり、万《よろず》の妖神《わるがみ》が荒《あば》れ出《だ》し、どうにもこうにも始末《しまつ》が付《つ》かぬようになりたので、天《てん》に坐《ま》します天照大御神様《あまてらすおおみかみさま》は終《つい》に地球之洞穴《あまのいわと》へお隠《かく》れ遊《あそ》ばし、天《てん》も地《ち》も真《しん》の暗《やみ》となってしもうたので、八百万《やほよろず》の神々《かみがみ》が地《ち》の高天原《たかあまはら》の竜宮館《りゅうぐうやかた》に神集《かむつど》いして、艮《うしとら》の金神《こんじん》は思兼神《おもいやりのかみ》となりて、色々《いろいろ》と苦心《くしん》の末《すえ》に天之岩戸《あまのいわと》を開《ひら》き、天地《てんち》は再《ふたた》び照明《あきらか》になったのであるぞよ。
そこで神々様《かみがみさま》の協議《きょうぎ》の結果《けっか》、素盞嗚尊《すさのおのみこと》に重《おも》き罪《つみ》を負《お》わせて、外国《がいこく》へ神退《かみやら》いに退《やら》われたので、素盞嗚尊《すさのおのみこと》は神妙《しんみょう》に罪《つみ》を負《お》い、贖罪《しょくざい》のために、世界中《せかいじゅう》の邪神《じゃしん》を平定遊《へいていあそ》ばし、終《つい》には八岐《やまた》の大蛇《おろち》を退治《たいじ》して、叢雲《むらくも》の剣《つるぎ》を得《え》、これを天《あま》照皇大神《てらすすめおおかみ》に奉《たてまつ》られたのであるぞよ。その時《とき》に退治《たいじ》された八頭八尾《やつがしらやつお》の大蛇《おろち》の霊《れい》が近江《おうみ》の国《くに》の伊吹山《いぶきやま》に止《とど》まり、日《やま》本武命《とたけるのみこと》に危害《きがい》を加《くわ》えておいて、元《もと》の露国《ろこく》の古巣《ふるす》へ逃《に》げ帰《かえ》り、色々《いろいろ》として世界《せかい》を魔《ま》の国《くに》に致《いた》す企《たく》みを致《いた》して、今《こん》度《ど》の世界《せかい》の大戦争《だいせんそう》を始《はじ》めたのであるぞよ。

伊都能売神諭　Ｐ一九九～　大正八年二月二十日（旧一月二十日）

素盞嗚命《すさのおのみこと》は外国《がいこく》へ御出《おい》で遊《あそ》ばして一旦《いったん》は陣曳《じんび》きを遊《あそ》ばしたので。地《ち》の世界《せかい》に肝心《かんじん》の主宰神《つかさがみ》がなくなりたから、撞《つき》の大神様《おおかみさま》が元《もと》の地《ち》の世界《せかい》を締《し》め固《かた》めた国常立之尊《くにとこたちのみこと》に改《あらた》めて守護致《しゅごいた》すようにとの御命令《ごめいれい》が下《くだ》りたので、夫婦揃《ふうふそろ》うて一旦潰《いったんつぶ》れてしもうた同様《どうよう》の世界《せかい》を守護《しゅご》いたしておりたなれど、あまり厳《きび》しい固苦《かたくる》しい世《よ》の治方《もちかた》であるから、八百《やほ》万《よろず》の神々《かみがみ》が心《こころ》を合《あ》わして、天《てん》の大神様《おおかみさま》へ艮《うしとら》の金神《こんじん》根《ね》の国《くに》へ退去《たいきょ》するようの御願《おねが》いをなされたので、天《てん》の大神様《おおかみさま》は兎《と》も角《かく》も時節《じせつ》の来《く》るまで差《さ》し控《ひか》えよとの厳命《げんめい》でありた故《ゆえ》に、神教《おおせ》の通《とお》り素直《すなお》に艮《うしとら》へ退去《たいきょ》いたしたのでありたぞよ。

伊都能売神諭　Ｐ二〇〇～　大正八年二月二十日（旧一月二十日）

艮《うしとら》の金神《こんじん》が世《よ》の始《はじ》まりに地《ち》の世界《せかい》を造《つく》り固《かた》め、次《つぎ》に夫婦《ふうふ》が呼吸《いき》を合《あ》わして、種々《いろいろ》の樹木《じゅき》や草《くさ》を生《う》み出《だ》したその間《あいだ》が数万年《すうまんねん》、それから蛇体《じゃたい》の神《かみ》ばかりでは世界《せかい》の隅々《すみずみ》まで細《こま》やかに開《ひら》くことができぬから、八百万《やほよろず》の神《かみ》の知《し》らぬ間《ま》に人間《にんげん》を作《つく》ることを考《かんが》え、終《つい》に夫婦《ふうふ》の人間《にんげん》を水《みず》と火《ひ》と土《つち》とで造《つく》りたのが永《なが》い間掛《あいだか》かりて苦労致《くろういた》したのであるぞよ。

五男三女《ごなんさんじょ》の八柱神《やはしらがみ》は竜体《りゅうたい》から変《へん》じて生《う》まれられたのであれど、普通《ふつう》の人間《にんげん》は土《つち》の中《なか》で蒸《む》し湧《わ》かしたのであるぞよ。


大分長く参照した。だが、原文が大事と思い天地創造に関わる部分を抜き出してみた。

この筆先の中には知っている話もあるだろう。だが、素直に読んで一度で理解できれば苦労はない。

この原文を読めば、一柱の神に複数の名があると気付くだろう。この神の名を整理して、正しく神（個神《こじん》）を特定できなければ、筆先の言葉はピントがずれたようにぼやけてしまい、人間の認識が理解というレベルにまで到達できなくなってしまうのだ。

そんなわけで、登場する神の名をリストアップして整理しよう。

一番の神様
五六七《みろく》の大神様、ミロクの大神《おおかみ》、ツキの大神《おおかみ》、六六六《みろく》の大神様《おおかみさま》、六六六様《みろくさま》、月《つき》の大神《おおかみ》、五六七様《みろくさま》、ミロクの大神様《おおかみさま》、ミロク様《さま》、月《つき》の大神様《おおかみさま》、**撞《つき》の大神様《おおかみさま》**
身《み》の丈《たけ》は五百丈《ごひゃくじょう》ばかり、身《み》の太《ふと》さは三百丈《さんびゃくじょう》ほどもある蛇体《じゃたい》の荒神《あらがみ》、鱗《うろこ》は一枚《いちまい》もなし、角《つの》も一本《いっぽん》もなし、体《からだ》の色《いろ》は青水晶《あおずいしょう》

一番の神様の女房
日《ひ》の大神《おおかみ》、日《ひ》の大神様《おおかみさま》、**伊邪那岐之尊様《いざなぎのみことさま》**、日《ひ》の大神《おおかみ》さま

頭《あたま》に十六本《じゅうろくほん》の光《ひか》る角《つの》を生《は》やした大蛇神様《だいじゃしんさま》、女体《にょたい》、女房役《にょうぼうやく》

地《ち》の造《つく》り主《ぬし》

艮《うしとら》の金神《こんじん》、国常立尊《くにとこたちのみこと》、国常立之命《くにとこたちのみこと》、思兼《おもいやり》の神《かみ》、国常立之尊《くにとこたちのみこと》、大国常立之尊《おおくにとこたちのみこと》、思兼神《おもいやりのかみ》

頭《かしら》に八本角《はちほんつの》の生《は》えた鬼神《おにかみ》

地《ち》の造《つく》り主《ぬし》の女房

ヒツジ姫命《ひめのみこと》、未姫《ひつじひめ》の神《かみ》、ヒツジ姫《ひめ》、**坤《ひつじさる》の金神《こんじん》**

頭《かしら》に角《つの》の四本《よんほん》

伊邪那岐之尊様《いざなぎのみことさま》の子の系統

天照大御神様《あまてらすおおみかみさま》、天照皇太神宮様《てんしょうこうだいじんぐうさま》、天照皇太神宮《てんしょうこうだいじんぐう》、天照皇大神《あまてらすすめおおみかみ》

素盞嗚之命《すさのおのみこと》、素盞嗚命《すさのおのみこと》、**素盞嗚尊《すさのおのみこと》**、神素盞嗚尊《かむすさのおのみこと》、素盞嗚之命様《すさのおのみことさま》　＝　天照大御神様《あまてらすおおみかみさま》の弟

祓戸四柱《はらいどよはしら》の神様《かみさま》

五男三女《ごなんさんじょ》の八柱《やはしら》の神《かみ》（神《かみ》が人間《にんげん》の肉体《にくたい》になりた初《はじ》まり　竜体《りゅうたい》から変《へん》じて生《う》まれられた）

撞《つき》の大神様《おおかみさま》の子の系統

天照皇太神宮様《てんしょうこうだいじんぐうさま》（別名＝**天照彦尊《あまてるひこのみこと》**）

若日女君命《わかひめぎみのみこと》、若姫君尊《わかひめぎみのみこと》、**若姫君命**《わかひめぎみのみこと》＝天照彦尊《あまてるひこのみこと》の妹
三男五女神《さんなんごじょしん》の八柱神《やはしらかみ》

リストアップした神名《じんみょう》の中に太字があるのは、混乱回避のため、本書ではなるべくその名で統一しようと思っているということだ。ただ、状況によっては別名も使うのでご理解願いたい。

まずは、この天地創造で気付いてほしいことは、伊邪那岐之尊様《いざなぎのみことさま》は『女体《にょたい》』であるということだ。古事記では男神なのだから、筆先と古事記では、根本的なところから違うと判るだろう。それ故、古事記・日本書紀の内容は、一切、頭の中から追い出してしまわなければ、矛盾する情報を抱えたままでは、筆先の奥深い内容を読み解くところまで思考を進めることができなくなってしまうのだ。

古事記などのこれまでの情報に慣れ親しんで来た人には、筆先の内容は異質で毒のように感じられるのかもしれない。だが、毒と感じるのなら皿まで食らうくらいの覚悟で読み込んで、納得して腹に入れなければ、筆先から得るものは無いと思ってほしい。

神の名のリストに戻って、《伊邪那岐之尊様《いざなぎのみことさま》の子の系統》と《撞《つき》の大神様《おおかみさま》の子の系統》を見てほしい。その両方に『天照皇太神宮様《てんしょうこうだいじんぐうさま》』の名がある。これは、一つの神の名に別の神が隠されているという意味だ。こんな引っかけもあるので注意してほしい。また、リストにある天照彦尊《あまてるひこのみこと》の名は、天地創造の参照部分には出てはいないが、伊都能売神諭《いづのめしんゆ》に登場しているので、参考までに書いておいた。

天地創造から解る世界の姿

さて、長々と参照した天地創造の中から、我々の居る世界がどうなっているのかを読み解いていこう。

まず、筆先から判るのは、この宇宙に天地を創造する前の状態は、『世界一体《せかいいったい》に泥海《どろうみ》で』あった、ということ。そこに『撞《つき》の大神様《おおかみさま》』が居た所から話が始まっている。

では、次の言葉を読み解いてみよう。

『地《ち》のある限《かぎ》りに住居《すまい》いたしておれる蛇体《じゃたい》の神々様《かみがみさま》が集《あつ》まり合《お》うて』とある。

ここに『地《ち》のある限《かぎ》り』とあるのだから、この泥海の世界には、《限りが有る》ということが判る。

さて、『撞《つき》の大神様《おおかみさま》』はこの泥海の世界に居たのだが、ではこの神様は、自然発生的にこの場所で生まれたのだろうか？　それとも《何処《どこ》か》から来たのであろうか？

そう問うて考えてみれば、この宇宙に限りがあるならば、この宇宙の外にも世界が在ると考えられ、その上、この泥海から自然発生的に神が生まれたとするのも無理を感じる。なのでこの神は、この限りのある泥海の世界の外から来たと考える方が正しいと思われる。

この考えには、筆先の他の箇所からも、また聖書からもそう推測できる根拠はあるが、それはまた今度ということにしよう。

筆先は、こんなふうに、重箱の隅《すみ》を突《つつ》くように読み解いて行く。これができるのも、筆先が一分一厘間違いの無い教えであるからこそ、であるからなのだ。

神は、この泥海の世界を泥と水に分けて、水で天の世界を造り、泥で地の世界を造った。

そして、『天地中界《てんちちゅうかい》の区別《くべつ》もなく、世界《せかい》は一団《いちだん》の泥土泥水《どろつちどろみず》で手《て》の付《つ》けようがなかりた』と、この言葉はこの世界の初期の状態を語っているのだが、『天地中界《てんちちゅうかい》』と言いながら、筆先には神が『中界《ちゅうかい》』を造っている記述は何処にも無い。

また、この『中界《ちゅうかい》』がどのような世界なのか、参照した中には語られてはいない。だが少なくとも、《『中界《ちゅうかい》』は、神が造った世界ではない》ということだけは心に留めておいてほしい。

そして再び、『地《ち》のある限《かぎ》りに住居《すまい》いたしておれる蛇体《じゃたい》の神々様《かみがみさま》が集《あつ》まり合《お》うて』と出した。

ここに『蛇体《じゃたい》の神々様《かみがみさま》』と書かれている通り、神は全員、眷属も含めたすべての神が『蛇体《じゃたい》』であり、それが神の本来の姿ということなのだ。

そして、驚いてほしいのだが、人間の魂も、本当の姿は皆、『蛇体《じゃたい》』なのである。人は神の分け御魂《みたま》であるのだから、それが当然の姿となるのだ。

人間の肉体は物質で出来ている。筆先が言う『泥《どろ》』とは、この『地《ち》』と言われる物質世界を構成する物質、それは、人間に観測できる原子の周期表にある物質で構成された世界だ。人間は『蛇体《じゃたい》』の魂に物質の肉体を纏《まと》う存在なのだ。

そして、天では『水《みず》』と分類される物質で出来た世界となる。それは人間には観測できない物質、ダークマターで構築された世界だ。この『天《てん》』には、『蛇体《じゃたい》』に霊的な物質で出来た人間の姿を纏う神が存在する。

ここまで言えば、泥海に最初から存在していた蛇体の神は、『泥《どろ》』でも『水《みず》』でもない物質で出来た存在だと判るだろう。その泥でも水でもない物質で存在する神は、《神界の物質》で出来た存在とする。

これで《神界、霊界、現界》という言葉が出揃《でそろ》った。これまで不明瞭だった天と地の分け方や、神界・霊界・現界の区分けが明確にされた。

しかし、神霊界は様々な言葉で表現される。例えば、神界、霊界、中界、中有界、幽界、他にも古い言葉を出せば《黄泉《よみ》の国《くに》》なんてのもある。細かく言えば天国とか地獄とか、根の国底の国とか。

だが、それらに対して人々が思い描くイメージは様々であろう。なので、まあ、そんないい加減なイメージの付いた言葉は軽く忘れてほしい。本書でそれらの言葉を使っていても、その言葉から連想される様々なイメージを排除してシンプルに読んでほしい。そのうちに、本当の神霊界について説明するので、これを頭の片隅に入れておいてもらって、とりあえず話を進めて行こう。

人間とは、蛇体（魂）の上に、『水《みず》』の物質の肉体を纏《まと》い、更にその上から『泥《どろ》』の物質の肉体を纏っている存在。人間は魂という肉体に、霊の肉体と物質の肉体を重《かさ》ね着《ぎ》した存在だ。

では、何故、これまで人間の正体（魂）が『蛇体《じゃたい》』だと知らなかったのだろうか？

そう問うならば、隠されていたからだと、そうとしか言いようがないので、それが答えとなる。

では、次の筆先を検討してみよう。

『天《あま》の八洲河原《やすかわはら》において互《たが》いに誓約《うけい》を遊《あそ》ばし、御両神様《ごりょうしんさま》の御魂《おんたま》から五男三女《ごなんさんじょ》の八柱《やはしら》の神《かみ》がお生《う》まれ遊《あそ》ばしたのであるが、これが神《かみ》が人間《にんげん》の肉体《にくたい》になりた初《はじ》まりであるぞよ』

これは、天照大御神様《あまてらすおおみかみさま》と素盞嗚命《すさのおのみこと》の姉弟《きょうだい》が『誓約《うけい》』をした話だが、『天《あま》の八《や》洲《す》河原《かわはら》』は、天《てん》（霊界）に在るので、『人間《にんげん》の肉体《にくたい》』と書かれている肉体は、霊体の肉体だと判る。

このことを考えると、神は天と地を造ったわけだが、この『誓約《うけい》』を行う前は、まだ『水《みず》』という霊界の物質で出来た人の霊体も『泥《どろ》』という現界の物質で出来た人の肉体も無く、神体（蛇体）として、天と地の世界に居たのだ。つまり、まだ本格的に天《てん》（霊の世界）や地《ち》（物質の世界）の中で生活している状態ではなかった。

この状態を人間の感覚で表現すると、模型の世界は造ったけれど、まだ模型を眺《なが》めている状態で、生きる基盤は模型の世界ではなく、その外に在ったということだ。そこに人の体を得たことで、その模型の世界の中に生きることになった。ただ、現界の肉体とは違い、霊界の肉体は食べる物が無くても死ぬような体ではないのだ。

ここで少々、古事記に詳しい人に向けた話をしよう。とは言っても、古事記・日本書紀の記紀神話《ききしんわ》については、日本に住んでいれば割と知っている話も多いと思うので、気楽に読んでほしい。

古事記との比較

ここでは古事記を参照しないので、知っている人向けと言っただけで、知らない人も読んでほしい。

筆先の天地創造が正しいと認識できるようになれば、逆に古事記に違和感を感じ、そこから古事記に隠された秘密が露《あらわ》にされていくことになる。

古事記の天地創造を思い出してみよう。最初に神代七代が現れる。この神代七代で、最初に現れた神は天之御中主《あめのみなかぬし》の神《かみ》。この神と共に二神が現れて、また二神が現れて、次に国常立《くにとこたち》の神《かみ》、豊雲野《とよくもの》の神《かみ》が現れる。

しかし、これらの神は何も語らず天地創造もせず、名だけ登場して消えている。

この中で、筆先に登場する神を見てみよう。


筆先には《天之御中主《あめのみなかぬし》の神《かみ》》は一カ所だけ登場する。では、筆先で《天之御中主の神》とは誰を指すのか？

その答えは、次の筆先にある。

大本神諭　三巻Ｐ九九　大正六年旧九月三十日
天《てん》の御先祖様《ごせんぞさま》が天御中主大神《みろくさま》であるぞよ。全智全能神様《つきのおおかみさま》であるぞよ。

『天御中主大神《あめのみなかぬしのおおかみ》』と書かれた所に《みろくさま》とルビが振られ、また『全智全能神様』に《つきのおおかみさま》とルビが振られているのだから、『天御中主大神』とは『撞の大神様』だ。

つまり、古事記の《天之御中主《あめのみなかぬし》の神《かみ》》とは、『撞の大神様』だと、この筆先で暴露《ばくろ》した。しかしこのことは、この筆先以外には記されていない。そこから察するに、撞の大神様も国常立尊も、古事記で記された《天之御中主の神》の名は嫌いなのだと推測する。それでも、古事記での『撞の大神様』の扱いがどのようなものだったのかを伝えるために、筆先にこのような形で記したのだ。

そして、『豊雲野《とよくもの》の神《かみ》』は、筆先では、『坤《ひつじさる》の金神《こんじん》』だ。

つまり、天と地を造った主要な神である『撞の大神様、艮の金神、坤の金神』の、天地を創造したその苦労が、古事記には一切記されていないことになる。


古事記を思い出してほしい。天地創造と言いながら、古事記には『天』の創造については、何も記されていない。つまり、天は創造しなくても既に存在しており、神々は天から地を造り、天から地へ降りて来るという話になっている。と言うよりも、筆先を知らなければ、天は宇宙空間のことで、地は地球という認識しか無かっただろう。筆先では、天は霊界、地は宇宙空間を含む物質世界のことなのだ。


さて、ここで古事記に登場する主要な神々を拾い出してみよう。

古事記には伊邪那岐命《いざなぎのみこと》、伊邪那美命《いざなみのみこと》、天照大御神《あまてらすおおみかみ》、須佐之男命《すさのおのみこと》の名がある。と、書いてみたが、神の名に当てられる漢字は様々なので、当てている漢字については気にしないでほしい。

筆先には『伊邪那美命《いざなみのみこと》』は登場しない。筆先では『伊邪那岐命《いざなぎのみこと》』が女神なのだ。

そして、古事記では天照大御神《あまてらすおおみかみ》と須佐之男命《すさのおのみこと》が、良くも悪くも活躍している。


判るだろうか？

撞の大神様と数名の神々は、申し訳程度に名だけを出して古事記の天地創造から抹消されている。

では何故、『伊邪那岐之尊様《いざなぎのみことさま》』は抹消されなかったのか？

そこに考えが至ると古事記の秘密が見え透《す》くことになる。

これが、すべての日本人が呆気《あっけ》にとられて呆《ほう》けてしまう大本《おおもと》の経綸《しぐみ》の一つ、《ネタバラし》なのだ。


皆さんは不思議に思わなかっただろうか？

筆先の『伊邪那岐之尊様《いざなぎのみことさま》』の名も、古事記の『伊邪那岐命《いざなぎのみこと》』の名にも、何故、最高神《さいこうしん》の名に『邪《じゃ》』の文字が使われているのだろうか、と。

筆先では、『伊邪那岐之尊様《いざなぎのみことさま》』は自らこう言っていた。

『我身《わがみ》は女体《にょたい》のことなり、かつまたこんな業《ごう》の深《ふか》い見苦《みぐる》しき姿《すがた》でありますから、貴神様《あなたさま》のような御精神《ごせいしん》の良《よ》い、立派《りっぱ》な神様《かみさま》の片腕《かたうで》になるということは、恐《おそ》れ入《い》りて御言葉《おことば》に従《したが》うことができませぬ』と。

女体であることに問題は無い。だが、『業《ごう》の深《ふか》い見苦《みぐる》しき姿《すがた》』と、《業が深い》のは問題である。業を持つとは罪が有るということだ。人間なら罪人と言える存在が『伊邪那岐之尊様《いざなぎのみことさま》』なのだ。

つまり、『伊邪那岐之尊様《いざなぎのみことさま》』とは、名前が示す通り《邪神《じゃしん》》なのだ。

このことが理解できると、八百万の神たちは、国常立尊を拒絶して邪神を支持したと、古事記から読み取ることができる。

しかし、この考えを正しいとするなら、一番の神であり唯一神である撞の大神様は、邪神を妻に迎えて天地を創造したことになる。だが、このことについては、ひとまず置いておこう。


古事記に記された内容を筆先に透《す》かして読めば、伊邪那岐之尊様《いざなぎのみこしさま》とその子である天照大御神《あまてらすおおみかみ》と素盞嗚命《すさのおのみこと》の系統が八百万の神たちに支持されて、邪神が日本を統べる邪神の天下となったと読み取れるのだ。

そんなわけで、古事記とは邪神崇拝のバイブルであったのだ。と、こんなことを書けば、いくら何でも《邪神》は言い過ぎではないか、と思う人も居るだろう。

それについては次の筆先を見よう。

大本神諭　三巻P二〇一　大正七年旧正月十二日
地《ち》の先祖《せんぞ》の大国常立尊《おおくにとこたちのみこと》は、神力《しんりき》が有《あ》り過《す》ぎて、邪神《あくがみ》の手《て》には合《あ》わんから、邪神《あくがみ》の精神《せいしん》が皆一致《みないっち》して、瑞霊大神《みろくさま》への御願《おねが》いを致《いた》して、此《こ》の方《ほう》を艮《うしとら》へ押《お》し込《こ》みて、サア是《これ》で安楽《らく》じゃと申《もう》して、皆《みな》の悪神《あくがみ》が喜《よろこ》びて、斯《こ》の世《よ》を自由《じゆう》に致《いた》して、茲《ここ》までに乱《みだ》したのであるぞよ。

この筆先の内容と、天地創造の筆先と重なるシーンがあると気付くだろう。

天地創造の中で《八百万の神たちが撞の大神様に御願いして国常立尊を艮へ押し込めた》状況を、この筆先で再度語っている。天地創造では『八百万《やほよろず》の神々《かみがみ》』と書かれていた部分が、この筆先では『邪神《あくがみ》』と明確に書かれている。

天地創造の中にも『八百万《やほよろず》の邪神《あくがみ》』とされているところもあり、これらを読めば、《古事記とは邪神崇拝のバイブルだ》という言葉に間違いはないと判る。

それ故、善の神である撞の大神様は、邪神の付けた《天之御中主の神《あめのみなかぬしのかみ》》なんて名は、大っ嫌いなのだ。

さて、古事記では、日本人の祖先は、伊邪那岐命《いざなぎのみこと》、伊邪那美命《いざなみのみこと》、天照大御神《あまてらすおおみかみ》、須佐之男命《すさのおのみこと》である。

伊邪那岐命《いざなぎのみこと》は別にして、伊邪那美命《いざなみのみこと》は筆先には登場しない。もしかして『〇〇〇〇〇』と伏せ字で登場しているのかもしれないが、それは判らないことだ。

天照大御神《あまてらすおおみかみ》は、古事記にも筆先にも書かれている通り、困ったことがあれば穴蔵《あなぐら》に逃げ込む不甲斐なさ、須佐之男命《すさのおのみこと》は思い通りに行かないからと逃げ出すような輩《やから》。これが日本人のご先祖様とは、みっともなくて恥ずかし過ぎると思うのだが、さて、あなたはどう思う？

そんな邪神に守護されている天皇家は、昭和天皇を思えば、終戦のあの時に逃げ出さなかったその精神を称《たた》えたいと思うのだ。あの時、天皇が終戦を宣言せず逃げていたら、多分、日本は分割されていただろう。天皇家が日本の人民に示した姿は、あんな悪神の守護でも、人間は立派な行いができると示したのだ。

なんて建て前はやめよう。ギリギリのところで善の神が導いて、日本の民を救ったのだ。

しかし、真偽の程はどうなのかというところではあるが、天皇家は、天から降《くだ》ってきた神の子孫だとされている。だが実際は、日本は元から神国で、その神国に余所《よそ》から外国人が渡って来て日本を占領した。つまり、古事記に書かれている呆《あき》れた行いをする神々は外国の邪神だったのだから、日本の本当の先祖ではなかったのだ。

天皇家は、日本に渡って来て日本に戦争を仕掛けて奪い取った悪神の方の現人神だった。

だがもう、邪神が支配する世は終わりを迎えるのだから、天皇家の役割も終わる。

艮《うしとら》の金神の型に見せた実地によって、天皇も現人神《あらひとがみ》から象徴に格下げされた。その意味は、邪神が世界を治めていると示すための《天皇家》という在り方が終わったということなのだ。

天皇家は、悪神の眷属の代表として、善の神に帰依《きえ》することを求められている。それが悪神の眷属として、地上でトップに居る者の御用だ。天皇家は、それを示すために、善の神から象徴として残された。それこそが、悪神の方の象徴に、善の神から与えられた使命なのだ。

天皇家も、最後の審判に向けて残された時間の中で、自らの立場を理解し、《善の神に従う》という、悪が善に帰る道を示す良き鏡となることが求められている。

『伊邪那岐之尊様《いざなぎのみことさま》』は、悪神であれども『撞の大神様《つきのおおかみさま》』の妻として、常に夫に従い働いて来た。『伊邪那岐之尊様《いざなぎのみことさま》』の子である『天照大御神様《あまてらすおおみかみさま》』も同様だ。それ故、悪神が支配する日本もこれまで、曲がりなりにもやって来れていたのだと思う。

天皇家も、裏ではそのことを十分に承知しているだろうと思っている。天皇家には、日本に住む悪神の眷属たちの象徴として、良き鏡となってほしいと願う。

神霊界の実相

神霊界の実相《じっそう》なんて大げさなことを言うつもりはないが、神霊界の本当の姿は今の人間が知ることとは全く違う。なので、これまでの知識を引っ張り出してここに書かれたことを検討しようなんて考えていると、何も判らなくなるので注意してほしい。前に、人間の魂の本当の姿について書いたが、それを信じられないなんて思っていると、これからの話は全く理解できないことになるだろう。

大本神諭　一巻P一〇四　明治三十一年旧五月五日
世界《せかい》の神々様《かみがみさま》、守護神殿《しゅごじんどの》、人民《じんみん》に気《き》を付《つ》けるぞよ。

神もこうやっていろんな意味で、神々や守護神たちや人々に気を付ろと言っている。

さて、神霊界の実相を理解する入り口として、先ほどの筆先を見てみよう。
まずは、この筆先の『世界《せかい》の神々様《かみがみさま》、守護神殿《しゅごじんどの》、人民《じんみん》』について語ろう。
この『神々様《かみがみさま》、守護神殿《しゅごじんどの》、人民《じんみん》』は、神界、霊界、現界（この世）の何処に対応するのか？　と、このことについて考えてみよう。単純な線繋《つな》ぎの問題だと思えば簡単だ。
神界は『神々様《かみがみさま》』、現界は『人民《じんみん》』、とすれば、残りの霊界は『守護神《しゅごじん》』の住む世界になる。

これは型に見せたことではあるが、まずはシンプルに、そう理解することから始めよう。そのように理解すれば、蛇体の神は神界に住み、守護神は霊体の人の姿で霊界に在り、現界には物質の肉体を持つ人間が活動していることになる。

物質の肉体を持つ人間には魂が有る。その魂の姿は、蛇体だと前に説明した。その同じ人間には、霊界に住む守護神も居る。つまり人間は、一人で神界、霊界、現界の三つの世界に生きていることになるのだ。

だが世界には、物質の肉体を持たない霊界を住処《すみか》とする守護神も居る。その守護神にも蛇体の神が魂として存在している。この者たちは、地上に降りない者たちで一人で神界と霊界の二つの世界を生きているのだ。

神は天と地を造った。その天は霊界を構成する水と言われる物質で造られ、地の世界は現界の物質（泥）で造られた。ここで表現される言葉では、《神界》は造られてはいない。ここで言う《神界》とは、神が蛇体の姿で存在する場所のことだと理解してほしい。

そして、世界の仕組みとして、人間からは守護神（霊体）も蛇体の神（魂）も見ることはできない。それと同じように守護神からは蛇体の神を見ることができない。しかし、守護神からは人間を見ることができ、蛇体の神からは守護神も人間も見ることができるのだ。

これは次元の高い方から低い方を見ることはできるが、低い方からは高い方を見られないと考えれば判りやすいだろう。当然、神界、霊界、現界と次元が下がっていると理解しよう。

大本神諭　四巻Ｐ一四一　大正七年旧三月十五日

此《こ》の世《よ》を造営《こしら》えた、天地《てんち》の根源《もと》を造営《こしら》えた覚《おぼ》えのある、肉体其《にくたいそ》の儘《まま》で、末代《まつだい》その儘《まま》で居《お》り、爰《ここ》までは蔭《かげ》から守護《しゅご》をして居《お》りた天《てん》の弥勒様《みろくさま》と、地《ち》のお地《つち》の先祖《せんぞ》とでないと、

これまでの説明で、この筆先の意味は理解できるだろう。

『肉体其《にくたいそ》の儘《まま》で、末代《まつだい》その儘《まま》で居《お》り』たのは、神界で蛇体の姿で居たということだ。

『蔭《かげ》から守護《しゅご》をして居《お》りた』という『蔭《かげ》』とは、霊界現界からは見えない《神界》から守護していたということになる。

でも、神界って、どんな所だろう？

そう問うならば、神界は造っていないのだから何も無い。蛇体の神が居るだけの世界だ。

それは、《霊界や現界》という舞台の裏で、舞台を支える大道具係や小道具係、そしてその舞台で行われるドラマの進行までも管理運行していたのが、神界に居る『天《てん》の弥勒様《みろくさま》と、地《ち》のお地《つち》の先祖《せんぞ》』なのだ。また、その神のお手伝いをする眷属の神々も、神界という舞台裏で活動していた。

大本神諭　一巻P一四四～　大正四年旧十一月二十六日

神力《しんりき》は御一柱《おひとかた》の生神《いきがみ》の御手伝《おてつだ》いが在《あ》り出《だ》しても、霊魂《みたま》の神《かみ》が何程沢山《なにほどたくさん》でも、元《もと》の誠《まこと》の生神《いきがみ》の力《ちから》には叶《かな》わんから、同《おな》じ様《よう》な事《こと》を申《もう》して、細々《こまごま》と今《いま》に続《つづ》いて知《し》らして居《お》るなれど、途中《とちゅう》に出来《でき》た枝《えだ》の神《かみ》やら、がいこくから渡《わた》りて来《き》て居《お》る修行《ぎょう》なしの利己主義《われよし》の行《や》り方《かた》の守護神《しゅごじん》では、日本《にほん》の肝心《かんじん》の事《こと》は解《わか》りは致《いた》さんぞよ。

先ほどの話をもう少し進めていく。

この筆先では、『肉体其《にくたいそ》の儘《まま》で、末代《まつだい》その儘《まま》で居《お》り』た神を『生神《いきがみ》』と言い、『途中《とちゅう》に出来《でき》た枝《えだ》の神《かみ》』を『霊魂《みたま》の神《かみ》』と言い換えている。だが、この『生神《いきがみ》』と『霊魂《みたま》の神《かみ》』は何が違うのか、そのことについて説明しよう。

天地を造った神は、『生神《いきがみ》』。『肉体其《にくたいそ》の儘《まま》で、末代《まつだい》その儘《まま》で居《お》り』た蛇体の姿が、神の本体になる。『途中《とちゅう》に出来《でき》た枝《えだ》の神《かみ》』とは、『霊魂《みたま》の神《かみ》』。つまり、霊体の神のことなのだ。

天地創造を読めば判るが、『霊魂《みたま》の神《かみ》』とは霊界現界が出来てから生まれた神なのだ。この『霊魂《みたま》の神《かみ》』が、人間が神について想像した時の神の姿だ。それ故、この神が天地創造を知らないのも当然なのだ。

でも、霊界の守護神と神界の魂は、一体のはずなのだから霊界の守護神だって知っているんじゃないか？　なんて思うのかもしれない。神なんだから知らないわけがないだろうって思うのかもしれない。

だが、この答えは「知らない」が正しい。何故なら、あなた自身が霊体の気持ちも魂の思いも知らないのだから、知らないのが当然なのだ。

三界に住むそれぞれの存在は、一体でありながら別々の世界を生きる独立した経験、知識、性格を持つ存在なのだ。人間からすればとても一体とは思えないだろうけれど、自分の霊体が白分と共に居る本来の守護神なのだ。

また、『枝《えだ》の神《かみ》』にはもう一つ《末端の神》という意味があって、眷属の神ということだ。この『枝《えだ》の神《かみ》』は、霊体を頂いて守護神として霊界を生きているのだが、この守護神は現界とは違って死なない存在だ。それでも、殺されれば死んでしまうのではあるが、普通には死なない存在なのだ。その『枝《えだ》の神《かみ》』に霊体を与える存在が、『生神《いきがみ》』なのだ。

つまり、『霊魂《みたま》の神《かみ》』は、自分の霊体を『生神《いきがみ》』から与えられているので、自分の意志で霊体を脱げないことになる。なので、もし自分で脱いだとしても、『生神《いきがみ》』から霊体が与えられるまで、人の姿に戻れないのだから、人の姿で居たければ、自分の都合で霊体を脱ぐことはできないのだ。

結局、『霊魂《みたま》の神《かみ》』とは、自分の意思で霊体を着たり脱いだりできない神なのだ。

だが、『霊魂《みたま》の神《かみ》』が、そういう存在だとすると、『途中《とちゅう》に出来《でき》た枝《えだ》の神《かみ》』の『枝《えだ》』とは、聖書で言うところの、葉や実に該当する存在になる。この件に関しては、後ほど話そう。


と、ここまで語ったので、『生神《いきがみ》』とはどういう存在なのかをまとめよう。

『生神《いきがみ》』は、自分で霊体を作ることができる神だ。つまり、自分で霊体を作れるので、それを自由に着たり脱いだりできる。それ故、時々霊体を身に纏《まと》うことがあっても、『肉体其《にくたいそ》の儘《まま》で、末代《まつだい》その儘《まま》で』居ることができる。


ここまで説明してきた通り、『途中《とちゅう》に出来《でき》た枝《えだ》の神《かみ》』とは、霊体を脱ぐことができない神なので、霊界以外に居る所はない。

だから、『枝《えだ》の神《かみ》』である『霊魂《みたま》の神《かみ》が何程沢山《なにほどたくさん》でも』と、霊界の中で生きる『枝《えだ》の神《かみ》』では、その霊界を造った『元《もと》の誠《まこと》の生神《いきがみ》の力《ちから》には叶《かな》わん』のが当然、となるのだ。

大本神諭　一巻P七八　大正五年旧十一月八日
此《こ》の方丑寅《ほううしとら》の金神《こんじん》も我《が》が強《つよ》うて、神々《かみがみ》の手《て》に合《あ》わいで押《お》し籠《こ》められて、独神《ひとりみ》に成《な》りて悔《くや》しかりたなれど、是丈《これだ》けの修行《ぎょう》で在《あ》ると思《おも》うて、此《こ》の世《よ》にはモウ変化《ばけ》る事《こと》の無《な》い所《とこ》まで、何《ど》んな事《こと》にも変化《ばけ》て、茲《ここ》へ成《な》りたので在《あ》るから、《『肉体其《にくたいそ》の儘《まま》で、末代《まつだい》その儘《まま》で居《お》り』た神》は、自分の本体が《蛇体《じゃたい》の竜《りゅう》》であることが基本だ。だから、霊界で自在に霊体を着たり脱いだりしている。そうやって、様々な霊体を着て『変化《ばけ》て』活動していた。つまり、『押《お》し籠《こ》められて』と隠れたことにしてたけれど、艮の金神は神出鬼没に動き回っていたのだ。

枝の神たちは、艮の金神がそんなことをしていたとは知らず、艮の金神（エンマ様）の前で無防備に正体を晒《さら》し、その行いを見られていたということなのだ。

人間の構造

筆先を読むと、人間や神霊に向けて語る言葉には、《御魂》や《霊魂》、《御霊》、《身魂》とあり、この言葉のすべてに《みたま》とルビが振られているのだが、このことについて話をしていく。

この、様々な《みたま》は、《神、霊、現》のそれぞれに所属する存在の、誰に向けて語っているのかを書き分けているのだと理解してほしい。その理由は前にも少し話したが、ここで詳しく話していこう。

でもその前に、神は、何故それぞれに語りかけるのか？　ということについて話をしよう。

人間には魂、霊体、肉体とあるのだが、魂、霊体、肉体それぞれに独立した意識があると思ってほしい。魂と霊体と肉体は一体として在りながら、それぞれが次元の違う所に生きている。それ故、意識は互いに影響しあいながらも独立した活動をしている。このことについて、少し根拠を出してみよう。

人間には心という意識が有る。だが、肉体にも意識は有る。肉体にも意識が有るという根拠に、臓器移植によって、その臓器を移植された方が、臓器を提供した方の好みに嗜好《しこう》が変わるという事例が有ることで、臓器（肉体）にも意識が有ると判るだろう。

他にも、一目惚れということが有るが、これは霊体がその感情から始まる経験を体験したいから、その感情を起こさせているということだ。人間という存在は、大なり小なり霊によって突き動かされている。そして、その霊も、その魂によって突き動かされているということなのだ。

人は、人の性格や運命を血液型や星占い、ほか様々なものに根拠を求めているけれど、実際に人の性格や行いを決めているその根底にあるのは、霊や魂だったのだ。でも、人は霊や魂を認識しない。それは不思議な感覚だと思うのだが、普通の人は霊や魂を自覚しない。人にはそれが当たり前の感覚すぎて気付けないのだ。あなたの中から出てくる思い、考え、閃《ひらめ》き、実はそれこそが霊や魂の声なのだ。このような状態であるが故、人と霊と魂は一体の存在でありながら、それぞれが独立した存在とも言えるのだ。

と、ここまで語ったところで、話を本線に戻そう。

《御魂》という言葉を使う時は、神界の魂に向けて語っている。《御霊》の時は、霊界の守護神（霊体）に対してとなる。《霊魂》と言う時は、霊界の霊体と、神界の魂の両方に呼びかけているのだが、この両方を合わせて《霊魂》と言う場合は、良くも悪くも霊体と魂の気が合って、一体となった存在なのだ。

この状態でも、霊体が魂を良く判っていない状態の場合、魂が霊体に合わせていることになるので、この状態が体主霊従と言われる状態になる。逆に霊体が魂を判って霊体が魂に従う一体となった状態を霊主体従と言うことになる。この霊主体従、体主霊従についての認識は、非常に重要なことなので覚えおいてほしい。

次の《身魂》については、これが我々に向けて語られる時の言葉になる。《身魂》の《身》は現界の肉体。《魂》は神界の魂となる。ただ《魂》の中には霊体も含まれていると思われる。これも一体となっていれば両方で、本来の守護神（霊体）ではない存在（悪霊）が憑いてばらばらならそれぞれに、ということになるのだろう。

ほぼすべての人間に、悪霊が憑いているのが一般的な状態なのだ。いずれにしても、この《身魂》とは、人間のことなのだ。

巷《ちまた》には、《守護霊《しゅごれい》》という言葉があるが、その守護霊とは、筆先で言う《守護神》と同じと解釈して良い。そして、この守護神と人間の関係については、その人間と同じ波長を持つ守護神が寄り付くのが一般的だ。そうやって、現界と霊界で同じような行いをする似た者同士となる。この場合は、自分に付くべき本来の守護神ではなく、気の合う守護神が憑《つ》く状態なのだ。

筆先に絡《から》めた話をするなら、筆先は判らんと言う人間には、筆先は判らんと言う守護神が憑《つ》くということだ。その《筆先は判らんと言う守護神》は、邪神の方の守護神なので、そんな悪神を寄り付かせる人間は、悪神から筆先を理解させないように常に邪魔されるので、筆先は判らんと永遠に言い続けることになる。

そんな人間が筆先を判るようになるには、筆先を理解しようという絶対的信念と、邪魔をしてくる悪神をねじ伏せるくらいの精神力が必要なのだ。

大本神諭　二巻P二五　大正六年旧五月六日
悪《わる》い霊《れい》を引《ひ》き抜《ぬ》きて、日本《にほん》の霊《ひ》の元《もと》の生粋《きっすい》の日本魂《やまとだましい》と入《い》れ替《か》えてやりて、天《てん》と地《ち》との先祖《せんぞ》が守護《しゅご》を致《いた》すと、思《おも》うように筥指《はこさ》した様《よう》に、コトリコトリと行《い》くように致《いた》すぞよ。

そうやって筆先を判ろうと本気で努力するなら、その人の努力を見ていた『天《てん》と地《ち》との先祖《せんぞ》が』『悪《わる》い霊《れい》を引《ひ》き抜《ぬ》きて、日本《にほん》の霊《ひ》の元《もと》の生粋《きっすい》の日本魂《やまとだましい》と入《い》れ替《か》えて』『守護《しゅご》』してくれるので、『思《おも》うように筥指《はこさ》した様《よう》に、コトリコトリと』筆先が判るようになって行く。

『思《おも》うように筥指《はこさ》した様《よう》に』上手く行くとはそういう意味だと理解してほしい。これで現実世界のことが『思《おも》うように』『行《い》く』なんてことはない。

ただ、あなたが筆先に真正面から向き合うようになると、神が現実世界に介入して、今までの苦労は何だったんだ？　って言うほどスムーズに物事が進むことがある。神は、そうやって浮いた時間であなたに筆先を勉強してほしいと望むのだ。

でも、あなたがその浮いた時間で遊んでしまうと、ムチ《辛《つら》いこと》を与えられたりするので、神に翻弄させられることになる。だが、そんな経験も積み重ねて行くなら、あなたも神の存在を実感できるようになるだろう。

また、《筆先を勉強する》という行いは、この世の幸せを求めるためではなく、天国という志望校に入学できるのか、落第して地獄に行くのかの境目の、受験勉強をしていると考えてほしい。己の未来の幸せのための勉強なのだ。頑張ってほしい。

ところで、『悪《わる》い霊《れい》』とは《悪の守護神》のことだ。また『日本《にほん》の霊《ひ》の元《もと》の生粋《きっすい》の日本 魂《やまとだましい》』とは、唯一神の教えを守る神のことで、それは《善の守護神》なのだ。

ちなみに、キリスト教の《聖霊《せいれい》》とは、これまでの説明と対応させれば、《善の神の教えを守る霊魂》のことだ。《善の神の教えに逆らう霊＝悪の守護神》に従うようでは、地獄に行くだけ。だから、そんな霊に従わず、善の霊＝聖霊に従うことが天国に行くべき人間の正しい選択となる。

天（霊界）も地（現界）も、邪神や悪魔に、もうトコトンまで汚《けが》されてしまった今の時代であるからこそ、聖霊を正しく選び取る必要がある。なんて、こんな表現では、聖霊をどうやって探し出そうかなんて考えてしまう人も居るのかもしれないので言っておくのだが、筆先を勉強すれば、聖霊を神から憑《つ》けてくれるのだから、筆先を本気になって勉強すれば良いだけなのだ。

神は、これほどまでに人間に判りやすく、迷いなく天国へ行ける道を提供している。これを疑ったら、天国に行けるはずがないと思うのだが、皆さんはどう思うだろうか。

様々な宗教の神霊界の話を聞いても、天国には行けない。枝葉の先で花や実ばかりを見る今までの宗教の教えは、八《や》百万《およろず》の悪神の教えだ。幹に繋がる誠の神からの教え（筆先）を理解することで、天国への道が見えて来る。

さて、これで神霊界の基本的な情報は提供した。もう少し複雑な話もあるが、そのことはまた後で話そう。ひとまずここで区切りとする。

ところで、筆先は一神教だと言った。また、キリスト教にある聖霊という言葉も出てきた。それよりも、初《しょ》っ端《ぱな》から福音《ふくいん》という言葉も出しているのだから今更という気もするのだが、それは宗教が違うのではないかと思う人も居ると思うのだ。

なので、そのことについて、次の項で話していこう。

洗礼者ヨハネとイエス・キリスト

《聖霊《せいれい》》なんて言葉も出したので、ここで筆先とキリスト教との関わりについて書いておこう。

伊都能売神諭《いづのめしんゆ》には、ヨハネとイエスの名がチョロッと書かれている。

まずは、それが書かれた筆先を見てみよう。

伊都能売神諭　P二八四　大正八年六月三日
撞賢木《みろくの》天照大神様《おおかみさま》の御命令《ごめいれい》を戴《いただ》きて、三千世界《さんぜんせかい》の立替《たてか》えのために、由良川《よるだんがわ》の水上《かわかみ》に神代開祖出口守《よはねのみたま》が現《あらわ》れて、清《きよ》けき和知《いすず》の玉水《たまみず》に、人《ひと》の身魂《みたま》を洗《あら》い世《よ》を清《きよ》め、神政成就瑞純霊《きりすとのみたま》が、再《ふた》び地《ち》の高天原《たかあまはら》へ現《あらわ》れて、救《すく》いの舟《ふね》を造《つく》りて待《ま》てど、乗《の》りて助《たす》かる身魂《みたま》は千人《せんにん》に一人《いちにん》も六《むっ》カ敷《し》い今《いま》の世《よ》の有様《ありさま》、神《かみ》が誠《まこと》のことを申《もう》せば、今《いま》の人民《じんみん》は悪神《あくがみ》に迷《まよ》わされて、

ここでは、ルビに注意して読んでほしい。「よはねのみたま」とルビが振られているのは『神代開祖出口守』で、これは出口直なのだ。そして、「きりすとのみたま」とルビが振られているのは『神政成就瑞純霊』で、この中の『瑞純霊』とは瑞《みづ》の御霊《みたま》のことで、変性女子を示す。その変性女子とは出口王仁三郎なのだ。この回りくどい表現を簡単に言えば、洗礼者ヨハネは出口直の前世で、イエス・キリストは王仁三郎の前世ということだ。

参照した筆先の後半には、《神が本当のことを言っても、誰も信じない》と嘆《なげ》いていることが書かれている。信じな

いから、『救《すく》いの舟《ふね》を造《つく》りて待《ま》てど、乗《の》りて助《たす》かる身魂《みたま》は千人《せんにん》に一人《いちにん》も六《むっ》カ敷《し》い今《いま》の世《よ》の有様《ありさま》』という現状なのだ。

大本神諭　一巻P一六四〜　大正三年旧九月十七日
代《か》わりの有《あ》る事《こと》なら為宜《しよ》いなれど、代《か》わりの無《な》い変性男子《へんじょうなんし》の身魂《みたま》と、変性女子《へんじょうにょし》の身魂《みたま》であるから、此《こ》の御用《ごよう》の勤《つと》まる身魂《みたま》は、外《ほか》には一方《ひとかた》も無《な》いような事《こと》がさして在《あ》るから、

変性男子は出口直で、変性女子は王仁三郎だ。この二人は人類の歴史の転換点に現れ、その上、この二人以外では、『此《こ》の御用《ごよう》の勤《つと》まる身魂《みたま》は、外《ほか》には一方《ひとかた》も無《な》い』と言っているのに、既に二人とも昇天してしまっている。

この二人は二〇〇〇年前に現れて、次は一〇〇〇年前に現れて、その次に二人が現れるのは遙か彼方《かなた》の未来。ってなことにはならないのが筆先に書かれた神の経綸《しぐみ》だ。次に二人が出現する時期については後で語ろう。

まずは、二人のうちの一人について、経綸《しぐみ》の仕《し》込《こ》みが行われていることを語る次の三つの筆先を紹介しよう。

大本神諭　一巻P一六三〜　大正三年旧九月十七日
昔《むかし》から神《かみ》が研《みが》きしもとの鏡《かがみ》も、九分九厘《くぶくりん》の処《ところ》で雲《くも》りたら、神《かみ》の間《ま》に合《あ》わんから、今度《こんど》の御用《ごよう》はチットも油断《ゆだん》は出《で》来《き》んぞよ。天地《てんち》の御先祖様《ごせんぞさま》の、尊《とうと》い御霊魂《みたま》の光《ひかり》を出《だ》さねば成《な》らぬ、大神様《おおかみさま》の一《いち》の家来《けらい》が、鏡《かがみ》が曇《くも》りて居《お》りた故《ゆえ》に斯《こ》んな惨《むご》い世《よ》になりたのであるぞよ。
今暫《いましばら》くは、一《いち》の家来《けらい》の名《な》だけは現《あら》わさずに在《あ》るなれど、トコトン改心《かいしん》をいたさねば、其《そ》の守護神《しゅごじん》と肉体《にくたい》の名《な》を現《あら》わして、世界中《せかいじゅう》へ漸愧《はじ》を晒《さら》さして、悪《あく》の加賀美《かがみ》にして罪《つみ》を取《と》らねば、重々《じゅうじゅう》の天地《てんち》の咎人《とがにん》どころで無《な》いぞよ。天《てん》

地《ち》の大盗賊《おおどろぼう》であるぞよ。

この筆先の後半、『其《そ》の守護神《しゅごじん》と肉体《にくたい》の名《な》を現《あら》わして、世界中《せかいじゅう》へ漸愧《はじ》を晒《さら》さして、悪《あく》の加賀美《かがみ》にして罪《つみ》を取《と》らねば、重々《じゅうじゅう》の天地《てんち》の咎人《とがにん》どころで無《な》いぞよ』と書かれていて、『其《そ》の守護神《しゅごじん》と肉体《にくたい》の名《な》を現《あら》わ』さなければ罪を晴らせないのならば、『名《な》を現《あら》わ』すしか罪を晴らす手段は無いということになる。

この、『昔《むかし》から神《かみ》が研《みが》きしもとの鏡《かがみ》も、九分九厘《くぶくりん》の処《ところ》で雲《くも》りたら、神《かみ》の間《ま》に合《あ》わん』と言われ、『大神様《おおかみさま》の一《いち》の家来《けらい》が、鏡《かがみ》が曇《くも》りて居《お》りた故《ゆえ》に斯《こ》んな惨《むご》い世《よ》に』なったと言われたのは、イエス・キリストと同じ霊魂《みたま》である王仁三郎のことなのだ。かつてイエス・キリストとして、立派に神の御用を果《は》たした霊魂《みたま》が、九分九厘の王仁三郎の時に『鏡《かがみ》が曇《くも》りて』『間《ま》に合《あ》わん』ことになったのだ。

大本神諭　七巻P一三～　明治三十四年旧一月十六日

海潮《かいちょう》の霊学《れいがく》も皆仕組《みなしぐみ》であれども、海潮《かいちょう》は参《まい》りた折《おり》から霊学《れいがく》で開《ひら》きたいのは当然《もっとも》ざ、志望《こころざ》して居《お》れども霊学《れいがく》で開《ひら》いたら、飯綱《いづな》ざ山師《やまこ》ざと申《もう》されて、貴方一代悪《そなたいちだいわる》く言《い》われて、目的《おもわく》は立《た》たんぞよ。霊学《れいがく》で引《ひ》き寄《よ》して、此《こ》の方《ほう》の取次《とりつぎ》に致《いた》す仕組《しぐみ》ざぞよ。六分《ろくぶ》は改心出来《かいしんでけ》たが、性来《しょうらい》というものは、人《ひと》が来《く》ると持病《じびょう》が差《さ》し出《で》る。開《ひら》きに行《い》くと心配《しんぱい》、気苦労出来《きぐろうでき》て、神《かみ》の名《な》が悪《わる》くなる丈《だけ》ざが海潮《かいちょう》。中間《なか》に立《た》ちた取次《とりつぎ》、御苦労《ごくろう》な役《やく》ざ。

『海潮《かいちょう》』とは、王仁三郎の呼び名の一つだ。『海潮《かいちょう》』の名の意味は、月の運行で満ち引きする海、それは撞《月》の大神様の意向で姿を変える瑞の御霊を表している。

この筆先を読めば、王仁三郎は結局死ぬまで改心できずにあの世に行ったということになる。しかし、それこそが王仁三郎の御用であった。

『海潮《かいちょう》。中間《なか》に立《た》ちた取次《とりつぎ》、御苦労《ごくろう》な役《やく》ざ』、神が語るこの言葉の意味を正しく解《かい》するのなら、王仁三郎は『中間《なか》に立《た》ちた取次《とりつぎ》』なのだ。それは、イエス・キリストと王仁三郎と、王仁三郎が生まれ変わった来世の、三代に渡る御用の、王仁三郎は正《まさ》しく『中間《なか》に立《た》ちた取次《とりつぎ》』なのである。その中間《なか》の御用は、《悪の方のやり方を鏡に見せる御用》であったのだ。

王仁三郎として生きていた時の王仁三郎の御用は、《筆先を判らんと唯一神の教えを無視して、何処《どこ》の神かも判らん神と神懸《かんがか》りをして神霊界のことを語る》という御用だった。その行いがどれほど危険なものなのかは、前の筆先を読めば判るだろう。それ故、『悪《あく》の加賀美《かがみ》にして罪《つみ》を取《と》らねば、重々《じゅうじゅう》の天地《てんち》の咎人《とがにん》どころで無《な》いぞよ』と神が言ったのだ。それほどのことを王仁三郎はやったのである。

『今暫《いましばら》くは、一《いち》の家来《けらい》の名《な》だけは現《あら》わさずに在《あ》るなれど』と、王仁三郎の悪事はこれまで隠されて、宗教団体としての大本を、トコトン悪へと落としめさせたのだ。

そうして、本当の九分九厘の時を、今に引き寄せた。

大本神諭　一巻P一七六　明治三十五年旧七月十一日

今度《こんど》の二度目《にどめ》の世《よ》の立替《たてか》えと申《もう》すのは、天《あま》の岩戸《いわと》を閉《し》める役《やく》と、開《ひら》く役《やく》とが出来《でき》るのであるが、

この筆先に書かれた『天《あま》の岩戸《いわと》を閉《し》める役《やく》』が、型の時代を担《にな》う王仁三郎の御用であった。王仁三郎が型に見せるこ

とで、本当の九分九厘に向かわせることが『天《あま》の岩戸《いわと》を閉《し》める役《やく》』の御用だったのだ。

すべては、神の計画通り。

人類の科学技術は急速に花開き人の力を増大させ、宗教に疑いを抱かせて神に対して心を閉ざさせる。人々の神に対する認識は、良くても《神とは法則である》と言うくらい神を生きた存在とすら認識されないほどに貶《おとし》められた。だがその実際は、本当は神が居なければ、何もできない人類なのに、神がまるで機械のように働いて、正確な物理法則が有るかのように人に見せていただけなのだ。

物質文明は、そうやって悪神が人間に必死に働きかけて、善の神がそれを陰から後押しして発展して来ていたのだ。


こうやって実地の時代を、今に引き寄せた。

王仁三郎は、格好良く言えば、フランス革命の民衆を導く自由の女神を描いたロマン主義絵画《かいが》のように、旗を掲《かか》げて人々を導く役割だった。王仁三郎は、目指《めざ》すべき方向を旗を掲げて示したのだ。だがその方向が、出口直が目指す方向ではなく、悪神が目指す方向だったのだ。


仕込みを行った王仁三郎について、大分突っ込んだ話をした。だが、これでもまださわり程度だ。

王仁三郎の御用は本当に難解で、彼の行いを理解するのは非常に難しい。なので、王仁三郎こそが正しいと思い込んでいる人たちには、尚更難しい話になるだろう。だが、この本に書いたことを素直に読み進めて行けば、大本を舞台にして行われた神の秘められた計画が、明らかにされるだろう。

大本の経綸　引っ掛け戻し

大本《おほもと》の経綸《しぐみ》と言えば様々な経綸がある。が、それらは皆 艮《うしとら》の金神《こんじん》が仕組《しぐ》みたことなのだ。この経綸で一番大きな経綸は、既に説明した《型の時代と実地の時代》のことだ。これが一番大きな《引っ掛け戻しの経綸》になる。まずは、この《引っ掛け戻し》について書かれた筆先を出そう。

大本神諭　六巻P一二二　明治三十三年旧八月二十日
今度《こんど》の神業《こと》は、引《ひ》っ掛《か》け戻《もど》しの仕組《しぐみ》であるから、難《むずか》しきのじゃぞよ。此《こ》の仕組《しぐみ》で無《な》いと、万古末代《まんごまつだい》は永続《つづ》かんから、判《わか》らん経綸《しぐみ》がしてあるぞよ。

そして、出口直と王仁三郎が居た《型の時代》は、すべて《神がやって見せたこと》なのだ。

大本神諭　五巻P二六九　明治三十六年旧六月
コンナ激烈《はげし》き根神《こんじん》が体内《たいない》へ這入《はい》りて、出口《でぐち》をガンジリ巻《ま》きに為《し》て置《お》いて、此《こ》の方《ほう》が何事《なに》も為《し》て居《お》る、

こんなふうに、神が『出口《でぐち》』だけではなく、物事を決定する人物を『ガンジリ巻《ま》きに為《し》て』、『此《こ》の方《ほう》（艮の金神）が何事《なに》も為《し》て居《お》る』と言うようにして、人々に見せていたのが《型の時代》ということなのだ。

戦時中、日本の作戦会議は、その場の空気によって決定されたという話がある。それこそ、空気（見えない神）によって決められていたということなのだ。

今を生きる我々は、こうやって《神が型の実地に見せたこと》を参考にして、個人として、自分の意思で成すべきことを行うことが、これから行われる《実地の本番の時代》なのである。

これは、《最後の審判》に向けての経綸なのだ。

最後の審判とは、合格か不合格か、それを決定する試験のことなのだ。それ故、型の時の『ガンジリ巻《ま》き』とは違い《自分の意思で成したこと》を、神が審判することになる。

《型の時代》は、人間がこれを見て参考にするようにと、神が手本に見せていたのだ。だがこれは、失敗のお手本だった。故に、《間違ったことをして失敗した》というお手本を見て、自分で成功する道を見つけ出し、その行いをすることが最後の審判で合格する方法なのだ。

それ故、型に見せたことを一度ご破算にして、人間に考える時間を与えるため、と建て前を立てつつ、型の時代から長い時を経《へ》て、誰もが忘れ果《は》てた頃に実地が行われるのである。

それ故、筆先には、こんなことが書かれていた。

大本神諭　二巻P二五〇　明治三十一年旧十一月三十日
気《け》も無《な》い内《うち》から知《し》らしたが、時節《じせつ》が来《き》たぞよ。

型の時代に、実地の本番の時代のことを知らせるのだから、『気《け》も無《な》い内《うち》から知《し》らした』と言ったのだ。そうやって、人間からすれば一〇〇年という長い時を経て、実地の『時節《じせつ》が来《き》た』のである。

筆先の引っ掛け

これから語ることは、大本の経綸という大きな話ではなく、筆先に仕込まれた引っ掛けというもので、筆先を読み解く参考にしてほしい。

筆先を読めば『大化物《おおばけもの》』という言葉が出て来るのだが、この『大化物《おおばけもの》』には、善の『大化物《おおばけもの》』と悪の『大化物《おおばけもの》』がある。この程度のことは筆先を素直に読めば誰でも気付けるだろう。だが、善と悪が引っ繰り返っていては、素直に読んでも正しく読めず、結局、何も解らないまま終わってしまうことになる。

他にも『根《ね》の国底《くにそこ》の国《くに》』という言葉があるが、これには三つの意味がある。

大本神諭　一巻P二五六～　明治三十六年旧六月四日
出口直《でぐちなお》の日々《ひび》の願《ねが》いが耳《みみ》へ這入《はい》る守護神《しゅごじん》なら、此《こ》の大本《おほもと》から構《かも》うてやれば、万古末代《まんごまつだい》の結構《けっこう》な事《こと》であるなり、根《ね》の国底《くにそこ》の国《くに》に落《お》とされたら、モウ是《これ》からは日本《にほん》の土地《おつち》を踏《ふ》まして貰《もら》う事《こと》は出来《でき》ん事《こと》に成《な》るから、気《き》を注《つ》けたので在《あ》るぞよ。

この筆先では、最後の審判の後の、所謂《いわゆる》《本当の地獄》のことを『根《ね》の国底《くにそこ》の国《くに》』と言っている。

大本神諭　二巻P一二九　大正二年旧九月十一日
今《いま》の世《よ》は、がいこくのみぐるしきカラの身魂《みたま》になりて居《お》るから、亡霊《しにみたま》やら、根底国《むこう》の極悪神《ごくあくがみ》の眷族《けんぞく》やらが、皆悪《みなあ》事《く》を企《たく》みて、神国《しんこく》の世《よ》を汚《けが》して居《お》るから、

この筆先では、『根《ね》の国底《くにそこ》の国《くに》』を短縮した感じで『根底国《むこう》』と書かれているのだが、これは内容を読めば《中界》のことだと判る。この中界については、後で存分に説明しよう。

大本神諭　二巻P一四三　大正三年旧九月十九日
この世《よ》になれば、今迄《いままで》に覇《は》張《ば》りて居《お》りた悪《あく》の霊《みたま》を選《よ》り分《わ》けて、根底国《そこのくに》へ放《ほ》りて仕《し》舞《も》うて、生粋《きっすい》の水晶《すいしょう》の世《よ》にいたすのであるから、

前の筆先と同じ漢字に、違う読み方をしているこの筆先の『根底国《そこのくに》』とは、最後の審判の後の《本当の地獄》のことなのだ。この《本当の地獄》についても、後でジックリと話そう。

大本神諭　一巻P二六二　大正五年旧七月二十三日
日本《にほん》は霊《ひ》の元《もと》の根《ね》の国《くに》であるから、

この筆先では『根《ね》の国《くに》』と書かれているが、この『根《ね》の国《くに》』は日本の国のことだ。

次は、二つの筆先を合わせて検討してみよう。

伊都能売神諭　P二四三　大正八年三月十日（旧二月九日）
今日《こんにち》までは元《もと》の誠《まこと》の神《かみ》は世《よ》に現《あらわ》れず、根底国《ねのくに》の刑罰《けいばつ》を受《う》けて苦《くる》しみておりたなれど、

ここには『元《もと》の誠《まこと》の神《かみ》』は『根底国《ねのくに》の刑罰《けいばつ》を受《う》けて』居た、と書かれている。

伊都能売神諭　P四〇　大正七年十二月二十二日（旧十一月二十日）
今《いま》までは誠《まこと》の元《もと》の生神《いきがみ》は、丹後《たんご》の男島女島《おしまめしま》と播磨《はりま》の神島《かみじま》とに隠《かく》れて、三千世界《さんぜんせかい》の守護《しゅご》いたしておりたぞよ。

ここでは、『誠《まこと》の元《もと》の生神《いきがみ》』は、『丹後《たんご》の男島女島《おしまめしま》と播磨《はりま》の神島《かみじま》とに隠《かく》れて』居た。

この『伊都能売神諭《いづのめしんゆ》』の二つの筆先の主語は、同じ《善の神》なので、二つの筆先は合わせることができる。

すると、《『元《もと》の誠《まこと》の神《かみ》』は、『根底国《ねのくに》』である日本の『丹後《たんご》の男島女島《おしまめしま》と播磨《はりま》の神島《かみじま》』に『隠《かく》れて』『刑罰《けいばつ》を受《う》け』つつ『三千世界《さんぜんせかい》の守護《しゅご》』をしていた》ということになる。

『根底国』という言葉で、《本当の地獄》と《中界》と《日本》のことを言い分けている。なので、前後の言葉を理解

して読み違えないようにしてほしい。

他にも、一つの言葉に善と悪の意味を込めて語っている言葉がたくさんあるので、読み損なうことがないように気を付けてほしい。同じ言葉で違う意味、違う言葉で同じ意味、そんな言葉に振り回されて、結局何が何だか分からんで終わってしまわないように。一つ一つの言葉が何を言い表しているのかを自分なりに見当を付けられるようになってほしい。それができて彼方此方《あちらこちら》に鏤《ちりば》められた言葉を繋いで真実を拾い出すことができるのだ。この読み解き方を判らなければ、筆先の理解は全《まった》く進まない。

こういった手法で、自分なりに仮説を立て、確認のために筆先を読み返し、自分の立てた仮説が筆先全体と矛盾しないことを確認して、その仮説を正しいと決める。

そうやって一つ一つ立証して、理解を進めて行く。

非常に手間のかかるやり方で、この方法でしか筆先を理解することはできない。それ故筆先に隠された真実という果実を収穫するには、長い時間が必要となったのだ。

これを読んでいる皆さんは、その苦労の成果をここに開示していると理解してほしい。

教団大本では、《筆先は、生まれ赤子の無の心で読めば、守護神が教えてくれる》と信じている。

だが、既にその方法では筆先を解ることはないと説明した。

それに大本では、その方法で筆先を一〇〇年経っても読み解けなかったことを知っているのだから、そのやり方では読み解けないことは、もう証明されたと言ってもいいはずだろう。

それでも、そのやり方を信じているのだから、信者の信仰心の深さが垣間《かいま》見える。

だが、その信仰心は、真実を解ろうとする信仰心ではなく、自分が信じたいものを信じるという信仰心なのだ。その信仰心が狂信的信仰心というものなのだ。多分、こんなことを言えば極論だと思う人も多いだろう。しかしながら、それがこれまで赦《ゆる》されて来たのは、全体にわたって筋を通した正しい教えというものが無かったから、なのだ。

あなたが気付いていなくても、今はもう、違《たが》えることの許されない正しい教えが立っているのだ。だから、これを無視した信仰が赦されることはないと気付いてほしい。

これこそ、狂信的ではないかと言われそうではあるが、一神教とはそういうものなのだと理解してほしい。

だが、この一神教は、あなたが思っているよりも、遙かに自由度の高い一神教であるのだ。これも、本書を読み進めて行けば解って来るだろう。

閑話　オオカミが来たぞ〜！

かつて、イエスが言った。最後の審判が来るぞ〜。
また、王仁三郎が言った。大峠（最後の審判）が来るぞ〜。
彼らはオオカミ少年と言われた。
オオカミ少年は嘘つき少年、世間を騒がせるだけの迷惑者。
でも、今度は三度目の正直。
大神《おおかみ》が来たぞ〜！
今度こそ本当に、最後の審判を実施する大神が現れる。
イエスに引っ掛かり、王仁三郎に引っ掛かり、そこに残った者も、
騙《だま》されたと思って逃げ出した者も、その身を改めよ。
この呼びかけを、嘘だ、冗談だと思っていると、改心の時を失うぞ。

大本の経綸　三人世の元

大本には三人世《よ》の元《もと》の経綸《しぐみ》がある。

大本神諭　一巻P一二七　明治三十二年旧七月一日
日《ひ》の本《もと》に只《ただ》の一輪《いちりん》咲《さ》いた誠《まこと》の梅《うめ》の花《はな》の仕組《しぐみ》で、兄《こ》の花咲哉姫《はなさくやひめ》の霊魂《みたま》の御加護《おてつだい》で、彦火々出見《ひこほほでみ》の命《みこと》とが、守護《しゅご》を遊《あそ》ばす時節《じせつ》が参《まい》りたから、モウ大丈夫《だいじょうぶ》であるぞよ。梅《うめ》で開《ひら》いて松《まつ》で治《おさ》める、竹《たけ》はがいこくの守護《しゅご》であるぞよ。此《こ》の経綸《しぐみ》を間違《まちが》わしたら、モウ此《こ》の先《さき》はどうしても、世《よ》は立《た》ちては行《い》かんから、神《かみ》が執念深《しつこ》う気《き》を付《つ》けて置《お》くぞよ。明治《めいじ》二十八年《ねん》から、三体《さんたい》の大神《おおかみ》が地《ち》へ降《お》りて御守護遊《ごしゅごあそ》ばすと、世界《せかい》は一度《いちど》に夜《よ》が明《あ》けるから、三人《さんにん》の霊魂《みたま》を神《かみ》が使《つこ》うて、三人世《さんにんよ》の元《もと》と致《いた》して、珍《めずら》しき事《こと》を致《いた》さすぞよ。

『三人世《さんにんよ》の元《もと》』の三人が誰なのかを特定するのは、筆先を読んでもなかなかに難しい。

この筆先には、『梅《うめ》で開《ひら》いて松《まつ》で治《おさ》める、竹《たけ》はがいこくの守護《しゅご》である』と、『三人世《さんにんよ》の元《もと》』の三人が、松、竹、梅に譬えられている。

この中で『梅《うめ》』と表される者が誰かと言えば、出口直だ。

なので、『梅《うめ》で開《ひら》いて』とは、《出口直が開いて》という意味になり、また何を開いたのかと言えば、神の道を開いたということだ。では、この神の道とは何かと問《と》えば、筆先のことだと判るだろう。筆先を地上に現すことが、出口直の最も大切な御用だったのだ。

大本教団にも、出口直と梅の木の話は語られている。だが、出口直がこの筆先に示された松竹梅の『梅《うめ》』だと理解しているのか、そこは今ひとつ見えては来ない。だが、筆先ではこのように書かれ、このように理解するということを知ってほしい。

『竹《たけ》』については、王仁三郎の前世がイエスで、新約聖書を読めば『がいこくの守護《しゅご》』と表現するに相応《ふさわ》しい活動をしていることから、王仁三郎のことだと判る。

これで、『梅《うめ》』と『竹《たけ》』は、変性男子と変性女子と決まった。では、『松《まつ》』は誰なのか？

それは、型の時代には脇役的な位置づけであった王仁三郎の妻の出口澄子《すみこ》なのだ。何故、『松《まつ》』が澄子なのか？　これもトコトン隠されていて、明確には書かれていないのだが、筆先の全体が見えて来れば判るのだ。このことも、また後で説明しよう。

しかし、この大本《おおもと》の経綸《しぐみ》、『三人世《さんにんよ》の元《もと》』と言いながら、やはりメインは二人なのだ。それを示す筆先を見よう。

大本神諭　三巻P二七六　大正七年旧正月二十三日
変性男子《へんじょうなんし》と変性女子《へんじょうにょし》の外《ほか》には、世界中《せかいじゅう》を鉦《かね》や太鼓《たいこ》で探《さが》しても今《いま》では無《な》いのであるから、斯《こ》の二《ふた》つの身魂《みたま》が無《な》かりたら、日本《にほん》も世界《せかい》も、是《これ》から先《さき》は潰《つぶ》れるより仕様《しよう》の無《な》い事《こと》になるから、斯《こ》の二人《ふたり》の身魂《みたま》は、天地《てんち》の先祖《せんぞ》の霊体《ちから》の取次《とりつぎ》であるぞよ。

『斯《こ》の二《ふた》つの身魂《みたま》が無《な》かりたら、日本《にほん》も世界《せかい》も、是《これ》から先《さき》は潰《つぶ》れるより仕様《しよう》の無《な》い事《こと》になる』と言うほど、二人が中心となる。ところがやはり、三人世の元の経綸なのだ。

これが、何を意味するのか？

実はこれも、引っ掛け戻しの経綸に関わることなのだ。

《型の時代》は、変性男子は出口直、変性女子は王仁三郎だ。

実地の本番になると、王仁三郎は『伊都能売《いづのめ》の身魂《みたま》』になる。

伊都能売神諭　P三〇四　大正八年八月十二日

実地《じっち》が出《で》て参《まい》りたのであるから、今《いま》までの変性男子《へんじょうなんし》のお役《やく》は次《つぎ》に譲《ゆず》りて、瑞《みづ》の身魂《みたま》に変性男子《へんじょうなんし》の御魂《みたま》を入《い》れ替《か》えて、伊都能売《いづのめ》の身魂《みたま》と致《いた》して、真実《まこと》の御用《ごよう》を致《いた》さすようになりたぞよ。

『瑞《みづ》の身魂《みたま》』とは、変性女子の王仁三郎だ。『実地《じっち》が出《で》て』来る時には、王仁三郎は来世で、伊都能売《いづのめ》の御用となる。

王仁三郎が生まれ変わって実地になれば、『変性男子《へんじょうなんし》の御魂《みたま》』に入れ替えて御用をするのだから、『変性女子《へんじょうにょし》』が『変《へん》性男子《じょうなんし》』の御用をすることになる。

つまり、『実地《じっち》』の時には、女子《にょし》が男子《なんし》に繰り上がり、空いた女子《にょし》の枠に澄子が入るのだ。その時には澄子も当然生まれ変わっている。

では、昇天した出口直は、実地の時には何をしているのか？　それは、生まれ変わらずに天から地の守護をしているのだ。そうやって神は、三人の身魂《みたま》を二人ずつ、《型《かた》》と『実地《じっち》』に振り分けて、三人世の元の経綸を行っていた。

そしてもう一つ、理解しておくべきことがある。

《型《かた》》と『実地《じっち》』があるのだが、もし、型でミロクの御用が成功していたなら、実地を行う必要はなくなる、ということなのだ。逆に言えば、実地を行うためには、型では失敗する必要があった。成功すればミロクの世となるのだから、そういうことなのだ。

つまり、型で失敗するために、王仁三郎は悪の鏡に見せる御用を行い、死ぬまで改心することなく、神の計画通りに、神の計画を失敗させたのだ。

神の計画は複雑怪奇で理解できんと思うのだろうけれど、理解できればちゃんと筋は通っている。だからこそ、疑問に思ったことはトコトンまで追究することが筆先を理解するためには必要なことなのだ。

これまでの宗教の教えは、真実が少なく、その上嘘も混じっていたのだから、追究しても思考の迷路に迷うばかりで、結局は「人間には神は判らん」と言うしかなったのだ。しかし、筆先は一分一厘間違いのない教えであるが故に、探求すればするほど、奥に隠された真実が露《あら》わとなって来るのだ。

ただ、筆先にはたくさんの引っ掛けが仕込まれているので、自分が思い込んだ通りの解釈を引き出すこともできてしまう。だが、その解釈では筆先の内容のほとんどが意味不明になってしまうのだ。その意味不明な部分の言い訳に、「人間には神は判らん」と言うのなら、その解釈に真実は無いのである。

神、仏、人民という言葉に隠されていること

ここでは、常識に囚《とら》われていては、なかなか気付けないことについて話していこう。
まずは、この項のタイトルにある《神、仏、人民》という言葉が書かれた筆先を出そう。

大本神諭　一巻P六〇　明治二十六年　月　日
是《これ》から世界中神国《せかいじゅうしんこく》に致《いた》して、世界《せかい》の神《かみ》も仏《ほとけ》も人民《じんみん》も、勇《いさ》んで暮《くら》さすぞよ。
神《かみ》、仏事《ぶつじ》、人民《じんみん》なぞの世界中《せかいじゅう》の洗濯致《せんたくいた》して、此《こ》の世《よ》を返《かえ》すぞよ。

この中で、『神《かみ》も仏《ほとけ》も人民《じんみん》も』の『仏《ほとけ》』と、『神《かみ》、仏事《ぶつじ》、人民《じんみん》なぞの』の『仏事《ぶつじ》』と、同じ流れで異なる言葉が出ているのだが、この『仏《ほとけ》』と『仏事《ぶつじ》』は、ここでは同じと思ってほしい。また、『世界中《せかいじゅう》の』というあらゆるモノの括《くく》りの中で、『洗濯《せんたく》』をしなければならないのが、神と仏と人民なのだ。

大本神諭　一巻P二〇六　大正六年新六月六日（瑞《みづ》の御魂《みたま》）
世界《せかい》の神《かみ》、仏《ほとけ》、人民《じんみん》、鳥類《ちょうるい》、畜類《ちくるい》、昆虫《むしけら》までも助《たす》ける、

ここでも、『世界《せかい》の神《かみ》、仏《ほとけ》、人民《じんみん》、鳥類《ちょうるい》、畜類《ちくるい》、昆虫《むしけら》までも助《たす》ける』と言いながら、前の筆先にあるように、『洗濯《せんたく》

致《いた》して』と求められているのは『神《かみ》、仏《ほとけ》、人民《じんみん》』だけだ。

この『神《かみ》、仏《ほとけ》、人民《じんみん》』は、自ら考え善悪を判断できる存在。故に神から、『洗濯致《せんたくいた》して』と望まれるのだ。

それ以外の生物は、思考ではなく本能で動く故、改心を求められることはない。

また筆先には、生物としては、ちょっと怪《あや》しい存在についても語っている。

伊都能売神諭　P二四三　大正八年三月十日（旧二月九日）
神《かみ》も仏《ぶつ》も人民《じんみん》も、餓鬼虫《がきむし》けらまでも助《たす》けて、

と、この中の『餓鬼《がき》』なのだが、この『餓鬼《がき》』とは、神から見ると、欲に凝り固まった人の心が『餓鬼《がき》』の姿に見えるということなのだ。そして『虫《むし》けら』も、神を恐れて神の前に出ることができない者たち、それはまるで、お天道様《てんとうさま》から隠れて石の下に集まるムカデやダンゴ虫のように、神に対する人の心の在り方が、神からはそのように見えるということだ。

そんな心の姿をした人が改心すれば、『餓鬼虫《がきむし》けら』になっていた当人が人間に戻ることになるので、『餓鬼虫《がきむし》けら』も、元は人民というカテゴリーの内なのだ。


そういうわけで、この宇宙で改心が必要な《種族》は、『神《かみ》、仏《ほとけ》、人民《じんみん》』だけとなる。

その中で、神と人民は、判るだろう。

では、『仏《ほとけ》』とか『仏事《ぶつじ》』と言われる存在とは何なのか？

ここでは、少し脇から話を進めてみよう。

日本は神国、神の国である。

では、外国は何の国だと思うだろうか？

ここでは、簡単には答えを出さずにおこう。


《人間は考える葦《あし》である》という言葉がある。けれど、さすがの人間も考える取っ掛かりが無ければ、思考は始まらない。その思考を始めるきっかけとなるのが、《疑問に思うこと》なのだ。でも人は、なかなかその疑問に至ることができない。その理由は、人が常識や思い込みの中で生きているからなのだ。しかし、それを打ち破る力となるのが筆先の神の言葉なのだ。そして、筆先から出た疑問の答えも、筆先の中にあるのだ。


話を戻そう。

日本は神国、神の国。では、外国は何の国なのか？

少なくとも日本人は、日本は神国、（八百万の）神の国、という言葉を知っているのだから、では外国は何の国だろう？　と疑問に思わないこと自体が不思議な話だ。

だがこの問《とい》には、日本のことだけを考えても答えは出ない。何故なら外国のことだから。当たり前だな。

そこで、聖書を見てみよう。

では、聖書に登場する種族は？

と問えば、ユダヤ人とか、ローマ人とか、エジプト人とか出て来るのだろうけれど、それは人間という種族でまとめて、他に種族と言えるような存在は？　と問うてみよう。
すると出て来るのは、神と天使だ。そう、これで材料は出揃《でそろ》った。
あとは当てはめるだけ。
『神《かみ》』は神。『人民《じんみん》』は人間。すると、最後に残った『仏《ほとけ》』は天使となる。

真面目な人は、聖書に登場する種族には、聖霊とか悪魔も居たはずだ、なんて言う人もいるかもしれないが、悪魔は天使が堕天使になった成れの果《は》て、聖霊は聖なる霊で、聖なる神もしくは聖なる天使と言い換えられる。

ということで、最初の問いに戻るのだが、その答えは、
日本は神国、神の国である。
そして、外国は天使の国、であるのだ。

だから、日本では神が人間を守護する。
そして、外国では天使が人間を導《みちび》こうと地上に出現する。外国では「ファティマの預言」にあるように、そんな話は聖書以外にも、いくらでもある。

日本には、日本と外国という表現がある。日本から見れば日本以外は全部外国なのだ。それは、日本にとっては当た

り前のことで、日本は神の国、外国はすべて天使の国であるから、明確に分けるべきことなのだ。これは、《種《しゅ》》が違うのだから必然なのだ。

神から見れば、神と天使は、人と猿ほどに違うということなのだ。種として越えられない壁が、神と天使の間には在る。それに不満を抱く天使が、悪魔（悪神）となって神に挑んでいる。これが遙か昔から行われている神と悪魔の戦いなのだ。

悪魔はこの世界を支配しようと彼方此方《あちらこちら》で戦争を始めて、最終的には日本に攻め込もうとしていたのが、第二次世界大戦までの経緯《けいい》なのだ。

伊都能売神諭　P二六三　大正八年四月十三日
銀貨銅貨《ぎんかどうか》が凝《こりかたま》りて大《おお》きな一個《いっこ》の丸《たま》となり、金貨《きんか》の山《やま》へ攻《せ》め寄《よ》せて来《く》るなれど、元《もと》から貴《とうと》き光《ひかり》のある金《きん》は容積《かさ》少《すく》なくも終《お》わりには一《いち》の宝《たから》と勝《か》ちほこるぞよ。

これが、第二次世界大戦について語っている筆先なのだが、なんとも判り難《にく》い。『銀貨銅貨《ぎんかどうか》』が外国の連合軍、『金貨《きんか》』が日本のことなのだ。『金《きん》は容積《かさ》少《すく》なくも終《お》わりには一《いち》の宝《たから》と勝《か》ちほこるぞよ』と言っているのだが、これは実地の本番の時の話。型の時の実地（過去の現実）では、『貴《とうと》き光《ひかり》』を出すことができず、その結果日本は敗北することになったのだ。

話を戻そう。

《日本は神国、神の国》という言葉には、もう一つ大事な意味がある。それは日本人は神の分霊魂《わけみたま》ということなのだ。

そして外国の人々は、天使の分霊魂《わけみたま》である、ということなのだ。

それは、日本人と外国人では、同じ人間でも魂の種《しゅ》が違うということを伝えていたのだ。

筆先には、こんなことが書かれている。

大本神諭　一巻P五九～　明治二十六年　月　日

此《こ》の日本《にほん》は結構《けっこう》な国《くに》であるぞよ。元《もと》は神《かみ》の直系《じきじき》の分霊《わけみたま》が授《さず》けてあるから、一段《いちだん》も二段《にだん》も上《うえ》の身魂《みたま》であるぞよ。言《こと》葉《ば》もその通《とお》りであるぞよ。夫《そ》れに今《いま》の日本《にほん》の有様《ありさま》は、全然《さっぱり》がいこくと同《おな》じ事《こと》に曇《くも》りて了《しも》うて、神国《しんこく》の名《な》ばかりに成《な》りて居《お》るから、元《もと》の先祖《せんぞ》の神《かみ》は悔《くや》しいぞよ。

日本人は、外国人よりも『一段《いちだん》も二段《にだん》も上《うえ》の身魂《みたま》である』というのは、種が違っていたということだ。それなのに日本の国が『全然《さっぱり》がいこくと同《おな》じ事《こと》に』なってしまって、『神国《しんこく》の名《な》ばかり』で、その本当の意味も理由も判っていない日本人を見させられている『元《もと》の先祖《せんぞ》の神《かみ》』からすれば、『悔《くや》しいぞ』と言うしかない状況なのだ。

もう一度言おう。日本は神の国、外国は天使の国だ。これが解れば、この筆先で言っていることは簡単に判る。

このことを前提として考えれば、外国の一神教とは、唯一神の意図を外国人に伝える神の子のヨハネは形だけ現れて陰になり、地上では外国の人々を直接指導する神の子のイエス一人だけが神で、それ以外の外国の人々は皆天使という一神の形を示し、それを一神教と言っていたと理解しよう。

それ故、外国で言う《神は一人のみ》という一神教の認識も正しいことになるのだ。地上に生きる外国人にとっては、イエスだけが直接《ちょくせつ》接することができる神、ということなのだ。

また、外国の多神教とは、天使を神と言っているだけで、この地上での認識としては、それも間違いではないのだ。

筆先では、神と天使は、種族と役割が違い住む所が違っていることが前提ではあるけれど、どちらもできることに違いは無く、基本的に同じ扱いなのだ。

筆先は、こんなふうに、本当のことを語らずに人に伝えようとする。だからこそ人間の方から、神が語る言葉の奥にある真実を探究することを求められる。

人は、そうやって筆先にのめり込んで行く。だが、そうなれる人間は幸せだぞ。

ここまで話したので、もう少し突っ込んだ話をしよう。再度、この筆先を出す。

大本神諭　一巻P二〇六　大正六年新六月六日（瑞《みづ》の御魂《みたま》）

世界《せかい》の神《かみ》、仏《ほとけ》、人民《じんみん》、鳥類《ちょうるい》、畜類《ちくるい》、昆虫《むしけら》までも助《たす》ける、

この中に『鳥類《ちょうるい》』とあるのだが、これが何を指して言っているのか、解るだろうか？

実はこの『鳥類《ちょうるい》』とは天使のことなのだ。これは、羽を生やして地上に降りて来る天使を揶揄《やゆ》した表現なのだ。この天使の姿は、本来の外国人の守護神の姿ではないことは、外国の人々を見れば判るだろう。わざわざそんな姿で地上

に降りて来る天使を、神はあまり良いことと思ってはいないのだ。

また、宗教よりも科学万能が信じられた時代には、天使の別バージョンの金星人やプレアデス星人などの宇宙人の姿で現れて、人を指導しようとした存在も、神はあまり良しとはしていない。

また、『畜類《ちくるい》』も、狸《たぬき》や狐《きつね》と言われる所謂《いわゆる》、獣《けもの》に落ちた守護神や人民のことを言っている。このことをもう少し語ると、獣類《けものるい》ではなく『畜類《ちくるい》』と書かれているのは、悪神にご利益という名の便宜《べんぎ》を図《はか》られ飼《か》われているからだと理解してほしい。ご利益を求めてそこに集まる信者たち、それが『畜類《ちくるい》』なのだ。

結局、ここに書かれている存在は、全部『神《かみ》、仏《ほとけ》、人民《じんみん》』に大別された中に含まれる者たちなのだ。つまり、『神《かみ》、仏《ほとけ》、人民《じんみん》』と言われる割と真面《まとも》な存在と、それ以外の『鳥類《ちょうるい》、畜類《ちくるい》、昆虫《むしけら》』と言われる歪《ゆが》んだ有り様に落ちている人類（人の類《たぐ》いという意味）、つまり、そんな守護神や人民も助けるという話なのだ。

ミロクの世（天国）は何処に出来るのか

最近は、宗教者でも物質一辺倒な人が多いのだが、それとは違う意味で、宗教に携《たずさ》わる者として天国を実現する場所は、この世界だと思っている人は多い。たとえその思いが建て前だったとしても、やる気を見せる宗教団体は、この地上世界に天国を造ろうと頑張っている。

その代表とも言える宗教団体が大本《おほもと》だ。それは、神から《天国を造る大本》と預言されているからなのだ。神から人間にその預言が降ろされたが故に、人間の居る地上に天国を実現することが、教団大本の存在意義となったのだろう。

と言ってはみたが、大本の内情を私は知らない。

しかし、昔から言われている天国や、筆先に書かれているミロクの世は、この世界に実現できると書かれているだろうか？

筆先と聖書は同じ一神教で、洗礼者ヨハネと出口直、そして、イエス・キリストと王仁三郎は同じ霊魂なのだ。それ故、新約聖書と筆先は、本質的には同じ教えになる。なので、この二つは同じ内容が違う言葉で表現されるという互いに補完できる関係性を持つ。

それに対して筆先と霊界物語の関係は、霊界物語が嘘を吹き込んで、筆先を解らなくさせるという関係性なのだ。

これは、善と悪の鏡の経綸《しぐみ》。王仁三郎という善の身魂《みたま》が、悪神はこんなふうに、神の教えに取り入って神の教えをヤワにしてしまうのだと、役員信者に見せて教えるために行ったことなのだ。

ところが、今の大本は、そうやって見せた悪のやり方こそが正しいと信じ込んで、悪神教になってしまった。

大本では開祖である出口直の筆先と教祖である王仁三郎の霊界物語を二大教典《きょうてん》としていて、聖師の教えに従って霊界物語を学ぶことで筆先が判るとしている。だが、筆先と霊界物語では整合しないため、霊界物語を参考にしてしまうと筆先が読み解けなくなってしまうのだ。

大本の役員はそれを好いことに、筆先からは自分の主張に合致する都合の好い部分のみを抜き出して信者に教えている。大本の役員は神の中心の教えを解らずに、それで良しとしているのだから、悪神に魂を丸呑みされてしまっているのだ。

大本に限らず、悪神の教えは、神の真理（縦＝幹）をうやむやにして、神は愛だと嘯《うそぶ》いて、人間に勝手な解釈をさせて都合の好いように語らせる、そんな縦を無視して横に広がる枝葉のことばかりの教えなのだ。

そうして、《結局、人間には神は解らない》と、そう言わせることこそが悪神の教えの神髄で、人間にそれを言わせることで悪神の勝利となる。何も解らない人間は、そんな悪神の教えを学ぶことが改心することだと信じて疑わないのだから救われない。


話が脇《わき》に逸《そ》れてしまった。戻そう。

新約聖書のイエスの言葉が、筆先を解明する参考になるぞと、このことが言いたかったのだ。

前振りが長くなったが、ミロクの世（天国）について、まずは、新約聖書のイエスの言葉を出そう。

一応、本書で参照している出典元を記しておく。『原文校訂による口語訳　新約聖書　フランシスコ会聖書研究所訳注』である。この聖書は平易《へいい》な言葉で書かれていて、威厳というものが無く、あまり有難味《ありがたみ》を感じないかもしれないが、取っ付きやすいという面では良いと思う。

よっぽど特殊な団体の聖書でなければ、自分の読み慣れた聖書でも内容は変わらないと思うので、取り立ててこれでなければならないなんてことはない。手近に聖書があるのなら、それを見て確認していただければと思う。

では、天国は何処に出来るのか？　について。

マタイによる福音書　十九章　一切《いっさい》を捨《す》てる者《もの》の幸福《こうふく》
あなた方《がた》によく言《い》っておく。新《あたら》しい世界《せかい》が生《う》まれ、人《ひと》の子《こ》が栄光《えいこう》の座《ざ》に着《つ》くとき、

天国とは、『新《あたら》しい世界《せかい》が生《う》まれ』る所に出来る。
この言葉だけで、天国はこの世界の延長線上には無いと判るだろう。
筆先には、こんな表現がある。

大本神諭　四巻P一一二～　明治四十年旧七月十一日
この世《よ》の物《もの》は皆天地《みなてんち》の所有《もの》であるから、一旦天地《いったんてんち》へ引《ひ》きあげて了《しま》うから、人民《じんみん》の心《こころ》を入《い》れ直《なお》さんと畏《こわ》いぞよ。

『この世《よ》の物《もの》は皆天地《みなてんち》（を造った神の）所有《もの》であるから、一旦天地《いったんてんち》へ引《ひ》きあげて了《しま》う』という言葉が、この世の終わりを意味すると思う人は少ないだろう。『一旦《いったん》』と言っているのだから、返してくれると思うだろう。だが実際は、『新《あたら》しい世界《せかい》』に返される。もしかして、この世が新品にリニューアルされて返って来るという可能性も考えられるが、それもない。下手な期待をしないように、ここで明確にしておく。

では、『新《あたら》しい世界《せかい》』はどのような所なのか？

その問いの答えは、新約聖書にも筆先にも書かれている。これも互いに補完しあえば解る。実際にはイエスの方がストレートに語っていて解りやすい。だが、イエスの言葉を、言葉通りに受け取って理解できるだけの想像力がなければ、真実には至れない。

まずは、新約聖書から出そう。

マタイによる福音書　二十二章　復活論争《ふっかつろんそう》
復活《ふっかつ》の時《とき》、人《ひと》は娶《めと》ることも、嫁《とつ》ぐこともなく、天《てん》の使《つか》いと同《おな》じようである。

『復活《ふっかつ》の時《とき》』とは、『一旦《いったん》』天地から引き上げた人間が、『新《あたら》しい世界《せかい》』に『復活《ふっかつ》』する『時《とき》』ということだ。そうやって復活した世界では『人《ひと》は娶《めと》ることも、嫁《とつ》ぐことも』ない。それは、『新《あたら》しい世界《せかい》』では、夫婦という関係は無いということなのだ。そして、『天《てん》の使《つか》いと同《おな》じ』というのは、《死ぬことも無い》という意味だ。これについては、この福音だけでは明確ではないので、もう一つ出そう。

これらの者《もの》たちは永遠《えいえん》の刑罰《けいばつ》に、正《ただ》しい人《ひと》たちは永遠《えいえん》の命《いのち》に入《はい》る

最後の審判の後は、地獄に落ちる者たちも、天国に行く『正《ただ》しい人《ひと》たち』も、『永遠《えいえん》の命《いのち》』を得る。故に、地獄に落ちる者たちは『永遠《えいえん》の刑罰《けいばつ》』を受けることになり、『正《ただ》しい人《ひと》たち』は天国を永遠に生きることになる。そして、天国では死ぬことが無いので、そこに生きる者たちは、結婚して子を生む必要もないのだ。

さて、軽くスルーしていたが、『新《あたら》しい世界《せかい》』は、物質世界から霊界への引っ越しだと考えている人もいると思う。天国は、この世に出来ないということも受け入れられない人も多いだろう。そんな人たちは、せめて霊界に天国が出来ると思うのが精一杯かもしれない。

しかし、『天地《てんち》へ引《ひ》きあげて了《しま》う』のだ。天は霊界、地はこの世界、『天地《てんち》へ』という表現が微妙ではあるけれど、天も地も引き上げてしまうということなのだ。

『新《あたら》しい世界《せかい》』は、霊界でもこの世界でもない本当の神界に造られる。天国は神界に在ってこそ本当の天国となるのだ。霊界に有るのはマヤカシの天国。それは、悪神たちが造った天国だ。今の宗教団体は、そのマヤカシの天国に人々を導《みちび》いていた。

だが、それもある意味仕方《しかた》のないことだった。何故なら、本当の天国は天《あま》の岩戸開《いわとびら》きの後でなければ行けない所だからだ。それ故に、今までの宗教は九分九厘までの教えであったのだ。これまでの教えは、九分九厘を超えて先に行くこ

とのできない教えだった。その九分九厘を超えることができる唯一の教えが『筆先《ふでさき》』なのだ。

王仁三郎聖師の行い（教え）は、悪神たちの教え（企《たくら》み）を白日《はくじつ》の下《もと》に晒《さら》すために行われた。人々をマヤカシの天国、実は地獄へと導く教えをしていると、善の神が、善の神の使いである王仁三郎聖師を使って、悪神の手口を詳細に人々に見せていたのだ。

そんなわけで、今までの悪神の教えに固執している人たちは、天の岩戸開きのことを語ることができないのだ。今までの世界で満足している守護神たちは、新しい世界の扉を開きたくないので、人々に筆先を判らせないように邪魔をする。それ故、人々は筆先を簡単には理解することができないのだ。

その上、王仁三郎聖師が悪神の企みを暴いて語ったことを、悪神の眷属の守護神たちは、これこそが神の教えだと人々に偽《いつわ》って、それを信じた愚かな人たち（大本の役員）が、必死に悪神の企みを人々に説いて聞かせている。

ひどい話だと思う。だがそれこそが引っ掛け戻しの経綸で、型に見せていた内容なのだ。

神は、人々に身をもって失敗から学ばせるために、これをさせていた、ということなのだ。

ミロクの世の姿

ミロクの世とは天国のことだ。そして、ミロクの世とは五六七《みろく》の世《よ》ということなのだ。わざわざ《天国》を『五六七《みろく》の世《よ》』と表すのは、《天国》という言葉よりも、より明確な情報を伝えようとしているからだ。
その『五六七《みろく》』というものについて具体的に書かれている筆先を次に示そう。

伊都能売神諭　P一八五～　大正八年二月十八日（旧一月十八日）
天《てん》も水《み》（六《み》）、中界《ちゅうかい》も水《み》（六《み》）、下界《げかい》も水《み》（六《み》）、で世界中《せかいじゅう》の天地中界三才《てんちちゅうかいさんさい》が水《み》（六《み》）ばかりでありた世《よ》に一番《いちばん》の大将神《たいしょうかみ》の御位《みくらい》でお出《い》で遊《あそ》ばしたので、六《み》（水《み》）を三《みっ》つ合《あ》わせてミロクの大神《おおかみ》と申《もう》すのであるが、天《てん》の水《みづ》の（六《み》）の中《なか》から、《ほち》の一霊《いちれい》が地《ち》に下《くだ》りて五《いづ》（火《ひ》）と天《てん》が固《かた》まり、地《ち》の六《み》（水《み》）に、《ほち》の一霊《いちれい》が加《く》わりて地《ち》は七《なな》（地成《なな》）となりたから、世《よ》の元《もと》から申《もう》せばミロクは六六六《みろく》なり、今《いま》の世《よ》の立直《たてなお》しの御用《ごよう》から申《もう》せばミロクは五六七《みろく》となるのであるから、六百六十六《ろっぴゃくろくじゅうろく》の守護《しゅご》は今《いま》までのミロクで、これからのミロクの御働《おはたら》きは五六七《みろく》となるのであるぞよ。

この筆先は、天地創造の話の中に記されていたのだが、それとは趣《おもむき》が違うので、参照から外していた箇所だ。
この中で『天地中界三才《てんちちゅうかいさんさい》が水《み》（六《み》）ばかりでありた世《よ》』とは、天地創造の最初の時から現在に至るまでの状態のことだ。その六六六《みろく》の状態から五六七《みろく》の状態になることで五六七《みろく》の世《よ》となる。その変わり目の『、《ほち》の一霊《いちれい》』とは、神のことだ。天に居る神が『地《ち》の六《み》』に下って、新たな『七《なな》（地成《なな》）』という世界が出来上がり、五六七の神世が始まる、と理解してほしい。

その天から下った神が、三人世の元の霊魂であり、天国に向かうすべての人々の霊魂なのだ。

『、《ほち》の一霊《いちれい》』については、今はここまでにしよう。

さて、天国では生まれ変わることはなく、それ故世代交代することもない。つまり、王は常に王であり、平民は永遠に平民なのだ。それで皆が満足して生きて居られるのは、誰もが自らが生まれた役割を知り、その役割を果たすことに喜びを感じているからなのだ。天職を生きることこそが喜びなのだ。

そんな天国で、中心に居る者たちは永遠に中心に居ることになる。故にその中心は非常に重要で、天国では知らぬ者はない者たちとなるのだ。まずは、この中心となる者たちについて話していこう。

幹となる者たち

最初に、五、六、七の三界に、三人世の元が立ってミロクの世の土台が出来上がる。

その三界の中心で根幹となる三人が誰なのか、その神の名が明確に書かれている筆先を見よう。

伊都能売神諭　P二六一　大正八年四月十三日
天《てん》では撞《つき》の大神様《おおかみさま》が一《いち》の主《ぬし》なり、五六七《みろく》の神《かみ》と若姫君命《わかひめぎみのみこと》の夫婦《ふうふ》が御側役《おそばやく》の御用《ごよう》なり、地《ち》では禁闕要乃大神様《きんかつかねのおおかみさま》が一《いち》の主《ぬし》なり、国常立尊《くにとこたちのみこと》と豊国主尊《とよくにぬしのみこと》が夫婦揃《ふうふそろ》うて御側役《おそばやく》をいたすなり、木花咲耶姫命《このはなさくやひめのみこと》の御魂《みたま》は日出乃神《ひのでのかみ》と現《あらわ》れて立派《りっぱ》な神代《かみよ》を建《た》てる御役《おんやく》なり、彦火々出見命《ひこほほでみのみこと》は木花咲耶姫命《このはなさくやひめのみこと》に引《ひ》き添《そ》うて日《ひ》の出《で》の神《かみ》のお手伝《てつだ》いをなさるのであるぞよ。


天の五の世界の世の元となる三人は、『撞《つき》の大神様《おおかみさま》』『五六七《みろく》の神《かみ》』『若姫君命《わかひめぎみのみこと》』だ。

地の六の世界の三人については、『禁闕要乃大神様《きんかつかねのおおかみさま》』『国常立尊《くにとこたちのみこと》』『豊国主尊《とよくにぬしのみこと》』である。

そして新たに出来る七の世界の三人が、『日《ひ》の出《で》の神《かみ》』『彦火々出見命《ひこほほでみのみこと》』『木花咲耶姫命《このはなさくやひめのみこと》』だ。

この九人が、天国の三界を治める幹となる者たちだ。

この者たちが、筆先の主役で、全編にわたって登場する善の神なのだ。この神の中で、この世界に直結する神は、七の世界の三人だ。この者たちが、地上での経綸《しぐみ》の中心になる者たちで、本書の解説の中心になる。それ故、ここでは名を紹介するだけとする。

枝となる者たち

ここから、枝となる者たちの話をする。しかし、前に話した『途中《とちゅう》に出来《でき》た枝《えだ》の神《かみ》』とは内容が違うので注意しておく。この者たちは国を治める長となる者たちだ。

この枝となる者たちについて語る前に、ちょっと常識というものを取り払ってほしいので、次のことを語る。

多くの人は、住む場所があるから、人は生きていけると考える。しかし、それは体主霊従の考え方だ。神ともなれば、住む場所は自分で好きなように創造できる。この世界を造った神もそうやって天と地を造った。それが神の常識。とは言え、それができる神とできない神が居るのも事実だ。では、そのことについて語っている筆先を次に出そう。

大本神諭　一巻P二二九　明治三十七年旧二月十一日
世界《せかい》を治《おさ》める霊魂《みたま》の容器《いれもの》と、我一人《われいちにん》の守護《しゅご》いたす容器《いれもの》と分《わ》けてあるぞよ。それに、世界《せかい》を治《おさ》める霊魂《みたま》の肉体《にくたい》は世《よ》に落《お》として在《あ》るなり、又一人《またいちにん》を守《まも》る霊魂《みたま》は全然曇《さっぱりくも》りて了《しも》うて、今《いま》の体裁《ていさい》であるぞよ。

この筆先を読んで、普通に理解できる人は少ないと思うので、細かく説明しよう。自分の常識を捨てて、そういうものなのだと理解してほしい。

まず、この筆先には『世界《せかい》を治《おさ》める霊魂《みたま》の容器《いれもの》』と『我一人《われいちにん》の守護《しゅご》いたす容器《いれもの》』と、二種類の『容器《いれもの》』があると判る。
また、『世界《せかい》を治《おさ》める霊魂《みたま》の容器《いれもの》』と『世界《せかい》を治《おさ》める霊魂《みたま》の肉体《にくたい》』は、同じ言葉の流れで、『容器《いれもの》』と『肉体《にくたい》』は同じことを言っているとの解釈もできるのだが、それでは話が終わってしまう。

ここでは、『世界《せかい》を治《おさ》める霊魂《みたま》の容器《いれもの》』を、『世界《せかい》を治《おさ》める（、）霊魂《みたま》の容器《いれもの》』、と分けよう。
すると、この文章だけで、《『世界《せかい》を治《おさ》める』『霊魂《みたま》の容器《いれもの》』となる霊魂《れいこん》》と、《『霊魂《みたま》の容器《いれもの》』の中に生きる霊魂《れいこん》》が在る、と推測できる。

では、『世界《せかい》を治《おさ》める霊魂《みたま》の肉体《にくたい》』とは何を語っているのかと言えば、『世界《せかい》を治《おさ》める（役割の）霊魂《みたま》』は、『肉体《にくたい》』を持って地上に生きて居ることを表し、その上、『世《よ》に落《お》として在《あ》る』ということだ。それは、《世間に名の知れた存在ではない》という意味で、無明《むみょう》の中で苦労して生きるという修行をしている、ということなのだ。

『又一人《またいちにん》を守《まも》る霊魂《みたま》は全然《さっぱり》曇《くも》りて了《しも》うて』とは、肉体の有る無しに関係なく、『一人《いちにん》を守《まも》る霊魂《みたま》は』《（鏡が）曇って、何も映し出さない》という意味になる。鏡に映し出すとは、神を映し出すことで、それが人間の心の正しい在り方なのだ。何が善で何が悪なのか、それすらも分からない人間の心を見て、《心（鏡）が曇っている》と神は言っていたのだ。

話が逸《そ》れたが、ここまでの話をまとめよう。

『霊魂《みたま》』には、《世界を造り、その『世界《せかい》を治《おさ》める霊魂《みたま》』としてたくさんの霊魂をその世界に住まわせる存在》と、《世《せ》界《かい》を治《おさ》める霊魂《みたま》が造った世界の中で、我『一人《いちにん》を守《まも》る霊魂《みたま》』として生きる存在》の、二種類が在るということなのだ。

簡単に言えば、世界を造りその世界を治める者と、その造られた世界の中で自分自身を管理して生きる者の二種類の霊魂《みたま》が有るということだ。

ここまで説明すれば判ると思うが、『世界《せかい》を治《おさ》める霊魂《みたま》の容器《いれもの》』の、『容器《いれもの》』とは世界（国）のことで、『我一人《われいちにん》の守《しゅ》護《ご》いたす容器《いれもの》』の『容器《いれもの》』とは、自分自身の霊魂《みたま》を収《おさ》める肉体ということで、同じ『容器《いれもの》』という言葉でもそれが示す意味は違うのだ。

では、《世界を造りその世界を治める者》とは、どのような者たちだろうか?
その問いの答えが聖書に書かれている。

マタイによる福音書　十七章　悪霊《あくれい》の追放《ついほう》
あなた方《がた》によく言《い》っておく。もし、あなた方《がた》に一粒《ひとつぶ》の芥子種《からしだね》ほどの信仰《しんこう》があれば、この山《やま》に向《む》かって、『ここから
あそこへ移《うつ》れ』と言《い》えば、山《やま》は移《うつ》る。あなた方《がた》にできないことは何《なに》もない

イエスのこの言葉は、十二人の使徒に向けて語られている。イエスは一般の人々と十二人の使徒とは、その扱いを変えている。それが判るのが次の福音だ。

マタイによる福音書　十三章　喩《たと》えを用《もち》いる理由《りゆう》
弟子《でし》たちはイエスに近寄《ちかよ》って、「なぜ、喩《たと》えであの人《ひと》たちにお話《はな》しになるのですか」と言《い》った。イエスは答《こた》えて仰《おお》
せになった、「あなた方《がた》には天《てん》の国《くに》の秘義《ひぎ》を悟《さと》る恵《めぐ》みが与《あた》えられているが、あの人《ひと》たちには与《あた》えられていない。

『天《てん》の国《くに》の秘義《ひぎ》を悟《さと》る恵《めぐ》みを与《あた》えられている』のは、十二人の『弟子《でし》たち』だ。一般の人々には、その恵みは与えられていない。この『天《てん》の国《くに》の秘義《ひぎ》』とは、世界を自由に造ることができる力なのだ。その力は十二人だけではなく、七十二人にも与えられている。そのことは、『ルカによる福音書　十章　七十二人《ななじゅうににん》の宣教《せんきょう》』を読めば、『ルカによる福音書

九章　十二人《じゅうににん》の使徒《しと》の派遣《はけん》』の十二人の使徒と同じようなことを七十二人にもさせていることから判る。

十二人の使徒が造る世界、それは一つの国土と考えてほしいのだが、七十二人にも十二人には及ばない広さではあるが国土を造る資格が与えられる。大なり小なり国土を造る者は、その国を治める国主となり、その国を責任を持って治めていく。その国主たちが、枝となる者たちなのだ。

では、そのような天国の世界でイエスの役割とは何かと言えば、それらの国主たちを教育し、指導する者となる。これが、外国という国々の治め方だ。

では翻《ひるがえ》って、日本の国はどうかと問えば、その答えは次の筆先になる。

伊都能売神諭　Ｐ一八～　大正七年十二月二日（旧十月二十九日）
出口直《でぐちなお》の八人《はちにん》の御児《おんこ》と、今《いま》までの筆先《ふでさき》に出《だ》してあるのは、八柱《やつ》の金神大将軍《こんじんだいしょうぐん》のことでありたぞよ。この八人《はちにん》の御《おん》児《こ》が、今度《こんど》は二度目《にどめ》の天之岩戸《あまのいわと》開《びら》きの御用《ごよう》に手柄《てがら》いたさして、末代名《まつだいな》を残《のこ》さして、結構《けっこう》な神《かみ》に祀《まつ》りてもらうのであるぞよ。

日本では、イエスの十二人の使徒に対応するのが、『出口直《でぐちなお》の八人《はちにん》の御児《おんこ》』だ。この八人が『八柱《やつ》の金神大将軍《こんじんだいしょうぐん》』で、日本の八《や》つ《っ》の国土を造る者たちになる。

伊都能売神諭　Ｐ八五　大正八年一月二日（旧大正七年十二月一日）
万古末代死《まんごまつだいし》なず亡《ほろ》びず生通《いきとお》しの日本義士《にほんぎし》、数《かず》は四八《しはち》の瑞秀《みつひで》の身魂《みたま》、

そして、イエスの七十二人と対になる存在が、『四八《しはち》の瑞秀《みつひで》の身魂《みたま》』だ。
この『世界《せかい》を治《おさ》める霊魂《みたま》』が造り出す《国土》について、別の表現をしている筆先を出そう。

伊都能売神諭　Ｐ二六　大正七年十二月二十二日（旧十一月二十日）
目無堅間《めなしかたま》の神船《みふね》はこれから出《で》て来《く》るぞよ。水火地《しおつち》の大名《おきな》は何処《どこ》に現《あらわ》れておるか、これを知《し》りた人民今《じんみんいま》に一人《いちにん》も無《な》いが、灯台元暗《とうだいもとくら》しの譬《たと》えの通《とお》りの世《よ》であるぞよ。

この中の『目無堅間《めなしかたま》の神船《みふね》』の『神船《みふね》』が、《国土》のことだ。そして『目無堅間《めなしかたま》』とは、《継ぎ目が無く隙間も堅く閉ざされている》ということで、《絶対に沈まない神の船》という意味になる。
『世界《せかい》を治《おさ》める霊魂《みたま》』となる者たちは、絶対に壊れない国土を造れるように、神から鍛え上げられる。それほどの修行をした者たち故に『末代名《まつだいな》を残《のこ》さして、結構《けっこう》な神《かみ》に祀《まつ》』られることになる。この《祀られる》というのは、『目無堅間《めなしかたま》の神船《みふね》』という自らが造り上げた国土の中に肉体（ご神体）として存り、民たちから崇《あが》められるという意味だ。その《ご神体》とは、今時の木や紙に神の名を書いただけのご神体ではなく、自由に動ける肉体として在るのだ。

また、参照した筆先に書かれていることなので、『水火地《しおつち》の大名《おきな》』についても説明しておく。

『水火地《しおつち》』とは、『水《し》』が地の六、『火《お》』が天の五、『地《つち》』が地成《なな》の七のことで、五六七のそれぞれの世界の御三体の大神様が『大名《おきな》』なのだ。その三界×三人＝九人の名は、既に書いてあるので確認してほしい。

また、《三界×三人＝九人》を、結婚式に行われる三三九度の元と見れば、それがミロクの世の元となる祝いのことだと判るだろう。結婚して二人が結ばれる祝いなのだ。今度の実地の本番で結ばれる二人とは誰と誰なのかは、あとで解説しよう。

そして、『水火地《しおつち》の大名《おきな》は何処《どこ》に現《あらわ》れておるか、これを知《し》りた人民《じんみん》今《いま》に一人《いちにん》も無《な》いが、灯台元暗《とうだいもとくら》しの譬《たと》えの通《とお》りの世《よ》であるぞよ』とあるが、これも、この本を最後まで読んで理解してほしい。

まだまだ解説は続く。これを書くのは、それこそ聖書に記されたイエスの預言の成就のためなのだ。

さて、話を戻して、これらのたくさんの国土が繋がって出来上がるミロクの世の全体像について語っているのが次である。

ヨハネによる福音書　十五章　イエスはまことの〈ぶどうの木《き》〉
わたしはまことのぶどうの木《き》であり、わたしの父《ちち》は栽培者《さいばいしゃ》である。～略～
ぶどうの枝《えだ》が木《き》につながれていなければ、枝《えだ》だけで実《み》を結《むす》ぶことはできない。
～略～　わたしはぶどうの木《き》であり、あなた方《がた》は枝《えだ》である。

では、筆先には、どう書かれているのか見てみよう。

伊都能売神諭　Ｐ一五〇　大正八年一月二十五日
谷々《たにだに》の小川《おがわ》の水《みず》も大河《おおかわ》へ、末《すえ》で一《ひと》つの海《うみ》に入《い》る経綸《しぐみ》である

どちらの言葉も、『枝《えだ》』も『小川《おがわ》』も最後には一つになるイメージは同じだ。違いは、イエスの表現の方には、枝が木につながらなければ意味がないと、枝となる者たちに木に自ら繋がろうとするその意志を求めている所だ。だが、筆先にも別の所で同じようなことが書かれているので、イエスも筆先も言っていることは変わらない。

イエスの言葉をこれまでの表現で表せば、『ぶどうの枝』が国主であり国土を造る者となる。そして『実』は、その国土の中に住む民たちということになる。ぶどうの実の一房が一つの国土だと理解しよう。実も枝にしっかりと繋がってそこに在る。外国の十二人、日本の八人の国土の中には、譬《たと》えに示したぶどうの実の数よりも、遙かに多くの人々が住むのである。

また、『目無堅間《めなしかたま》の神船《みふね》』とも表現される国土の外側には何が在るのか?
それは、海ではなく、宇宙空間が在ると思ってほしい。つまり、何も無いのだ。そして、自分が住む国土から他の国土へ渡る船は無い。ぶどうの実が、他に行きたいと枝から離れてしまえば、宇宙空間に飛び出してしまう。それで、実が死んでしまうということは無いのだろうが、再び実が枝に繋がることができるのは、元の場所だけだ。このことにつ

いて語っているのが、次の筆先にある。

大本神諭　二巻P一〇五　大正元年旧十月五日
立替《たてか》え立別《たてわ》けなら、何《ど》うなりと致《いた》して無茶《むちゃ》で致《いた》せばできるなれど、後《あと》の修理固成《つくねなおし》の大事望《たいもう》が、中々骨《なかなかほね》の折《お》れる事《こと》であるぞよ。一色《ひといろ》や、二色《ふたいろ》や、三色《みいろ》や、五色《いついろ》や、十色《といろ》でないぞよ。何《なに》につけても大望《たいもう》ばかりであるぞよ。

天国では、人が自由に移動して民族が混ざり合うことは赦されない。筆先を読めば、民族は混ざりなく『立替《たてか》え立別《たてわ》け』されていることが正しい。神は、そうするぞと、この筆先で語っている。

人は、最初から、種族と言うか部族と言うべきか、霊統によって完全に分けられていた。だが、地上では、両親からの血統が混ざる仕組みで混乱の元になっていた。しかし、人の霊統とは、魂が生まれた時に決まり、途中で変わりはしない。なので、たとえ肉体が混血を繰り返していたとしても、その個人の霊統に影響はないのだ。

一つの『目無堅間《めなしかたま》の神船《みふね》』に乗る一団を、民族という考え方をすれば、その民族の族長がその国土の国主となる。だからその国土に住む者は、皆その族長と同族で、親子兄弟なのだ。筆先では、その民族の種類を『一色《ひといろ》や、二色《ふたいろ》や、三《み》色《いろ》や、五色《いついろ》や、十色《といろ》でない』と言っている。この解説を読めば、その種類は『十色《といろ》』よりも遙かに多いと判るだろう。

日本と外国との繋がりについて

さて、ここまで日本にも外国にもたくさんの国土があると説明した。だが、日本と外国がどのように繋がるのかは説明していない。なので、次はそのことについて話そう。

マタイによる福音書　二十二章　メシアはダビデの子《こ》か
『主《しゅ》はわたしの主《しゅ》に仰《おお》せになった。わたしの右《みぎ》に座《ざ》せ、わたしがあなたの敵《てき》をあなたの足元《あしもと》に置《お》くまで』

日本と外国の繋がりの説明に、何故この福音が出て来るのか?

その疑問は一先《ひとま》ず置いて、読み進めてほしい。


この福音には、『主《しゅ》は』と、もう一人、『わたしの主《しゅ》に』と、二人の『主《しゅ》』がいる。この二人が、三人世《さんにんよ》の元《もと》の内の二人なのだ。

この三人世《さんにんよ》の元《もと》は、《七（地成《なな》）の世界の三人》で、その名は『日《ひ》の出《で》の神《かみ》』『彦火々出見命《ひこほほでみのみこと》』『木花咲耶姫命《このはなさくやひめのみこと》』だ。

その中で、最初の『主《しゅ》は』に当たる者が『日《ひ》の出《で》の神《かみ》』なのだ。そして、『わたしの主《しゅ》に』に対応する者が、『彦火々出《ひこほほで》見命《みのみこと》』となるのだ。

これを、聖書に当てはめれば、『日《ひ》の出《で》の神《かみ》』が洗礼者ヨハネ、『彦火々出見命《ひこほほでみのみこと》』がイエス・キリストになる。出口王仁三郎は、『竹』でありがいこくの守護なのだ。イエス・キリストが外国で活動したのは、イエスが外国を担当する守護者であるからだ。この王仁三郎であり、イエス・キリストである霊魂《みたま》の名が『彦火々出見命《ひこほほでみのみこと》』なのである。


三人世の元の『一の主《いちぬし》』が『日の出の神《ひでかみ》』であり、洗礼者ヨハネ。

その『一の主《いちぬし》』の『右に座《みぎざ》』す者が、『彦火々出見命《ひこほほでみのみこと》』であり、イエス・キリストだ。

この福音で語られている内容は、直近では神域での、最終的には天国での配置を表していた。

そして、ここまでが外国の人々に開示されていた内容なのだ。


だが、『右に座《みぎざ》』す者があれば、左に座す者も居るのだ。それが『木花咲耶姫命《このはなさくやひめのみこと》』だ。

日本の系列は『木花咲耶姫命《このはなさくやひめのみこと》』から八つの国、四十八の国と枝分かれしていく。そして、外国の系列は、『彦火々《ひこほほ》出見命《でみのみこと》（イエス）』から十二の国、七十二の国へと枝分かれする。

日本に降ろされた筆先は、その三人が揃った完全な教えなのである。

そのことを伝えるイエスの言葉がある。それが次の福音だ。

マタイによる福音書　二十章　ぶどう園《えん》の労働者《ろうどうしゃ》
後《あと》の者《もの》が先《さき》になり、先《さき》の者《もの》が後《あと》になる

この『先の者《さきもの》』が新約聖書であり外国なのだ。そして『後の者《あともの》』が筆先であり日本なのだ。

後で現れた筆先が解明されて、先に現れた新約聖書に残されたイエスの言葉の全体像が見えて来ると、イエスが本当に言いたかったことが判るという意味だ。このことが判って来ると、イエスが福音に残した預言の、次の言葉の意味が重くのし掛かって来る。

マタイによる福音書　二十四章　迫害《はくがい》の予告《よこく》
すべての民族《みんぞく》に対《たい》する証《あか》しとして、天《てん》の国《くに》のこの福音《ふくいん》が全世界《ぜんせかい》に宣《の》べ伝《つた》えられる。それから、終《お》わりが来《く》る

『天《てん》の国《くに》のこの福音《ふくいん》』とは、新約聖書に記された《イエスの言葉》であり、筆先の《神の言葉》だ。この『天《てん》の国《くに》のこの福音《ふくいん》』が、この本で、唯一神の教えが全世界に正しく伝えられてから、世界の『終《お》わりが来《く》る』のである。


この福音のイエスの預言は、この本によって成就する。

日本と外国の『すべての民族《みんぞく》』に、『天《てん》の国《くに》の』真実が明かされる。


だが、今の人間に、この真実を理解するのは非常に難しい。

それは何故か？

それは、今の人間は、この世界が未来永劫《えいごう》続くと信じ、且《か》つ、続かせようと努力しているからだ。

「この世界を、神が終わらせるなんて、有り得ない！」

って、誰もがそう信じている。たとえ神を信じていようと、信じていなくても、だ。

だが、今までの神は、本当の神ではなく、悪神だったのだ。

だからこそ、ここでハッキリと言わなければならない。

今までの神と、最後の審判を行う神は違う。これまでも本書でそう語っているつもりだが、まだピンと来ない人も居ると思う。しかし、このことはしっかりと理解してほしいところだ。

さて、あちらこちらに大分回り道をして来た。そろそろミロクの世の姿についてイメージしやすいように、ここで図にしてみよう。だが、それにはまだ、もう少し語らねばならないことがある。

大本神諭　六巻P一九六　大正五年旧十月二日
此《こ》の先《さき》を、団子《だんご》に致《いた》そうと棒《ぼう》に致《いた》そうと、三角《さんかく》になりと四角《しかく》になりと、此《こ》の世《よ》を自由《じゆう》に致《いた》す様《よう》に、天地《てんち》の模様《もよう》が変《か》わるから、此《こ》の事《こと》が天地《てんち》の吃驚箱《びっくりばこ》であるぞよ。

この筆先と、これまで説明してきたことを元にミロクの世の姿を次のページに描いてみよう。

〔図一　ミロクの世の世界の姿〕を見ながら次の説明を読んでほしい。

三体の大神の居る所が、『団子《だんご》』、八人の御子《おんこ》の国や十二人の使徒の国は『四角《しかく》』、四十八人の国や七十二人の国は『三角《さんかく》』として、それらをつなぐ『棒《ぼう》』を描いてみた。

これらの『団子《だんご》』や『三角《さんかく》』『四角《しかく》』の一つ一つが、『目無堅間《めなしかたま》の神船《みふね》』となる。

この図の通りにミロクの世の姿が出来上がるとは思えないが、これが、本当の神界に出来る天国（ミロクの世）の配置なのだ。我々のような地上に生きる人間は、七の世界に転生する。我々は、神界に連《つら》なる天国の階段の最下部に接続

図一　ミロクの世の世界の姿

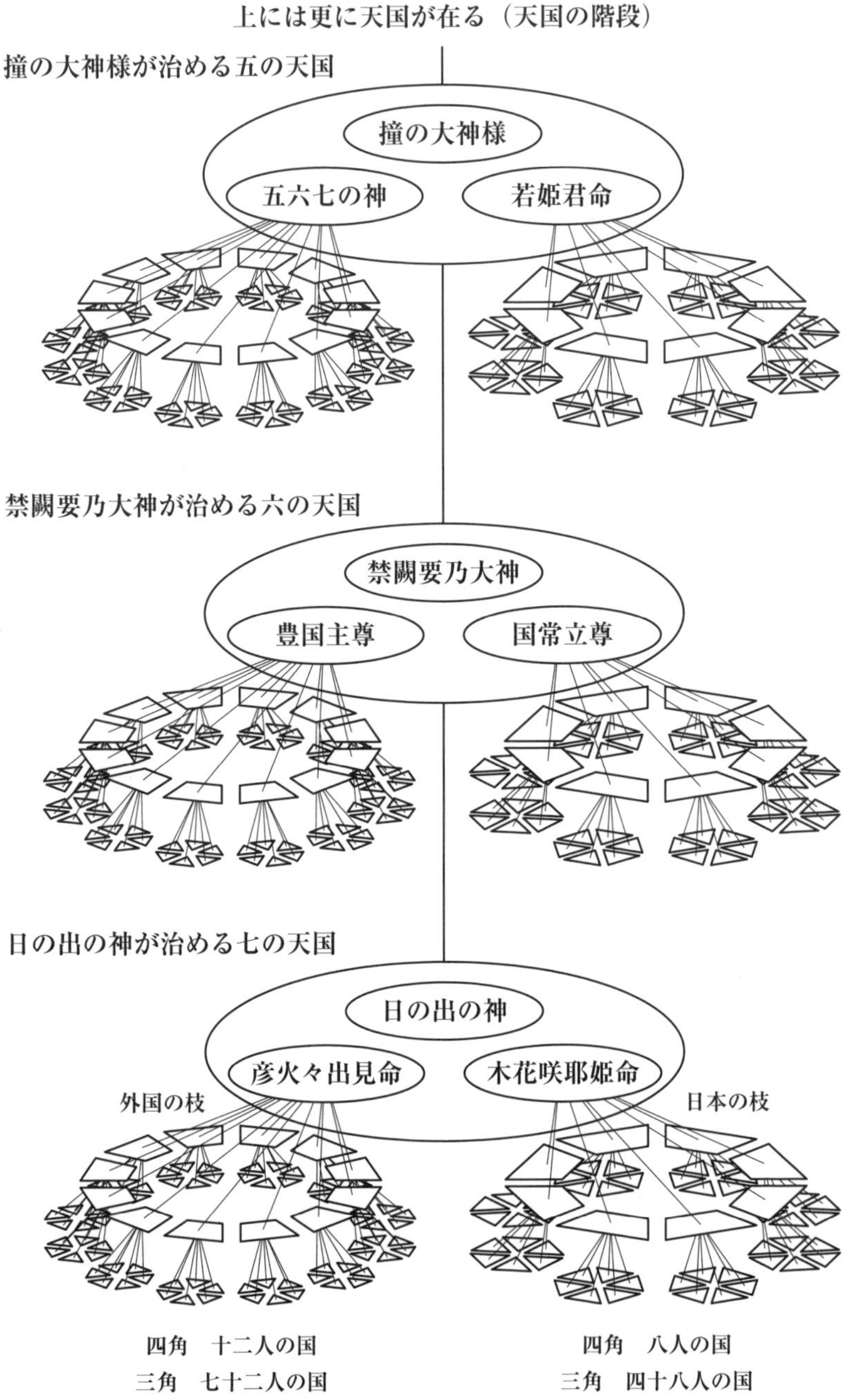
上には更に天国が在る（天国の階段）
撞の大神様が治める五の天国
撞の大神様
五六七の神
若姫君命
禁闕要乃大神が治める六の天国
禁闕要乃大神
豊国主尊
国常立尊
日の出の神が治める七の天国
日の出の神
彦火々出見命
木花咲耶姫命
外国の枝
日本の枝
四角　十二人の国
三角　七十二人の国
四角　八人の国
三角　四十八人の国

されるのだ。

現在の我々が住む宇宙の外に、本当の神界が有る。そして、この宇宙と比べれば、遙かに広大な世界が本当の神の世界なのだ。


我々は現在、実は、神界から隔離された非常に特殊な世界の中に生きている。

それ故に、宇宙の外に本当の神界が在ることを前提に語る神と、目に見える世界がすべてだと思い込み、世界が本当はそんなことになっているとは思いもしない人間とでは、分かり合えることはないのだ。

そんな我々が天国を目指そうとするのなら、我々の住む宇宙の外に目を向けなければならない。

そして、宇宙の外の神界の常識を身に付けねばならないのだ。

そうしなければ、宇宙の外には行けない。その理由はこの先で知ることになろう。


また、この［図一］には、まだまだ説明していない秘密が隠されている。そのことも追々《おいおい》と語って行く。

今は、次の筆先を読んで、この図のイメージを脳内で補完してほしい。

大本神諭　五巻P二五〇　明治三十年
三千世界《さんぜんせかい》が一度《いちど》に開《ひら》く梅《うめ》の花《はな》、金神《こんじん》の世《よ》に成《な》りたぞよ。世《よ》が変《か》わるぞよ。

五、六、七の三界に在るたくさんの国土を合わせて三千世界と言う。そのたくさんの国土を梅の花に見立てて、天国に美しい花が一度に咲き誇《ほこ》るシーンを見て語っていたのがこの筆先なのだ。

『世《よ》が変《か》わるぞよ』なんて、軽く語られているのだが、実は、大変貌を遂《と》げることになるのだ。

神が造らなかった『中界』について

筆先に、『天地中界《てんちちゅうかい》の区別《くべつ》もなく、世界《せかい》は一団《いちだん》の泥土泥水《どろつちどろみず》で手《て》の付《つ》けようがなかりた』と、書かれた『天《てん》』『地《ち》』『中界《ちゅうかい》』は、ミロクの世の『五《み》』『六《ろ》』『七《く》』の三界に対応している。これは、ミロクの世の構造を知れば判る。

ここで語る『中界《ちゅうかい》』とは、古事記の《黄泉の国《よみのくに》》と同じ。この《黄泉の国》は、古事記に書かれている通り、《死んでから行く所》になる。

だが、神が造っていない《存在しないはずの『中界《ちゅうかい》』》に、死者はどうやって行くのか?

ここからが、前回語らなかったちょっと複雑な話になる。

これも霊界を含むこの世界を理解するために必要なことなのだ。だが、まずは、この『天地中界《てんちちゅうかい》』のすべてが、紛《まが》い物の材料で、本当の神界に似せて造られているという認識を持ってほしい。つまり、この世界の全部が、喩《たと》えに見せるような仮の世界だった、ということなのだ。

ではまず、人間の《霊魂》というところから話を進めていこう。

人間には、魂があり、霊体があり、肉体があって、この世界に存在する。

これは、宗教でもスピリチュアル系でも普通に言われていることだと思う。そして、《人間には霊魂《れいこん》が在る。霊魂が在るから、人間は在る》と、そんなことも言われている。

だがこの話と、霊と言えば一般に思い浮かべる幽霊や先祖の霊などと、その存在の在り方に、疑問を感じることはないだろうか？

この疑問から始まる話をこれから話そう。これは、これまで語られて来なかった話なのだ。

これまでの宗教でも、《人間には霊魂が在る。霊魂が在るから、人間は在る》と、霊の方が先に在ると教えている。それを前提に考えれば、次のようなことが考えられる。

人間の霊体は、魂が生まれる時に与えられた霊体で、この霊体は死ぬことのない霊体だ。また、この霊体は、人間の肉体より前に存在するのだから、人間の肉体の姿に影響を受けず、肉体とは違う姿をしていると考えるのが妥当《だとう》であるはずだ。

しかし、人間が死ぬと、肉体を脱いで霊体となるのだが、その霊体は親族が見慣れた姿なのだ。

つまり、同じ霊体と言っているのに、元から在る霊体と、地上で生きた肉体の姿をした霊体の、二種類の霊体が在ると気付くだろう。

これまでの宗教は、《人間には霊魂が在る。霊魂が在るから、人間は在る》と、霊の方が先に在ると言いながら、実際に霊について語るときには、肉体に似た霊体である死者の霊のことを語っていたのだ。

本来の元から存在する霊体は、『天《てん》（霊界）』で生きているはずだ。

だが、地上で生きた人間のイメージで凝り固まった霊体も在る。この生前の見慣れた姿の霊が、幽霊や先祖の霊などと理解される一般に認識される霊なのだ。しかし、この霊は、本来の霊体ではないので、『天《てん》（霊界）』には帰れない。

そんなわけで、地上で生きた人間が死ぬと、『中界《ちゅうかい》』に行くことになる。

しかし、神は、『中界《ちゅうかい》』を造ってはいない。ならば、『中界《ちゅうかい》』はどのように出来たのか？

その答えは、次の筆先に書かれている。

大本神諭　四巻Ｐ二三七～　明治四十年旧十月十六日
軽《かる》い清《きよ》らかな霊《れい》は天《てん》と成《な》り、重《おも》きものは地《ち》となりた斯《こ》の天地《てんち》の初《はじ》まりから、八頭八尾大蛇《おろちのみたま》と金毛《か》九尾《し》白面悪狐《ら》とが邪気《じゃき》の凝《かたま》りで、天地《てんち》の間《あいだ》に生出《でけ》て来《き》て、

『中界《ちゅうかい》』は『天地の間《てんちのあいだ》』に出来た。『天《てん》』は『霊《れい》』が材料で出来ており、『地《ち》』とはこの世界だ。

その間に『邪気《じゃき》』が集まって、『八頭八尾大蛇《おろちのみたま》と金毛《か》九尾《し》白面悪狐《ら》』が出来たと書かれている。その『邪気《じゃき》』が集まった所が『中界《ちゅうかい》』という場所なのだ。

そこに、死んだ人の霊は、向かうのである。

何故、死んだ人間は天（霊界）へ戻らずに、『中界《ちゅうかい》』に行くのか？

それは、その『中界《ちゅうかい》』が、死んだ人間の霊が住むべき所だからだ。

そんな人間が死んでから行く所を、『八頭八尾大蛇《おろちのみたま》と金毛《か》九尾《し》白面悪狐《ら》』などの悪神たちが造ってくれていた、ということなのだ。

しかし、そんな悪神が居る所にわざわざ行かなくてもと思うのだが、それが定めだったのだ。それに、地上で生きた人間の苦労が邪気を呼び寄せて、結局、そこに行くしかなかったのである。

次の筆先を読めば、人間も地上に降りた当時は大分苦労していたと判るだろう。

大本神諭　一巻P一二一～　明治二十九年旧十二月二日
昔《むかし》の初《はじ》まりと申《もう》すものは、誠《まこと》に難渋《なんじゅう》な世《よ》でありたぞよ。
木《こ》の葉《は》を衣類《きるい》に致《いた》し、草《くさ》や笹《ささ》の葉《は》を食物《たべもの》にいたして、切物一《きれものひと》つ在《あ》るで無《な》し、土《つち》に穴《あな》を掘《ほ》りて住居《すまい》を致《いた》したものでありたが、天地《てんち》の神々《かみがみ》の御恵《おかげ》で、段々《だんだん》と住家《すみか》も立派《りっぱ》になり、衣類《きるい》も食物《たべもの》も結構《けっこう》に授《さず》けて頂《いただ》く様《よう》になりたのは、皆《みな》此《こ》の世《よ》を創造《こしらえ》た元《もと》の生神《いきがみ》の守護《しゅご》で、人民《じんみん》が結構《けっこう》になりたのであるぞよ。

これを読めば、エデンの園は地上には存在しなかったと判る。

人の霊体が地上に肉体を得たばかりの頃は、霊界の安穏《あんのん》さとは比べられないほどの大変さで、その苦労が人間の心に邪気を生み『中界《ちゅうかい》』に引き寄せられることになった。

そんなわけで、『中界《ちゅうかい》』という世界は、邪神と人間のコラボで造り上げられた。それ故《ゆえ》中界は、地上を生きた人間のイメージに近い世界となった。結局、こうやって本来の霊界とは違う『中界《ちゅうかい》』という世界が、霊界の底の地球に近い処《ところ》に出来上がったのだ。

この、《元から在る霊体》と、《人間の肉体》と、《人間の肉体のイメージが凝り固まって出来た霊体》の、三つの存在の関係性が、重要な意味を持つことになる。

結論から言えば、この三つの存在があることで、『中界《ちゅうかい》』という世界が、ミロクの世の『七《なな》（地成《なな》）』の世界の雛形《ひながた》になれるのだ。

伊都能売神諭　Ｐ一八五～　大正八年二月十八日（旧一月十八日）
天《てん》の水《みづ》の（六《み》）の中《なか》から、の《ほち》一霊《いちれい》が地《ち》に下《くだ》りて五《いづ》（火《ひ》）と天《てん》が固《かた》まり、地《ち》の六《み》（水《み》）に、の《ほち》一霊《いちれい》が加《く》わりて地《ち》は
七《なな》（地成《なな》）となりたから、世《よ》の元《もと》から申《もう》せばミロクは六六六《みろく》なり、今《いま》の世《よ》の立直《たてなお》しの御用《ごよう》から申《もう》せばミロクは五《み》
六《ろ》七《く》となるのであるから、

これまでの話をこの筆先に当てはめれば、《元から在る霊体》が『天《てん》の水《みづ》』に対応し、《人間の肉体》が『地《ち》』に対応し、残った《人間の肉体のイメージの霊体》が居る『中界《ちゅうかい》』が『、の《ほち》一霊《いちれい》が加《く》わりて地《ち》は七《なな》（地成《なな》）』となる世界に対応すると理解してほしい。

『中界《ちゅうかい》』に、『、の《ほち》一霊《いちれい》』と表現される《正しき霊》が降《くだ》ることで『中界《ちゅうかい》』は、『七《なな》（地成《なな》）』の世界の雛形となる。『七《なな》（地成《なな》）』の世界の雛形は、その制作の過程を知れば、地上を生きる人間にしか造れないと判るだろう。

ミロクの世に行けるのは《魂《たましい》》だけ。だが、人間の肉体が無ければ、『中界《ちゅうかい》』にミロクの世の雛形は造れない。

そんなミロクの世の雛形を造る大切な『中界《ちゅうかい》』を、古事記では《黄泉《よみ》の国《くに》》なんて言って、ゾンビみたいな化け物が居る所としていたのだから、《許されざる重罪》と言いたいのだが、残念ながら神から見たら、『中界《ちゅうかい》』の有り様は、今も昔も古事記に記された通り、なのだ。


さて、ここまで長ったらしい言葉で語って来たが、面倒なので短い言葉に換えておこう。

『中界《ちゅうかい》』に出来る《人間の肉体のイメージが凝り固まって出来た霊体》は、肉体から派生した霊体なので、これを《肉体霊《にくたいれい》》としよう。そして《元から在る霊体》は、本当の霊体であり筆先にもこの言葉があるので《本霊《ほんれい》》とする。

《人間の肉体》は、単に《肉体》にしよう。


言葉を改めたところで、これまでの話を整理する。

『中界《ちゅうかい》』は、神が造らなかった世界。何故なら、『中界《ちゅうかい》』が邪神の住処《すみか》であったとしても、人間が造るべき世界であったからだ。

人間の肉体霊は、中界に行くのが定めだ。だが中界に行くと、中界から本当の霊界を見ることができない。なので、人間はこの『中界《ちゅうかい》』が神霊界のすべてだと勘違いしてしまった。そして人間は、この『中界《ちゅうかい》』を根城にする邪神を本当の神だと信じてしまい、そんな邪神と神懸《かんがか》りをして間違った神霊界の知識を得ることになってしまったのだ。

そうやって出来上がったのが、これまでの宗教が語っていた神霊界の世界観であったのだ。


では、ここまで語ったことを、別の視点から違う観点でもって話をしよう。

天と地の夫婦

この『中界《ちゅうかい》』に居る《肉体霊《にくたいれい》》は、《本霊《ほんれい》》と《肉体》によって出来た存在だ。

言い換えれば、《肉体霊《にくたいれい》》は《本霊《ほんれい》》と《肉体》によって生まれた《子》ということになる。

協力して子を生む間柄《あいだがら》を夫婦と見るならば、《本霊《ほんれい》》と《肉体》は夫婦の関係になる。

まずは、福音から、この《天と地の世界を跨《また》ぐ夫婦》について語ったイエスの言葉を出そう。

マタイによる福音書　十九章　離縁《りえん》と独身《どくしん》
二人《ふたり》ではなく、一体《いったい》である。

この福音の『二人《ふたり》』とは、《本霊《ほんれい》》と《肉体》のことなのだ。人間は、《本霊》と《肉体》を合わせて一人《ひとり》の人間として生きている。そう解釈すればこの福音の言葉は、《人間には霊魂が在る》と同じ意味になる。

だから、『二人《ふたり》ではなく、一体《いったい》である』のは、生きていれば当然のことなのだ。

多くの人が、天の《本霊《ほんれい》》と地の《肉体》の、天と地の垂直（経《たて》）方向の夫婦について語られていることを、地上に居る人間同士の夫婦のことと思ってしまい、正しい理解への道を踏み外してしまうのだ。

次は、筆先から天地の夫婦について語っているものを出そう。

伊都能売神諭　P九　大正七年十二月二日（旧十月二十九日）
変性男子《へんじょうなんし》の霊魂《みたま》は天《てん》の役《やく》、夫《おっと》の役《やく》なり、女子《にょし》の霊魂《みたま》は地《ち》の役《やく》、妻《つま》の御用《ごよう》であるぞよ。

この筆先、個人を特定すれば、『変性男子《へんじょうなんし》』は出口直、『女子《にょし》』は王仁三郎になる。型の時には、出口直が昇天して『天《てん》の役《やく》』となり、『女子《にょし》』の王仁三郎が『地《ち》』で教祖として活動していた期間のことを言う。これが実地になれば、王仁三郎の来世が昇天して男子《なんし》の御用になり、『女子《にょし》』が澄子の生まれ変わりの御用となるのだ。この話は後で詳しく語ることにするが、これは個人を特定した世界の中心での話だ。

だが、ここでは一般的な話として、この筆先を解説しよう。

天に居る『天《てん》の役《やく》』の《本霊《ほんれい》》は『夫《おっと》の役《やく》』で、地で活動する『地《ち》の役《やく》』の《肉体》は『妻《つま》の御用《ごよう》』となる。天に居る《本霊《ほんれい》》が夫であり、地に居る《肉体》は妻なのだ。これは、地上に生きる人間が男でも女でも、天の《本霊《ほんれい》》は『夫《おっと》』になり、地の《肉体》は『妻《つま》』になるということだ。

そうであるが故に、霊主体従《れいしゅたいじゅう》とは、《肉体》は《本霊《ほんれい》》に従いなさいという教えになる。

これを地上的な言葉で言い表すと、《妻は夫の三歩後ろを歩く》＝《体《たい》は霊《れい》に従え》となる。こんな時代遅れな言葉なのだが、正しく意味を理解すれば、これこそが人間の正しい在り方だった、ということなのだ。

こんなことを理解した上で、もう一度『十九章　離縁《りえん》と独身《どくしん》』を出そう。これは、天と地の霊界を含んだ話と、地上のみの話と、この整合しない話を嘘を言わずに語っていたのだ。それ故、一見難しい話となってはいるのだが、答えを知れば、それほど難しい内容ではなかったのだ。

マタイによる福音書　十九章　離縁《りえん》と独身《どくしん》

創造主《そうぞうしゅ》は初《はじ》めから、人間《にんげん》を男《おとこ》と女《おんな》とに造《つく》り、『それ故《ゆえ》、人《ひと》は父母《ふぼ》を離《はな》れて自分《じぶん》の妻《つま》と結《むす》ばれ、二人《ふたり》は一体《いったい》となる』

と仰《おお》せになったことを。したがって、彼《かれ》らはもはや二人《ふたり》ではなく、一体《いったい》である。それ故《ゆえ》、神《かみ》が合《あ》わせたものを、人間《にんげん》が離《はな》してはならない　～略～　すべての人《ひと》がこのことを受《う》け入《い》れるわけではない。ただその恵《めぐ》みを与《あた》えられた人《ひと》だけである。生《う》まれつき結婚《けっこん》できない者《もの》があり、また人《ひと》から結婚《けっこん》できないようにされた者《もの》があるが、天《てん》の国《くに》のために進《すす》んで結婚《けっこん》しない者《もの》もある。これを受《う》け入《い》れることができる者《もの》は受《う》け入《い》れなさい

この福音に登場する『父母《ふぼ》』には、夫婦という関係はない。父《ちち》もしくは母《はは》と解釈してほしい。神は、男でも女でも、一柱で子を生むことができる。なので、夫婦で子を生んでいるわけではないのだ。

そして、この『父母《ふぼ》を離《はな》れ』た『自分《じぶん》』とは、自分の魂に霊体を授《さず》けられた《本霊《ほんれい》》のことなのだ。

その《本霊《ほんれい》》が、『自分《じぶん》の妻《つま》（肉体）と結《むす》ばれ』て、『二人《ふたり》は一体《いったい》とな』り、地上で人間として生きる。

それ故、人間として生きている間は、分離（離婚）は不可能なのだ。そのことを前提とした話なので、『神《かみ》が合《あ》わせたものを、人間《にんげん》が離《はな》してはならない』とは、結局、《本霊《ほんれい》》と《肉体》を離せば、人は死んでしまうのだから、《人を殺してはならない》と同じ話なのだ。

だがそんな《本霊《ほんれい》》を絡《から》めた話をしても、地上で生きる者の指針とはならないので、《～略～》の後の言葉を要約して言えば、《地上での結婚は、するもしないもどちらでも良い》という簡単な話で収《おさ》めていたのだ。

と、ここまで語ったところで、再び『中界《ちゅうかい》』についての話に戻ろう。

仏教とか神道系の者たちは、人は死んで五十年ほどで成仏するとか神と一つになると言う者が居る。

これは、中界で肉体霊が五十年ほどで消息不明になることを知っていたから、そう言ったのだと思われる。中界に居る守護神は、肉体霊が消えることを、《人間の地上的な自我が消えて、神と一つになった》と教えたのだろう。だが、これは嘘だ。

肉体霊が消えたのは、本当は流産したという扱《あつか》いなのだ。

この宇宙という子宮の中で、人は地上に何度も生まれ、生まれる度《たび》に人は一人で《本霊《ほんれい》》の父と《肉体》の母で、《肉体霊《にくたいれい》》の子を生み育てていた。

だが、その《肉体霊《にくたいれい》》は、何処にも行けずに消えていた。つまり、不合格だったから消されていたのだ。《肉体霊《にくたいれい》》は、これまでも神の審判を受けていた。正しい子＝（肉体霊《にくたいれい》）を生み育てることができなかったから人は何度も生まれ変わって再挑戦していたのだ。

とは言ってみたが、これまでの教えでは合格は見込めなかったのだ。それに、仏教に輪廻《りんね》からの解脱《げだつ》が語られていたとしても、それは事実上、不可能であったのだ。

ちょっと話がずれた。戻そう。

《肉体霊《にくたいれい》》は、人間の心の姿そのままに『中界《ちゅうかい》』で生きていて、『中界《ちゅうかい》』ではその人間の心が外見として現れるのだ。

つまり、神が《肉体霊《にくたいれい》》を見れば、その人間の本質がその姿に表れて見えるのだ。

このことについて書かれている筆先が次だ。

伊都能売神諭　Ｐ二二四　大正八年三月七日（旧二月六日）

今《いま》の人民《じんみん》は神《かみ》の生《い》き宮《みや》であるという人生《じんせい》の本義《ほんぎ》を忘《わす》れて、野獣《やじゅう》のような精神《せいしん》に堕落《おち》てしもうておるから、人三化《ばけ》七《も》《の》ばかりで、誠《まこと》の天職《てんしょく》を弁《わきま》えた誠《まこと》の人民《じんみん》は二分《にぶ》より無《な》いことに、神界《しんかい》から見《み》ると亡《ほろ》びてしもうておるから、

神はこの筆先で、人間たちを『人三化七《ばけもの》ばかり』と言っている。だが、何を見て『人三化七《ばけもの》ばかり』と言っているのか？　と問うならば、『中界《ちゅうかい》』の《肉体霊《にくたいれい》》を見て言っている、となるのだ。

つまり、肉体霊は、人間が生きている時から存在している。この肉体霊は、人間が生きている時は、中界の地上エリアに居る。だが人間が死ぬと、肉体霊は中界の中界エリアに移動する。それはつまり、天と地の間という場所《エリア》なのだ。

正しい《肉体霊《にくたいれい》》は、《神の子》となる種《たね》なのだ。『、《ほち》の一霊《いちれい》』とは天に居る本霊のことで、その本霊が中界に下るためには、本霊が寄り所となれる《正しい肉体霊《にくたいれい》》が必要になる。《肉体霊《にくたいれい》》が、《正しい肉体霊《にくたいれい》》に成るには、《肉体霊《にくたいれい》》も『、《ほち》の一霊《いちれい》』と同じ心に成らなければならない。そうすることで、《肉体霊《にくたいれい》》と《本霊《ほんれい》》は、合一して天国へと行ける。

しかし、このことを誰も知らない現状では、すべての《肉体霊《にくたいれい》》は、流産することになる。

なので、我々はこの子宮の中で、《肉体霊《にくたいれい》》という《神の子》の成り損ないではあるが、存分に《生んだ》という経験をしたということで納得してほしい。何故こんなことを言うのかといえば、天国に行く者たちは、もう子を生むという経験はほぼ永遠に無いからなのだ。

この子宮の中の世界は、肉体も仮、肉体霊も仮、中界も霊界も仮なのだ。地上に生きる我々は、この仮の世界で、真

実のミロクの世の型を造る必要がある。それが、最後の審判に向けて我々がするべきことなのだ。

だが、その前に、まず個人において、中界に居る肉体霊を『、《ほち》の一霊《いちれい》』に磨き上げる必要がある。

神は、肉体霊を見て、その者がミロクの世の御用に参加できるのかを決めるのだ。

天地創造から岩戸開きまでの宇宙の変遷

ここまでいろいろと語って来たが、天地創造から天の岩戸が開かれるまでの宇宙の姿を、イメージで理解できるように、簡単な図にしてみた。

ミロクの世の姿について説明したので、我々の住む宇宙の外に本当の神界が在ることを理解してくれたと思う。この閉鎖された宇宙に無数の蛇体の竜が入って天地は創造された。

これを映像でイメージすると、子宮（宇宙）の中に無数の精子（竜）が入って受胎して、細胞分裂が始まり胎児（天地）が形作《かたちづく》られる様子は、人間の受胎から出産と、宇宙の天地創造から天の岩戸開きと、その流れが同じであると判るだろう。神から見れば、子宮の中で発生した我々は胎児という扱いなのだ。

我々は、急速に膨張する子宮（宇宙）の中で、もうはち切れんばかりの出産の時を迎えている。

その出産のことを神は、『天《あま》の岩戸開《いわとびら》き』と言っていたのだ。我々は今、その出産を無事に迎え永遠の命に入るのか、それとも産まれ出ずに終わるのか、その境目《さかいめ》の時に来ているのだ。

そんなことを思いつつ次ページの［図二　宇宙の変遷］を見てみよう。

［図二］の［一、二、三］は、ここまで説明してきた流れのままなので図を見れば分かるだろう。

［図二］の［四、中界ができる］で、中界はできたのだが、中界ができたばかりの頃はまだ人間は居なかった。しかし、

図二　宇宙の変遷

一、初期状態

一面の泥海

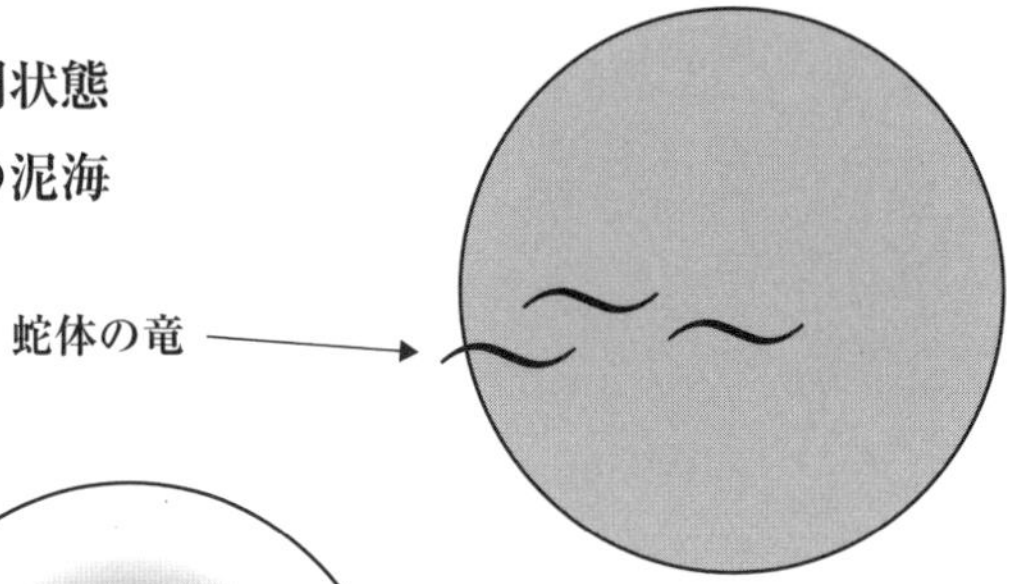

二、

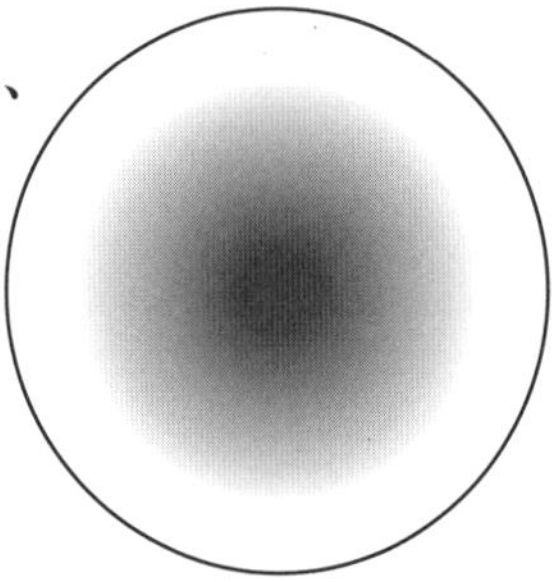

泥と水を分け

天地創造が始まる。

三、天と地ができる

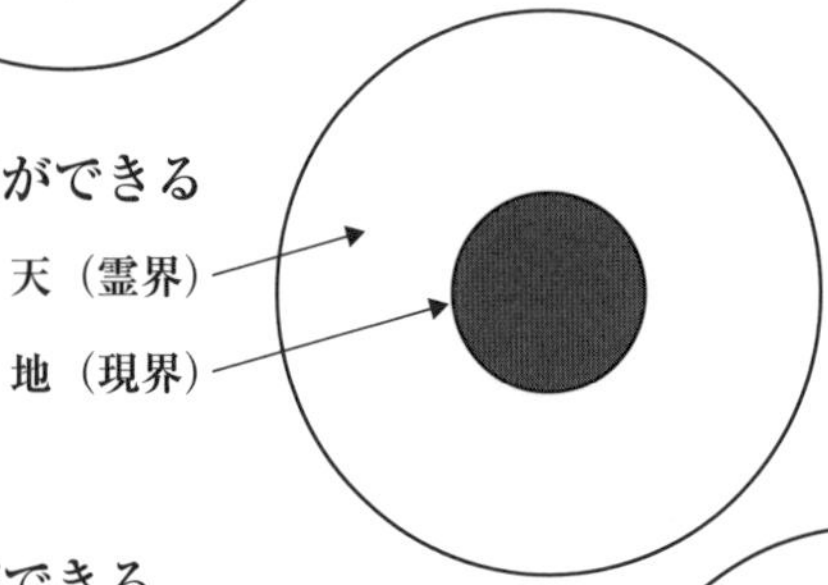

四、中界ができる

地に人が生きるようになり

中界が出来上がる。

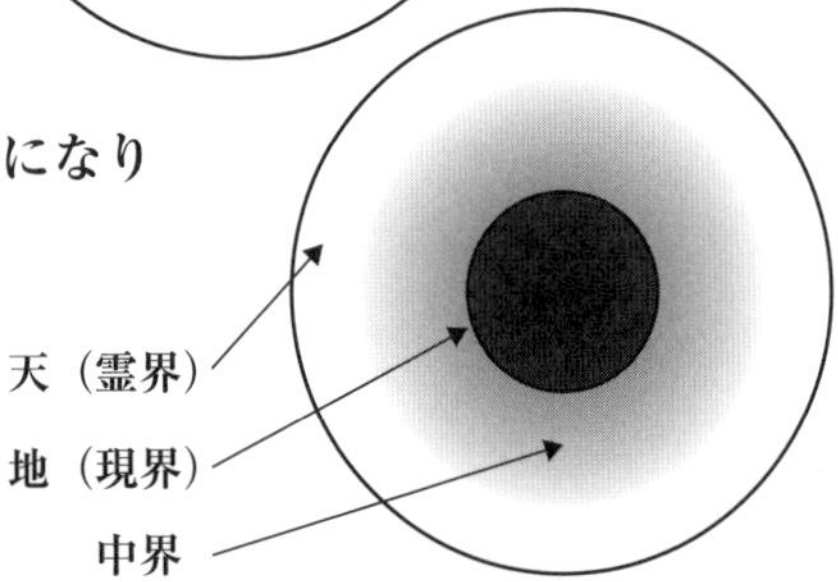

五、天岩戸開きの時

天国へ行く者は宇宙から出る。

宇宙は天も地も圧縮されて

縮小し、土の塊になる。

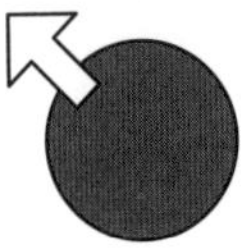

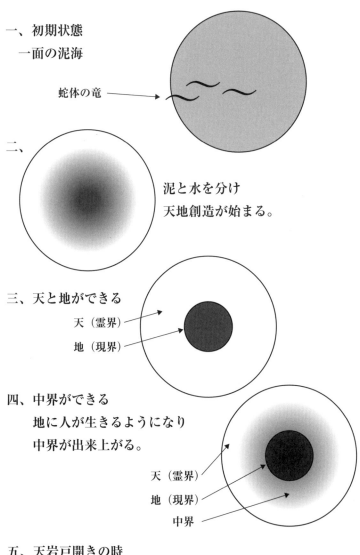

時は下《くだ》り人間が中界に行くようになり、中界は、霊能者が神霊界と言う現在のような形に出来上がったのだ。

王仁三郎は、神懸《かんがか》りで神界霊界を見聞きして神霊界のことを語っているつもりだった。だがその世界は、本当の天（霊界）ではなく、中界の中に在る神霊界だったのだ。それ故、『ミロクの世』のことも『天の岩戸開き』のことも、言葉はあれど、その内容については真面《まとも》に語られなかった。それ故、王仁三郎の霊界物語は、九分九厘までの悪神の物語であったのだ。

とは言ってみたが、私は途中で読むのをやめてしまったので、実際は知らない。でも、大本道場で話を聞いても、天岩戸開きについては何も語っていないのだから、大本役員の認識はそんなものなのだと思う。

［図二］の［五、天岩戸《あまのいわとびら》開きの時］を過ぎれば、宇宙は天の霊界も地の現界も圧縮されて、土の塊《かたまり》になってしまう。それは、ブラックホールの底で、現界の原子も霊界（宇宙科学では暗黒物質、素粒子科学では反物質とも言われている）の原子も擦《す》り潰《つぶ》される。人は、その時が来る前に『目無堅間《めなしかたま》の神船《みふね》』に乗って本当の神界に出られなければ、収縮した子宮に圧縮されそのまま埋められてしまうのだ。

その状況は、筆先に、こんなふうに書かれている。

大本神諭　六巻Ｐ一三四～　大正四年旧四月十四日
今度底《こんどそこ》の国《くに》に放《ほ》り込《こ》まれたら、地《ち》の底《そこ》に埋《い》け込《こ》まれた同様《どうよう》であるぞよ。上《あ》がる事《こと》も、霊魂《みたま》は死《し》ぬ事《こと》も出来《でけ》んから、善悪《ぜんあく》を立《た》て別《わ》けると申《もう》して、筆先《ふでさき》に出《だ》してあろうがな。

『今度底《こんどそこ》の国《くに》』と言われる地獄に埋められたなら、神でも抜け出すことは不可能なのだ。

大本神諭　一巻P二五六～　明治三十六年旧六月四日
出口直《でぐちなお》の日々《ひび》の願《ねが》いが耳《みみ》へ這入《はい》る守護神《しゅごじん》なら、此《こ》の大本《おほもと》から構《かも》うてやれば、万古末代《まんごまつだい》の結構《けっこう》な事《こと》であるなり、根《ね》の国底《くにそこ》の国《くに》に落《お》とされたら、モウ是《これ》からは日本《にほん》の土地《おっち》を踏《ふ》まして貰《もら》う事《こと》は出来《でき》ん事《こと》に成《な》るから、気《き》を注《つ》けたので在《あ》るぞよ。

この筆先の『日本《にほん》の土地《おっち》』とは、日本の国主が造る『目無堅間《めなしかたま》の神船《みふね》』のことなのだ。そして、『根《ね》の国底《くにそこ》の国《くに》』とは、宇宙全体がブラックホールの底のように圧縮されて、土の塊となった状態のことなのだ。そこでは現界の原子も霊界の原子も崩壊し、現界の肉体も霊体の肉体も姿を保てず、生命は本来の魂の姿である蛇体の竜となって土の中に埋められる。その時になって、神も天使も悪魔も、また人間の本体も、皆、同じ蛇体の竜の姿であったと気が付いても、残念ながら遅いのだ。

大本神諭　一巻P一五五　大正元年旧八月十九日
何彼《なにか》の時節《じせつ》が迫《せま》りて来《き》て、動《うご》きもにじりも出来《でき》ん事《こと》に世界中《せかいじゅう》が成《な》るから、クドウ守護神《しゅごじん》、人民《じんみん》に気《き》を付《つ》けるぞよ。
今《いま》からの改心《かいしん》は間《ま》に合《あ》わんぞよ。

『何彼《なにか》の時節《じせつ》が迫《せま》りて来《き》て』、『目無堅間《めなしかたま》の神船《みふね》』に乗り損なった者たちは、『動《うご》きもにじりも出来《でき》ん事《こと》に世界中《せかいじゅう》が成《な》る』のが、『根《ね》の国底《くにそこ》の国《くに》』の姿なのだ。その時にはもう、『今《いま》からの改心《かいしん》は間《ま》に合《あ》わんぞよ』ということになる。

その地獄の具体的な様相は、西洋の《ダンテの神曲の地獄編、第九圏《けん》　裏切者の地獄》に描《えが》かれていた。氷の中に永遠に幽閉された者たちの姿が、それなのである。

唯一神の天の教えに従えよと、そんな神の願いを裏切った（拒否《きょひ》した）者たちが落ちる最終地獄、それが地獄の第九圏、『根《ね》の国底《くにそこ》の国《くに》』だ。氷の中でカチンコチン、それが『動《うご》きもにじりも出来《でき》ん』『地《ち》の底《そこ》に埋《い》け込《こ》まれた』状態なのだ。

ダンテはその様子を、土の塊を透かして埋もれた者たちを見たのだろう。それで氷の中のように見えたのだ。

これが、九分九厘を超えた先に在る地獄の様相なのだ。

ただ、ダンテもそうなのだが、神は神霊界の真実を完全な形で見せてはいない。そう理解できるのは、本来、蛇体の竜の姿で氷漬けにされるはずが、そうではないことで判る。このようにこれまでの教えは、真実すらも脚色されて、正しいことはホンの一部だったのだ。

地獄編の第一圏から第八圏は、仏教が語るような中界での地獄の様相だ。なのに、その続きのように最後の審判の後の地獄が、第九圏の最終地獄として語られる。

地獄と言えば、中界の地獄も最後の審判の後の地獄も同じにして混ぜてしまう。別々の事象を一連のことのように繋げてしまうのも人間の感性なのだろう。なので、筆先という正しい指針を持たずに、虚《きょ》と実《じつ》が混在する情報から実《じつ》のみを拾い出すのは不可能なことなのだ。

このことは、王仁三郎が残した様々な神霊界の話に対しても同様だ。

霊界物語の世界

王仁三郎は、神霊界について様々に語っている。だが、それらにどれほどの信憑性《しんぴょうせい》があるのか？

これについては、霊界物語の中に書かれているので、それを紹介しよう。

霊界物語　一巻P四四
肉体《にくたい》ある精霊《もの》、幽界《いうかい》に来《きた》るときは、いつも庁内《ちやうない》の模様《もよう》を一時《いちじ》変更《へんかう》さるる定《さだ》めである。

『肉体《にくたい》ある精霊《もの》』とは、参照した前後を読めば王仁三郎のことだと判る。

つまり、これを読めば、《たとえ王仁三郎であろうとも、神霊界の真実は見せられない》と、こう語ったのは神霊界を管轄する『庁内《ちやうない》』の長である閻魔《えんま》大王なのだ。


教団大本が教える『幽界《いうかい》』とは、根の国底の国であり黄泉の国とも言い、邪神の住む地獄のことだと教えている。

しかし残念ながら、王仁三郎が語っていた神霊界、中界、幽界のすべてが、神から見れば中界の中であったのだ。

神からは、悪神の住む幽界も中界という認識なのだ。なので、王仁三郎が語る悪神の居る神霊界も幽界で、神霊界＋中界＋幽界は、結局、全部が幽界とも言えるので、つまり、幽界を管轄する閻魔大王は、神霊界を管轄しているとも言えるのだ。

なので、《神霊界を管轄する『庁内《ちやうない》』の長である閻魔大王なのだ》と、幽界を《神霊界》と言い換えたのは、間違いではないのだ。教団大本が神界・霊界・中界・幽界のことをそれぞれに語っているつもりでも、それらすべてが中界の中だったのだ。霊界物語で語られていた話は、神界霊界を舞台にした話に思えても、そのすべてが中界の中での話であったのだ。

と、教団大本の神霊界に対する認識間違いを指摘したところで、先ほどの続きを話していこう。

参照では、『肉体《にくたい》』のある王仁三郎が、『幽界《いうかい》（中界）に来《きた》るときは』、真実を見せないよう『模様《もよう》を一時変更《いちじへんかう》』している、と語っている。これは、艮の金神である閻魔大王が、中界の秘密を暴露していたのだ。だから、霊界物語で語られた神霊界の内容がどの程度の信頼が置けるのかと言えば、大分疑わしいことになる。霊界物語の中で、たとえ現実世界に検証できる話があっても、それを理由にして神霊界のことも正しいことを言っているとは限らないのだ。それは、閻魔大王が自ら《真実を見せないように、模様替えをしている》と言っているからだ。

と言うか、霊界物語の話は、本当の神霊界の話ではなく、中界の中にある偽物の神霊界での話なのだから、霊界物語の神霊界の話は、すべてが嘘という話なのだ。閻魔大王は、『庁内《ちやうない》の模様《もよう》を一時変更《いちじへんかう》』と、小さいことのように言っていたのだが、実はトンデモナイ大暴露をしていたのだ。

霊界物語は、本当の霊界ではなく中界を見せていた。神の居る霊界ではなく、悪神の居る中界が、霊界物語の舞台だったのだ。それ故、霊界物語とは、悪神の視点で書かれた物語であったのだ。

筆先をしっかりと読み込めていれば、この程度のことは判るはずだった。

霊界物語の、一巻の割と最初の方にあるこの文章を読めば、霊界物語は読む価値がないとすぐに判るはずだった。

霊界物語には呆《あき》れた話も多く、タイトル通り教えの無い《物語》なのだ。しかし、そうであるからこそ、悪神の眷属にとってはバイブルとなるのだ。八十巻を超える、暇潰しをするのにちょうど良い物語なのだ。大本の役員様、一〇〇年の何処にも辿り着けない議論、楽しめましたか？　ｂｙ　王仁三郎　ということなのだ。

そして、こんな議論を重ねられた神話的共同幻想は、新たな物語を紡ぎ出す基となった。

最近の、小説やマンガで流行している一ジャンル、異世界転生の物語は、霊界物語と同じジャンルなのだ。作品一つ一つが、様々な異世界の物語を作り上げる。それは、魔法を発動させるにも多様な法則があり、主人公に都合が良いように世界がある。作品一つ一つ、主人公（自分）の都合が良いように、世界そのものがバラバラなのだ。これが、悪神たちが、これからの時代を生きるバイブルになる。

悪神たちは、最後の審判の後は、指一本、動かすことのできない地獄に落ちる。その永遠とも言える地獄の中で、悪神たちにできることは、ただ考えることだけ。その永遠の時間を潰《つぶ》す方法が《自分に都合の良い世界を想像してその世界を生きる夢を見ること》なのだ。つまり、ライトノベルの異世界転生の物語そのもの、作者が続けようと思えば何処までも続いていく物語なのだ。

悪神たちは、悪神の眷属たちに、異世界転生の主人公のように、死んで自分の都合の良い世界に生き返って、その世界を生きなさいと、ラノベを流行らせて教えている。まるで自分が創造主になったように、自分の都合の良い世界を頭の中に造る。それは楽しかろう。ただ、誰ともその世界を共有できず、それが残念なことではあるが、それは考えても仕方のないことなのだ。

悪神たちも、こんなふうに、次の世界（永遠の地獄）を生きる知恵を教えている。だからまあ、ジハードの先にある天国も、強《あなが》ち間違いではないのだ。自分の頭の中の天国なんだから、何でもありなのだ。

悪神たちには避けることのできない未来であるから、一方ではこんなお知らせも怠らずに行われているのだと話してみた。

ま、それはそれとして、仕切り直そう。


悪神は、ミロクの世には行けない者たち。悪神は、初めからミロクの世に行く気なんか無い。悪神は、唯一神の教えを否定した者たちなのだ。そんな悪神たちが唯一神との戦いに勝利したと言えるのは、一人でも多くの人間の魂を地獄に落とすことなのだ。悪神たちは、人間を一人でも多く地獄に引き込むために、御利益があるなどと言って人の欲を煽《あお》ったり、この宗教を信じれば天国に行けるなんて嘘を平気で語る。また、そんな宗教の信者を見て、無神論者になった者も悪神教に落ちた者なのだ。そうやって、互いに悪から逃げたつもりで、どちらも悪に絡め取られることになる。そうしてすべての人間を悪神教に引き込み、正しい教えを見えなくさせて、正しい教えが正しく伝わらないように目眩《めくら》ましする。

悪神は、人間の目を塞ぎ道を見えなくさせて、正しき道を示して人を救おうとする善の神に、最後の審判を先延ばしさせようと目論《もくろ》む。

気付いてほしい。悪神たちにとっては、この宇宙が存続することでしか、皆で楽しく我が世の春を謳歌することはできないのだ。だからこそ悪神は、必死で唯一神の邪魔をする。悪神たちにとっては、最後の審判が来てしまえば、あとは氷漬けにされる運命が待つだけなのだ。悪神たちが、この世界を存続させようと必死になる理由が判るだろう。

では、この悪神の意図を判ったところで、それに対する善を生きようとする人間に、イエスは何と言っただろうか？

マタイによる福音書　二十四章　大《おお》いなる苦《くる》しみ

その時《とき》には、世《よ》の初《はじ》めから今《いま》に至《いた》るまでかつてなく、また今後《こんご》もないような、大《おお》きな苦難《くなん》が起《お》こるからである。もしそれらの日々《ひび》が縮《ちぢ》められないなら、救《すく》われる者《もの》は一人《ひとり》もいなくなる。しかし、選《えら》ばれた人《ひと》たちのために、その日々《ひび》は縮《ちぢ》められる

この福音を読んだだけでは、『日々《ひび》が縮《ちぢ》められ』るのは、『大《おお》きな苦難《くなん》』の時のことだけ、と思うかもしれない。だが、本書の最後の方で参照している筆先にもある通り、時が来れば天の父は強制的にこの世界を終わらせてしまうのだ。それは、そうしなければ、『救《すく》われる者《もの》は一人《ひとり》もいなくなる』から、なのだ。

『その時《とき》には、世《よ》の初《はじ》めから今《いま》に至《いた》るまでかつてなく、また今後《こんご》もないような、大《おお》きな苦難《くなん》が起《お》こる』と語るその内容は、《この世が終わる》ということなのだ。

だからこそ、人間にはその時が来る前に、新たに創造されるミロクの世の世界に行くための対応が求められることになる。

ここまで読めば、その時が来たら、現世御利益どころか、この世に生き残ろうと画策しているようでは、到底天国に

は行けないと判るだろう。

今はもう、環境問題とか社会の悪を正そうとか、政治に参加したり、ボランティア活動したり、世の中を少しでも良くしようなんて考えている暇はないのだ。そんなことを頑張っても、この世界にある物は天国には持って行けないモノなのだ。

と、こう言えば悪神たちは、それを行う人の心こそが大事で、それを行う心の者が天国に行けるのだと言うのだろう。だがその前に、《人は、善の神の心を学ばなければ、善の行いはできない》という真理を理解しなければならない。心が善でなければ、行いが善になることはないのだ。

行いに心を乗せるのが悪神の心、それが体主霊従のやり方なのだ。そこに中心となる神は居ないと気付けよ。この基本的なことを疎《おろそ》かにしていては、悪神の巧《たく》みな言葉に欺《だま》されてしまうことになるのだ。


さて、話を少し戻しつつ、話は変わる。

日本では何故、若者が結婚しないのか。

何故、結婚しても夫婦に子が授からないのか。

その理由が、聖書に書かれている。

マタイによる福音書　二十四章　大《おお》いなる苦《くる》しみ
それらの日《ひ》には、身重《みおも》の女《おんな》と乳飲《ちの》み子《ご》を持つ女《おんな》は不幸《ふこう》である。

もう、《その時《とき》》が近づいているからだ。

子供とは、親からすれば、親を超えて未来を生きる未来そのもの。

だが、その未来はもう、断絶している。

何故、親が赤子を捨てたり子供を虐待して殺してしまったというニュースが度々《たびたび》流れるのか。

それはもう、この世界に未来が存在していないからなのだ。こうやって、時が来たことを人々に知らせている。

虐待の悲惨さより、更に悲惨な未来が直《じき》に来ると、それは神からのお知らせなのだ。

だから、そんな社会の出来事に心を痛め、世のために何かしようと思うよりも、神のお知らせに対してどう行動するのかを考える必要がある。

とは言え、既に活動しているボランティアを止めろという話ではない。それを自らの仕事としたのなら、それを全《まっと》うしてほしい。あなたによって救われる者が居るなら、それは良いことだ。だがそれで人類全体の未来がバラ色になるわけではないことは、あなた自身が一番に判っていることだろう。

神の意図を察《さっ》せられるなら、我々はもう次のステージへと進む時が来たと知り、新しいステージの環境に、自らを進化させなければならないのだ。

現代の科学者は、現存する生物は、環境の変化に対応できた種が生き残ったと言っている。なのにこの進化の歴史から学ばずに環境を守れと、変化を否定する道は、絶滅した種が選んだ道だと知っているはずだろう。

神は、この世界を終わらせると言っているのだ。環境問題も災害の多発もパンデミックも、この世の終わりが来たことを我々に知らせるためなのだ。その未来を変えようとするのなら、神に戦いを挑んでいることになる。

そんな神に歯向かう悪魔たちに、私から言うことは何も無い。


この数十年、神は手を替え品を替え常《つね》に我々に教えていた。

《地球幼年期の終わり》。神から見れば、我々は幼年期どころか胎児なのだが、もう、この神の体内で守られた宇宙（子宮）から飛び立つ時が来たのだ。

多発する災害も環境の変化も、もうこの宇宙に陣痛が始まっているというお知らせなのだ。ここ数千年の割と安定した地球環境は、子宮の安定期で、胎児がスクスクと成長する期間であった。その時期が終わり、出産の時を迎えているのが今なのだ。

我々が置かれた状況を理解してほしい。これらの変化は自然な経過を辿っている。この流れを止めたなら、皆が死んでしまうことになるのだ。悪魔は、この自然な流れに逆らって皆で死ねば皆平等、くらいに考えているのだろう。多くの人が、環境を守れと今時の正義を振りかざして、悪魔の手先を働く。

これも筆先が解らねば気付けぬこと。自分の外（環境）ではなく中《なか》（心）を変えるのが、今、人間のすべきことなのだ。

この変化の時に、筆先によって人の行いの善と悪とが明確にされる。

そして、この出産を終えたなら、我々を繋ぎ止めていた地球（胎盤）は、捨てられるのが定《さだ》めなのだ。人間が美しいと思っていたこの地球は、神からすれば、使い終わったら捨て去るべき仮設の場所だったのだ。この御用が終われば取り壊すことが前提で造られたのがこの世界なのだ。
それ故、人間にこの流れを止めることは不可能なのだ。
人は、残された時間で自分ができる成すべきことをしてほしい。
その内容については、また後で語ろう。

閑話　あなたは天国へ行けるかい？

私は天国に行ける。あなたはそう信じているのかい？
神を解らないあなたが、何を根拠に天国に行けると信じられるのか。
あなたの善は、神の意に適《かな》うと、神を解らないあなたが言うのかい。
悪魔は、人に無駄な知識を詰め込み、神に対して無知にさせる。
天国へ行ける者は、無垢《むく》なる者。浅い理解でその言葉を信じてないかい？
天国は、悪を知り、善を知って、善を選んだ者だけが行く。
人は悪を知るために、躓《つまず》かねばならなかったのだ。
単なる無垢なる者では、悪魔が囁《ささや》けば簡単に悪に落ちる。
神がそんな者を天国に招くと、あなたは本当に信じているのかい？
あなたは、アダムとイブの失敗から何を学んだのか。

天国の姿、地の塩

［図一　ミロクの世の世界の姿］で、天国を俯瞰《ふかん》する全体像を描いてみたが、ここでは、外国の十二使徒の国や日本の『八柱《やつ》の金神大将軍《こんじんだいしょうぐん》』が治める国が、どんな様子なのか？　ということについて話して行こう。
この項のタイトルにあるように、ここでは聖書にある『地《ち》の塩《しお》』と絡《から》めながら、天国のあり方について話す。

マタイによる福音書　五章　地《ち》の塩《しお》、世《よ》の光《ひかり》
あなた方《がた》は地《ち》の塩《しお》である。もし塩《しお》がその持《も》ち味《あじ》を失《うしな》ったなら、どうやってそれを取《と》り戻《もど》すことができるだろうか。
もはやその塩《しお》は何《なん》の役《やく》にも立《た》たず、外《そと》に投《な》げ捨《す》てられ、人《ひと》に踏《ふ》みつけられるだけである。

この福音は、イエスから十二人の使徒に向けた言葉だ。解説は、まだ幾《いく》つか参照した後でしよう。
そして、この言葉と同じように、日本の『八柱《やつ》の金神《こんじん》』の国について語られた筆先がある。

大本神諭　一巻P二九～　明治二十五年旧正月
天理《てんり》、金光《こんこう》、黒住《くろずみ》、妙霊《みょうれい》、先走《さきばし》り、とどめに艮《うしとら》の金神《こんじん》が現《あら》われて、世《よ》の立替《たてか》えを致《いた》すぞよ。

この筆先の中の『天理《てんり》、金光《こんこう》、黒住《くろずみ》、妙霊《みょうれい》』とは、日本に興《おこ》った宗教の名だ。

これらの宗教が『八柱《やつ》の金神《こんじん》』とどんな関係にあるのかを説明しよう。

伊都能売神諭　Ｐ一五〇　大正八年一月二十五日
外国《がいこく》の宗教《しゅうきょう》と申《もう》しても元《もと》は天地《てんち》の先祖《せんぞ》の教《おし》えであるから、日本《にほん》の教《おし》えの枝葉《えだは》であるから、あまり悪《わる》く申《もう》して枝葉《えだは》を断《き》ると、幹《みき》が却《かえ》って発育《そだた》ぬから、神《かみ》は元《もと》は一株《ひとかぶ》であるから、それでこれまでの筆先《ふでさき》に、谷々《たにだに》の小川《おがわ》の水《みず》も大河《おおかわ》へ、末《すえ》で一《ひと》つの海《うみ》に入《い》る経綸《しぐみ》であると申《もう》してあろうがな。

この筆先の言うところの『枝《えだ》』とは国主のことで、『葉《は》』は国民となる。『日本《にほん》の教《おし》え』とは、筆先であり、唯一神の教えだ。

日本の『八柱《やつ》の金神《こんじん》』は、唯一神の教えの『枝《えだ》』になる。『外国《がいこく》の宗教《しゅうきょう》』も、唯一神の教えのもう一方の『枝《えだ》』なのだ。それが『地《ち》の塩《しお》』の意味することと関係する。

ミロクの世に出来るたくさんの国は、地上にある多くの宗教と密接に関係する。

外国の宗教は様々にある。それをいくつか挙げてみよう。

キリスト教、ユダヤ教、仏教、イスラム教、バラモン教、ゾロアスター教、他にも多くの宗教があるが、外国に興《おこ》った宗教の中で十二の宗教の開祖が、十二人の使徒の身魂なのだ。ミロクの世に出来る外国の十二の国は宗教国家となる。

そして、日本の八つの国も宗教国家だ。それ故、それらの宗教（塩）が持ち味を失ったなら、国として存在する価値を失うという話なのだ。

さて、キリスト教は一神教である。イエスも次のように言っている。

マタイによる福音書　十九章　金持《かねも》ちの青年《せいねん》
イエスは仰《おお》せになった、「なぜ、善《よ》いことについてわたしに尋《たず》ねるのか。善《よ》い方《かた》はただおひとりである。もし命《いのち》に入《はい》りたいなら、掟《おきて》を守《まも》りなさい」。

『善《よ》い方《かた》はただおひとり』と言っている。だから一神教だと理解するのは正しい。だが、神が一人だけという解釈は間違いになる。

宗教には、何故か一神教と多神教という分類がされ、一神教と多神教ではお互いに相容れない教えのように一般に認識されている。しかし、イエスは『地《ち》の塩《しお》』と表現して、様々な宗教を認めている。ただ、『善《よ》い方《かた》』である『ただおひとり』が定めた『掟《おきて》を守《まも》』ることが大前提として、その中で個々の宗教の個性を発揮することを認めている、ということなのだ。

次は、日本の宗教の在り方について語ろう。日本は神国、神の国である。それは、神の分《わ》け御魂《みたま》の国であり、日本《やまと》魂《だましい》の国なのだ。それ故、ミロクの世になれば、日本は唯一神の教えに心の底から添《そ》う国民ばかりであるが故に、大胆に個性を発揮して宗教国家を造るのは難しいことになる。

なので、日本の中に出来るそれぞれの国の教えは、唯一神の教えの一部に焦点を当てて、そこから発展させて個性を発揮していくことになる。

天理では「陽気ぐらし」や「祖神に帰る」であったり、金光では『天地《てんち》の大恩《たいおん》を教《おし》え在《あ》りた』と筆先に書かれてあり、黒住教では「日の出を拝む」ことと、筆先の教えの一点からその世界観を広げる在り方となる。

このような事情で、日本だけでは、個性的な国を多く造ることができないのだ。そこで、外国の天使の国が必要になる。それが、天使という存在がある理由だ。なので、《天使は、神の使い》という発想は、天国には無いのだ。


では、筆先で『仏《ほとけ》』とか『仏《ぶつ》』と言われる天使とはどのような存在なのか、神と天使の違いは何なのか。そのことについて書こう。

天使とは、神の心を持てない存在として在る。この《神の心を持てない》という意味は、神の心が解らないということなのだ。それ故、神を頭で理解しようと努力するのが天使だ。つまり、神と心を一つにできない天使だからこそ、自らが考える神を信仰する在り方を創り上げることで多様な宗教の形態が出来上がる。その個性を『地《ち》の塩《しお》』と表現して、それを大事にしなさいと言っていたのが、『地《ち》の塩《しお》』の教えなのだ。


このように、十二人の使徒が国主となるが故に、『マタイによる福音書　十章　十二人《じゅうににん》の使徒《しと》の派遣《はけん》』と、タイトルのみの参照だが、その内容が重要な意味を持つことになる。

この『十二人《じゅうににん》の使徒《しと》の派遣《はけん》』に書かれているその意味は、十二人は国主であり、国主は自らの国に住む国民を集める責任がある、と教えるために行わせていたのだ。

このことが解れば、『マタイによる福音書　二十五章　タラントンの喩《たと》え』の意味も判る。これも、参照すると長いので省くが、内容を簡単に説明すると、《神が、自分の財産を彼らに預《あず》け、それを上手に運用してお金を増やしなさい》と書かれている。そして、《増やした者は褒《ほ》められて更《さら》に多く与えられ、増やさなかった者は怒られて預けた財産も取り上げられた》のだ。

普通に考えると『マタイによる福音書　十九章　富《とみ》の危険《きけん》』にあるように、金持ちは天国には入れないと教えていることとは正反対のことを言っているのだから、矛盾していると思うだろう。

しかし、『タラントンの喩《たと》え』は、十二人と七十二人の国主に向けた話なのだ。『タラントンの喩《たと》え』に書かれた《神の財産》とは何なのか？　神にお金は必要ない。だから、その答えは、人が子を《子宝》と言うように、《善の神の子供たち》が《神の財産》なのだ。

それ故、大小の国の国主たちには、《善の神の子供たち》を自らの国に集め、救う責任があると、『タラントンの喩《たと》え』で教えていた。

《善の神の子供たち》を救うのは、イエスではなく、大小の国の国主たちに課せられている。

イエスは、大小の国の国主たちを指導するために地上に遣《つか》わされた。それ故に、イエスは、キリスト教だけの救済者ではなく、外国のあらゆる宗教の救済者となるのだ。

イエス・キリストは、神の魂を持つ存在。外国人は、十二人の使徒を含めすべての者が天使の魂を持つ者たちだ。だから、天国では神のイエスと外国人である天使は、同じ国には住めない。キリスト教徒はそのことを十分に理解してほしい。イエスは、弟子以外の外国人の直接的な救い主とはならないのだ。

しかし、日本人でキリスト教徒の場合はどうだろう?

日本人で日本魂《やまとだましい》を持つ者ならば、日本の国土に住むので、日本の宗教に改宗することになる。

日本人でも外国から来た魂ならば、外国の宗教に属する者だ。

いずれにせよミロクの世へと向かう者は、己が属する国は魂に刻まれている。なので、地上で信仰する宗教に囚われていては天国に行き損なってしまうので、これまでの宗教の教えは捨てた方が良いのだ。

世界は廻《めぐ》る

さて、いろいろと語ってきたが、これまでの話、どう感じるだろう?

ここまで、善の神の立場から語ってきた。しかし、ここでは悪神の立場から語ってみよう。

題材は、これまでも多くを語ってきた天地創造から出して行く。


この宇宙は、子宮の中に造られた世界。その天地創造の前、撞《つき》の大神様《おおかみさま》が泥海に登場する前の、神々がこの子宮の中に入り込む前に遡《さかのぼ》って話を始めよう。

神々がこの宇宙の中に入り込む前、この宇宙は圧縮されてカチカチの一個の土団子《つちだんご》だった。その戒《いまし》めを解《と》いて土団子を膨らませた内部の状態が、天地創造で語られた最初の状態、一面の泥海だった。

この宇宙は、遙か昔に使われた世界。遙か昔に氷漬けにされ閉じ込められた悪魔が居る世界だった。悪魔たちは土で固められた状態から、宇宙が膨張して氷漬《こおりづ》けから解放された。

そうして悪魔たちは、客観的な時間というものが無い状態ではあるが、数十億年ぶりに自分たちの時代が訪れたことを知った。

神界の神々は、鮭《さけ》が生まれた川に帰るように、神界から子を産むために、再びこの宇宙の中に帰って来た。

この宇宙の中で悪魔たちは、自らの欲望のまま、神々が生んだ子を虐《いじ》め倒《たお》すことが、悪魔に与えられた仕事だ。圧倒的多数で生まれたばかりの善の神の子をやり込める。そうやって悪神の世を謳歌する権利を行使した。

唯一神は、そんな悪魔たちを裏から制御して、この宇宙の中で生まれた善の神の子供たちを徹底的に鍛え上げるために、この宇宙という場の中で、誕生したばかりの我が子を千尋《せんじん》の谷《たに》に叩《たた》き落《お》としたのだ。

新約聖書　ヨハネによる福音書　三章　天《てん》から来《こ》られる方《かた》
上《うえ》から来《こ》られる方《かた》は、すべてのものの上《うえ》におられる。地《ち》から出《で》る者《もの》は地《ち》に属《ぞく》し、地《ち》に属《ぞく》する者《もの》として話《はな》す。

ここまでの話を理解するなら、『上《うえ》から来《こ》られる方《かた》』とは、子宮の外の、本当の神界から来た神たちで、『地《ち》から出《で》る者《もの》』とは、土の戒《いまし》めが解《と》け再び活動を開始した悪魔たちのことだと判るだろう。

子の健《すこ》やかな成長を願う端午《たんご》の節句《せっく》に鯉《こい》のぼりを掲《かか》げるのは、泥《どろ》の池《いけ》（この宇宙の中）に住む鯉《わがこ》が、天に昇って神界に帰ることを願う祖神《おやがみ》の思いを表していた。また、鯉《こい》が竜に姿を変えて天に登って行くという言い伝えもあり、こんな所にも真実がサラリと語られていた。

この宇宙は子宮として在る。だから、子宮の中で生まれた我々は、《胎児》という存在になるのだ。

それ故に、我々はこの子宮から無事出産することで、やっと神として、《神の赤ちゃん》に成れるのだ。と、そう理解するならば、悪魔とは、胎児のままが良いと子宮から出ようとせず、尚《なお》かつ出ないために言葉と行いを労《ろう》す者たちとなる。だから、イエスは彼らのことを、『地《ち》から出《で》る者《もの》は地《ち》に属《ぞく》し、地《ち》に属《ぞく》する者《もの》として話《はな》す』と言った。彼らは胎児で在ることこそが素晴らしと主張する者たちだ。だから彼らが、人々に、この子宮の外に本当の神界という神の社会が在ることを語るのはタブーとなるのだ。

さて、筆先の天地創造の中から、月の大神様と日の大神様が言葉を交わしている部分を副音声（心の声）を含めて書いてみよう。

伊都能売神諭　P一八三～　大正八年二月十八日（旧一月十八日）
日《ひ》の大神様《おおかみさま》も左様《さやう》なれば御本望《ごほんもう》の遂《と》ぐるまで我身《わがみ》の力一杯《ちからいっぱい》（**悪として**）活動《かつどう》いたして見《み》ます、さる代《か》わりに天地《てんち》が立派《りっぱ》にでき上《あ》がりましたら、我《われ》を末代貴神様《まつだいあなたさま》の女房役《にょうぼうやく》と致《いた》してくだされ、私《わたし》は女房役《にょうぼうやく》となりて万古末代《まんごまつだい》（**悪神ですから、神の道を照らすなんてことはできませんが、霊界、現界が見渡せるように**）世界《せかい》を照《て》らしますとのお約束《やくそく》が地《ち》の高天原《たかあまはら》の竜宮館《りゅうぐうやかた》で結《むす》ばれたのでありたぞよ。

（**カッコ**）の中に、『日《ひ》の大神様《おおかみさま》』の思いを補足してみた。
次は、悪神の子生みについて書かれた箇所だ。

伊都能売神諭　P一九四　大正八年二月二十日（旧一月二十日）
天《てん》に坐《ま》します日《ひ》の大神《おおかみ》伊邪那岐之尊様《いざなぎのみことさま》が九天《つくし》の日向《ひむか》のアオウエイ五大母音《たちはなのおど》のカサタナハマヤラワ《あはぎがはら》で禊身《みそぎ》し給《たま》い、祓戸四柱《はらいどよはしら》の神様《かみさま》を生《う》み遊《あそ》ばし、最後《さいご》に右《みぎ》の御眼《おんめ》を洗《あら》いて月球《げっきゅう》を造《つく》り、左《ひだり》の御眼《おんめ》を洗《あら》いて日球《にっきゅう》を造《つく》り、御鼻《おんはな》を洗《あら》い給《たま》いて素盞嗚之命《すさのおのみこと》を生《う》み遊《あそ》ばし、御自分《ごじぶん》は天《あめ》の日能若宮《ひのわかみや》に鎮《しず》まり遊《あそ》ばし、月《つき》の大神様《おおかみさま》は月界《つきのよ》の御守護《ごしゅご》を遊《あそ》ばすことになり、天照大御神様《あまてらすおおみかみさま》は天上《てんじょう》の御主宰《おんつかさ》となられたが、素盞嗚命《すさのおのみこと》は海原《うなばら》を知《し》ろし召《め》すべしと仰《おお》せられたので、天《てん》よりお降《くだ》りになり、海原《うなばら》の守護《しゅご》となられたのであるぞよ。

悪神の子は悪神、悪神から善の神が生まれることはない。

故に、『祓戸《はらいど》四柱《よはしら》の神様《かみさま》』は、『伊邪那岐之尊様《いざなぎのみことさま》』が生んでいるので、悪神の霊統になる。

日本では禊祓詞（みそぎはらえのことば）とか祓祝詞（はらえのりと）とか、神社でよく唱《とな》えられているけれど、『祓戸《はらいど》四柱《よはしら》の神様《かみさま》』は全員が悪神だ。さて、一体何を祓《はら》っているのやら。

そして、『素盞嗚之命《すさのおのみこと》』も悪神。天を治める『天照大御神様《あまてらすおおみかみさま》』は、出生については明言されてないが、『素盞嗚命《すさのおのみこと》』の姉なのだから、『伊邪那岐之尊様《いざなぎのみことさま》』の子の位置付けで、悪神となる。

撞の大神様と『伊邪那岐之尊様《いざなぎのみことさま》』は、『月球《げっきゅう》』と『日球《にっきゅう》』に隠居して、霊界では『日球《にっきゅう》』が世界を照らし、現界では太陽として、地の世界を照らす。

そして、天（霊界）も地（現界）も、悪神の子が『御主宰《おんつかさ》』となって、世を治めることになった。

当然、善の神である撞の大神様も艮の金神も承知のことで、これが天地創造の最初からの計画だった。

そうやって、天地を造った成果を悪神に与えた。

悪神からすれば、数十億年ぶりに活動できるのだから嬉しかろう。

では改めて、悪神の活動について、その心を解説していこう。

伊都能売神論　P一九五～　大正八年二月二十日（旧一月二十日）
大変《たいへん》な御勢《おんいきお》いで天《てん》へお登《のぼ》りになったから、山川《やまかわ》も国土《こくど》も一度《いちど》に震動《しんどう》して大変《たいへん》な事変《こと》になったのである。

この筆先は、『素盞嗚命《すさのおのみこと》』の所業《しょぎょう》について書かれている。だが、さすが悪神、やることがさつで平気で八つ当たりをするような行いをする。

そうして、天で姉神に会って誓約《うけい》を行った。

伊都能売神論　P一九六　大正八年二月二十日（旧一月二十日）
天《あま》の八《や》洲河原《すかわはら》において互《たが》いに誓約《うけい》を遊《あそ》ばし、御両神様《ごりょうしんさま》の御魂《おんたま》から五男三女《ごなんさんじょ》の八柱《やはしら》の神《かみ》がお生《う》まれ遊《あそ》ばしたのであるが、これが神《かみ》が人間《にんげん》の肉体《にくたい》になりた初《はじ》まりであるぞよ。

天で最初に人間を生んだのは、善の神ではなく、悪神の『御両神様《ごりょうしんさま》』だ。

何故、悪神は人間を我先《われさき》にと生んだのか？　その秘密を解いてみよう。

悪神が天下を取れるのは、霊界と現界の世界の中だけ。悪神は子宮の中から出ないのだから、この子宮の中に出来た世界以外に楽しめる所はない。

悪神たちからすれば、子宮の中に出来た霊界と現界は、数十億年ぶりに遊べる遊園地でありオモチャ箱だ。それらの世界は、善の神が悪神のために造ってくれたプレゼントなのだ。それ故に、その世界にどっぷりと浸《つ》かって遊び倒したいのが悪神たちの思いなのだ。

そのためには、蛇体の竜の姿ではなく、人間の姿になって霊界や現界の世界の中を生きる必要がある。蛇体の竜では、舞台裏から霊界や現界を見るだけで、それでは心から楽しめない。人間の肉体とは、悪神から見たらこの世界を体験するためのアバターであり、フルダイブMMORPGのキャラクターなのだ。それを纏《まと》って同じアホなら踊らにゃソン損、これこそが悪神の精神なのだ。

この子宮の中に出来た世界は、土団子の中に埋められていた悪神たちにとっては、遙か昔に遊んだ思い出の詰まった約束の地だ。だから、我先にと先を急ぐばかりで誰もが止《や》められない止《と》まらない状態となる。そうやって悪神が遊ぶだけ遊んで後片付けをしないから、この世界は、ひっくり返ったオモチャ箱のごとき現状になってしまった。

始まりの時に話を戻そう。

伊都能売神諭　P一九〇　大正八年二月十八日（旧一月十八日）
その折《おり》には何《いず》れの神《かみ》も心一《こころひと》つに素直《すなお》に活動《かつどう》なされて、地《ち》の世界《せかい》もほどなく固《かた》まりて目鼻《めはな》が付《つ》くように結構《けっこう》になったのであるが、

天地創造の『その折《おり》には何《いず》れの神《かみ》も』という『何《いず》れの神《かみ》』の中にはたくさんの悪神が居た。自分たちが遊ぶ遊園地を造るのだから、それはもう一生懸命に造った。悪神が遊園地でやりたい放題に遊べば、善の神の苦難に満ちた修行に成

るのだから一石二鳥で、我が意を得たりで頑張るのが悪神なのだ。

悪神たちは、数十億年を土の中に埋められて生き、霊界でも数十万年、現界では文明が誕生して人間らしい暮らしができるようになってから数千年あるかどうかのたった一瞬の喜びのために生きる。悪神たちが生き急ぐのもよく判るというものだ。


ちなみに善の神たちは、数十億年を天国に生きて、数百万年を修行に充《あ》てる。その子宮の中での修行は、最初に二回行われる。最初の一回目は、子宮の中で誕生し、本当の神界を知らず、地上と中界で育つ。二回目は、守護神となって霊界で修行することになる。また、三回目もあるのだが、それについては後で語ろう。

この修行を終えれば、そこから先は、永遠の天国の階段を登って行く。そうやって永遠の天国を飽きることなく登り続け、その道を極めて行く。神とは永遠を永遠に楽しむ存在なのだ。

だが、悪神は永遠を楽しむことができないが故に、永い年月の間その身を凍結させ、活動の時にその一瞬の刹那を愉《たの》しもうとする。

どちらを生きるのかは、その魂に与えられた性質によって決まる。

善の神の子は、本当の神界を目指し、悪神とその眷属は子宮の中に残ることを望む。

それは魂に刻まれているのだから、この悪神天国の世の中で、悪神に改心は有り得ない。だがそれでも最後の審判が来る前に、改心して善の神に従わなければ、地獄の中で生きることすらも赦されないのだ。

悪神の方は地獄の一択だが、善の神とその子たちは、天国か地獄かの選択の時なのだ。

その選択の時に迷わないように、この世界は徐々に壊される。追い詰めるように、崩壊の速度は段々と速まる。本格的な崩壊が始まる前に、善の神の系統の者たちには、早くに気付いて対処してほしいと願う。善の神には、子宮の中に留まることは本当の地獄なのだ。

でも、悪神にとっては、本当の天国こそが地獄だ。

悪神とは、唯一神によってそのように造られた存在。悪神たちは、《相手を貶《おとし》めてやった》という一瞬の刹那の悦楽を思い出して、土の中で、愉悦に浸って何億年もの暇つぶしを楽しんでいられる存在だ。そんな彼らに天国の階段を登って行くような、自ら成長しようと努力する行為は、地獄のような苦行でしかない。そんな彼らを本当の天国に向かわせて救おうだなんて、してはならないことなのだ。

彼らは地獄に落ちることこそが救いとなる。だから《マタイによる福音書　二十五章　十人《じゅうにん》のおとめの喩《たと》え》の中で天の父も彼らに、『あなた方《がた》によく言《い》っておく。わたしはあなた方《がた》を知《し》らない』と救いの手を差し伸べないことを良しとしたのだ。それこそが彼らにとっての救いなのだ。彼らが勘違いして本当の天国に行ったなら、それこそ地獄の始まりになってしまうのだ。

誰もが本来、居るべき所に居ることが幸せなのだ。

だからこそ、誰もが自らの真実の心に従って天国でも地獄でも選べば良い。

そのことを前提として、この本は在る。

私は善の神の子たちに語りかける。

この世界で、無明《むみょう》の中で耐え忍ぶ者たちに向けて語る。

彼らに本当の生きるべき場所、本当の天国が在ることを伝えることが私の仕事なのだ。

型と実地の間の長い休み

日本の一般的な学校には、一学期・二学期・三学期がある。

大本《おほもと》の経綸《しぐみ》を、そんな学校に譬《たと》えてみよう。

すると、大本《おほもと》学校は二年制で、一年生と二年生の間には長い休みがある。

そして、大本学校の卒業式というビッグイベントは秋なのだ。

大本学校では、一年生の一学期・二学期・三学期を一番叟《いちばんそう》・二番叟《にばんそう》・三番叟《さんばんそう》と呼び、二年生では初段・二段・三段と言う。

一年生は、神が型に見せて教える期間、二年生は人間が行う実地の期間だ。

ここでは、一年と二年の間にある長い休みの期間について語った筆先を出そう。

大本神諭　三巻Ｐ一九一　大正六年旧十一月二十三日
全部《すっくり》と極悪《ごくあく》の身魂《みたま》の性来《しょうらい》を直《なお》すのには、言《い》い聞《き》かした位《ぐらい》に聞《き》くような素直《すなお》な身魂《みたま》は有《あ》りはせんから、帰幽《でなおし》をさして、充分《じゅうぶん》の行《ぎょう》を命《さ》せて、新《さら》つに致《いた》さん事《こと》には、エグイ性来《しょうらい》の悪《あく》のカンカンであるから、そう致《いた》すより道《みち》は無《な》いぞよ。

この筆先の何処に《長い休み》の話があるのかと思うだろう。だが、とりあえず話を進める。

まずこの中で、『極悪《ごくあく》の身魂《みたま》』で、『エグイ性来《しょうらい》の悪《あく》のカンカン』と言われている人は誰なのか？

それは、王仁三郎だ。その王仁三郎に『帰幽《でなおし》をさして』と、《死んであの世に行かせて》と言っている。そして、『充分《じゅうぶん》の行《ぎょう》を命《さ》せて、新《さら》つに致《いた》さん事《こと》には』と、《あの世で行《ぎょう》をさせて、霊魂《みたま》を研いて綺麗にせねば》という話だ。そして、『そう致《いた》すより道《みち》は無《な》いぞよ』と、これは決定事項なのだ。つまり、王仁三郎は死んで行が終わるまで、『極悪《ごくあく》の身魂《みたま》』だった。

しかし、神がこんなことを言った相手が本当に王仁三郎だと断定できるのか？

その答えは、筆先のあちこちに同じようなことが書かれているのだから、読めば判る。

大本神諭　二巻P二三七～　明治三十三年閏八月五日
今度海潮《こんどかいちょう》帰《かえ》りたら、キリキリ舞《ま》いを致《いた》す程忙《ほどせわ》しゅうなるぞよ。筆先《ふさき》を細《こま》こう説《と》いて、夫《そ》れを集《よ》りて来《く》る信者《しんじゃ》に聞《き》かして、改心《かいしん》させねば成《な》らんぞよ。
出口《でぐち》と上田《うえだ》を出《だ》すのは、衣《きぬ》を脱《ぬ》がせに、実地《しょうまつ》の処《ところ》へ行《や》るのじゃぞよ。澄子《すみこ》と春一《はるいち》は、修行《しゅぎょう》に見《み》せに出《だ》すのじゃ。
皆々《みなみな》の為《ため》に、誠《まこと》の神《かみ》が連《つ》れ参《まい》るのじゃ、是《これ》を見《み》て改心《かいしん》を成《な》されよ。

この中でメインとなるのは、『出口《でぐち》と上田《うえだ》を出《だ》すのは、衣《きぬ》を脱《ぬ》がせに、実地《しょうまつ》の処《ところ》へ行《や》るのじゃぞよ』の箇所だ。『衣《きぬ》を脱《ぬ》がせ』の『衣《きぬ》』とは、肉体のことで、肉体を脱いだら霊魂《れいこん》になる。

『今度海潮《こんどかいちょう》帰《かえ》りたら、キリキリ舞《ま》いを致《いた》す程忙《ほどせわ》しゅうなるぞよ』とは、『帰幽《でなおし》をさして』と、《あの世に行って帰って来たら》ということで、《生まれ変わって、大本に戻って来たら》、『キリキリ舞《ま》いを致《いた》す程忙《ほどせわ》しゅうなる』という意味なのだ。

『海潮《かいちょう》（王仁三郎）』が生まれ変わって大本に戻ってから、『筆先《ふでさき》を細《こま》こう説《と》いて、夫《そ》れを集《よ》りて来《く》る信者《しんじゃ》に聞《き》かして、改心《かいしん》させねば成《な》らんぞよ』という王仁三郎の本当の御用が始まる。その時には王仁三郎も、もう霊界物語を語ることはない。

型の時代の実地とは、型に見せた実地なのだ。そこで何が行われていたのかは大本に居る人たちが一番に判っていることだろう。だが、実地の本番においては、ここで話した内容になる。

『出口《でぐち》と上田《うえだ》』が『帰幽《でなおし》をさして、充分《じゅうぶん》の行《ぎょう》を命《さ》せて』と、二人が昇天してから、王仁三郎の生まれ変わりが再び綾部の大本に戻るまでの間が、この世に居る人たちの《型と実地の間の長い休み》の期間だ。

長い休みの間に、時代は昭和の高度経済成長を経て平成へ、そして令和になった。

『出口《でぐち》と上田《うえだ》』が居て筆先が書かれた時代、それは艮《うしとら》の金神《こんじん》が居た時代。それは明治から大正にかけての時代だった。

大正が終わり、艮の金神が大本から段々とフェードアウトして、教祖として一人大本《おほもと》に残った王仁三郎は、最後の仕上げに邪霊《じゃれい》と神懸《かんがか》りをして、大本を悪の教えへと落とした。

その結果、大本は日本の政府から弾圧を受けるという形で、神から裁かれることになった。艮の金神は、王仁三郎のやり方では失敗するぞと教えるために、大本を弾圧させた。そうやって神は、王仁三郎を使って失敗のお手本を人々に見せたのだ。

現在の大本の役員や信者は、《神が人を裁く》ということを徹底的に忘れている。

大本の役員は、大本の第一次・第二次の弾圧を、大本の聖地が更地になるまで徹底的に破壊されたことを、神とは関係ないことにして、大本の正当性を主張して、当時の日本政府の間違いを暗に語っている。

未《いま》だに、この神の裁きを理解せず納得もしない大本の役員の心が世界に映《うつ》り、韓国の従軍慰安婦問題や徴用工訴訟問題となって、自分自身の、神に対する態度がどのようなものかを見させられているのだ。

こんな、自らを省《かえり》みることをせず、因果応報《いんがおうほう》を無視した上に、現実を自分の都合の良いように解釈して適当なことを語る人間が言う神を信じていたら、何の道理も判らぬ人間になってしまう。

神が示す因果すら解らん人間が語る善悪が、その善悪の概念が本当に正しいなんて、語っている本人の主張でしかない。

王仁三郎が大本弾圧の賠償《ばいしょう》を日本政府に求めなかったのは、それが神の裁きだと判っていたからだ。

善の神の陣営である王仁三郎は、自分が悪を行っていたことを十分に理解していたのだ。


では、王仁三郎は何のために悪を行ったのか？

その答えは、大本にこれから起こる経綸《しぐみ》の仕込《しこ》みのためだ。

それは、とても恐ろしい経綸なのだ。

マタイによる福音書　九章　マタイの召命《しょうめい》
わたしが来《き》たのは、正《ただ》しい人《ひと》を招《まね》くためではなく、罪人《つみびと》を招《まね》くためである

マタイによる福音書　十三章　毒麦《どくむぎ》の喩《たと》え
刈《か》り入《い》れまで、両方《りょうほう》とも育《そだ》つままにしておきなさい。刈《か》り入《い》れのとき、わたしは刈《か》り入《い》れる者《もの》たちに、〈まず毒《どく》麦《むぎ》を集《あつ》めて、焼《や》くために束《たば》にし、麦《むぎ》は集《あつ》めて倉《くら》に入《い》れなさい〉と言《い》いつけよう

まずは、『マタイの召命《しょうめい》』から話そう。『マタイの召命《しょうめい》』の全文を全体的に解釈すれば、これから話すような意味に取る人は少ないだろう。だが、全体を通してもこの解釈は通用する。

イエスは当時の人々との会話の中で遙かな未来のことを語る。なので、当時の周囲の人たちが意図する質問の意味を無視して《イエスの言葉のみを拾い出す》のも、悪を排除するという意味では必要なことなのだ。

イエスの言葉は、人類が天国へ向かうために計画された具体的なシーンを見て語っていた。だが、悪神たちは、そんなイエスの言葉を、人間に向けた普遍的な教えだと信じ込ませ、この世界を如何《いか》に生きれば正しく生きられるかというような、イエスの言葉の真意とは全く違う教えに変えてしまった。

とは言え、終末の預言をするイエスの教えが、いつまで待っても終末が来ないのだから、そんな教えでしか、未来にこの教えを繋げられなかったことも理解している。いつまで待っても当たらない預言を、いつまでも信じていられる人間は、それほど多くはいないだろう。

しかし、もう時は来ている。本来の教えに戻す時となったのだ。

神の語ることは正しいが故に、それが未来のこととなれば《預言》ということになる。そして、その内容は、非常に

具体的で、誰が何をやるのかをしっかりと説明している。なので、そのつもりで読んでほしい。
前振りが長くなったが、《とても恐ろしい経綸《しぐみ》》の話に戻ろう。

王仁三郎が悪を行ったのは、大本に『罪人《つみびと》を招《まね》くためである』。
王仁三郎が悪の御用を行ったのは、『まず』大本に『毒麦《どくむぎ》を集《あつ》めて』『束《たば》にし』て『焼《や》くため』なのだ。本当に真《ま》っ当《とう》な善を行う所には、悪は寄り付けないと判るだろう。それ故、王仁三郎は悪を装《よそお》って見せた。

伊都能売神諭　P一六四　大正八年二月十三日（旧一月十三日）
今《いま》はまだ天稚彦《あまわかひこ》の系統《ひっぽう》が重《おも》に集《あつ》めてあるから、

『天稚彦《あまわかひこ》の系統《ひっぽう》』とは悪神の系統だ。現在の大本には悪神の方の身魂が集められていた。
だからこそ彼らは、悪の御用を行った王仁三郎を聖師と仰ぎ、王仁三郎の教えを絶対にして大本を占領していたのだ。

マタイによる福音書　二十二章　メシアはダビデの子《こ》か
『主《しゅ》はわたしの主《しゅ》に仰《おお》せになった。わたしの右《みぎ》に座《ざ》せ、わたしがあなたの敵《てき》をあなたの足元《あしもと》に置《お》くまで』

『あなたの敵《てき》をあなたの足元《あしもと》に置《お》く』、この言葉を明確に理解せよ。
最初の『主《しゅ》』は、洗礼者ヨハネであり出口直。『わたしの主《しゅ》』は、イエスであり王仁三郎だ。

出口直は、天から降ろす霊魂を地上へ配置する経《たて》の御用《ごよう》だ。出口直はその御用を行い『あなたの敵《てき》をあなたの足元《あしもと》に置《お》く』ために大本に悪の身魂たちを集めた。

伊都能売神諭　Ｐ一四八～　大正八年一月二十五日
世界《せかい》の大峠《おおとうげ》が来《く》るまでにこの大本《おほもと》の中《なか》に大峠《おおとうげ》があるぞよ。

そうして『集《あつ》めて、焼《や》くために束《たば》にし』て、神が断罪を行えば『大本《おほもと》の中《なか》に大峠《おおとうげ》』が現《あらわ》れることになる。

大本神諭　一巻Ｐ三一　明治二十五年旧正月
今《いま》に艮《うしとら》の金神《こんじん》が、返報返《へんぽうがえ》しを致《いた》すぞよ。

『艮《うしとら》の金神《こんじん》』は、誰に『返報返《へんぽうがえ》し』をするのだろう？
二〇〇〇年前、イエスを殺した者たち、そのイエスの敵が大本に集められた。
新約聖書を読んだことはあるだろうか。洗礼者ヨハネとイエス・キリストがどのように殺されたのか、しっかりと書かれて残されているのだから一度読めば判るだろう。この二人を殺した者たちが許されるなんて信じている者は誰も居ないはずだ。もし、二人を殺した者たちが許されるなら、イエス以降の人殺しは全員無罪ということだ。だが、そんなことはあり得ない。これを違うと言うのかい？
もし、あなたが人殺しを許せないと言うのなら、洗礼者ヨハネとイエスを殺した者も許されるはずがないと判るだろう。『刈《か》り入《い》れまで、両方《りょうほう》とも育《そだ》つままにしておきなさい』と語られているように、神がその時が来るまで裁かないようにしていただけで、その罪を許していないのは明白なのだ。

それ故、その時に向けて二人を殺した者たちを、当人たちはそのことを何も知らずに大本に集められた。

彼ら自身は、大本にご縁があって集《つど》ったのだと、喜《よろこ》び勇《いさ》んでそこに居る。

そうして、時が来て『艮《うしとら》の金神《こんじん》が』二人を殺した者たちに、『返報返《へんぼうがえ》しを』行えば、『大本《おほもと》の中《なか》に大峠《おおとうげ》』が来ることになる。

大本神諭　七巻P一六七　大正五年旧三月十七日
此《こ》の大《おお》きな神業《ことと》を致《いた》すのに、骨子《もと》の役員《やくいん》は五人《ごにん》在《あ》りたら善《よ》いのじゃ。

この筆先は、『大本《おほもと》の中《なか》』の『大峠《おおとうげ》』が終わった後の状況なのだろう。

筆先にはここまで明確に書かれている。だが、大本の役員は誰も逃げない。勇気があるなあと思うのだが、そうではないのだろう。大本の役員は神の教えではなく王仁三郎を信じている。

だが、たとえ王仁三郎が言ったとしても、彼らは自分に都合の悪いことは信じないのだろう。少なくとも自分が生きている間は、大本に大峠なんて、絶対に来ないと思っている。

まあ、彼らが『愚《おろ》かなおとめたち』の代表として大本に集められたのだから、そんな態度こそが彼らの必然だ。そうやって、大本は型に見せた弾圧よりも、更に悲惨な事態に落ちる。大本に弾圧が行われた当時でも、大本の役員が五人だけなんてことはなかっただろう。そのことを考えれば、今度の実地の本番は、当時の悲劇を超えたものになると覚悟しておいた方が良い。

彼らは、神の計画の実現のために、大本でノホホンと生きている。彼らの魂は、大峠の悲劇に巻き込まれることを知ってそこに居る。大本の悲劇を世界に見せるために彼らはそこに居るのだ。それが、神から彼らに与えられた御用なのだ。肉体である彼らの自我は、そのことを知らない。だが、彼らの顔を見れば、知らないながらも大峠に巻き込まれることを何処かで判っている。だから、彼らに改心させようと人間心を出してお節介などせず、神に任せるのが正解だ。

彼らは、神から改心することすら許されない者たちなのだ。これまで、悪はやりたい放題にやって来た。なのに、ここに来て悪は非常に不自由な立場になる。彼らは神から、改心することすら許されない状況に置かれる。だから、彼らに何を言っても無駄なのだ。彼らの魂は自分の置かれた立場を知り、その憐《あわ》れさを知っている。その姿を見ると、つい、可哀想《かわいそう》だと思ってしまうのだが、それが彼らの借銭済《しゃくせんな》しの御用なのだ。借銭《しゃくせん》を済《な》しにして、地獄に落ちることこそが彼らに与えられた救いなのだ。


話の流れで、ついつい話し過ぎた。

こうやって大本の大峠が終わると、程なく実地の二段も終わりを迎える。だが、この項のタイトルは《型と実地の間の長い休み》なのだ。なので、もう少し休みの間の話をしよう。


大本の長い休みの期間を明確にすれば、艮《うしとら》の金神《こんじん》が居ない間《あいだ》となる。それは、大本学校に鬼教師（艮の金神）が不在の期間のことなのだ。大本から艮の金神が消えたのは、何時《いつ》からだっただろう？

それは、筆先が書かれなくなった時からだ。なので大本学校の長い休みは、大正八年の八月から始まっている。それから令和の現在まで、大本学校は長い休みの期間だった。

艮の金神が大本から引き上げても、王仁三郎が神懸《かんがか》りで構《かま》った悪神たちは大本に残った。その悪神どもは、歴代教主に構って役員信者の行いを告げ口《ぐち》していた。そんな悪神の眷属どもの告げ口（＝霊能力）が、教主に権威を与えていたのだから、困りものなのだ。筆先では、その状況をこう語っている。

伊都能売神諭　Ｐ二六六　大正八年四月二十三日
邪神界《がいこくじん》に薩張《さっぱ》り馬鹿《ばか》にしられて、尻《しり》の毛《け》まで一本《いっぽん》も無《な》き所《ところ》まで抜《ひ》き抜《ぬ》かれてしもうておるのであるから、

これが、悪神に玩《もてあそ》ばれている歴代教主に対する神の評価だ。教主は、悪神たちが語る陰口に乗せられて、役員信者たちを振り回していた。そうやって振り回して、筆先から目を逸《そ》らさせ、筆先の深淵《しんえん》まで学ぶ時を自ら失い、役員信者からも奪《うば》っていたことに気付かない。そんな教主たちだから、『邪神界《がいこくじん》に薩張《さっぱ》り馬鹿《ばか》にしられて』と言われていたのだ。

筆先が読み解けなくて幸せでしたね、歴代の教主様。


だが、艮の金神は大本から居なくなったわけではない。大本とこの世界に裏から手を回していた。そんな艮の金神も、王仁三郎が昇天して大本から完全にその存在感を消していった。

つまり、存在感を消しただけ。

見て見ぬふりをしていただけ。

時が来るのを待っていただけ。

とは言え、神々たちも待っていただけの暇を持て余していたわけではない。

伊都能売神諭　P五九　大正七年十二月二十四日（旧十一月二十二日）
艮《うしとら》の金神《こんじん》 国常立尊《くにとこたちのみこと》 変性男子《へんじょうなんし》の宿《やど》りておる大出口《おおでぐち》の守《かみ》が神界《しんかい》の御用《ごよう》 地《ち》の上《うえ》の守護《しゅご》が一段片付《いちだんかたづ》いたから、後《あと》の御《ご》用《よう》は変性女子《へんじょうにょし》　坤《ひつじさる》　之《の》金神《こんじん》の身魂《みたま》に地《ち》の上《うえ》の御用一切《ごよういっさい》を渡《わた》して天《てん》へ上《あ》がりて惟神《かんながら》 真道弥広大出口国直霊主之命《まみちいやひろおおでぐちくになおひぬしのみこと》と現《あらわ》れて、天地《てんち》をモ一度調査《いちどあらため》いたしてみれば、思《おも》うたよりも一層甚《いっそうひど》い世《よ》の乱《みだ》れ方《かた》であるから、

伊都能売神諭　P六二　大正七年十二月二十六日（旧十一月二十四日）
何事《なにごと》も神界《しんかい》ばかりでは地上《ちじょう》の立直《たてなお》しはできぬから、阿直王仁《あじきわに》の身魂《みたま》をこの世《よ》へ現《あらわ》して、三千世界《さんぜんせかい》を修理《つくり》かえて、新《さら》つの松《まつ》の五六七《みろく》の神政《よ》に致《いた》すについては、大出口直《おおでぐちなお》は若姫君命《わかひめぎみのみこと》の御魂《みたま》と一《ひと》つになりて、上天致《くにがえいた》して、天《てん》の大《おお》方《かた》を修《おさ》め、また地《ち》へも下《お》りてこの地《ち》の上《うえ》の立替《たてか》えに掛《か》かるなり、変性女子《へんじょうにょし》は地《ち》の高天原《たかあまはら》に鎮《しず》まりて、出口王仁《でぐちおに》の肉体《にくたい》を使《つこ》うて、地《ち》の世界《せかい》の立直《たてなお》しに掛《か》からすぞよ。

ここは参照した筆先の長い話を単純にして説明しよう。
P五九の筆先では、出口直が昇天してから『天地《てんち》をモ一度調査《いちどあらため》』たり、P六二では『天《てん》の大方《おおかた》を修《おさ》め』に回っていたという。

大本学校が休みの間に先生方（神々）は、『天《てん》の大方《おおかた》を修《おさ》め』る御用が終わり、いよいよ、地で初段・二段・三段が

始まった。

『阿直王仁《あじきわに》の身魂《みたま》』とは王仁三郎のことだ。ただ、実地の二年生の時には、王仁三郎は霊界での修行を終えて、生まれ変わった王仁三郎なのだ。

伊都能売神諭　P二三三　大正八年三月十一日（旧二月十日）
今《いま》の日本《にほん》の人民《じんみん》の危急存亡《ききゅうそんぼう》の一大事《いちだいじ》の秋《とき》であるぞよ。

王仁三郎の生まれ変わりが現れたら、『日本《にほん》の人民《じんみん》の危急存亡《ききゅうそんぼう》の一大事《いちだいじ》の秋《とき》』と言われる時が始まる。

この『秋《とき》』と書かれている《秋《あき》》は、季節の秋ではない。この秋は、千秋楽《せんしゅうらく》の秋だ。

千秋楽とは舞台の最終日のこと。天と地の、霊界と現界の、この善と悪の神々の、大芝居の終わりの時を、神は千秋楽に掛けて《秋《あき》》と言った。

ただその《秋《あき》》は、まだまだ暑い日が続く暦《こよみ》の上での秋なのだ。

筆先に仕組まれた悪の経綸

これまでの解説で、善の神と悪の神が絡《から》まり合って経綸《しぐみ》が出来ていると判るだろう。そこで、もう少し筆先に仕組《しく》まれた悪の経綸というか、ここまでされると、善の神に悪意があるとしか思えない経綸について話していこう。

伊都能売神諭　Ｐ二三三　大正八年三月十一日（旧二月十日）
何《なに》ほど人民《じんみん》が苦心《くしん》いたしても、国際連盟《こくさいれんめい》を叫《さけ》んでも、九分九厘《くぶくりん》で手《て》の掌《ひら》が反《かえ》りてしもうて、却《かえ》って世《よ》が段々乱《だんだんみだ》れるばかりであるから、日本《にほん》の人民《じんみん》は今《いま》ここで腹帯《はらおび》を確《しっか》りしめて、日《ひ》の大神《おおかみ》の御威光《ごいこう》を背《せ》に負《お》うて、皇祖皇宗《こうそこうそう》の御《ご》遺訓《いくん》を遵奉《じゅんぽう》いたして、日本神国《にほんしんこく》の使命《しめい》を全《まっと》う致《いた》さねば、日本《にほん》の人民《じんみん》と生《う》まれさしていただいた効能《こうのう》が一《ひと》つも無《な》いから、今《いま》の日本《にほん》の人民《じんみん》の危急存亡《ききゅうそんぼう》の一大事《いちだいじ》の秋《とき》であるぞよ。

この筆先は、型に見せた実地について書かれている。
第一次世界大戦まで、日本は連戦連勝で来ていた。
だが、第二次世界大戦で日本は負けた。

大本神諭　一巻Ｐ一八　大正四年旧十二月二日
悪神《わるがみ》の仕組《しぐみ》も九分九厘《くぶくりん》までは来《き》たなれど、モウ輪止《りんど》まりとなりて、前《まえ》へ行《い》く事《こと》も出来《でき》ず、後《あと》へ戻《もど》る事《こと》も出来《でき》んのが、現今《いま》のことであるぞよ。
『日《ひ》の大神《おおかみ》（伊邪那岐之尊様《いざなぎのみことさま》）』は『悪神《わるがみ》』で、その『御威光《ごいこう》を背《せ》に負《お》う』た『皇祖皇宗《こうそこうそう》』とは天皇だ。

つまり、日本が『悪神《わるがみ》』の『御威光《ごいこう》を背《せ》に負《お》うて、』『今《いま》の日本《にほん》の人民《じんみん》の危急存亡《ききゅうそんぼう》の一大事《いちだいじ》の秋《とき》』をいくら頑張ってみても日本が負けるのは必然と、この筆先はそういう意味なのだ。

『国際連盟《こくさいれんめい》』が出来たのは第一次世界大戦の後。型の実地に見せた九分九厘の時とは第二次世界大戦で、『日本《にほん》の人民《じんみん》の危急存亡《ききゅうそんぼう》の一大事《いちだいじ》の秋《とき》』とは第二次世界大戦のことだと判る。その第二次世界大戦の当時に、この筆先を読んでも『日《ひ》の大神《おおかみ》』が悪神だと知る人は居なかったのだから、この筆先の真意を誰も読み解けはしなかったのだ。

この第二次世界大戦の敗戦が、型に見せた『九分九厘《くぶくりん》』の時だったのだ。この時までは、悪神が支配する日本が勝利していた。それが九分九厘で悪神が敗北するという型を、日本が敗北することで見せたのだ。

だがその裏で、と言うか、その大本《おおもと》で、実地の本番に向けた『九分九厘《くぶくりん》』の時を迎えるための経綸《しぐみ》が仕組《しく》まれていた。

それが、王仁三郎に与えられた御用だったのだ。

筆先に仕組まれた王仁三郎の悪の経綸

大本神諭　一巻P二〇三　大正六年新六月六日（瑞《みづ》の御魂《みたま》）

万古末代《まんごまつだい》の神国《しんこく》に復古《かえす》しぐみであるから、チットは外《ほか》の身魂《みたま》とは違《ちご》うたとこが無《な》いと、今度《こんど》の神界《しんかい》の大望《たいもう》は成功《じょうじゅ》いたさんから、素盞鳴尊《すさのおのみこと》の霊魂《みたま》が授《さず》けてあるから、成就《じょうじゅ》いたしたら、世界《せかい》の大手柄《おおてがら》ものと致《いた》さす身魂《みたま》であるぞよ。

右の筆先は、『瑞《みづ》の御魂《みたま》』について書かれているので、それを日付の下にカッコ書きで表している。そして、これまでこんな表現をしたこともないのに、日付《ひづけ》に態々《わざわざ》『新』を付けて六を三つ並べた日にしている。

これには、《『新道《しんみち》』を邁進《まいしん》する六六六の獣の御用をしている『瑞《みづ》の御魂《みたま》』》という意味がある。

そして、『瑞《みづ》の御魂《みたま》』『の身魂《みたま》』とは王仁三郎なのだ。

なので、王仁三郎には『素盞鳴尊《すさのおのみこと》の霊魂《みたま》が授《さず》けてある』と、書かれていることになる。

大本の役員たちは以前、王仁三郎は『瑞《みづ》の御魂《みたま》（撞の大神様）』の霊統で、その霊魂は『素盞鳴尊《すさのおのみこと》』だから、艮《うしとら》の金神の霊統の出口直よりも王仁三郎の方が位《くらい》が高いと、王仁三郎を一番とする信仰をしていた。

だが、伊都能売神諭が出版され、『素盞鳴尊《すさのおのみこと》』は『伊邪那岐之尊《いざなぎのみこと》』の子だとハッキリと示されてしまった。さて、大本の役員たちはどうするのだろうと思ったら、これまでの主張は黙って引っ込めて無視を決めたようだ。

伊都能売神諭　P八　大正七年十二月二日（旧十月二十九日）

澄子《すみこ》も王子《おうじ》へしばらく遣《や》りて、幼《おさな》い年《とし》から色々《いろいろ》と人《ひと》のようせん辛《つら》い目《め》をさしてありたが、その時《とき》から変性女子《へんじょうにょし》に面会《めんかい》さして綱《つな》が掛《か》けてありたのであるから、肉体《にくたい》は二代《にだい》と夫婦《ふうふ》に致《いた》して、坤《ひつじさる》の金神《こんじん》の奥役《おくやく》をさしてあるぞよ。

『坤《ひつじさる》の金神《こんじん》の奥役《おくやく》をさしてある』とは、型を行った王仁三郎に対することで、『素盞鳴尊《すさのおのみこと》の霊魂《みたま》』を王仁三郎に憑《つ》かせて表に出して、『坤の金神《ひつじさるこんじん》』は奥に控えていたということだ。
とは書いてみたが、実際にはちょっと違う。脇に逸れるがそのことを書こう。

伊都能売神論　P一五九　大正八年二月十三日（旧一月十三日）
天照彦命《あまてるひこのみこと》は海潮《かいちょう》の肉体《にくたい》に宿《やど》りて、五六七《みろく》の世《よ》の御用《ごよう》を致《いた》しておれるなれど、誰《だれ》もまだ分《わ》かりてはおらぬぞよ。

大本神論　一巻P二五四　明治三十六年旧六月四日
竜宮《りゅうぐう》の乙姫殿《おとひめどの》は日《ひ》の出《で》の神《かみ》と引《ひ》き添《そ》うて、外国《がいこく》での御働《おはたら》きを遊《あそ》ばすなり、

『竜宮《りゅうぐう》の乙姫殿《おとひめどの》』は、『坤の金神《ひつじさるこんじん》』と同一神だ。その坤の金神が、『日《ひ》の出《で》の神《かみ》』＝昇天した出口直と『外国《がいこく》』を平定して回っていた。なので、その間の『海潮《かいちょう》（王仁三郎）』の守護は、『天照彦命《あまてるひこのみこと》』が行っていた。天照彦命《あまてるひこのみこと》は、王仁三郎の本当の守護神で、坤の金神の名を出して、その裏で王仁三郎を守護していたのだ。と、ふと気付いて書いてみたが、こんな面倒なことわざわざ書く必要なかったかな。まぁ良いや、戻ろう。

こんな代役を立てることもあるが、『坤の金神《ひつじさるこんじん》』と王仁三郎は、基本、セットで御用を行う。

伊都能売神論　P一八　大正七年十二月二日（旧十月二十九日）
この先《さき》は変性女子《へんじょうにょし》の教祖《きょうそ》と致《いた》して、男子《なんし》の直系《じきじき》の二代三代《にだいさんだい》の後見《うしろみ》を致《いた》さすのであるから、坤の金神《ひつじさるこんじん》の女子《にょし》は一《いち》

代《だい》の役《やく》であるから、この次第《しだい》を取《と》り違《ちが》い無《な》きように気《き》を付《つ》けておくぞよ。

『坤《ひつじさる》の金神《こんじん》』は、変性女子とセットで御用をするのが基本なのに、右の筆先では『坤《ひつじさる》の金神《こんじん》の女子《にょし》は一代《いちだい》の役《やく》である』と書かれている。これはどういう意味かと言えば、次の筆先に書かれている。

伊都能売神諭　P一六～　大正七年十二月二日（旧十月二十九日）
大正《たいしょう》五年辰《ねんたつ》の年《とし》五月午《がつうま》の月《つき》の八日《か》に、変性女子《へんじょうにょし》が全部《すっくり》と現《あらわ》れて、女神《にょしん》の姿《すがた》になりて、大本《おほもと》へ参《まい》りた折《おり》、出口直《でぐちなお》は変性男子《へんじょうなんし》国常立尊《くにとこたちのみこと》と表《あらわ》れ、海潮《かいちょう》は変性女子《へんじょうにょし》豊雲野尊《とよくもぬのみこと》と現《あらわ》れて、昔《むかし》の神代《かみよ》から沓島《めしま》と神島《かみじま》へ別《わか》れて落《お》ちておりた夫婦《ふうふ》の神《かみ》が、竜宮館《りゅうぐうやかた》の高天原《たかあまはら》で再会《であい》の祝《いわ》いに盃《さかづき》がさしてあろうがな。その日《ひ》から変性女子《へんじょうにょし》の身魂《みたま》には坤《ひつじさる》の金神《こんじん》と豊雲野尊《とよくもぬのみこと》が守護致《しゅごいた》したから、段々《だんだん》と緯《よこ》の御用《ごよう》が表《あらわ》れて、ボツボツと神界《しんかい》の経綸《しぐみ》ができかけて来《き》たのであるぞよ。

『坤《ひつじさる》の金神《こんじん》と豊雲野尊《とよくもぬのみこと》』は、同じ神だ。では、何故《なぜ》複数の違う名があるのか？
それは役割によって名が変わるからだ。『坤《ひつじさる》の金神《こんじん》』とは、艮の金神と共に落とされて、陰に隠れた状態の時の名だ。その名に隠れて、活動している時の名が『竜宮《りゅうぐう》の乙姫殿《おとひめどの》』なのだ。それが名実ともに表に現れる時には『豊雲野尊《とよくもぬのみこと》』の名になる。
つまり、『素盞嗚尊《すさのおのみこと》』に隠れた『坤《ひつじさる》の金神《こんじん》』の御用は王仁三郎が存命した期間の『一代《いちだい》』で終わり、王仁三郎の来世では『豊雲野尊《とよくもぬのみこと》』として活動するということだ。

『出口直《でぐちなお》は変性男子《へんじょうなんし》　国常立尊《くにとこたちのみこと》と表《あらわ》れ、海潮《かいちょう》は変性女子《へんじょうにょし》　豊雲野尊《とよくもぬのみこと》と現《あらわ》れて』とは、実地の本番に行われることなので、当時は型に見せただけとなる。この筆先はそう理解してほしい。

『素盞嗚尊《すさのおのみこと》』は悪神なのだ。神は、王仁三郎に悪神を憑けて、悪の御用をさせていた。

伊都能売神諭　Ｐ二四五～　大正八年三月十日（旧二月九日）

この大本《おほもと》には、昔《むかし》の神代《かみよ》から罪《つみ》を作《つく》りて来《き》た体主霊従《あく》の身魂《みたま》の人民《じんみん》ほど、先《さき》へ引《ひ》き寄《よ》せて、御魂《みたま》の借金済《しゃっきんす》ましのために大望《たいもう》な神界《しんかい》の御用《ごよう》をさしてあるのであるから、

『素盞嗚命《すさのおのみこと》』も、王仁三郎の『御魂《みたま》の借金済《しゃっきんす》ましのために』『引《ひ》き寄《よ》せ』られていた。
『（瑞《みづ》の御魂《みたま》）』に書かれている『成就《じょうじゅ》いたしたら、世界《せかい》の大手柄《おおてがら》ものと致《いた》さす身魂《みたま》である』とは、『素盞嗚命《すさのおのみこと》』に対して語られた言葉ではなく、王仁三郎に向けられた言葉なのだ。

伊都能売神諭　Ｐ七三　大正八年一月一日（旧大正七年十一月二十九日　水曜日　癸《みずのと》の丑《うし》　四方拝《しほうはい》の日）

神国《かみぐに》の松《まつ》の神代《かみよ》が近寄《ちかよ》りて、一《いち》の艮《とど》めは国《くに》の宮《みや》、御国《みくに》を守《まも》る八重垣《やえがき》の神《かみ》の社《やしろ》に鎮《しず》まりし、豊国主《とよくにぬし》の大神《おおかみ》と神素盞嗚《かむすさのお》の二柱《ふたはしら》、禁闕要《きんかつかね》の大神《おおかみ》も、大地《だいち》の底《そこ》から現《あらわ》れて、木花咲耶姫神《このはなさくやひめがみ》の天地和合《てんちわごう》の御守護《ごしゅご》で、弥々明《いよいよあ》かき火々出見《ほほでみ》の神《かみ》の御言《みこと》の世《よ》となれば、

この筆先、型に見せた時代の、大本の第一次弾圧の時のことを語る筆先だ。

『神素盞鳴《かむすさのお》』は、王仁三郎に憑いていた。それ故この筆先は、王仁三郎の居た時代の話となる。

『一《いち》の艮《とど》め』とは、型に見せた最後の戦いの一戦目という意味だ。大本で出口直と王仁三郎とで喧嘩《けんか》をして見せた。その型の最後に行われる『艮《とど》め』は二度ある。具体的には、大本の第一次弾圧、第二次弾圧のことで、その第一次弾圧の背景を語っていたのがこの筆先だ。


神は、大本の第一次弾圧の裏で行われていた人間には見えない神霊界の様相を、この筆先で語っていた。

『国《くに》の宮《みや》、御国《みくに》を守《まも》る八重垣《やえがき》の神《かみ》の社《やしろ》に鎮《しず》まりし』とは、《綾部の大本》を示す。その大本にはたくさんの悪神が集まりその眷属（役員信者）たちが居た。その大将として、人間では王仁三郎、悪神では『神素盞鳴《かむすさのお》』が立ち、大本を占拠していたという状態だったのだ。

そこに善の神の『豊国主《とよくにぬし》の大神《おおかみ》』『禁闕要《きんかつかね》の大神《おおかみ》』『木花咲耶姫神《このはなさくやひめがみ》』『彦火々出見命《ひこほほでみのみこと》』が現れて大戦いとなったのが大本の第一次弾圧なのだ。これは神と悪神の戦い。そして神と、悪神と一体となった人間との戦いでもあったのだ。その大本の型が型の実地となって第一次世界大戦となったのだが、これについては後で語ろう。

大本は神の中心地、絶対善の大本のはずだった。だが、善だと思っていたものが悪にすり替わっていた。真実だと思っていたものが嘘になっていた。

何も判らずボケッと筆先を読んでいても、何も見えては来ないだろう。

筆先に対して本気になるとはどういうことなのか、次の筆先を読んで考えてほしい。

大本神諭　七巻P一五四～　大正五年旧三月十四日
初発《しょっぱつ》から知《し》らして在《あ》るように、何《なに》も世界《せかい》の事《こと》が成《な》りて来《く》るから、油断《ゆだん》を致《いた》さんよう、抜刀包囲《ぬきみ》の中《なか》に立《た》ちて居《お》るように思《おも》うて、何彼《なにか》の用意《ようい》を致《いた》して居《お》らんと、是迄《これまで》のような気楽《きらく》な事《こと》を思《おも》うて、ドウでも致《いた》して革命事業《たてかえ》さえ致《いた》したら良《よ》いように思《おも》うて居《お》ると、大本《おほもと》の中《なか》には置《お》いて貰《もら》えんぞよ。

善の神に四方八方から刀を向けられているように、『抜刀包囲《ぬきみ》の中《なか》に立《た》ちて居《お》るように思《おも》うて』筆先を読まなければ、何も見えては来ない。『是迄《これまで》のような気楽《きらく》な事《こと》を思《おも》うて』居ると、『大本《おほもと》の中《なか》には置《お》いて貰《もら》えん』どころか、日本にも居られないことになる。

今までの教えの延長線上にあると思って、のほほんと読んでいると大間違いにも気付かない。思い込みで目を曇らせていては、筆先は何も判らんぞ。何も知らぬ初《うぶ》に心を返して、筆先の一字一句に針を刺すような気持ちで読めよ。

しかし、この戦いは、結果を見れば『神素盞嗚《かむすさのお》』の軍勢が勝利して終わった。それ故、現在の大本は王仁三郎の教えに従う悪神教となったのだ。だが、これが神の経綸、引っかけ戻しの経綸なのだ。

王仁三郎に引っ掛かったままでは、駄目なのだ。

大本神諭　七巻Ｐ一〇〇　明治三十六年旧八月二十七日
是《これ》は道《みち》が異《ちが》うと気《き》が付《つ》いて、

人間は、『是《これ》は道《みち》が異《ちが》うと気《き》が付《つ》』くために、間違った道を歩まされたのだと、そのことを理解してほしい。
福音には同じことがこんなふうに語られている。

ルカによる福音書　十七章　つまずき
つまずきが生《しょう》じるのを避《さ》けることはできない。

つまり、つまずかなかった人間は、出口直を除いて一人も居なかったのだ。
イエスという善の筆頭とも言える霊魂も、王仁三郎として生きた時には間違いを犯してつまずいたことを人々に見せた。そうやって、イエスの言葉が真実であることを自ら証明して見せたのだ。

そうやって、すべての人間が間違った道を歩まされることになった。
そういう意味では、最後の審判を前にして、善も悪も《皆平等》という悪神の好む状況ではあるのだ。

筆先の神の教えの神髄

筆先は、今までの教えとは全く違う。筆先には、人間がミロクの世に行くために、その人が行うべき必要なことが書かれている。それ故筆先には、あなたはこれをせよというように、具体的なことが書かれている。

その具体的な内容は、三人世の元と役員と信者の、主に三つに分けられ、三人には個別に、役員と信者にはそれぞれの立場に向けて書かれている。

筆先の教えは、鏡に見せることで伝えるという形を取る。

善の鏡となる人間と悪の鏡に見せる人間をそれぞれに立てて、周りに居る人たちに、自身で学び取らせるのが、神のやり方なのだ。そんなやり方であるから、大本の役員も神の教えを勘違いして、勘違いしたまま、恥ずかし気《げ》もなく平気でこれまで生きて来れた。

そんな生き方が許されていたのは、『刈《か》り入《い》れのとき』、時代劇にある勧善懲悪《かんぜんちょうあく》の場面を迎えるためのお約束のために残されていたのだ。

まずは、三人世の元と役員と信者について話していこう。

この三人と役員と信者の関係について最初に説明しよう。筆先が言う役員信者とは、大本の今の役員信者たちとは何の関係もなく、ミロクの世の完成した形態を見て語っている。

この三人と役員と信者を、それとは違う言葉で語っているのが、次の筆先だ。

伊都能売神諭　P二〇二～　大正八年二月二十一日（旧一月二十一日）
日本《にほん》の神国《しんこく》に生《う》まれて来《き》た身魂《みたま》は皆日本魂《みなやまとだましい》の性来《しょうらい》が授《さず》けてありて上中下《じょうちゅうげ》の三段《さんだん》の身魂《みたま》が天《てん》から降《くだ》して世界《せかい》を経綸《しぐみ》させるように天国《てんごく》の政治《せいじ》を地上《ちじょう》に写《うつ》して、君《きみ》と臣《おみ》と民《たみ》とに立《た》て別《わ》けてあれども、

この『君《きみ》と臣《おみ》と民《たみ》』が、《三人と役員と信者》に対応している。

つまり、『君《きみ》』とは、天国の七の世界では『日《ひ》の出《で》の神《かみ》』『彦火々出見命《ひこほほでみのみこと》』『木花咲耶姫命《このはなさくやひめのみこと》』の三人だ。その七の世界の唯一神となる者が『日《ひ》の出《で》の神《かみ》』だ。

この『日《ひ》の出《で》の神《かみ》』こそが、洗礼者ヨハネであり、エリヤだ。

エリヤについて

聖書を知らない人たちに説明しておこう。この《エリヤ》とは何者か？

その答えは、イエスの言葉の中にある。

マタイによる福音書　十七章　エリヤの再来《さいらい》について
そうだ。エリヤが来《き》て、すべてを立《た》て直《なお》す。

『エリヤ』が『すべてを立《た》て直《なお》す』ということだ。悪の世を、善の世へと『すべてを立《た》て直《なお》す』者がエリヤだ。洗礼者ヨハネは、出口直に生まれ変わり、筆先を書き残すことで、『すべてを立《た》て直《なお》す』教えを地上に降ろした。それこそが地上でのエリヤの役割だった。

キリスト教徒は、洗礼者ヨハネがイエス・キリストよりも位《くらい》が低いと思っている人が多いので、この話を進める前に、そのことについて書いておこう。

マルコによる福音書　一章　洗礼者《せんれいしゃ》ヨハネの宣教《せんきょう》
ヨハネは宣《の》べ伝《つた》えて言《い》った、「わたしよりも力《ちから》のある方《かた》が、後《あと》からおいでになる。わたしは身《み》をかがめて、その方《かた》の履《は》き物《もの》の紐《ひも》を解《と》く値《ね》うちさえない。

これを読めばヨハネの方がイエスより下だとヨハネ自身が言っているのだから、その通りだと解釈するのだろう。けれど、この言葉には裏がある。

洗礼者ヨハネが『主《しゅ》』で、その『主《しゅ》』の右にイエスは座《ざ》す。

その位置関係を理解するなら、イエスは右腕になり、洗礼者ヨハネは頭に位置する。

つまり、洗礼者ヨハネは頭脳であり指示する者、イエス・キリストは辣腕《らつわん》を振るう実行者なのだ。

それ故ヨハネは、『わたしよりも力《ちから》のある方《かた》』と言った。表現を変えるなら、脳には筋肉は必要なく、実行者である腕にこそ力《ちから》（筋肉）が必要だと言っていたのだ。

そして、脳は筋肉に働けと命令する立場なのだ。だから、『その方《かた》の履《は》き物《もの》の紐《ひも》を解《と》く値《ね》うちさえない』の裏の意味は、《履き物を脱いで休憩せよと言える立場ではない》となる。ヨハネがイエスに働けと命じているのだから、休憩せよとは言えない。当然、頭であるヨハネは、右腕であるイエスに対して上の立場なのだから『身《み》をかがめ』ることもない。

こんな解釈は、福音の別のところで語られるイエスの言葉から推測できる。矛盾を感じるのなら、矛盾のないような解釈を探し出す努力が必要だ。しかし、筆先を理解しなければ、その答えに確信を持つことは難しいだろう。


洗礼者ヨハネこそが、天国の、ミロクの世の我々の世界の唯一神となるべき者なのだ。

イエスはヨハネを補佐する右腕として、外国を纏《まと》める役を担当する。それ故、イエスは外国で教育者として行動した。故にイエスは、外国の者たちに直接係わる『君《きみ》』なのだ。

ヨハネとイエスには、そのような立ち場の違いがあるので、ヨハネはちょっとだけ登場してお盆に首を載せられるという姿を晒《さら》して早々に退場した。その姿を見れば、わたしは身体（手足）ではない、頭《かしら》だと主張しているだろう。そして、三人のうちのもう一人、左腕となって日本を纏める役を担当する者が『木花咲耶姫命《このはなさくやひめのみこと》』で、この者が日本の国の直接の『君《きみ》』なのだ。

ヨハネは、『日《ひ》の出《で》の神《かみ》』としてこの二人の上に君臨して日本と外国を統べる大君《おおきみ》であるのだ。

キリスト教が言う三位一体とは、この三神が一体として在ることを表していたのだ。

ここまでが『君《きみ》』となる者たちだ。

では、『臣《おみ》』とは役員のことだと書いたが、具体的には、誰を指すのか？

それは、八人、四十八人、十二人、七十二人の国主たちだ。

そして、『民《たみ》』とは、それらの国主が治める国に住む住民たちとなる。それぞれの国が宗教国家であり、国主は教祖であるから、『民《たみ》』は信者と同じなのだ。


と、ここまで書いて来たのだが、この話の何が神髄なんだ？　と思った人も居るのだろう。読み直してみれば、途中で脇に外れて半分以上脇道だった。もう、このままこの路線を進もう。


この話の流れで大事なことは、『君《きみ》と臣《おみ》と民《たみ》』だけがミロクの世に行ける者たちだということだ。ここに填《は》まらない者たちは、天国に招待されることはない。国主が造る『目無堅間《めなしかたま》の神船《みふね》』こそが、ミロクの世の大地だ。その大地に生きることを許されるのは、その国主を教祖として仰ぐ信者だけ。天国には神を信じない者は存在しない。そのことは、誰でも一度くらいは聞いたことがあると思うが、《（神を）信じる者は救われる》という言葉で教えられている。

ただ、この真実を知らずにそれを語った人たちは、全く違うことをイメージしていただろうけれど。


ここまで語って来たが、面白いことに気付くだろう。前に、神ではなく王仁三郎（教祖）を信じる信者は地獄に落ちると言った。だが、ここでは《その国主を教祖として仰ぐ信者だけ》が天国に行ける。

この違いが判るだろうか？

この違いは、信仰する教祖が、唯一神に繋がっているのか、悪神に繋がっているのかの違いだ。

悪神のやることは、形だけ見れば唯一神の在り方に似せている。なので、真実を知らないと、アッサリと欺《だま》されることになる。偽物を見破るには、本物を知らなければ不可能なのだ。

話を戻しまして。

伊都能売神諭P二〇二に、『天国《てんごく》の政治《せいじ》を地上《ちじょう》に写《うつ》して』と書かれているのだが、宗教国家が『天国《てんごく》の政治《せいじ》』の在り方となる。その宗教国家の体制は、『君《きみ》と臣《おみ》と民《たみ》』に別《わ》けられた姿なのだ。

その『天国《てんごく》の政治《せいじ》』の体制を『地上《ちじょう》に写《うつ》』すべき場所が、神によって指定されていた。

その場所が、《綾部《あやべ》の大本《おほもと》》という地場《じば》なのだ。

綾部の大本は、単なる一宗教団体が占拠して許されるような神域ではない。世界中の天国に行くべき人々が『天国《てんごく》の政治《せいじ》を地上《ちじょう》に写《うつ》』すために集まる神聖な場所なのだ。その神聖な場所を悪魔の眷属たちが占拠している。筆先の真実を全く判っていない極悪の悪神とその眷属たちが寄り集まって、神聖なる神域を悪神たちの根城にして世界中に悪神教を喧伝《けんでん》しているのが現状なのだ。

この大本で善と悪の、神と悪神の最終決戦の大戦いが始まる。それは、型に見せた第二次の大本弾圧が、実地の本番を迎えるということなのだ。だが、始まってしまえば、この戦いは神が圧倒するワンサイドゲームとなる。

彼らは二〇〇〇年前に、ヨハネとイエスの神の子らを殺した罪を贖《あがな》うために、大本に集められた。

イエスが再臨した時、彼らは自らが行った昔の罪とこれまで犯してきた罪を贖うために断罪される。そうして、やっと神聖な場所が開放され、ミロクの世への扉が現れる。
しかし、その扉はすぐに開かれるわけではない。まだ成さねばならないことがある。
このことについても、また後で語ろう。

聖地の経綸

ここで言う聖地とは、綾部のみである。

教団としての大本は、綾部と亀岡を聖地としている。しかし、筆先では、亀岡を聖地とは一言も言っていない。つまり、神は亀岡を聖地とは認めていないのだ。亀岡を聖地と言っているのは悪神の眷属の人間だけなのだ。

亀岡は、悪の象徴たる王仁三郎の出生した地であるが故に、悪神たちの聖地なのだ。悪神の眷属たちはそこで悪神教を懸命に布教している。大本はそんな亀岡と綾部が一体となって、既に悪神たちに蹂躙《じゅうりん》し尽くされていたのだ。


さて、この綾部の大本の経綸《しぐみ》は、日本の経綸ではあるのだが、世界全体に関わることなので、このことは聖書にも記されている。次の福音を見てみよう。

マタイによる福音書　二十四章　再臨《さいりん》の徴《しるし》
稲妻《いなずま》が東《ひがし》から西《にし》まで閃《ひらめ》き渡《わた》るように、人《ひと》の子《こ》の来臨《らいりん》もまたそのようである。

これはイエスの『来臨《らいりん》』の話なのだが、この福音が聖地での経綸の始まりで、日本がその舞台なのだ。

『西《にし》』が日本なら『東《ひがし》』はイエスが活動した中東？　東西が逆じゃね？　って思うかもしれない。

だが、『東《ひがし》』とは駿河《するが》なのだ。そして『西《にし》』は綾部の大本で、西も東も日本が舞台なのだ。これは、実地の本番の話。

この駿河については、筆先には『駿河《するが》が始《はじ》まり』と書かれているので探してほしい。駿河は地上での実地の本番の始まりの地であるのだ。

また、この福音と同じようなことは筆先にも書かれている。

伊都能売神諭　P二〇三　大正八年二月二十一日（旧一月二十一日）
天地開闢《てんちかいびゃく》の初《はじ》めの世《よ》からの約束《やくそく》の時節《じせつ》が参《まい》りたから、愚図愚図《ぐずぐず》致《いた》しておれんから、今《いま》の静《しず》まりてある間《うち》に一日《いちにち》も早《はや》く身魂《みたま》を研《みが》いておらんと、東《ひがし》の大空《おおぞら》から西《にし》の谷底《たにそこ》へ天《てん》の火《ひ》が降《ふ》ることが出来《しゅったい》いたしたら、俄《にわか》に橡面貌《とちめんぼう》を振《ふ》ってアフンと致《いた》さなならぬようになるぞよ。

『約束《やくそく》の時節《じせつ》』というその時の雰囲気を感じてほしくて、少々長く拾い出してみた。この中に、『東《ひがし》の大空《おおぞら》から西《にし》の谷《たに》底《そこ》へ天《てん》の火《ひ》が降《ふ》る』と、ここにも『東《ひがし》から西《にし》』へと移動する場面がある。この筆先の『天《てん》の火《ひ》』とは、《天《てん》の霊《ひ》》のことで、人魂《ひとだま》をイメージすれば『火《ひ》』と《霊《ひ》》は同じで、福音の『人《ひと》の子《こ》』と同じ意味になる。『人《ひと》の子《こ》』が《霊《ひ》》だということは、『来臨《らいりん》』するイエスは霊魂で聖地に移動して来るということだ。

これは、霊魂の『来臨《らいりん》』を示している。

これが解ると、次の福音書の疑問は大分解消されるだろう。

マタイによる福音書　二十四章　再臨《さいりん》の徴《しるし》

人《ひと》の子《こ》が大《おお》いなる力《ちから》と栄光《えいこう》を帯《お》びて、天《てん》の雲《くも》に乗《の》って来《く》るのを見《み》る。

人間の肉体では『雲《くも》に乗《の》』るのは不可能だが、霊魂なら問題なかろう。

それよりも、これは『天地開闢《てんちかいびゃく》の初《はじ》め』から計画されていたことなのだ。神からすれば、始まりから終わりまで、すべてが計画通りであったのだ。

このイエスの『再臨《さいりん》』は、王仁三郎の霊魂の再臨でもある。しかし、この再臨は世界に向けての再臨で、この時にはもう、この世界は終わりを迎えている。

なので、その前に戻って、綾部の大本に王仁三郎の身魂が『来臨《らいりん》』するところから話をしよう。

どんな不思議を見ても、他人事のように見ていては、判ることは何もないだろう。

だが大本《おほもと》の経綸《しぐみ》は、王仁三郎が綾部の大本に来臨するところから音を立てて動き始める。

大本に仕組《しく》まれた三人世の元の最後の一人に向けた経綸が動き出すのだ。

出口澄子の経綸

ここでは三人世の元の一人、出口澄子を中心に経綸を見ていこう。

大本は、出口直亡《な》き後、王仁三郎を教祖として戦乱と戦後を乗り越えて来た。その激動の時代を、王仁三郎は素盞嗚《すさのおの》尊《みこと》を体現するような、英雄の如き働きで教団としての大本を牽引した。

出口澄子は、夫である王仁三郎に従い王仁三郎と共に活動した。

これまで語って来たように、筆先の教えは王仁三郎によって意図的に解釈を歪《ゆが》められ、人間には理解不能な教えになっていた。王仁三郎を評する書籍を読めば、人から見ても王仁三郎は《善悪混合《ぜんあくこんごう》》と言われていた。だが、筆先を読めば、悪が一厘《いちりん》でも混じっていれば地獄行きだと書かれている。つまり、筆先の言葉を信じるならば、善悪混合の王仁三郎は地獄行き確定なのだ。

なのに、大本ではその王仁三郎の教えに従っている。出口澄子は、そんな王仁三郎に従い、妻として二代教主として大本を牽引し、そしてそのまま王仁三郎の教えの間違いに気付くことなく昇天していった。

人から見れば、神が語ることは絵に描いた空想の世界に見えるのだろう。神の世界は、この世しか知らない人間には理解の外《そと》なのだ。人間の世界で神の教えは実行不可能だと、端《はな》から神の言うことなど本気で聞いてはいない。だから、神の教えは話半分、一分一厘間違いのない教えであるはずの筆先を前にしても、《解らない》の一言で、神の教えを暗に、そして平然と否定するのが大本の役員なのだ。

その役員たちは、王仁三郎の言葉に目や耳を塞がれていた。そのことを示す筆先が次だ。

伊都能売神諭　P二五七　大正八年四月十三日

この大本《おほもと》は改心改心《かいしんかいしん》と一点張《いってんば》りに申《もう》す所《ところ》であるが、その改心《かいしん》はどうしたら良《よ》いかと申《もう》せば、生《う》まれ赤子《あかご》の何《なに》も知《し》らぬ天真爛漫《そのまま》の心《こころ》に立《た》ち帰《かえ》りて大馬鹿《おおばか》になるということであるぞよ。今《いま》の金竜殿《きんりゅうでん》の先生《せんせい》は知者学者《ちしゃがくしゃ》の集《あつ》まり合《あ》いであるから、知《し》らず知《し》らずに自分《じぶん》の腹《はら》の中《なか》の智利《ちり》や誤目《ごもく》が飛《と》んで出《で》て、神《かみ》と人《ひと》とを酔《まよ》わして、土《つち》を耳《みみ》や目《め》や鼻《はな》に入《い》れるから溜《たま》ったものでないぞよ。今《いま》の鼻高《はなだか》さんには神《かみ》も感心致《かんしんいた》しておるぞよ。

『金竜殿《きんりゅうでん》』とは、綾部の大本のこと、艮の金神という蛇体の竜が居る神殿という意味だ。なので、『今《いま》の金竜殿《きんりゅうでん》の先生《せい》は』とは、《今の綾部の大本の先生は》となる。

綾部の大本は、『知者学者《ちしゃがくしゃ》の集《あつ》まり』で、先生たちが意見を言い合うのだが、その先生たちの智恵を、神は『智利《ちり》や誤目《ごもく》』と言っている。そんな『智利《ちり》（塵《ちり》）や誤目《ごもく》（塵《ごみ》）』が集まって『土《つち》』となり、それが『耳《みみ》や目《め》や鼻《はな》』を塞《ふさ》ぐから、神の声は聞こえず見通すこともできず、呼吸もろくにできずと、それは誠に生きにくかろうにと、その有り様に『神《かみ》も感心致《かんしんいた》しておる』ということなのだ。

筆先で霊学といえば、王仁三郎の霊学と『金明霊学《きんめいれいがく》』の二種類がある。『金明霊学《きんめいれいがく》』とは、金神が明らかにする霊学ということで、それは筆先のことなのだ。

では、王仁三郎を筆頭とする『知者学者《ちしゃがくしゃ》の』霊学とは？　と問えば、答えを判る者から見れば、こねくり回してこじつける人間の学者に楽しい霊学。ダ・ヴィンチ・コードのラングドン教授を生み出すエンタメに向いた空想霊学、それは悪魔が人間を揶揄《からか》う霊学だ。それ故、神の秘密に対しては何の結論も出ない、何処にも辿り着けない、解ったようなことを言っていても大間違いの、そんな霊学となっているのだ。

《そんな先生の智恵を捨てて、赤子の心で筆先を読めよ》と、これが最初の二行に書かれていたことなのだ。

目や耳を塞がれた彼らの関心事は、真実を探求しその真実を伝えて人々を天国へと導くことではなく、自分の考えを声高に主張して賛同者を得て、教団内での自身の存在感を大きくすることなのだ。

先生らしく小難しい議論をしてみても、結論はそんなことを言っても一般の人たちには解らんからと自分が解っていないことを棚に上げて、人に都合の良いことを言って共感を得て、そんな安易な教えで《信じる者は救われる》なんて言って信者を増やすことなのだ。

信者を集め、金をせしめて教団を維持発展させることが、教団に対する役員の存在価値で、役員にとっては、教団が拡大発展することが、目に見える達成感であり、モチベーションなのだ。

真実の探求者からすれば、宗教者の風上にも置けないのが大本の役員たちなのだ。

それ故《ゆえ》神は、型の時代の大本弾圧の時同様に、実地の本番でもすべてを破壊することになる。

これについては、また後で語ろう。


しかし、これで判るように、組織を運営する者には、神も真理も全く関係ないということだ。

実際どんな神を信仰しようと、宗教も団体になれば、神をネタ（商品）にして組織をどうやって運営しようかって話になってしまう。そして、事がここに至ってしまえば、宗教団体の運営には、神の教えの真偽など、どうでも好いことになる。それこそ、こんな阿呆なことを語る役員を信じている信者に、役員が安心して更なる阿呆を語って聞かせているのだ。

だから真理を探求することをせず、《芸術こそ神だ》なんて、芸術を追求しても神の真理が判るわけがないのにそんなことを言って、人間の有限な時間を無駄に浪費させ、真理から人を遠ざけさせる。

王仁三郎の存在感とその教えにすっかり欺《だま》されて、誰もが筆先の真理から遠ざけられた。

王仁三郎のその悪行は、神から見れば地獄行き確定の行為だった。だから、王仁三郎は地獄に落ちて土の中で身動きの取れないという状況を見せる《鏡》として牢屋に入れられたのだ。なので、実地の時に王仁三郎の言うこと、行《おこな》うことに追従《ついじゅう》する者たちは、地獄落ち確定となるのだ。

澄子も、王仁三郎に従って牢屋に入れられた。この二人は、行ってはならないことを、型として身をもって示していたのだ。

筆先の神の教えは、人が間違いに気付くこと、そして、その間違いを自ら修正することを求めている。人が自らそれを行うことで、神はその人を評価する。最後の審判の合否判定は、そうやって決まる。

それ故、人は皆、悪に落ちることになった。

そのことは、福音に『つまずきが生《しょう》じるのを避《さ》けることはできない』と書き残された。

王仁三郎は、その御用のために『天《あま》の岩戸《いわと》を閉《し》める役《やく》』を仰《おお》せつかり、人々を悪へと導いた。

このやり方が、『此《こ》の仕組《しぐみ》で無《な》いと、万古末代《ばんごまつだい》は永続《つづ》かんから』と言った『引《ひ》っ掛《か》け戻《もど》しの仕組《しぐみ》』なのだ。

出口澄子は、そんな王仁三郎の御用の真実に生涯気付かず、昭和二十七年に昇天した。

人間の凝り固まった思考は、そう簡単には変えられない。

そんなわけで、神はこんなことを経綸《しぐみ》していた。

大本神諭　二巻Ｐ二三二　明治三十三年閏八月二日

郵便はがき

料金受取人払郵便

新宿局承認

7553

差出有効期間
2024年1月
31日まで
（切手不要）

1 6 0-8 7 9 1

141

東京都新宿区新宿1－10－1

(株)文芸社

愛読者カード係 行

ふりがな お名前		明治　大正 昭和　平成　　年生　　歳	
ふりがな ご住所	□□□-□□□□	性別 男・女	
お電話 番　号	（書籍ご注文の際に必要です）	ご職業	
E-mail			

ご購読雑誌（複数可）	ご購読新聞 新聞

最近読んでおもしろかった本や今後、とりあげてほしいテーマをお教えください。

ご自分の研究成果や経験、お考え等を出版してみたいというお気持ちはありますか。

ある　　ない　　内容・テーマ（　　　　　　　　　　　　　　　　　）

現在完成した作品をお持ちですか。

ある　　ない　　ジャンル・原稿量（　　　　　　　　　　　　　　　　）

書　名				
お買上 書　店	都道 府県	市区 郡	書店名	書店
			ご購入日	年　　月　　日

本書をどこでお知りになりましたか?

1.書店店頭　2.知人にすすめられて　3.インターネット(サイト名　　　　　　　　　　)

4.DMハガキ　5.広告、記事を見て(新聞、雑誌名　　　　　　　　　　)

上の質問に関連して、ご購入の決め手となったのは?

1.タイトル　2.著者　3.内容　4.カバーデザイン　5.帯

その他ご自由にお書きください。

(　　　　　　　　　　　　　　　　　　　　)

本書についてのご意見、ご感想をお聞かせください。

①内容について

②カバー、タイトル、帯について

弊社Webサイトからもご意見、ご感想をお寄せいただけます。

ご協力ありがとうございました。

※お寄せいただいたご意見、ご感想は新聞広告等で匿名にて使わせていただくことがあります。

※お客様の個人情報は、小社からの連絡のみに使用します。社外に提供することは一切ありません。

■書籍のご注文は、お近くの書店または、ブックサービス(☎0120-29-9625)、セブンネットショッピング(http://7net.omni7.jp/)にお申し込み下さい。

今度《こんど》の処《ところ》は、人民《じんみん》では行《い》かれん処《ところ》であれど、其処《そこ》へ一度《いちど》は往《い》って貰《もら》わんと、モ一《ひと》つの事《こと》が出来致《しゅったいいた》さんぞよ。そこへ参《まい》りて来《き》たなれば、三年《さんねん》の行《ぎょう》が出来《でき》るぞよ。八木《やぎ》の福島《ふくしま》を差《さ》して行《い》って下《くだ》されよ。次《つぎ》に差図《さしず》を致《いた》すぞよ。綾部《あやべ》の大本《おほもと》の御世継《およつぎ》に成《な》るのは、一度《いちど》は実地《じっち》の所《ところ》へ行《い》って下《くだ》さらんと、誠《まこと》の御用《ごよう》がさせられんぞよ。そこへ参《まい》りて、現世《このよ》の衣《きぬ》を脱《ぬ》がして、身体《からだ》に徳《とく》を付《つ》けて置《お》かんと、神《かみ》の威勢《いせい》が出《で》んから、澄子《すみこ》と春一《はるいち》、連《つ》れ参《まい》るのはチト早《はや》いなれど、出口《でぐち》に一同《いちどう》みな結構《けっこう》な処《ところ》へ連《つ》れ行《い》かせるぞよ。

この筆先にある『行《ぎょう》』は、型の時には地上での修行であった。だが、実地の時には『現世《このよ》の衣《きぬ》を脱《ぬ》がして』と、『現世《このよ》の衣《きぬ》』とは肉体のことなので、《肉体を脱ぐ》という言葉通りあの世での修行になる。そして『出口《でぐち》に一同《いちどう》』と書かれているように、『みな結構《けっこう》な処《ところ》』＝《あの世の修行場》へ『連《つ》れ行《い》か』れる。その『一同《いちどう》』とは、三人世の元と『八柱《やつ》の金神大将軍《こんじんだいしょうぐん》』と四十八人なのだ。他にも外国の十二人、七十二人もそのメンバーに入る。

型の時の『結構《けっこう》な処《ところ》』での修行は、ちょっと行って修行すれば『三年《さんねん》（分《ぶん》）の行《ぎょう》が出来《でき》る』という意味で解釈されたと思われる。だが、実地の時は、実際にあの世で『三年《さんねん》（間《かん》）の行《ぎょう》』が行われた。

では、その『三年《さんねん》（間《かん》）の行《ぎょう》』をすることになったのは誰なのか？

と、書いたが、この問いに答えを出す前に、まず、この《問い》についての解説が必要であろう。

型の時には、皆一緒に『結構《けっこう》な処《ところ》』に出かけて行った。しかし、実地の時には、あの世の『結構《けっこう》な処《ところ》』に行くのだから、皆一緒というわけにはいかない。人にはそれぞれ寿命があり、あの世に行く日は皆違う。その上、神諭《しんゆ》全体からの印象ではあるが、王仁三郎（坤《ひつじさる》の金神《こんじん》）は頑固でなかなか改心ができず、期間が書かれているわけではないが、三年程度の修行では終わらないだろうことが書かれている。

つまりこの修行は、『三年《さんねん》』やれば良いのではなく、神を判り改心して『身体《からだ》に徳《とく》を付《つ》け』る処《ところ》までできてこの修行は完了となるのだ。そう考えれば、各個人によりそれぞれ修行の期間が違うと判る。そこまで考えて出て来たのが先ほどの問いだ。

では、改めて問うてみよう。


神が『三年《さんねん》』と期間を定めた『行《ぎょう》』をする人間は、誰か？


この答えを見つけるために再度先ほどの筆先を見よう。

『身体《からだ》に徳《とく》を付《つ》け』る、と先ほど語ったが、それは『一同《いちどう》』の『みな』に向けて語られたものだ。しかし、筆先を読めば、もう一つ修行しなければならない理由があることが判る。それは『綾部《あやべ》の大本《おおもと》の御世継《およつぎ》に成《な》る』ための修行なのだ。

では『御世継《およつぎ》に成《な》る』ための修行をするのは誰か？

まずは、この筆先に名前が出ている人を拾い出してみよう。すると、『出口《でぐち》（直）』、『一同《いちどう》（大本の当時の役員）』、そして、『澄子《すみこ》と春一《はるいち》』だ。その中で『綾部《あやべ》の大本《おおもと》の御世継《およつぎ》に成《な》るのは、』『澄子《すみこ》』だけだ。

この筆先は、『一同《いちどう》』と『御世継《およつぎ》に成《な》る（澄子《すみこ》）』に対することを合わせて語っていた。このことに気付けば、『一同《いちどう》』に向けた言葉か『澄子《すみこ》』に向けた言葉なのかを正確に仕分けられる。

『三年《さんねん》の行《ぎょう》』は、型に見せた時には『一同《いちどう》』に向けて語りながら、実地に向けては『澄子《すみこ》』に対してのことだったのだ。

『綾部《あやべ》の大本《おおもと》の御世継《およつぎ》に成《な》るのは、』型の時には『澄子《すみこ》』であることは間違いない。だが実際には、『一度《いちど》は実地《じっち》の所《ところ》へ行《い》って下《くだ》さらんと、誠《まこと》の御用《ごよう》がさせられん』と、『現世《このよ》の衣《きぬ》を脱《ぬ》』いで、あの世で修行した後でなければ、『御世継《およつぎ》に成《な》』って『誠《まこと》の御用《ごよう》がさせられ』ないのだ。

つまり、『澄子《すみこ》』が『誠《まこと》の御用《ごよう》が』できるのは、『澄子《すみこ》』の来世となるのだ。

さて、『三年《さんねん》の行《ぎょう》が出来《でき》』た『澄子《すみこ》』は、『結構《けっこう》な処《ところ》』から直《ただ》ちに戻って来る。何処《どこ》に戻って来るのかと言えば、この世だ。

つまり、『澄子《すみこ》』が『三年《さんねん》の行《ぎょう》』を終えて、母胎に十月十日ほど居たとすると、昇天から約四年後に再びこの世に生まれて来ると判る。このことが、これからの大本に大きく関わることになる。

『澄子《すみこ》』は、昭和二十七年に昇天した。では、その四年後の昭和三十一年に生まれた大本の関係者は誰なのか？

その答えは、大本の五代教主、出口紅《でぐちくれない》なのだ。

出口澄子は、出口紅に生まれ変わって大本の教主に納まっていた。それ故に、今が実地の本番のその時なのだ。

出口紅が大本の五代教主に決まるまでに、どんな経緯《けいい》があったのかは知らない。だが、出口澄子の生まれ変わりであったのだから、大本の教主になるのは必然だったのだ。

実地の本番に、三人世の元の一人である出口澄子の生まれ変わりが大本に居なかったら、実地の本番は始まらない。だからこそ、出口紅が大本の教主になったのは、神の計画通りの必然であったのだ。

これからが、出口澄子の『誠《まこと》の御用《ごよう》』の本番となる。

出口澄子の肉体霊は、霊界に連れて行かれ、神から『三年《さんねん》の行《ぎょう》』を受け出口紅として生まれた。一般的に肉体霊は、肉体が生まれ変わる時に記憶はリセットされ前世を忘れることになる。出口紅の肉体霊も前世を忘れて生まれて来た。だが、この肉体霊は、既《すで》に神を判り改心して『身体《からだ》に徳《とく》を付《つ》け』、『神《かみ》の威勢《いせい》が出《で》』る処《ところ》まで修行して来たのだ。しかし、肉体の方はこの世の乱れたままに、大本で悪神の教えを学ばされ、肉体霊は再び悪に染められてしまった。

何故こんなことになったのか？

そう問うならば、《霊界で在ったことはこの世でも在る》という法則があるからだ。とは、言ってみたが、経綸《しぐみ》的には『艮《とど》め』の第二戦を行うためなのだ。

この経綸故《ゆえ》に、出口紅は、これから改心させられることになる。

澄子の生まれ変わりについては、他の筆先にも書かれているので参照しよう。

伊都能売神諭　P二五四　大正八年四月十三日

天《あま》の岩戸《いわと》を開《ひら》かんと、二代三代澄直霊《にだいさんだいすみなおひ》、

この筆先は、二代は澄子で、三代は澄子の子の直日《なおひ》になると、型の実地の時にはそう解釈された。しかし、実地の本番では、二代教主の澄子が昇天して、『霊《ひ》』を『直《なお》』して、生まれ変わって（これを霊的代替《だいが》わりとして）、『誠《まこと》の御用《ごよう》が』できる身魂《みたま》になったと解釈する。《同じ身魂が、改心して刷新され本当の三代となる》と理解するのが正しい。

この三代とは、一代を開祖の出口直、二代教祖を王仁三郎とした三代教祖という意味だ。それ以外の大本のトップは、皆教主《きょうしゅ》と言い、一段下の扱いになる。つまり、大本の教祖と呼ばれるべき者は、三人世の元であるこの三人だけなのだ。

伊都能売神諭　P一三　大正七年十二月二日（旧十月二十九日）
出口直《でぐちなお》の御魂《みたま》は木花咲耶姫殿《このはなさくやひめどの》の宿《やど》りた身魂《みたま》の三代直霊《さんだいなおひ》に憑《うつ》りて、直霊主尊《なおひぬしのみこと》となりて、地《ち》の神界《しんかい》の御用《ごよう》を致《いた》さす経綸《しぐみ》が成就《じょうじゅ》いたしたから、これからの大本《おほもと》の中《なか》はこれまでとは人変《おおが》わりが致《いた》すぞよ。

この筆先の『三代直霊《さんだいなおひ》』とは、澄子が改心のできた『誠《まこと》の御用《ごよう》が』できる状態の、澄子の来世のことで、それは澄子の本霊が現れた状態のことなのだ。その澄子の本霊の名が『木花咲耶姫命《このはなさくやひめのみこと》』なのだ。
ただ、澄子が生まれ変わった出口紅《でぐちくれない》は、まだ改心ができていない状態で、そのことについて語っているのが、次の筆先だ。

大本神諭　二巻P一九五　大正四年旧八月二十八日
澄子《すみこ》には、世《よ》に出《で》て居《お》れた天之宇受売命殿《あめのうずめのみことどの》と摺《す》り替《か》えて在《あ》りたから、夫婦共《ふうふとも》に、是迄《これまで》の世《よ》の行《や》り方《かた》がさして在《あ》りたから、

出口紅《でぐちくれない》は、まだこの世での改心ができていないので、たとえ出口紅の肉体霊があの世の修行で改心していたとして

も、そのことを忘れ再び大本の常識に染められた状態にされてしまっていた。

神は、出口紅のそんな肉体霊の状態を『天之宇受売命殿《あめのうずめのみことどの》』と言った。この『天之宇受売命殿《あめのうずめのみことどの》』とは悪の方の守護神なのだ。『天之宇受売命殿《あめのうずめのみことどの》』は、教団大本に居座って今度は出口紅に取り憑いた。

当時の『澄子《すみこ》』の心を『天之宇受売命殿《あめのうずめのみことどの》』を通して今現在も引き継いでいるのが出口紅なのだ。

その『天之宇受売命殿《あめのうずめのみことどの》』の守護神と出口紅の肉体霊が鏡合わせとなって同じ姿となる。見ている神の姿が自分の姿に合わさるのだ。それ故に、どの神を鏡に見るのかが問われることになる。


話を戻そう。神の言う《改心》とは、肉体霊の姿を本霊の姿に直すことだと理解してほしい。

神には人の心が姿として見えている。見えるからそう言っているのだ。だが、人間には心の姿なんて見えない。だから人間にできることは、筆先を理解して意識を善の神に合わせる努力をするしかないのだ。善の神の心に人の心を合わせることが改心となる。それは、人間の心は、善の神の心と同じであることが正しい人間の心の姿である、ということなのだ。

ところで『天之宇受売命殿《あめのうずめのみことどの》』とはどういう姿かと言えば、名前で判る通り、天照大神《あまてらすおおみかみ》の岩戸隠れの時に活躍した神で、それは、無明《むみょう》（暗闇《くらやみ》）の中で裸踊りをしている、という状態なのだ。では現在の『天之宇受売命殿《あめのうずめのみことどの》』は、誰に裸踊りをさせられているのか？　と問えば、それは悪神に、ということになる。

《無明》とは、神を判らないという状態のことを言う。神を判らないとは、筆先を判らないということだ。筆先を判らなければ、悪神に好きなように操《あやつ》られてしまうぞと、そう警告しているのだと理解してほしい。

また《裸踊り》というのは、神に対して恥《はじ》さらしな行いをしているぞという意味だ。そろそろ、人間から見た価値観なんて何の意味も無いと理解してほしい。神の基準がすべてなのだ。人間の都合を神に押し付ける前に、神の心を理解する努力をしてほしいのだ。

まあ、そんなことを言われても、と思う人も多いだろう。だが、筆先を判ってくると、神は、割と無理なことは言っていないと気付けるぞ。無理だと思わされていたのは、悪神の策略《さくりゃく》に嵌《は》められていたからなのだ。そう信じて、神を判る努力を怠《おこた》るべからず、とここで言っておく。

出口紅様に向けた神からの直言

次の筆先は、神が紅様《くれないさま》に向けて直接語っている内容となる。何故、ここに来て紅様と《様》を付けるのかと言えば、紅様があまりに可哀想な状況に置かれるからで、せめて《様》を付けてあげようという私の気持ちなのだ。

次の筆先を読めば、《本人が置かれている状況に気付いていない》というのは、幸せなことなのだと思ってしまう。紅様が盤石だと信じていたものが、砂上の楼閣だったのだ。紅様は、そんな中を生きている。これから先、紅様が信じていたあらゆるものが崩れ落ちていく。それが、紅様が世界に鏡に見せる御用なのだ。

これから善の神が現れて、善悪の概念が引っ繰り返ることになる。

それが起きた時、個人に何が起こるのかを人々に見せるのが紅様の御用なのだ。

そして、紅様に向けては、もうその時が来るから覚悟を決めて腹を括《くく》れと、神は、それを願ってこの筆先で事前に知らせていたのだ。

では、そんなことが書かれた筆先を紹介しよう。

大本神諭　三巻Ｐ一四六～　大正六年旧十一月二十三日
神《かみ》の堪忍袋《かんにんぶくろ》が切《き》れたら、万古末代《まんごまつだい》モウ取《と》り返《かえ》しが出来《でき》んから、奥山《おくやま》の紅葉《もみじ》の照《あ》る内《うち》に早《はや》く改心《かいしん》いたして、神《かみ》の申《もう》す如《よ》うに致《いた》さんと、末代《まつだい》の世《よ》を持《も》ちて行《い》く事《こと》は到底六カ《とうていむつ》敷《し》いから、どうしても改心《かいしん》が出来《でき》ねば、陣《じん》を引《ひ》いて下《した》に降《お》りて扣《ひか》えて下《くだ》され、一人《ひとり》と世界中《せかいじゅう》とには代《か》えられんから、一向気楽《いっこうきらく》にさして、神《かみ》が構《かも》うてやるから、ドウシテも神《かみ》の国《くに》の行《おこな》いが出来《でき》ねば、城明《しろあ》け渡《わた》しを為《な》さるが良《よ》かろう。
神《かみ》も可成《なるべ》くは、昔《むかし》の儘《まま》で続《つづ》かして行《い》かしたいのが、胸《むね》に一溢《いっぱい》であれど、余《あま》りがいこくじんに惚《ほう》けて居《お》りて、何時《いつ》までも神《かみ》の教《おし》えが聞《き》けぬなら、一《ひと》つの道《みち》へ行《い》くより仕様《しよう》は在《あ》るまい。神《かみ》は気《き》を付《つ》けた上《うえ》にも気《き》を付《つ》けて在《あ》るぞよ。一《いち》の番頭《ばんとう》からして、日本魂《やまとだましい》が全然《さっぱり》消《き》えて了《しも》うて居《お》るから、ちくしょうの国《くに》の尻《しり》に付《つ》いて、頭《あたま》から湯気《ゆげ》を立《た》て、頭《あたま》を三角《さんかく》に成《な》る所《とこ》まで捻鉢巻《ねじはちま》きで気張《きば》って居《お》れど、

ここに『奥山《おくやま》の紅葉《もみじ》の照《あ》る内《うち》に』とあるのだが、これが紅様《くれないさま》のことだ。『奥山《おくやま》』とは、山深い所にある綾部の大本のことで、『紅葉《もみじ》』がそのまま紅様だ。『照《あ》る内《うち》に』とは、『照《あ》る』が《（この世に）在《あ》る》で、《生きて居る内に》となる。つまり、『奥山《おくやま》の紅葉《もみじ》の照《あ》る内《うち》に』とは、《紅様が綾部の大本に生きている内に》となるのだ。

ここまで解釈できれば、《紅様が生きている内に改心ができなければ、『神《かみ》の堪忍袋《かんにんぶくろ》が切《き》れたら、万古末代《まんごまつだい》モウ取《と》り返《かえ》しが出来《でき》ん』ことになるぞ》と言っているのがこの筆先の内容なのだと判る。

二行目以降は、改心しない紅様に対して、神が脅《おど》しかけている内容だ。

神が何故、紅様を脅すのか？

それは、紅様の改心で、全人類の救済が始まるからだ。

もう天の岩戸開きの時が来ているのに、いつまでも紅様の改心ができなければ、人類は誰も救われずに滅亡してしまう。神からそうならないようにと紅様に警告しているのが、この筆先の内容なのだ。

では、二行目以降を解説しよう。

『神《かみ》の申《もう》す如《よ》うに致《いた》さんと、末代《まつだい》の世《よ》を持《も》ちて行《い》く事《こと》は到底六《とうていむつ》カ敷《し》いから』の、『神《かみ》の申《もう》す如《よ》うに致《いた》さんと』とは、出口直や艮の金神の居ない今となっては《筆先に書かれた通りにしなければ》という意味で、『末代《まつだい》の世《よ》』とは《ミロクの世》のことだ。『持《も》ちて行《い》く事《こと》』とは、《治めること》なのだ。

まとめると、《筆先に書かれた通りにしなければ、ミロクの世を治めることは難しい》となる。

次の『陣《じん》を引《ひ》いて下《した》に降《お》りて扣《ひか》えて下《くだ》され』は、『城明《しろあ》け渡《わた》しを為《な》さるが良《よ》かろう』に掛《か》かる。

『陣《じん》』とは、悪神が敷いた『陣《じん》』のことで、『城《しろ》』とは教団大本《おほもと》の綾部と亀岡の城のように立派な建造物群のことだ。

つまり、悪神の頭《かしら》に取り憑かれた紅様に、悪神の陣営を引き連れて教主の座を降りて大本を明け渡せと、紅様が『改《かい》心《しん》が出来《でき》ねば』そうせよと言っているのである。

『一向気楽《いっこうきらく》にさして』とは、最後の二行の『一《いち》の番頭《ばんとう》からして、日本魂《やまとだましい》が全然《さっぱり》消《き》えて了《しも》うて居《お》るから、ちくしょうの国《くに》の尻《しり》に付《つ》いて、頭《あたま》から湯気《ゆげ》を立《た》て、頭《あたま》を三角《さんかく》に成《な》る所《とこ》まで捻鉢《ねじはち》巻《ま》きで気張《きば》って居《お》れど』に掛かる。この中の『一《いち》の番《ばん》頭《とう》』とは、大本のトップに居る紅様だ。この紅様が『日本魂《やまとだましい》が全然《さっぱり》消《き》えて了《しも》うて居《お》る』状態で、そんな神を判らない状態だから、紅様は自分の力で何とかしようと『頭《あたま》から湯気《ゆげ》を立《た》て』『気張《きば》って居《お》れど』と言うほどに大本の運営や世界平和のために頑張《がんば》っている。だがその頑張りは、頑張る方向を間違えていて、神の邪魔をする、神に敵対《てきたい》する行為となり、それ故に報われない努力となっていた。そうであるからこそ、神は『陣《じん》を引《ひ》』けと言う。

その状況を打ち破るには、神を解り神に従うことなのだ。そうすることで『一向気楽《いっこうきらく》に』物事が進むぞと、神は教えている。


『神《かみ》も可成《なるべ》くは、昔《むかし》の儘《まま》で続《つづ》かして行《い》かしたいのが、胸《むね》に一溢《いっぱい》であれど』とは、《神も大峠だからと大本を無闇《むやみ》に壊したいわけではない》という意味だ。しかし、『余《あま》りがいこくじんに惚《ほう》けて居《お》りて、何時《いつ》までも神《かみ》の教《おし》えが聞《き》けぬなら、一《ひと》つの道《みち》へ行《い》くより仕様《しよう》は在《あ》るまい』と、紅様に言う。これは、暗《あん》に《大本を壊すしかない》ということなのだ。


この筆先は、たった一人に向けて語られている。だが、この一人が改心せず神の言うことを何時《いつ》までも聞かなければ、紅様の替わりをする者を神がちゃんと用意してあるから、『世界中《せかいじゅう》』の人々よ心配は要らんぞ、とも言っているので心配は無用だ。だからこそ神も、紅様に『下《した》に降《お》りて扣《ひか》えて下《くだ》され』と、あっさりと言って退《の》けるのだ。

しかし、現実的に紅様が教主の座を降りるには、死ぬ以外に方法はないのだから、『下《した》に降《お》りて扣《ひか》えて下《くだ》され』とは、紅様に《あの世から見てろ》ということになる。そうなれば、紅様も『一向気楽《いっこうきらく》に』見ていられるだろうと、これにはそんな意味もある。

いずれにしても紅様が自ら改心してすべてを神に任せて『一向気楽《いっこうきらく》に』行けるようになるのか、改心せず神から強制的に『一向気楽《いっこうきらく》』な立場に置かれることになるのか、これは紅様の選択なのだ。

紅様の選択によって、紅様自身が善の鏡になるのか悪の鏡になるのかが決まり、人々はその鏡を見て、その行いを善とするのか、それとも悪と捉《とら》えるのか、見た人が自らの心で決める。そうやってすべての人々が誰に従うのかを決めることになる。

紅様には可哀想だと思うけれど、いずれにしても全人類に対する晒《さら》し者《もの》となるのが役目だ。鏡になるとは、そういうことなのだ。

紅様がどちらを選ぶのかは、これは紅様次第だが、道を間違えたことも気付かず改心もしなければ、紅様は最早《もはや》魂すら終わりの一貫の終わりとなる。

まずは、悪の道を選んだということにして話をしよう。

マタイによる福音書　十章　誰《だれ》を恐《おそ》れるべきか
体《からだ》を殺《ころ》しても、魂《たましい》を殺《ころ》すことのできない者《もの》どもを恐《おそ》れることはない。むしろ、魂《たましい》も体《からだ》も地獄《じごく》で滅《ほろ》ぼすことのできる方《かた》を恐《おそ》れなさい。

これは以前参照した『地《ち》の塩《しお》』とも連動する。

紅様は三人世の元の一人、その善の神の筆頭となる三人のうちの一人が善を行わなければ、『塩《しお》がその持《も》ち味《あじ》を失《うしな》った』ことになる。そんな輩《やから》は『何《なん》の役《やく》にも立《た》たず、外《そと》に投《な》げ捨《す》てられ』るのだ。そして、その行き着く果ては、この福音の通り『魂《たましい》も体《からだ》も地獄《じごく》で滅《ほろ》ぼ』されるということになる。

善の神の行いのできない紅様は『魂《たましい》も体《からだ》も地獄《じごく》で滅《ほろ》ぼすことのできる方《かた》』に跡形もなく魂すらも消される。

それは悪神の方も同じ。来るべき時が来る前に、善の神の命令が聞けないのなら、その悪神は命の本体である魂すら残らず壊される。それは、氷漬けの地獄に落ちることも許されないことなのだ。それ故、『伊邪那岐之尊様《いざなぎのみことさま》』は、悪神の頭として、唯一神である撞《つき》の大神様《おおかみさま》の前で、撞の大神様の命令通り、堂々と悪を行うことを宣言した。それをもう一度出そう。

伊都能売神諭　P一八三〜　大正八年二月十八日（旧一月十八日）
日《ひ》の大神様《おおかみさま》も左様《さやう》なれば御本望《ごほんもう》の遂《と》ぐるまで我身《わがみ》の力一杯《ちからいっぱい》（**悪として**）活動《かつどう》いたして見《み》ます、さる代《か》わりに天地《てんち》が立派《りっぱ》にでき上《あ》がりましたら、我《われ》を末代貴神様《まつだいあなたさま》の女房役《にょうぼうやく》と致《いた》してくだされ、私《わたし》は女房役《にょうぼうやく》となりて万古末代《まんごまつだい》（**悪神ですから、神の道を照らすなんてことはできませんが、霊界、現界が見渡せるように**）世界《せかい》を照《て》らしますとのお約束《やくそく》が地《ち》の高天原《たかあまはら》の竜宮館《りゅうぐうやかた》で結《むす》ばれたのでありたぞよ。

『日《ひ》の大神様《おおかみさま》』である『伊邪那岐之尊様《いざなぎのみことさま》』は、『魂《たましい》も体《からだ》も地獄《じごく》で滅《ほろ》ぼすことのできる』撞の大神様の前で、言葉には出さない（**本心**）込みで『力一杯《ちからいっぱい》（**悪として**）活動《かつどう》いたして見《み》ます』と宣言した。その本心込みの宣言こそが、撞の大神様の望みを正しく理解した宣言であったのだ。

悪神が悪神の働きをしなければ、善の神は善を明確にすることができない。そうであるが故に、人類がどれほど悲惨な歴史を刻《きざ》んで来たとしても、それらのすべては、唯一神によって仕組まれていた、ということなのだ。

だからこそ、だからこそ、最後の最後には、紅様に悪の道を選ばせることは絶対にさせない。それ故、選ばせると言っても道は一つだけ。なので、『一《ひと》つの道《みち》へ行《い》くより仕様《しよう》は在《あ》るまい』と言ったのだ。紅様がどれほど苦しい思いをしようとも、何が何でも紅様を救うのである。

ところで、『余《あま》りがいこくじんに惚《ほう》けて居《お》りて』とあるのだが、今の大本を見て、端的《たんてき》にこれを表していることがある。それは、大本がエスペラント語を推奨していることなのだ。

このエスペラント語とは、外国人が作った人造語で、一応世界平和を願って作られた言語だそうだ。大本は、こんなものを世界平和を願って推奨している。

だが筆先には、『日本《にほん》の国《くに》は、いろはで無《な》いと建《た》ちては行《い》かん神《かみ》の国《くに》で在《あ》る』と書かれている。『いろは』とは筆先の言葉、それは神国の言語だ。それが日本人の言語なのだ。それを外国の何処の馬の骨とも判らん人間の言うことの尻馬に乗って、そんな輩《やから》が創作した言語を推奨するなど、完全に『がいこくじんに惚《ほう》けて』いるとしか言えない状態が、今の大本なのだ。

ちょっとこのことを大本の役員に言ってみると、面白い反応を返してくれるのだが、この本を読んだ後では、どう返してくれるだろうか。

まあ、このことだけ見ても今の大本は、悪神（がいこく）に支配されていると判る。大本役員（悪神の眷属）は、悪神の正義を自らの正義として、悪神の牙城を奪われまいと最後のその時まで一生懸命に守り抜くのだろう。

大本の大峠前夜

紅様を救おうと善の神が活動を始めると、大本は大峠へと突入する。

大峠前の大本の様子は、次の筆先に書かれている。

伊都能売神諭　Ｐ一六三　大正八年二月十三日（旧一月十三日）
現今《いま》の大本《おほもと》は一旦天《いったんてん》の規則《きそく》が破《やぶ》れてしもうて、世《よ》を持《も》たれぬ神《かみ》の天稚日子《あまわかひこ》が名《な》を代《か》えて充分《じゅうぶん》に自身《われ》の思《おも》いが達《たっ》した形《かた》が東《ひがし》の空《そら》から西《にし》の地《ち》の底《そこ》の大本《おほもと》へ写《うつ》りておるのであるから、まだ真実《ほんま》ものに開《ひら》けておるのでないから、気宥《きゆる》しはチットもならぬぞよ。

『天稚日子《あまわかひこ》』とは、『八頭八尾《やつがしらやつお》の大蛇神《だいじゃしん》』が人間の霊体の姿で在る時の名で悪神だ。『東《ひがし》の空《そら》』とは中界だ。似た言葉でイエスの来臨を語った『伊都能売神諭　Ｐ二〇三』には、『東《ひがし》の大空《おおぞら》から西《にし》の谷底《たにそこ》へ天《てん》の火《ひ》が降《ふ》る』とある。この『東《ひがし》の大空《おおぞら》』とは、霊界なのだ。そしてこの『天《てん》の火《ひ》』とは、イエスの『、《ほち》の一霊《いちれい》』なのだ。

悪神は『東《ひがし》の空《そら》』の中界を根城にしている。『現今《いま》の大本《おほもと》は』中界の悪神の力によって『開《ひら》けて』いるので、まだ『真実《ほんま》もの』の大本の在り方ではないということだ。そして話は外れるが、この筆先が降ろされた『大正八年二月十三日（旧一月十三日）』という日付を覚えておいてほしい。これも《大峠前夜》のキーワードなのだ。

また、大峠前の大本と紅様の関係はどうなっているのか、そのことについて書かれている筆先を出そう。

大本神諭　一巻Ｐ五〇　大正六年旧二月九日
日本《にほん》の大和魂《やまとだましい》をがいこくへ曳《ひ》き抜《ぬ》かれて了《しも》うて、国《くに》の害《がい》をいたすカラ御魂《みたま》と摺《す》り替《か》えられて、日本《にほん》の国《くに》の頭《かしら》の尻《しり》の毛《け》まで一本《いっぽん》も無《な》い様《よう》に為《し》られて、今《いま》の体裁《ていさい》。醜悪《ざま》晒《さら》されて、未《ま》だモ一《ひと》つ日本《にほん》の国《くに》を悪《わる》く致《いた》して、天地《てんち》の先祖《せんぞ》の御血統《おちすじ》を抱《だ》き込《こ》みて、此《こ》の儘《なり》で混《ま》ぜ交《こ》ぜで、モ一《ひと》つ上《うえ》へ上《あ》がりて、日本《にほん》の人民《じんみん》を悪賢《わるがしこ》う子供《こども》を教育《そだ》て、婦女《おんな》までもヤンチャに致《いた》して置《お》いて、向《む》うの国《くに》の極悪神《ごくあくがみ》が、日本《にほん》の王《おう》よりモ一《ひと》つ上《うえ》の王《おう》に成《な》る仕組《しぐみ》を未《ま》だ致《いた》すなれど、悪《あく》の世《よ》は九分《くぶ》九厘《くりん》で輪止《りんど》まりとなるから、何事《なにごと》を企《たく》みても、一《ひと》つも思《おも》わくは立《た》たんぞよ。


この中の『天地《てんち》の先祖《せんぞ》の御血統《おちすじ》を抱《だ》き込《こ》みて』と、この『天地《てんち》の先祖《せんぞ》の御血統《おちすじ》』が紅様なのだ。

『天地《てんち》の先祖《せんぞ》の御血統《おちすじ》』である紅様が、『日本《にほん》の大和魂《やまとだましい》をがいこくへ曳《ひ》き抜《ぬ》かれて了《しも》うて、国《くに》の害《がい》をいたすカラ御魂《みたま》と摺《す》り替《か》えられて、日本《にほん》の国《くに》の頭《かしら》の尻《しり》の毛《け》まで一本《いっぽん》も無《な》い様《よう》に為《し》られて、今《いま》の体裁《ていさい》』と言われている。

『日本《にほん》の国《くに》の頭《かしら》』というのは、天皇陛下でも総理大臣でもなく、三人世の元の中で地上に残る最後の一人となる紅様なのだ。紅様の本霊《ほんれい》が主《しゅ》の左に座《ざ》す日本を纏《まと》める『木花咲耶姫命《このはなさくやひめのみこと》』なのである。

悪神たちは、善の神の『御血統《おちすじ》』の『木花咲耶姫命《このはなさくやひめのみこと》』を担《かつ》ぎ上《あ》げて神輿《みこし》にしているけれど、結局、悪神たちのやりたい放題をやっている。『尻《しり》の毛《け》まで一本《いっぽん》も無《な》い様《よう》に為《し》られて』とは、《服も剥《は》がされ、もうトコトンまでむしり取られている》という意味だ。これが、紅様が『天之宇受売命殿《あめのうずめのみことどの》』になっていると言った実際の有り様なのだ。

そして、『向《む》うの国《くに》の極悪神《ごくあくがみ》が、日本《にほん》の王《おう》よりモ一《ひと》つ上《うえ》の王《おう》に成《な》る仕組《しぐみ》を未《ま》だ致《いた》す』とある。これは、《外国が日本の上に立つ計画をしている》ということだ。これは《堕天使《だてんし》が神の上に立つ》という意味だ。

現状のままで紅様が死んでしまえば、次の大本の教主は『極悪神《ごくあくがみ》』の眷属が立ち、悪神の計画は完成してしまうことになる。だがもう、ここまで来たからこそ、『悪《あく》の世《よ》は九分《くぶ》九厘《くりん》で輪止《りんど》まりとなる』神の経綸《しぐみ》が発動するのだ。

さて、紅様も落ちる所まで落ちた。もうとことんまで悪に落ちて、悪に染まりきって自分のやっていることは善だと、そこまで勘違いするほどに悪に落ちたからこそ、悪というものを心底まで学べたのだ。

善であるべき者は、ここから大峠を登って行く。『大峠《おおとうげ》』とは本来、善の身魂の者たちに向けて《登れ》とエールを送る言葉なのだ。逆に悪の身魂には、谷底に落ちる下り坂の大峠となる。一般的な大峠のイメージは世界が崩壊する、転げ落ちる方のイメージだろう。だが、大峠とは本来、登るからこそ《大峠》と言えるのだ。下《くだ》ったら前方に見えるのは《峠》ではなく《谷底》なのだ。

しかし、ここまで落ちると、何が善なのか、その基準すら判らないだろう。その上、自分は正しいと信じ込んでいるのだから、改心しろって誰に言ってるの？　って話だ。だから、そんな人間が筆先を読んでも、改心しようと思えるまで読み込もうとはしない。

おまけに紅様の周りは、悪神の眷属である大本の役員が取り巻いている。紅様の周りに居る者たちは、何が何でも紅様に改心させないように、善の神の関係の者たちを寄せ付けないことこそが、ミロクの世を迎えさせないことだと知っている。

それは、一般の善であるべき人々も同じ。善である者の周りには、悪の眷属が取り巻いている。

それは次の筆先からも判る。

大本神諭　三巻P八八　大正六年旧九月五日
日本《にほん》の国《くに》には、誠《まこと》の者《もの》が二分残《にぶのこ》る仕組《しぐみ》で在《あ》れど、

日本人でミロクの世へ行けるのは、十人のうち二人だけ。つまり、五人家族なら一人だけが善の者となる。残りの者たちは、たとえ日本に生まれた日本人だと主張しても、その正体は古い時代から現代にかけて、外国から渡ってきた悪神の眷属なのだ。なので、善の身魂の周りには、悪の身魂が取り巻くことになる。そのことは福音書にも書かれている。それを見てみよう。

マタイによる福音書　十章　平和《へいわ》ではなく分裂《ぶんれつ》
わたしが地上《ちじょう》に平和《へいわ》をもたらすために来《き》たと思《おも》ってはならない。わたしが来《き》たのは、平和《へいわ》ではなく剣《つるぎ》を投《とう》ずるためである。わたしが来《き》たのは、人《ひと》をその父《ちち》と、娘《むすめ》をその母《はは》と、嫁《よめ》をその姑《しゅうとめ》と対立《たいりつ》させるためである。自分《じぶん》の家《か》族《ぞく》の者《もの》が敵《てき》となる。わたしよりも父《ちち》や母《はは》を愛《あい》する者《もの》は、わたしにふさわしくない。わたしよりも息子《むすこ》や娘《むすめ》を愛《あい》する者《もの》は、わたしにふさわしくない。

筆先が解れば、イエスがこの言葉を語った背景が判るだろう。

神は、善の身魂を鍛えるために、そのように身魂を配置した。

シンデレラという物語が、何度も制作され上映される不朽の名作であるのは、それが真実の一端を伝えているからだ。この物語の内容が、『マタイによる福音書　十九章　離縁《りえん》と独身《どくしん》』の『人《ひと》は父母《ふぼ》を離《はな》れて自分《じぶん》の妻《つま》と結《むす》ばれ、二人《ふたり》は一《いっ》体《たい》となる』という言葉に繋がる。

シンデレラは、本当の親（善の霊魂）と別れ、他人（悪の身魂）と同居することになって、虐《いじ》められる。そうやって鍛え上げられて、『二人《ふたり》は一体《いったい》となる』という最終の目的が達成される。これは、前に語った『離縁《りえん》と独身《どくしん》』の解説とは少々違う話。その話よりもう一つ先の話となる。ここでの話の『二人《ふたり》』は、本霊と肉体霊の二人のことなのだ。このことについては後で語ろう。

シンデレラの物語は、たった一人の人間を鍛え上げるために家族総出で苛《いじ》め抜《ぬ》く、そして、最後に幸せになるのは、そのたった一人なのだと、このイエスの教えの真実を伝えていた。

しかし、イエスが『剣《つるぎ》を投《とう》ずるため』と言ったのは、殺し合えという意味ではない。また『対立《たいりつ》させるため』と言ったのは、悪に流されるなという意味だと理解してほしい。イエスにふさわしい生き方をするのなら、悪とは対立することになる。だが、その対立を目の前の人間に向けず、自分の心の中で神と向かい合って、事象に見せた裏に在る真理をしっかりと理解して学びなさいという意味なのだ。

筆先の理解を深めて真実を理解できてきても、周囲の人たちとは対立せず要領よく生きてほしい。その時が来るまでは、自分の思考と心をイエスや筆先の言葉と照らし合わせて、神の道を生きられるように鍛え上げてほしい。それは周囲に主張することではなく、自分の中で鍛え上げることなのだ。それがマタイによる福音書　六章の『施《ほどこ》し』や『天《てん》に宝《たから》を積《つ》む』に喩《たと》えで語られた『天《てん》に宝《たから》を積《つ》みなさい』の実際の意味なのだ。

あなたはまだ、学びの途中なのだ。そんな状態で真実を話すのも良いのだけれど、周囲と軋轢《あつれき》を生むほどに善を主張してはいけない。もし軋轢が生まれるのなら、あなたの学びはまだ半端な所に居るのだ。

紅様の本来の御用

話を日本に戻して、紅様には、本来どのような御用があるのか、それについて書かれた筆先を見よう。

大本神諭　五巻P一六〇～　明治三十六年旧正月三十日
於与岐《およぎ》は因縁《いんねん》の在《あ》る所《ところ》、清《きよ》らかな弥仙山《みせんざん》という結構《けっこう》な御山《おやま》の在《あ》る所《ところ》、御山《おやま》の頂上《おそら》に木花咲耶姫殿《このはなさくやひめどの》、中《なか》の御宮《おみや》が彦《ひこ》火々出見命殿《ほほでみのみことどの》、下《した》の御宮《おみや》が、三十八社《さんじゅうはちしゃ》なり、今度《こんど》は頂宮《おそら》の木花咲耶姫殿《このはなさくやひめどの》が、世《よ》に出《で》ておいでる神《かみ》サンと、世《よ》に落《お》ちて居《お》りた神《かみ》との和合《わごう》を為《さ》せる御役《おんやく》を、神界《しんかい》から仰《おお》せ付《つ》けが在《あ》りたのじゃぞよ。人間界《にんげんかい》では出来《でき》ん事《こと》ぞよ。

紅様の本霊の名は『木花咲耶姫殿《このはなさくやひめどの》』で、この神の御用は、『世《よ》に出《で》ておいでる神《かみ》サンと、世《よ》に落《お》ちて居《お》りた神《かみ》との和《わ》合《ごう》を為《さ》せる御役《おんやく》』なのだ。

筆先を分かりやすい言葉に変換すれば、『御山《おやま》の頂上《おそら》』は霊界で、『中《なか》の御宮《おみや》』は中界となる。紅様の肉体は地上に居る。だが、紅様の本霊の『木花咲耶姫殿《このはなさくやひめどの》』は霊界に居る。紅様の肉体霊が、本霊にまで磨ければ、霊界と中界の両方で活動できる準備が完了し、紅様の御用が本番となる。

『清《きよ》らかな弥仙山《みせんざん》』とは、善の霊が居る所。そこに居る霊（本霊）が、『世《よ》に落《お》ちて居《お》りた神《かみ》』だ。そして、『世《よ》に出《で》ておいでる神《かみ》サン』とは、地上で活動している我々のことだ。イエスが聖霊による洗礼を行い、地に居る身魂が磨けたら、紅様の本霊の『木花咲耶姫殿《このはなさくやひめどの》』が、善の霊魂（本霊）と地（中界）に居る肉体霊を『和合《わごう》を為《さ》せる』御用を行う。それ故、『人間界《にんげんかい》では出来《でき》ん事《こと》』なのだ。

これは『天《てん》の水《みづ》の（六《み》）の中《なか》から、《ほち》の一霊《いちれい》が地《ち》に下《くだ》りて』と、この『、《ほち》の一霊《いちれい》』が本霊で、その本霊を地に下ろして地で身魂が磨けた者と『和合《わごう》を為《さ》せる』のが『木花咲耶姫殿《このはなさくやひめどの》』なのだ。
そして最終的には、『木花咲耶姫殿《このはなさくやひめどの》』の名の通り、天国に《梅（出口直）の木の花を咲かせる》のが紅様なのだ。
紅様がその御用をするために必要な要件が次の筆先に書かれている。

大本神諭　四巻P二二九　明治四十三年旧四月十八日
末子《ばっし》の澄《すみ》どのも、二代《にだい》の御用《ごよう》が巡《まわ》りて来《き》て、禁闕要《きんかつかね》の大神《おおかみ》と成《な》りたら、今《いま》の如《よ》うな行状《おこない》は為《さ》せんぞよ。

『末子《ばっし》の澄《すみ》どの』が、『二代《にだい》（来世）の御用《ごよう》が巡《まわ》りて来《き》て、禁闕要《きんかつかね》の大神《おおかみ》と（和合して、一つ）と成《な》りたら』と、解釈すると分かりやすいだろう。

大本神諭　一巻P一九八　明治二十七年旧正月三日
本宮坪《ほんぐうつぼ》の内《うち》出口《でぐち》竹造《たけぞう》、お直《なお》の屋敷《やしき》には、金《きん》の茶釜《ちゃがま》と黄金《こがね》の玉《たま》が埋《い》けて在《あ》るぞよ。是《これ》を掘《ほ》り出《だ》して三千世界《さんぜんせかい》の宝《たから》といたすぞよ。黄金《こがね》の玉《たま》が光《ひか》り出《だ》したら、世界中《せかいじゅう》が日《ひ》の出《で》の守護《しゅご》となりて、神《かみ》の神力《しんりき》は何程《なにほど》でも出《で》るぞよ。開《あ》いた口《くち》が閉《すぼ》まらぬぞよ。牛《うし》の糞《くそ》が天下《てんか》を取《と》ると申《もう》すのは、今度《こんど》の事《こと》の譬《たとえ》であるぞよ。昔《むかし》から未《ま》だ斯《こ》の世《よ》が初《はじ》まりてから無《な》き、珍《めずら》しき事《こと》であるぞよ。
大地《だいち》の金神様《こんじんさま》を金勝金《きんかつかね》の神様《かみさま》と申《もう》すぞよ。今度《こんど》艮《うしとら》の金神《こんじん》が表《おもて》に成《な》るに付《つ》いて、此《こ》の神様《かみさま》を陸地《あ》表面《げ》へお上《あ》げ申《もう》して、結構《けっこう》に御祭《おまつ》り申《もう》さな斯《こ》の世《よ》は治《おさ》まらんぞよ。

『本宮坪《ほんぐうつぼ》の内出口竹造《うちでぐちたけぞう》、お直《なお》の屋敷《やしき》』とは、綾部の大本の在る所。前の筆先で、『金勝金《きんかつかね》の神様《かみさま》』と一つになるのは、紅様と判るので、この筆先では『金《きん》の茶釜《ちゃがま》』が紅様の肉体で、『黄金《こがね》の玉《たま》』が『金勝金《きんかつかね》の神様《かみさま》』となる。つまり、紅様の肉体に『金勝金《きんかつかね》の神様《かみさま》』が収まれば、『黄金《こがね》の玉《たま》が光《ひか》り出《だ》』することになる。

これを簡単に言ってしまえば、《紅様の心が、『金勝金《きんかつかね》の神様《かみさま》』の心と同じになったら》ということなのだ。

ところで、『金勝金《きんかつかね》の神様《かみさま》』は男の神である。だが今の大本は、『金勝金《きんかつかね》の神様《かみさま》』は女の神だと信者に教えている。それは、紅様が『金勝金《きんかつかね》の神様《かみさま》』だと思っているからだ。

まあ、これについては、私が紅様は澄子様の生まれ変わりだと教えたからだと思うが、大本の役員は、『末子《ばっし》の澄《すみ》どのも、二代《にだい》の御用《ごよう》が巡《めぐ》りて来《き》て、金闕要《きんかつかね》の大神《おおかみ》と成《な》りたら』という筆先の一文を見て、そんな話をするのだろう。大本の役員は、何だかんだと私の言うことを否定するくせに、紅様の権威が上がると思えば素直に飛びつく。しかし、残念ながら筆先の理解が浅すぎて、救いようのない間違いをして、恥を晒《さら》すことになる。

筆先の中間から後は、紅様の話から外れる。だが、紅様と心を一つにする『金勝金《きんかつかね》の神様《かみさま》』の話なので、こちらの解説もしておく。それでも無理矢理に紅様に絡《から》めれば、紅様の本霊の『木花咲耶姫殿《このはなさくやひめどの》』も『牛《うし》の糞《くそ》』扱いだったということになるのだろう。それは、『金勝金《きんかつかね》の神様《かみさま》』にも当て嵌《は》まる。

しかし、地上で『牛《うし》の糞《くそ》』と言われた者は、出口直なのだ。トコトンまで落とされ虐《しいた》げられ、『牛《うし》の糞《くそ》』のように野に捨てられて在ったのが、出口直なのだ。

なので、出口直を通して『金勝金《きんかつかね》の神様《かみさま》』の心を理解しよう。

この『牛《うし》の糞《くそ》』のことは、言葉を変えて福音書にも書かれている。

マタイによる福音書　二十一章　悪《わる》い小作人《こさくにん》の喩《たと》え

『家《いえ》を建《た》てる者《もの》たちが捨《す》てた石《いし》、これが隅《すみ》の親石《おやいし》となった。それは主《しゅ》の行《おこな》われたことで、われわれの目《め》には不思《ふし》議《ぎ》に見《み》える』

『捨《す》てた石《いし》』とは洗礼者ヨハネであり出口直だ。『家《いえ》を建《た》てる者《もの》たち』とは、神の教えを立てる者たちのことで、《教え》という人の心に建てる神殿のことだと思ってほしい。その教えを組み立てる者たちが『捨《す》てた石《いし》』が、碌《ろく》な話もできずに殺された洗礼者ヨハネであり、筆先の教えを《判らん》の一言で捨て置かれた出口直のことなのだ。この人々から捨てられた者が『親石《おやいし》となっ』て天国が造られる。『それは主《しゅ》の行《おこな》われたこと』で、これこそが神の経綸《しぐみ》だ。何故神がこんなことをするのか？『我々《われわれ》の目《め》には不思議《ふしぎ》に見《み》える』というのが、この福音の意味になる。

この『不思議《ふしぎ》』に対する答えを書こう。

神は、人間が自《みずか》ら真理を探求し学び取ることで、それをその人の成果として祝福するために、最初に全人類をつまずかせた。真理を自ら掴《つか》むことが、最後の審判で合格者を決定する方法なのだ。

それ故神は、善を行う者を惨《みじ》めに見せ、悪を行う者を豊かにさせ、人々が悪に向かうように仕向《しむ》けた。神自身がそれを行ったのだから、『つまずきが生《しょう》じるのを避《さ》けることはできない』のは当然なのだ。

つまり、出口直や『金勝金の神様《きんかつかねのかみさま》』は、唯一神からも『捨《す》てた石《いし》』扱い『牛《うし》の糞《くそ》』扱いで、数十万年も修行していた。それでも臍《へそ》を曲げず心を折らず、《梅の木の花を咲かせる》ための修行をして来ていたのだ。

神の善とは、絶対の善だ。それ故、善とは、皆さんの想像を遙かに超えた、非常に厳しいものとなる。それがどれほどに厳しいか、悪神やその眷属にチヤホヤされて、おべっかを使われて、のぼせ上がっている世間の教祖様や教主様では判らんのだ。彼らはそんなことはないと思っているのだろうけれど、筆先を理解もできずにのうのうと神を信じていると言っている時点で、それは証明されている。と、そんなことを言われても彼らは、その事実に気付きもせずに否定してしまうだろう。

人はこれから、改心というものが、どういうものなのかを心の底から学ぶことになる。だが、それについては後で話そう。

気が付けば脇に逸れている。今は紅様の話、戻そう。

大本の役員の勘違いは置いておくとしても、紅様にとって『金勝金の神様《きんかつかねのかみさま》』が、どのような存在かと言えば……、何でしょう？　うまい言葉が見当たらない。でも、意味は理解している。

『金勝金《きんかつかね》の神様《かみさま》』が切望する五六七《みろく》の世。その心を紅様の中に入れることが、『金《きん》の茶釜《ちゃがま》と黄金《こがね》の玉《たま》』の話。具体的には、紅様が『金勝金《きんかつかね》の神様《かみさま》』の心を理解して、その思いを自分の思いとすること。『金勝金《きんかつかね》の神様《かみさま》』が切望する五六七の世を望む思い。それが紅様の心と通じることで、五六七の世へのスイッチが入る。『金勝金《きんかつかね》の神様《かみさま》』と紅様が繋がることで、紅様を通してこの世界へ『神《かみ》の神力《しんりき》は何程《なにほど》でも出《で》る』ようになる。そうすることで、紅様の今までの苦労は一体何だったんだ？　と思うほどに世界は良き方へと激変して行くはずだった。


悪神の眷属である大本の役員たちからすれば、五六七の世へのスイッチが入ることだけは何としても阻止したいことなのだ。神にそれを実現されてしまえば、大本の役員が大本に居る価値がないのだ。大本の役員は、神に喧嘩を売ってでも自力で成果を上げたいのだ。世界は一歩も天国に近づいてはいないのに、自分の成果を会議で報告する。何を報告？　偉大なる日常業務を、だね。

大本の役員たちは、自覚しているわけではない。だが、紅様に無意味な仕事を押し付け、紅様の本来の目的を阻止することを結果的に成功させている。紅様は、役員のそんな無自覚な策略に気付くことなく、日々、『捻鉢巻《ねじはちま》き』で頑張っているのだ。

しかし、こんな話はやめよう。

では、頭を切り替えて。

紅様に関わる神の名がたくさん出てきたので、ここで、神の名について紅様を例にして説明していくことにしよう。

紅様に関連する神の名を出してみる。

伊都能売神諭　Ｐ一三　大正七年十二月二日（旧十月二十九日）
出口直《でぐちなお》の御魂《みたま》は木花咲耶姫殿《このはなさくやひめどの》の宿《やど》りた身魂《みたま》の三代直霊《さんだいなおひ》に憑《うつ》りて、直霊主尊《なおひぬしのみこと》となりて、

ということで、紅様に『出口直《でぐちなお》の御魂《みたま》』が憑いて『直霊主尊《なおひぬしのみこと》』となると、その心が『金勝金《きんかつかね》の神様《かみさま》』と同じになる。

これが紅様と『金勝金《きんかつかね》の神様《かみさま》』との関係だ。

また、それとは別に紅様（澄子）に関わる神の名がたくさんある。

本霊や肉体霊、そして魂にそれぞれに神の名がある、ということを不思議に思う人も居ると思う。

なので、ちょっと確認しておこう。

紅様の本霊の名は？『木花咲耶姫命《このはなさくやひめのみこと》』。

紅様の改心前の肉体霊の名は？　悪の守護神と一体となった『天之宇受売命殿《あめのうずめのみことどの》』。

紅様の魂の名は？『木花咲耶姫命《このはなさくやひめのみこと》』。

本来は『木花咲耶姫命《このはなさくやひめのみこと》』が魂の名で、一体であるが故に本霊も同じ名なのだと理解してほしい。

では、紅様の正当な守護神は誰だろうか？　それは、『若姫君命《わかひめぎみのみこと》』なのだ。

最後に、紅様に対して聖霊となる者は誰なのか？　実は、艮《うしとら》の金神《こんじん》なのだ。

何故、そういうことになるのか、そのことについては、次の項で話して行こう。

人間の構造　親子関係

一人の人間にどれほどの神やら霊やらが絡《から》まっているのか、そのことについて話そう。ただ、紅様と『金勝金《きんかつかね》の神《かみ》様《さま》』のように御用によって一つとなって働く場合は、親子の関係ばかりではないので注意しておく。

ここで語る親子関係は、この世界を基準にして考えるのではなく、ミロクの世の完成した姿から見ることで判って来る。

この人間の構造を、錦《にしき》の旗《はた》の経綸《しぐみ》で説明する。錦《にしき》の旗《はた》の経綸《しぐみ》とは経《たて》と緯《よこ》の経綸《しぐみ》のことで、これまでも何度か出しているのだが、まだ説明してない所もあるので、そのことについて話そう。

まずは、錦《にしき》の旗《はた》の経綸《しぐみ》について書かれた筆先から見よう。

大本神諭　一巻P一四七　大正三年旧七月十一日

この大本《おほもと》は、地《ち》からは変性男子《へんじょうなんし》と変性女子《へんじょうにょし》との二《ふた》つの身魂《みたま》を現《あら》わして、男子《なんし》には経糸《たていと》、女子《にょし》には緯糸《よこいと》の経綸《しぐみ》をさして、錦《にしき》の旗《はた》を織《お》らして在《あ》るから、織《お》り上《あ》がりたら立派《りっぱ》な紋様《もんよう》が出来《でき》て居《お》るぞよ。

『変性男子《へんじょうなんし》』が『経《たて》』、『変性女子《へんじょうにょし》』が『緯《よこ》』となる。

この『経糸《たていと》』と『緯糸《よこいと》の経綸《しぐみ》』は『織《お》り上《あ》がりたら立派《りっぱ》な紋様《もんよう》が出来《でき》て居《お》る』ということだ。

その『紋様《もんよう》』とは、ミロクの世の人々の配列で出来上がる。だからそれは、『紋様《もんよう》』と言っても一般に考えるような模様《もよう》のことではない。

そしてもう一つ、この錦《にしき》の旗《はた》の経綸《しぐみ》を親子関係として理解しよう。

前に説明した通り、人間には、肉体があり霊体があり魂《たましい》がある。その魂こそが命の本体だ。その魂が、蛇体の竜の姿だと話した。

この魂と霊体と肉体が親子関係の『経《たて》』の型であり、本霊と肉体と肉体霊がもう一つの親子関係の『経《たて》』の型なのだ。ただ、これらは、子宮の中の特殊な状態の時の、便宜的に見せた《型》であって、本当の親子関係を表しているわけではない。しかしこれが、ミロクの世では、至ってシンプルな『経《たて》』の親子になる。その親子の関係は、五の神界、六の神界、七の神界と、『経《たて》』に繋がる親子なのだ。

次は、『緯《よこ》』方向の親子関係を語った筆先を出そう。ただし、まずは悪《あく》の方の親子についてだ。

大本神諭　三巻P五五　明治三十三年旧二月三日
変性男子《へんじょうなんし》、変性女子《へんじょうにょし》の因縁《いんねん》を、ボツボツ判《わ》けて見《み》せたら、神憑《かんがかり》も上田《うえだ》の皆《みな》、子《こ》で無《な》いか、親《おや》の名《な》が汚《けが》れるぞよ。
モチト児《こ》に良《よ》い児《こ》が無《な》いと、化《ば》ケ物《もの》が現《あら》われたなれば、親《おや》に対面出来《たいめんでき》んような事《こと》が出来《でき》ると気《き》の毒《どく》なから、今《いま》の内《うち》にモ一《ひと》つ改心《かいしん》いたし、骨《ほね》を折《お》らんと、大望《たいもう》はじまりたら、此《こ》の広前《ひろま》は病気平癒《やまいなおし》の教会《きょうかい》で無《な》いぞよ。

まず、『上田《うえだ》』だが、これは王仁三郎だ。出口王仁三郎の旧姓が『上田《うえだ》』なのだ。

では、解説を始めよう。この筆先に、『神憑《かんがかり》も上田《うえだ》の皆《みな》、子《こ》で無《な》いか』と書かれているのは、悪い方の『子《こ》』だ。ただ、この『子《こ》』は、『子《こ》』と言うよりも《子分《こぶん》》と表現した方が正しい。神は、『神憑《かんがかり》』をして『上田《うえだ》』に集まって来る霊を『子《こ》』と表現した。

これもまた面白い話で、王仁三郎は、『神憑《かんがかり》』をして立派な神霊《しんれい》が降りて来たと信じている。だが、神はそれを王仁三郎の『子《こ》』なのだと言う。こういった神と人間の認識のズレが致命的な間違いを生み出す元になる。

ま、それは置いといて。

『今《いま》の内《うち》にモ一《ひと》つ改心《かいしん》いたし』、と神が言うのは、改心して身魂を磨いて心の汚れを取らなければ、汚れた心相応《そうおう》の神霊《しんれい》が来てしまうからだ。王仁三郎は、身魂を磨くことを怠《おこた》ったまま『神憑《かんがかり》』をして汚れた霊の子分を集めていた。そんな子分を集めて王仁三郎は喜んでいたのだが、そんなことをしていては、王仁三郎自身が『親《おや》に対面出《たいめんで》来《き》んような事《こと》が出来《でき》る』ということになる。《汚れた心には汚れた心相応の神霊《しんれい》が来てしまう》ということが理解できれば、人間はまず身魂を磨かなければ良いことは何もできないと判るはずだ。

この筆先は、悪い方の『子《こ》』について語っている。そして、これが『神憑《かんがかり》』を行っていた王仁三郎に対する神の評価なのだ。

だが、善《ぜん》の方の『子《こ》』を集めるのが王仁三郎の本来《ほんらい》の御用なのだ。そして、これこそが『変性女子《へんじょうにょし》』の『緯《よこ》』の御用なのである。そうして集められた『子《こ》』こそが『緯《よこ》』の親子関係になる。それを具体的に言えば、王仁三郎と同じ霊魂のイエスが外国で集めた十二人の弟子たちが、王仁三郎の子に当たるのだ。

ここまで説明したので、具体的に図にしてみよう。二四〇ページを見よう。

［図三　人間の構造］に描いた図は、［図一　ミロクの世の世界の姿］の一部分を抜き出して拡大したものだ。そして、五、六、七の世界にそれぞれ、三人世の元である《一の主》、《日本》、《外国》を担当する神が居る。七の世界で言えば、『日《ひ》の出《で》の神《かみ》』『木花咲耶姫命《このはなさくやひめのみこと》』『彦火々出見命《ひこほほでみのみこと》』が居る。また、外国から繋がる国主は十二人居るのだが、図はそのうちの一つを拾い出したもので、ホンの一部分を示している。

では、［図三］の解説をしよう。

経《たて》の親子は、五六七の、世界を跨《また》ぐ親子。これは、同じ役割が与えられた親子という関係だ。

緯《よこ》の親子は、師弟という関係で、向かい合って右腕に当たる（外国）と（国主）の関係は、イエスと十二人の使徒の親子になる。そして、（国主）と（民）との関係は、教祖と信者という親子なのだ。

これがミロクの世での完成された経《たて》と緯《よこ》の親子の配置で、この全体図が錦の機で織り上がった文様《もんよう》となる。

この経《たて》の親子を見れば、次の筆先が判る。

大本神諭　四巻P六五　明治三十五年旧七月十六日
世界《せかい》の人民《じんみん》には、一人《いちにん》に守護神《しゅごじん》が一人《いちにん》付《つ》けてあると申《もう》して、筆先《ふでさき》に出《だ》してあろうがナ。

［図三］を見れば、この筆先が、言葉通りだと判る。しかし、『守護神《しゅごじん》』が、地に生きる人間の魂の生みの親かと言えば、それは違う。そのことについては後で話そう。

人間として地上に現れたり消えたりする我々のような存在は、ミロクの世では［七の世界］に行く。

図三　人間の構造　ミロクの世バージョン

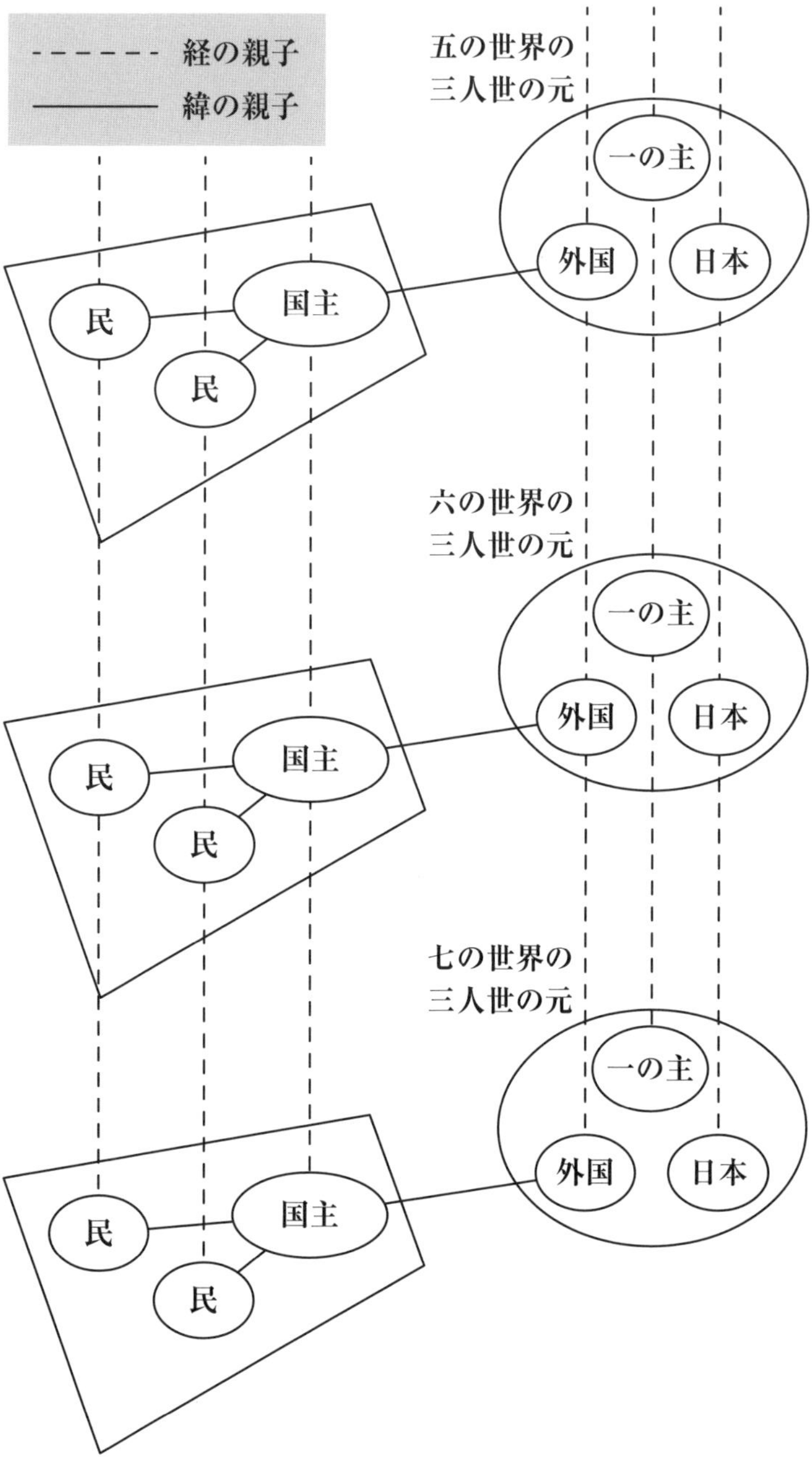

この宇宙の中で我々の守護神になっていた存在は、ミロクの世では、［五の世界］の住人となる。

［図三］を見れば、直上の［六の世界］の住人が『守護神《しゅごじん》』ではないのか？　というのが一般的な認識だと思うが、これが経綸なのだ。

では［六の世界］の住人とは、何者なのか？

実は、［六の世界］の住人が、聖書で言う所の聖霊《せいれい》なのだ。

これらのことについては、次の項で詳しく話そう。

繰り返される世界

まずは、神界の神が、この宇宙にどのような流れで出入りしているのか、その最終的な循環のモデルが出来上がるまでの途中経過から書いてみよう。これを読めば、不親切な筆先にどれほどの探究心が必要か分かってくれるだろうか。

では、進めてみよう。


この宇宙は、神が子を生む場として、これまで何度も利用されてきた。

これまでも、またこれからも、何度も何度も膨張と収縮は繰り返される。

善の神は、この宇宙に子を生むために入ってくる。

生まれては七の世界、下が生まれると次は六の世界、また下が生まれるとその次は五の世界へと、単純に繰り上がっていく仕組みだとすると、善の神の方はこの世界を三回経験して永遠の天国に住むことになる。

だが、悪神の方は土に埋められて復活と、交代する仕組みがない。なので、この世界を何度も繰り返して多くの経験を積み重《かさ》ねて行けば、悪神たちはいずれ百戦錬磨となっていくだろう。もしかすれば、もう既に百戦錬磨となっている可能性もあるのだ。

つまり、この経綸では、さすがの善の神と言えども、何時《いつ》かは悪神に負けてしまう時が来るのではないかと予想される。と、そこまで考えが至《いた》って、三人世の元の配置を見詰《みつ》めてみれば、善の神の奥深い経綸が見えてきた。

そうやって、神界と子宮の中を含む全体のモデルを考えてみたのだ。

そこで出て来たのが、悪神に負けないように、善の神にも百戦錬磨の神たちが居て、それが撞の大神様と国常立尊（艮の金神）と豊国主尊（坤の金神）と、それに連なる眷属たちなのだろうと考えた。

これら百戦錬磨の神たちが聖霊と呼ばれる存在なのだと思ったのだ。

彼らは子を生む御用の神たちで、《その役割に順じる神たち》なのだと思ってその考えを進めてみたのだ。


まずは、［図一　ミロクの世の世界の姿］を見直してみよう。

この図を見て、違和感を感じるのは、三人世の元の組み合わせだ。

天地創造を読めば、撞の大神様とセットになる神は、国常立尊（艮の金神）と豊国主尊（坤の金神）なのだ。なのにこの三人は五と六の世界に分かれている。

そこで、そこには何か秘密があるのではないかと考えた。

そうして思い至ったのは、《神は役割に順じる》ということだった。

撞の大神様と国常立尊と豊国主尊は、子を生みその子が神として生きられるように、自らの足で歩けるようになるまで育てる御用なのだ。これがこの三神の役割だった。


そこまで理解したところで、二四五ページの［図四　繰り返される世界で三人世の元の経綸］を見てみよう。

この三神を［動かない神］として描いた。

まず、この〔図四〕を読み解くための前提事項を話そう。

この図は、ミロクの世の三界の三人世の元のみを抜き出している。

図の上側は、今回行くミロクの世の三人世の元の配置になる。それが再びこの宇宙の中に入って子が生まれて、次に子宮から出る時には、図の下側の配置となる。

本来、神の名は、御用が名になっている。なので、魂が繰り上がっても、御用は繰り上がらないので名は動かない。

しかし、この図では、魂の繰り上がりを明確にするために御用の名も魂に連れて繰り上げている。そのことを承知して図を見てほしい。

丸と四角で囲った〔動かない神〕は、撞の大神様と国常立尊と豊国主尊だ。この三柱の神が、三人世の元を生んだ神だ。

この三柱の神は、前回、禁闕要乃大神様、五六七の神、若姫君命を生み、今回は、日の出の神、彦火々出見命、木花咲耶姫命を生んだ。


撞の大神様と国常立尊と豊国主尊の三柱の三人世の元は、この宇宙を担当する神様だ。この神々とその眷属神は、子宮の中で、神を生む御用の神。この神たちは、神界と子宮の中を何度も行ったり来たりする悪神なんぞには決して負けない百戦錬磨の神たちなのだ。


と、ここまで書いてはきたが、最初に理解しておきたいことがある。

まずは、誰が誰を生んだのか？　ということについてだ。

図四　繰り返される世界で三人世の元の経綸

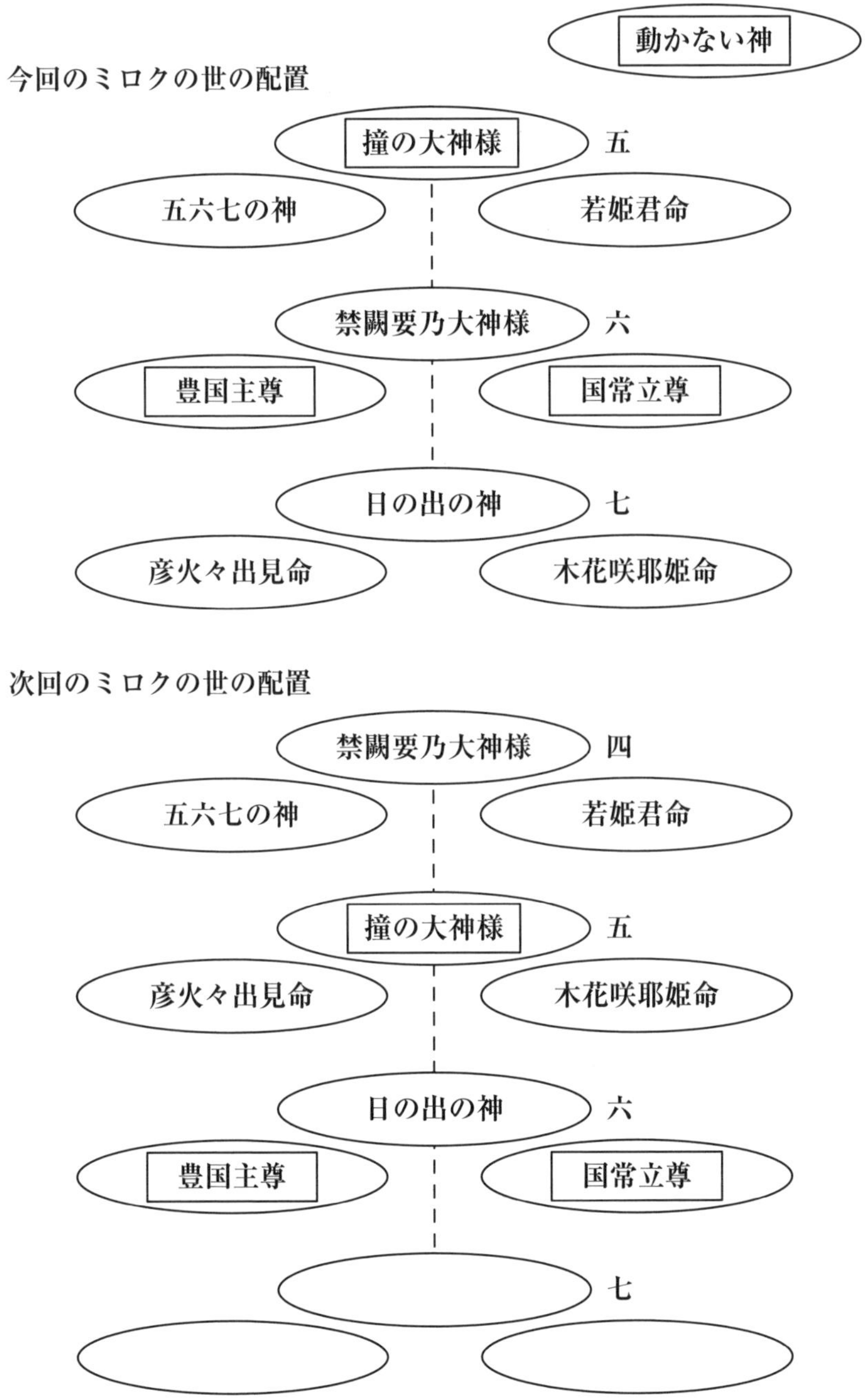

大本神諭　六巻Ｐ一九〇〜　大正五年旧十月二日
茲《ここ》までの事《こと》より出来《でき》ん身魂《みたま》を、ミロク様《さま》が世《よ》の根本《こんぽん》からこしらえて御居《おい》でて、善《ぜん》の身魂《みたま》と悪《あく》の身魂《みたま》とが拵《こしら》えて在《あ》りて、

この子宮の中の世界は、すべて『ミロク様《さま》（撞の大神様）』が造っていた。『善《ぜん》の身魂《みたま》』は無論のこと、『悪《あく》の身魂《みたま》』も『ミロク様《さま》』が『拵《こしら》えて』いた。

冒頭の『茲《ここ》までの事《こと》より出来《でき》ん身魂《みたま》を』という意味は、魂は、生まれる時には既に役割が決められているということなのだ。と言うよりも、その役割のためにその魂は生まれて来たと言うのが正しい。

悪神である『伊邪那岐之尊様《いざなぎのみことさま》』も、その役割を果たすために『ミロク様《さま》』が生んでいた。

このことが解ると、話は逸《そ》れるが、次の筆先の意味が解る。

大本神諭　三巻Ｐ三八　明治三十二年旧六月十日
八人《はちにん》は産《う》みの御児《おんこ》なり、総生《そうう》みの児《こ》より結構《けっこう》じゃぞよ。

『総生《そうう》みの児《こ》』とは善も悪も生んだ『ミロク様《さま》』だ。『八人《はちにん》』は『善《ぜん》』のみを『産《う》』んだ『御児《おんこ》』ということだ。それ故『総生《そうう》みの児《こ》より結構《けっこう》じゃ』ということになる。

そして、また話は逸れるのだが、ミロク様を『総生《そう》みの児《こ》』と表現しているということは、唯一神であるミロク様も、誰かの『児《こ》』であるということだ。しかし、ここでこの話を広げるのはやめよう。これは、もう少し理解が進んだところで話すことにしよう。

ところで、ミロク様は『総生《そう》みの児《こ》』なのだが、ミロク様は何処までの神を生んだのか？少なくとも国常立尊と豊国主尊も子を生んでいる。また、『八人《はちにん》』も子を生んでいると書かれているのだから、ミロク様がすべての子を生んでいるわけではないと判る。そこで、ミロク様とそれ以外の神の、子の生み分けについて説明する。

筆先に、『ミロク様《さま》が世《よ》の根本《こんぽん》からこしらえて御居《おい》でて』と書かれているように、ミロク様はこの宇宙にあるすべての《ベースとなる神》を生んだ。このベースとなる神が、我々の魂を生んでいた。

ベースとなる神が我々の魂の親で、聖書で言うところの聖霊という存在なのだ。

言い換えれば、ミロク様が聖霊を生み、聖霊が我々の魂を生んだということだ。

その聖霊が、今回は我々の魂を生み、前回は守護神と言われる我々の兄姉の魂を生んだ。

この聖霊が、そうやって神界に新たな神界を造る神を生む神である故に、《ベースとなる神》と表現したのだ。

ミロク様が、すべての聖霊を生み、その聖霊が我々を生んだ。

一柱の聖霊が、一柱の子を生む。その子が、善の神の子たちだ。

すべての神にとっての唯一神はミロク様だ。しかし、我々には、自分の唯一の生みの親となる神も居る。それが、〔図三　人間の構造　ミロクの世バージョン〕の経《たて》の親子なのだ。

つまり、善の神については、〔図三　人間の構造　ミロクの世バージョン〕を見れば、生みの親子関係は一目瞭然となるのだ。

と、ここまで話して来たが、善の神のこの宇宙への入出《にゅうしゅつ》の流れは、まだ正解に辿り着けてはいない。しかし、この話はここまでにしよう。だが、善の神の経《たて》の親子についての認識は、これで間違いはないのだ。

次は、悪神について書いてみよう。

悪神の親子関係

悪神の方は、『伊邪那岐之尊様《いざなぎのみことさま》』が筆頭で、この神がたくさんの悪神を生んでいる。

次の筆先を読めば『伊邪那岐之尊様《いざなぎのみことさま》』が『素盞嗚之命《すさのおのみこと》』を生んだと書かれている。

伊都能売神諭　P一九四　大正八年二月二十日（旧一月二十日）

天《てん》に坐《ま》します日《ひ》の大神《おおかみ》伊邪那岐之尊様《いざなぎのみことさま》が九天《つくし》の日向《ひむか》のアオウエイ《たちはなの》五大母音《おど》のカサタナハマヤラワ《あはぎがはら》で禊身《みそぎ》し給《たま》い、祓戸《はらいど》四《よ》柱《はしら》の神様《かみさま》を生《う》み遊《あそ》ばし、最後《さいご》に右《みぎ》の御眼《おんめ》を洗《あら》いて月球《げっきゅう》を造《つく》り、左《ひだり》の御眼《おんめ》を洗《あら》いて日球《にっきゅう》を造《つく》り、御鼻《おんはな》を洗《あら》い給《たま》いて素盞嗚之命《すさのおのみこと》を生《う》み遊《あそ》ばし、しかし、悪神の方の『天照大御神様《あまてらすおおみかみさま》』を『素盞嗚之命《すさのおのみこと》』の姉神と言いながら、『伊邪那岐之尊様《いざなぎのみことさま》』が『天照大御《あまてらすおおみ》神様《かみさま》』を生んだとは一言も書かれていないのは何故か？

それは、今回ではなく、遙か昔に生まれていたからだ。そして多分、『天照大御神様《あまてらすおおみかみさま》』は、『伊邪那岐之尊様《いざなぎのみことさま》』が生んだのではなく、『伊邪那岐之尊様《いざなぎのみことさま》』の子として、右腕の役割となるようにと、ミロク様が生んだのだと思う。

この世界は、神生みのために何度も繰り返されている。その繰り返しの度に、その役割の神を生んでいたとすれば、この宇宙に前回と同じ役割の神が居ることになる。しかし、その役割を行うのは一柱のみ。では、前回生まれたはずの『素盞嗚之命《すさのおのみこと》』の役をやった神は何処へ行ったのだろうか？

そのことを考えると、そんな役割の神は、使い捨てられているのではないかと思うのだ。

悪神の方の『天照大御神様《あまてらすおおみかみさま》』の役割を考えると、『天照大御神様《あまてらすおおみかみさま》』は、『伊邪那岐之尊様《いざなぎのみことさま》』の右腕として、『伊邪那《いざな》岐之尊様《ぎのみことさま》』を補佐して、『素盞嗚之命《すさのおのみこと》』を裏に表に導《みちび》いて、と言うより誘導《ゆうどう》してたのだろう。それ故、『天照大御神《あまてらすおおみかみ》様《さま》』が使い捨てでは、『伊邪那岐之尊様《いざなぎのみことさま》』も困るのだ。

つまり、悪神の方で、『生《う》み遊《あそ》ばし』のように、《生まれた》と書かれている神は、一回限りで使い捨てられる神ということになる。このことについては、また後で語ることになるだろう。

次に進もうと思ったのだが、その前に、まだ全体の仕組みもさっぱり分かっていなかった頃の、神々の個別の関係性を検討する取っ掛かりとして、まず神の親と子が誰と誰なのかを明確にしようと考えていた時の、私の失敗について書いておこう。これは、筆先の解読についても『つまずきが生《しょう》じるのを避《さ》けることはできない』という話なのだ。

伊都能売神諭　P一九六　大正八年二月二十日（旧一月二十日）
天上《てんじょう》に坐《ま》します天照大御神様《あまてらすおおみかみさま》　～略～　弟《おとうと》神素盞嗚尊《かむすさのおのみこと》　～略～
御両神様《ごりょうしんさま》の御魂《おんたま》から五男三女《ごなんさんじょ》の八柱《やはしら》の神《かみ》がお生《う》まれ遊《あそ》ばしたのであるが、

この『五男三女《ごなんさんじょ》の八柱《やはしら》の神《かみ》』は、悪神の方の『八柱《やはしら》の神《かみ》』なのだ。
これと似たような感じで、善の神の『八柱《やはしら》の神《かみ》』について書かれている筆先を見よう。

伊都能売神諭　P一九七　大正八年二月二十日（旧一月二十日）
若姫君尊《わかひめぎみのみこと》は三男五女《さんなんごじょしん》神の八柱神《やはしらかみ》を養育《よういく》して、立派《りっぱ》に神代《かみよ》の政治《せいじ》を遊《あそ》ばしておりた処《ところ》へ、

善の神の方は、『三男五女神《さんなんごじょしん》の八柱神《やはしらかみ》』だ。

出生について記述のない善の神の『八柱神《やはしらかみ》』が誰から生まれたのかと考えた時、悪神の方の『八柱《やはしら》の神《かみ》』の親を参考にして、善の方の『八柱神《やはしらかみ》』の親は、国常立尊と豊国主尊ではないかと考えたのだ。

悪神のトップ、セカンド、サードは、『伊邪那岐之尊様《いざなぎのみことさま》』、『天照大御神様《あましらすおおみかみさま》』、『素盞嗚之命《すさのおのみこと》』だ。

悪神の方の『八柱の神《やはしらのかみ》』を生んだのは、セカンドとサード。なら、善の神のトップ、セカンド、サードは、撞の大神様、国常立尊、豊国主尊なのだから、『八柱神《やはしらかみ》』の生みの親は、国常立尊と豊国主尊だろうと推測した。分かりやすいところでこのように考えたのだ。

だがやはり、この流れでは微妙な矛盾が浮き上がり、やがて無視できない解消不能な矛盾となって表れ出る。


悪神を参考にすれば、悪が混じる。筆先の内容にもこの法則は適用されていた。

この悪神を参考にして思い込んでしまった状態から抜け出すのに数カ月を要してしまった。ふと、そうだと思い込んでしまうと大変なことになる。

前に説明した通り、善の神の子は、一人の親に一人の子の、一対一の対応だ。

父の無いマリアの子はイエスのみ。その意味は、神は一柱で一人の子を生むということだ。それをマリアとイエスは示していた。その後に悪が混じって、イエスの弟妹《ていまい》が産まれていたのだ。

悪が、善に寄《よ》って集《たか》って、善の教えの邪魔をする。しかし、善の神の教えに矛盾は無い。

善の神は、一度にたくさんの子を生みはしないのだ。


悪神の方は、『伊都能売神諭　P一九四』を読めば、『伊邪那岐之尊様《いざなぎのみことさま》』は、一度に『祓戸四柱の神様《はらいどよはしらのかみさま》を生み《う》』、『素盞嗚之命《すさのおのみこと》』も生んでいる。

神が、《子を生む》という行いは、文字通り《我が身を分ける》ということなのだ。

たくさんの子を生むということは、親から子に割り振られた中身は少ないと判るだろう。

このことを理解した上で、善の神の子生みの筆先を見てみよう。

大本神諭　四巻P八七　明治四十一年旧六月十三日
艮《うしとら》之《の》金神《こんじん》国常立尊《くにとこたちのみこと》の御霊《みたま》が、半分《はんぶん》の御霊《みたま》を女《おんな》に変化《へんげ》て、世《よ》の元《もと》から地《ち》の底《そこ》へ落《お》とされて、神《かみ》の世一代苦労致《よいちだいくろういた》し、くやし残念《ざんねん》を耐忍《こば》りて来《き》た変性男子《へんじょうなんし》の身魂《みたま》が、現《あら》われる時節《じせつ》がまいりて来《き》たのであるから、

善の神は、本当の意味で正直で、我が子に対しても対等であるが故に、自分の『御霊《みたま》』を『半分《はんぶん》』に分けて子を生んでいる。

善の神は一子相伝《いっしそうでん》、実際には一子総伝《いっしそうでん》で、一人の子に己のすべてを半分にして分け与える。

それ故、善の神の教えは劣化することなく、子に伝えられる。

それ故に、善の神は、一度に生める子は、一人だけとなるのだ。

この法則は、善の神すべてに適用される。善の神の教えは一事《いちじ》が万事《ばんじ》に通じるが故に、『国常立尊《くにとこたちのみこと》』の子生みを例にして、すべての善の神の子生みについて語っていたのだ。それ故、国常立尊《くにとこたちのみこと》の子生みは筆先の中で何度も何度も語られていたのだ。

唯一神の教えは、一つの事実を知れば全体が解る。それが、神の法というものなのだ。

悪神の子生みというものがどういうものなのか、善の神の子生みと比較して思うことがあるだろう。悪神の子生みは、

外見ばかり立派に見せても中身はスカスカ、そんな子生みなのだ。それ故に、悪神の子生みには、未来へと繋がるものが無いのだ。

悪神の方には、主要な神以外、御用というものはない。悪神には、善の神の聖霊や守護神という自分の立場を明確にするものも無く、下々の眷属たちには然《さ》したる御用もないのだ。なので、気の合う人間の所に行ってその人間を思うように操っているのが悪の守護神なのだ。人間の方はそんな守護神が付いていることを喜んでいたりするのだが、実態はそういうもので、気が合っているからこそ喜んで居られるというものなのだ。

なので、悪神の話はこれで終わりにしよう。

神の出自

神の出自《しゅつじ》について、その根拠を筆先から出していこう。

でもその前に、人間が神の子であると書かれている筆先を出そう。

伊都能売神諭　Ｐ四五　大正七年十二月二十二日（旧十一月二十日）
日本《にほん》の人民《じんみん》は天《てん》の大神様《おおかみさま》の分霊《わけみたま》なり、肉体《にくたい》は国常立之尊《くにとこたちのみこと》の守護《しゅご》であるから、人民《じんみん》は神《かみ》と同《おな》じことであるぞよ。

人間は神である。なんて、このことを受け入れられる人間は少ないだろう。

だが、この筆先を読めば、『日本《にほん》の人民《じんみん》は天《てん》の大神様《おおかみさま》の』子孫であることに間違いはないということだ。

我々が、撞の大神様の子孫といえども、撞の大神様は遙かに遠い存在に思えるのかもしれない。

だが実際には、名目上は聖霊を挟《はさ》んで孫という関係だ。肉体ではなく魂で見れば、撞の大神様は、我々のおじいちゃんに当たる存在なのだ。

また、『肉体《にくたい》は国常立之尊《くにとこたちのみこと》の守護《しゅご》である』とは、人間の物質である肉体を造ったのが『国常立之尊《くにとこたちのみこと》』で、地の世界を裏から守護していたということも表している。

このことについては、次の筆先を出そう。

伊都能売神諭　P二〇一　大正八年二月二十日（旧一月二十日）
今《いま》は暗《くら》がりでも人民《じんみん》が安々《やすやす》とできるように世《よ》が開《ひら》けて、人民《じんみん》が腹《はら》に児《こ》を孕《はら》むように容易《たやす》いことになりておれども、矢張《やは》り艮坤《こんじん》の両神《りょうしん》が守護《しゅご》いたさぬことには、猫《ねこ》の子一疋《こいっぴき》産むということはできぬのであれども、今《いま》の人民《じんみん》は男《おとこ》と女《おんな》と寄《よ》りさえすればいつでも勝手《かって》に児《こ》が生まれるように取《と》り違《ちが》いを致《いた》しておるから、

この筆先に書かれた内容を信じられるのなら、神は人の世にこれほどに構《かま》っているということなのだ。

次は、筆先のメインキャストである艮の金神、坤の金神の出自を見ていこう。
艮の金神＝『国常立尊《くにとこたちのみこと》』のことは、次の筆先に書かれている。

大本神諭　四巻P四六　大正四年旧六月八日
大神様《おおかみさま》の直々《じきじき》の御霊統《おちすじ》の国常立尊《くにとこたちのみこと》の御霊《みたま》が、

この『大神様《おおかみさま》』とは撞の大神様のことで、『直々《じきじき》』とは直接の子であると、この筆先を素直に読めば、そんな解釈もできる。でも、この筆先で国常立尊《くにとこたちのみこと》（艮の金神）が本当に言いたかったことは、生まれのことではなく《撞の大神様の教えの正当な継承者》という意味での霊統《れいとう》なのだ。一番最初の撞の大神様は、間違いなく国常立尊《くにとこたちのみこと》の役割をする魂を生んでいる。だが、それ以降に国常立尊《くにとこたちのみこと》を生んでいたのは、聖霊なのだ。

そして、この流れは、坤の金神にも当てはまるし、すべての善の神々にも当てはまる。

［図一　ミロクの世の世界の姿］の中に［図三　人間の構造］の関係がすべてにあると知れば、善の神の出自はすべて判ってしまう。

だがこれは、答えを分かっているからこそ簡単に判ることで、そこに辿り着くまでには、様々な筆先から神の出自の根拠を探し検討していたのだ。それ故、そこに辿り着くまでに検討していた内容をここで開示しておく。

ということで、次は坤の金神の出自なのだが、直接的に書かれておらず非常に判りにくい。それでも、無理矢理にでもそれらしい筆先を出してみよう。

大本神諭　一巻P一四八　大正三年旧七月十一日
変性女子《へんじょうにょし》の霊魂《みたま》は月《つき》の大神《おおかみ》であるから、水《みず》の守護《しゅご》であるから、きたないものが参《まい》りたら直《す》ぐに濁《にご》るから、訳《わけ》の判《わか》らぬ身魂《みたま》の雲《くも》りた守護神《しゅごじん》は傍《そば》へは寄《よ》せんように、役員《やくいん》が気《き》を付《つ》けて下《くだ》されよ。昔《むかし》から、今度《こんど》の世《よ》の立替《たてか》えの御用《ごよう》致《いた》さす為《ため》に、坤《ひつじさる》に落《お》としてありた霊魂《みたま》であるぞよ。
『坤《ひつじさる》に落《お》としてありた霊魂《みたま》である』とは、坤の金神のことだ。
変性女子《へんじょうにょし》は、これまで王仁三郎としていたが、ここでは坤の金神になる。王仁三郎の霊魂は、坤《ひつじさる》に落《お》とされてはいない。しかし、『役員《やくいん》が気《き》を付《つ》けて下《くだ》されよ』と、役員にお願いしているその対象は、王仁三郎だ。つまり、この筆先の内容はごちゃ混ぜだ。

このごちゃ混ぜが判ると、その繋がりが見える。
それを簡単に説明すると、『変性女子《へんじょうにょし》』の《肉体＝身》は王仁三郎、《霊《れい》》は坤の金神、《魂《たましい》》は撞の大神様となる。身魂《みたま》と御霊《みたま》と御魂《みたま》、ここで表現している《身》と《霊》と《魂》は、霊統として語っている。だから、肉体である王仁三郎の霊が坤の金神で、魂が撞の大神様、というわけではない。王仁三郎の魂の名は『彦火々出見命《ひこほほでみのみこと》』なのだ。なので、王仁三郎の魂の中には、親の因子が有り、祖の因子も有るという霊統を示していると理解しよう。『変性女子《へんじょうにょし》の霊魂《みたま》は月《つき》の大神《おおかみ》である』と、これを素直に読めば、『月《つき》の大神《おおかみ》』も『変性女子《へんじょうにょし》』のカテゴリーに入ってしまう。この解釈も間違いではないが、そこにはいろいろと引っ掛けもあるのだ。

そして、出口直の出自については次の筆先だ。

伊都能売神諭　Ｐ二六六　大正八年四月二十三日
日本《にほん》は結構《けっこう》な神国《しんこく》であり、天子《てんし》は天照皇大神様《あまてらすおおかみさま》の直系《じきじき》の生神様《いきがみさま》であるから、

この筆先で、『天子《てんし》』とは誰なのか、また『天照皇大神様《あまてらすおおかみさま》』を誰だと思うのかで答えは全く変わってしまうだろう。
そこで少々脇道に逸《そ》れる。筆先が降ろされた当時の日本は、天皇を現人神とする軍事国家的体制だった。当時の認識で筆先を読めば、『天照皇大神様《あまてらすおおかみさま》』は伊勢神宮の天皇家を守護する神、『天子《てんし》』とは天皇の霊統となる。だが、その解釈は違うのだ。

神は、人間が勘違《かんちが》いするように態《わざ》とそのように書いていた。この筆先を書かせた神が本当に伝えたかったことは、『天照皇大神様《あまてらすおおおかみさま》』は撞の大神様で、『天子《てんし》』とは出口直なのだ。出口直こそが、真の皇祖皇統なのだ。それは、ここまで筆先の解説を読んで来たなら判るだろう。

ところで『天照皇大神様《あまてらすおおおかみさま》』と言えば、伊勢神宮の天照大御神《あまてらすおおみかみ》は、男神だったのが、女神になったという話があった。その話は、筆先の天地創造にある通り、撞の大神様から『姉神《あねがみ》の天照皇太神宮《てんしょうこうだいじんぐう》』に『天上《てんじょう》の御主宰《おんつかさ》』が交代したということを表していたのだ。

主要な神の出自については、このくらいにしておこう。大本の役員たちは、何よりも王仁三郎の言ったことを信じているので、筆先を読み解く努力は微々たるもので、出自についても未だに筆先と違う解釈をしている。しかし、筆先にも一筋縄ではいかないものも多い。それを感じさせる筆先を出そう。

伊都能売神諭　P二六三〜　大正八年四月十三日

若日女君命《わかひめぎみのみこと》は昔《むかし》の神代《かみよ》に天《てん》の規則《きそく》が破《やぶ》れた折《おり》、イとロの機《はた》の経綸《しぐみ》の最中《さいちゅう》に素盞嗚命《すさのおのみこと》の天班駒《あめのふちこま》のためにお国替《くにが》え遊《あそ》ばして地《ち》の底《そこ》へ埋《うず》もりておられたなれど、二度目《にどめ》の天《あま》の岩戸《いわと》が開《ひら》く時節《じせつ》が参《まい》りて来《き》て、我子《わがこ》の禁闕要《きんかつかね》の大神《おおかみ》に地《ち》の主宰権《しゅさいけん》を譲《ゆず》りて、今度《こんど》は天《てん》へ還《かえ》りて、五六七《みろく》の大神様《おおかみさま》と力《ちから》を協《あわ》せ心《こころ》を一《ひと》つにして天《てん》のご守護《しゅご》を遊《あそ》ばすなり、地《ち》の神界《しんかい》は国常立尊《くにとこたちのみこと》豊雲野尊《とよくもぬのみこと》が左右《さゆう》のお脇立《わきだち》となりて地《ち》の上《うえ》に高天原《たかあまはら》を建《た》て、三千世界《さんぜんせかい》を守護遊《しゅごあそ》ばして、天津《あまつ》日継《ひつぎ》の御尾前《おんみまえ》を幸《さちは》え助《たす》け、心安《うらやす》の元《もと》の神代《かみよ》に捻《ね》じ直《なお》し給《たま》うぞ尊《とうと》き金勝要《きんかつかね》の大神《おおかみ》の純《すみ》きりいます梅《うめ》と松《まつ》との世界《せかい》の神《かみ》の大本《おほもと》ぞ。

少々長い参照だが、ここには『禁闕要《きんかつかね》の大神《おおかみ》』の出自について書かれている。しかし、この神の親は誰なのかが問題なのだ。

普通に読めば、この文章の主語は『若日女君命《わかひめぎみのみこと》』なのだから、我子《わがこ》と言ったのは、若日女君命だと解釈するのだろう。しかし、この筆先を降ろしたのは、『国常立尊《くにとこたちのみこと》』だ。だから、国常立尊が、我子《わがこ》と言ったとも考えられる。しかし、国常立尊は撞の大神様の代理として語っていると考えると、撞の大神様の立場で我子《わがこ》と言ったと考えるべきとも言える。実際、その解釈でなければ全体と整合しないのだ。

だが、この筆先も、〔図一　ミロクの世の世界の姿〕を見れば、『若日女君命《わかひめぎみのみこと》』が、『金勝要《きんかつかね》の大神《おおかみ》』を『我子《わがこ》』と表現するのも解るのだ。それは、〔図一〕を家系図として見れば、そのように見えるからだ。そう理解すれば、この筆先の記述もスッキリと納得できる。

だが、こういうのって、神がヒントを出してくれていると言うよりも、混乱の元を作っているようにしか見えないと思えてしまうのは私だけか？　と、思うのだ。

一人一人の御用

すべての人にはやるべきことがある。
ということで、まずは、このタイトルについて書かれた筆先を出そう。

大本神論　七巻Ｐ一三四〜　明治三十六年旧八月二十二日
今度《こんど》の御用《ごよう》は、大我《が》も無《な》けら御用《ごよう》が勤《つと》まらんぞよ。勇猛心《が》はありて、勇猛心《が》は臍下丹田《おくにしずめ》鎮魂《》て置《お》いて、小我《が》を出《だ》さん如《よ》うにして、奥《おく》に智慧《ちえ》のある人《ひと》で無《な》いと、猿智慧《さるぢえ》では、今度《こんど》の御用《ごよう》は能《よ》う勤《つと》め上《あ》げんから、同一《おなじ》御用《ごよう》は無《な》いぞよ。一人一人《ひとりひとり》に御用《ごよう》が違《ちが》うぞよ。

『一人一人《ひとりひとり》に御用《ごよう》が違《ちが》うぞ』と、この御用が、最後の審判へ向けて登るべき大峠の内容なのだ。
三人世の元の『君』と、八人、四十八人の『臣』と、一般の『民』では、御用が違うのは当然だが、一般の人たちもそれぞれに御用がある。それこそ、悪神やその眷属たちにも御用が与えられているのだ。

その御用とは何か？　それが次の筆先だ。

大本神論　五巻Ｐ二六五〜　明治三十六年旧六月

仕組《しぐみ》は変《か》えぬとは申《もう》せども、出来《でき》ん事《こと》を命《さ》せても、出来《でき》る御用《ごよう》を使《さ》せねば、勤《つと》め上《あ》がらいでは荷《に》が重《おも》とうて、半分途《はんぶんみち》まで行《い》た処《とこ》で閉口垂《へこた》れる様《よう》な事《こと》では、連《つれ》の人《ひと》も各自《めんめ》に重荷《おもに》が持《も》たして在《あ》るから、中途《みち》から輔《すけ》助て貰《もら》う事《こと》は、今度《こんど》の御用《ごよう》は出来《でき》んから、持《も》てる丈《だけ》の肉体《いれもの》に、夫《そ》れ丈《だけ》の御用《ごよう》を申《もう》し付《つ》けるから、勤《つと》め上《あ》がるまではドンナ苦労辛《くろうしん》棒《ぼう》も堪忍《こば》り詰《つ》めて、神国《しんこく》の威勢《いせい》を出《だ》して下《くだ》さらねばならぬぞよ。

この『各自《めんめ》に重荷《おもに》』を持たすことが『一人一人《ひとりひとり》』に与えられた『御用《ごよう》』なのだ。

では、この『重荷《おもに》』とは何か？

その答えは、前にも出したこの筆先だ。

大本神諭　一巻P二〇三　大正六年新六月六日（瑞《みづ》の御魂《みたま》）
素盞鳴尊《すさのおのみこと》の霊魂《みたま》が授《さず》けてあるから、成就《じょうじゅ》いたしたら、世界《せかい》の大手柄《おおてがら》ものと致《いた》さす身魂《みたま》であるぞよ。

この筆先は、『瑞《みづ》の御魂《みたま》』の王仁三郎に『素盞鳴尊《すさのおのみこと》の霊魂《みたま》が授《さず》けてある』、と語られている。

この『授《さず》けてある』と表現しているものが『重荷《おもに》』だったのだ。

善の霊魂の王仁三郎に、悪神の『素盞鳴尊《すさのおのみこと》の霊魂《みたま》』を『重荷《おもに》』として持たせて、素盞鳴尊を改心させることが、神から王仁三郎に与えられた御用であった。なので、これが『成就《じょうじゅ》いたしたら、世界《せかい》の大手柄《おおてがら》ものと致《いた》さす身魂《みたま》であるぞ』とは、王仁三郎に向けられた言葉であったのだ。

だが、《王仁三郎は、素盞鳴尊に心を占領されたまま改心しなかった》という型を見せて、その人生を終わらせてしまった。

この失敗こそが、《王仁三郎が人々に鏡に見せた御用》であったのだ。

一般の人たちが背負うべき『重荷《おもに》』は、悪神の眷属になる。

つまり、あなたに憑《つ》いている悪の眷属の守護神を背負った（憑《つ》かせた）まま、自らの身魂（肉体霊）を磨けということなのだ。

これは、自分の心（肉体霊）が、自分と気の合う悪の守護神を引き寄せているから、まとめて改心させろということなのだ。


これは、一人の人間が、改心できるのかできずに終わるのかの、善の神と悪の神の戦いでもあったのだ。

ここでは、世界の中心である綾部の大本で行われた型としての戦いについて見ていこう。

神が王仁三郎に与えた御用は、王仁三郎と素盞嗚尊の、善と悪の地の世界のトップの一騎打ちであった。この戦いに素盞嗚尊《すさのおのみこと》（悪）が勝利した結果、亀岡と綾部の大本は悪に占領された。それが今の大本の姿なのだ。

そんな内容が書かれた筆先を見よう。

大本神諭　六巻P九　明治三十六年閏五月二十三日
日本《にほん》とがいこくとの大戦《おおたたか》いが、此《こ》の綾部《あやべ》の大本《おおもと》の中《なか》に、縮図《じっち》が為《し》て見《み》せて在《あ》るが、神力《しんりき》は日本《にほん》なり、学力《がくりき》はがいこく、一分《いちぶ》と九分《くぶ》との艮《とどめ》の大決戦《おおたたかい》で在《あ》るから、余程日本魂《よほどやまとだましい》を練《ね》りて、胴《どう》を据《す》えて居《お》らねば成《な》らんぞよ。負《ま》けたら従《したご》うて与《や》るし、勝《か》ちたら従《したが》わして、末代《まつだい》の世《よ》を天下泰平《てんかたいへい》に治《おさ》めるぞよ。

王仁三郎と素盞嗚尊の関係が、『日本《にほん》とがいこくとの大戦《おおたたか》いが此《こ》の綾部《あやべ》の大本《おおもと》の中《なか》に、縮図《じっち》が為《し》て見《み》せて在《あ》る』ということなのだ。王仁三郎が、筆先（日本《にほん》）の教えの行《おこな》いではなく、素盞嗚尊（がいこく）の《英雄的活動》という《やりたい放題》をやってしまったことで、日本が負けたことになったのだ。

それでこれまで、善であるはずの『綾部《あやべ》の大本《おおもと》』が、『負《ま》けたら従《したご》うて与《や》る』の言葉の通り、悪のやり方に従うことになってしまったのだ。

これが、型の時代の戦いの結果だ。この戦いの型が、型の実地として現実に現れたのが第一次世界大戦だ。

だが、第一次世界大戦は日本が勝利したのに、日本が負けたの？　と疑問に思う人が居るのなら、ここはじっくりと考えてほしい。

これからもう一戦、実地の本番の戦いが始まる。それを型の実地に見せたのが第二次世界大戦だ。本当の実地の本番が来たら、その時には『勝《か》ちたら従《したが》わして、末代《まつだい》の世《よ》を天下泰平《てんかたいへい》に治《おさ》めるぞよ』という言葉が真実となる。

ところで、素盞嗚尊は日本の神ではないのか？　なんて寝とぼけたこと、今更言わないよね。

たとえ日本に居ようと、日本魂《やまとだましい》を持たない悪神は、日本の神ではないのだ。

身魂磨きの背景を知る

先ほどの《一人一人に『重荷《おもに》』を持たせる》というのは、神から見た身魂磨きの説明となる。

ここでは、人間から見た身魂磨きについて、その背景を知ることから始めよう。

まず、身魂磨きの根幹となる聖霊（父）について、福音から出そう。

マタイによる福音書　二十三章　律法学者《りっぽうがくしゃ》とファリサイ派《は》の人々《ひとびと》に対《たい》する非難《ひなん》
誰《だれ》であれ、地上《ちじょう》の者《もの》を『父《ちち》』と呼《よ》んではならない。あなた方《がた》の父《ちち》はただひとり、天《てん》におられる方《かた》だけである。また、あなた方《がた》は『教師《きょうし》』と呼《よ》ばれてもならない。あなた方《がた》の教師《きょうし》はただひとり、メシアだけである。

まずは、最初の所から解説しよう。

『誰《だれ》であれ、地上《ちじょう》の者《もの》を『父《ちち》』と呼《よ》んではならない』とは、あなたの肉体を産んだ母の夫を『『父《ちち》』と呼《よ》んではならない』という話だ。ここでの『父《ちち》』とは、あなたの魂を生んだ親のことで、聖霊として『天《てん》（霊界）』に居たのだ。なので、この福音を読んで、《天の父はただひとり、それが唯一神なのだ》、なんて解釈をしないでほしい。

事実は、《地上に生きる人間一人に対して天に住む聖霊（父）が一人居る》という意味で、これが経《たて》の経綸《しぐみ》なのだ。

そして、『教師《きょうし》』に当たるのが緯《よこ》の経綸で、十二人の弟子に対する教師は、メシア（イエス）だけとなる。

また、経《たて》の関係でもう一つ理解してほしいことがある。

ミロクの世での親の位置は、きっちりと決まっている。その親の子は、世界が違えども親と同じ位置に居て、正しい子の在り方になる。これは、決して死ぬことのない竜体であるからこそできる仕組みで、子が一人っ子でも問題はない。しかし、それ故に、聖霊はその一人の子を何が何でも救わなければ、次の世の御用の御魂が空席ということになってしまうのだ。


またもう一つ、最も重要なことを言おう。神の子は神である。ミロクの世へ行けるのは、神だけである。と言うよりも、神しか存在しない。

だから、人は神でなければ、天国（ミロクの世）へは行けない。

なんて言うと、天国には動植物は居ないのか？　とか言われそうだが、動植物もちゃんと居る。だが、その動植物は、国主が造る世界という環境（自然）の内なのだ。そしてこのことが、国主が民に対して単なる『教師《きょうし》』とはならない理由になる。つまり、民は、国主が造る『容器《いれもの》（世界）』の中に住むのだから、師弟という関係より遙かに密接な関係となるのだ。


話を戻そう。

この世界は、ミロクの世を型にして造られている。

だが、この世界で人間は霊界を見ることができないので経《たて》の関係が見えず、横に見ることになる。そうやって、この世界と霊界の関係に歪《ゆが》んだ認識が生じることになった。この世界で昔から言われていたこと、迷信にこそミロクの世の真実がある。

例えば、《親の仕事を継ぐのは当たり前》と言うものだ。この世界では既に迷信どころか死語だが、ミロクの世での在り方を見れば、それは当然のことであり正しいのだ。それどころか、そうでなければミロクの世に居る資格すら無いのだ。

この世界は、子宮の中に在る。

地の世界を基盤とする人の魂は、この宇宙で、子宮の中で胎児として在る。

人間の胎児は、まだ人間とは言えない。だが、命はそこに在る。

人は神の子として命を与えられた。だが、子宮から出る（産まれる）までは、まだ神とは言えない存在だ。だから、《我々は神ではない》という主張は正しい。

だが、神に成らなければミロクの世には行けないのも事実なのだ。子宮から出たら神の世界。人間の胎児も、子宮から出たら人間の世界を生きるしかない。我々がこれから受ける最後の審判とは、あなたが神として相応《ふさわ》しいかを問う試験なのだ。

ここでは、神も天使も同じ神として語っている。日本人は神で外国人は天使ではある。しかし、筆先では基本、どちらも神として扱っている。この神と天使の違いは、日本魂《やまとだましい》が有るか無いかの違いだけで、臣か民かというような役割が違えばできることにも違いはあるが、同じような役割ならばできることに違いはないのだ。

ところで、生むという行為によって生じる血統とか霊統と言われる関係なのだが、すべて唯一神である撞《つき》の大神様《おおかみさま》の子や孫なのだ。善の神、善の守護神、善の人間は、皆唯一神の正統な霊統だ。

しかし、悪神も撞の大神様から生まれたのだから、撞の大神様の子だからと、それを理由にして霊統の正当性を主張することはできない。なので、同じ神の子と言っても正統ではない子も居て、それが悪神となるのだ。同じ子でも霊統は様々に枝分かれする。だが少なくとも、悪神として在る者から善の神が生まれることはないのだ。

次の項では、もっと大きな所見で、人間の構造として、子宮の中バージョンを図にしてみようと思う。ミロクの世バージョンと比較してほしい。

神々は子宮の外の本当の神界から、天国の階段の最下層と最上層の二段分が子宮の中へと入った。そうして、聖霊は子（我々の魂）を生んだ。

人間の霊的階層

さて、ここまで説明したので、人間という存在について、確認してみよう。

人間の霊的階層を、二七〇ページの［図五　子宮の中の世界の階層］を元にして説明するのだが、図と言うより文字ばかりになってしまった。

［図五］では、子宮の中での人間の立ち位置から世界を見ている。それは、自身が居る地（現界）と各世界の距離感を人間の感覚的な認識として配置したということだ。

ただ、この図の中で、天（霊界）と中界を線で区分《くわ》けしているのだが、本質的にはどちらも霊界の物質で出来た世界で、明確な区分けがされているわけではない。ただ、水で譬えるなら、霊界は綺麗な水、中界は濁った水というイメージだ。その濁りが邪気なのだ。これまでの地球は、その濁りで霊界に居る神の光が届かない状態だったのだ。

では、［図五］の解説をしよう。

天と中界の区分《くぶん》は、天は善の神の領土、中界は悪神の領土となる。しかし、天は永らく悪神から戦いを仕掛けられていたとイエスが言っていたので、霊界は大分乱れていたということも記しておこう。今は中界も平定され、ほとんどの悪神は善の神に従っている状態だ。

この［図五　子宮の中の世界の階層］で、人間の霊的階層について説明しよう。

［図五］の中界にある《肉体霊》なのだが、これは生きている人間の日々の思いが、中界で実体化していると思ってほしい。

この肉体霊に『、《ほち》の一霊《いちれい》』が降って《魂のある霊体》となる。これまでの肉体霊は、『、《ほち》の一霊《いちれい》』のない《魂のない霊体＝無精卵》の状態だったのだ。これを身近なものに譬えれば、鶏《にわとり》の卵の無精卵だろう。そう認識することで、子宮の外郭《がいかく》を卵の殻《から》に、子宮の内部を卵の中と、イメージを置き換えることができる。

そうして無精卵という存在を考えれば、形は在れど命が産まれないという事実が在ると判る。

まずは、人間と《天、地、中界》の関係を理解しよう。

地に居る肉体が卵《らん》（母）で、天に居る本霊が精子（父）となり、地上では人間（一体）として在り、人間に自我が芽生えて、その自我（子）が中界で育っていた。自我とは心だ。つまり、人間の心は、中界に肉体霊という霊体を持って生きている。このことを前提として考えよう。

人間が生きている間、霊界の地球エリアに父が居て、中界の地球エリアに子が居て、地球に母が居て、この天地中界の三界を重ねて一人の人間として在る。人間が死んで霊界に行くとは、中界の地球エリアに居た肉体霊が、中界の中界エリアに移動したということなのだ。このエリアの移動に、三途の川を渡るという象徴が充てられた。

世界というものを考えた時、神界というお盆の上に霊界というお盆が載り、その上に中界のお盆が載り、その上に現界が載っていると理解してほしい。現界は、中界、霊界、神界という土台の上に存在しているということなのだ。そして上に載る世界は、下の世界より狭い世界となる。これを立体的に理解するならロシアのマトリョーシカ人形をイメージしてほしい。そのように世界が在るが故に、地球は世界の中心に在るという認識は正しいことになる。

さて、今は教団ではない大本の経綸《しぐみ》が働いている。本霊（父）を生んだ聖霊（親）が、既に活動している。具体的には、『出口《でぐち》に一同《いちどう》みな結構《けっこう》な処《ところ》へ連《つ》れ行《い》かせるぞよ』と、肉体霊の穢《けが》れを祓《はら》い改心させている。

実はこれが、個人個人に向けた実地の第一次世界大戦だった。改心とは、その当人が改心するのかしないのかの問題で、団体戦で行う話ではない。だが、それを団体で行ったからまるで戦争のように見えたということなのだ。だが、この肉体霊は、地上に肉体を得て再び悪に染まることになった。そうやって、実地の本番の第二次世界大戦の準備が整え

図五　子宮の中の世界の階層

本当の神界（ダークエネルギー）

子宮の外郭

神界（舞台裏）

火という物質＝ダークエネルギーのみが在る所
蛇体の竜の姿＝魂
善の魂も悪の魂もエリアを分けてここに居る

天（霊界）

水という物質＝霊的物質（ダークマター）
魂＋霊体＝守護神（霊体で人の姿）
善の守護神や本霊はここに居る、悪神も居る
※ 天はこれまで大分乱れていたが、
善の神々によって長い休みの間に正された

中界

天と同じ物質（ダークマター）＋邪気
死後、肉体霊はここに来る（人三化七の姿）
悪神（人の姿）の住処（今は、天と共に正された）
これまでの天国や地獄はここにある
※ 中界は人間の心が磨かれることで正される

地（現界）

土という物質＝物質
肉体の人の姿
魂＋霊体＋肉体霊＋肉体＝人間

られたのだ。

この第二次世界大戦をどう戦うのか、それが、今生《い》きている人間に神から与えられた機会、というものなのだ。誰も逃れることのできない第二次世界大戦（最後の審判）の前に、この本を読んで対処するのか、否定して今まで通りを生きるのか、一人一人がその選択を問われることになる。何をしようと、第二次世界大戦からは逃げられない。たとえ宇宙に行っても火星に移住しても逃《のが》れられないのだ。

こんな回避不能な状況に置かれているのに、この最後の審判を無難に越える方法を教えてくれるのは、筆先以外には無いのだ。そして、教団大本があの状態である故に、筆先を正しく解説しているこの本以外に、実地の本番となる次に来る第二次世界大戦という最終戦争を穏やかにやり過ごす方法を教えてくれるものは無いのである。


話は変わるが、もう一つ話しておこう。こんなことを疑問に思っている人も居ると思うのだ。

それは、人間の本質は何処に有る？　ということだ。

今時の人間は、肉体がすべてだと思っている人も多いだろう。また、人間は心（自我）だと思っている人も居るだろう。肉体がすべてだと思っている人は、思考や感情も、肉体に起因していると思っていることだろう。だが、実は本霊は勿論《もちろん》、肉体にも肉体霊にも心（自我）は在る。普通の人は、肉体霊の心の声が大き過ぎて肉体の声も本霊の声も聞こえない、もしくは、その声が何処から発《はっ》されたものか分からない、という状態だ。普通、こんな認識はしないだろうけれど、《お腹が痛い》というのは肉体が発した声なのだ。

本霊と肉体と肉体霊は、独立した心を持っている。それを理解した上で、もう一度聞こう。

人間の本質は何処に有る？

簡単に答えを出そう。人間の肉体は、神が造り人間に貸し与えた物だから神のもの。本霊は本霊で、本霊と人間に何の関係が？　と思う人ばかりだろう。なら、人間が所有して自由にできるのは、肉体霊だけ。自分の心の中だけは、自分の自由だと思っている人は多いだろう。なので、人間の本質は肉体霊に有る。

話を戻そう。

人間は本来、聖霊（親）と同じ心を持つことが正しい。聖霊（神）と同じ心を持つなんてと思っても、そうでなければ人は天国には行けないのだ。それ故、『出口《でぐち》に一同《いちどう》みな結構《けっこう》な処《ところ》へ連《つ》れ行《い》かせるぞよ』と、肉体霊は穢《けが》れを祓《はら》い改心させられ、これまで繰り返し生きた過去の人生で積まれためぐりの『借銭済《しゃくせんな》し』はできたのだが、地上では経済の発達とともに益々《ますます》悪神のやり方が栄え、肉体霊は前世の時よりも更に酷《ひど》い状態に穢《けが》れることになってしまったのだ。

この話をすると、『マタイによる福音書　十二章　汚《けが》れた霊《れい》の帰還《きかん》』を思い出す。この福音は、本当はこのことについて語っていたのだろう。『みな結構《けっこう》な処《ところ》へ連《つ》れ行《い》かせ』た結果が『汚《けが》れた霊《れい》の帰還《きかん》』なのだとすると、これも、最後まで神に逆らう悪霊どもを集めて一網打尽にするという最終決戦に向けた経綸《しぐみ》ということなのだ。

では、もう一つ話を戻す。

精子の無い無精卵では、卵《たまご》の殻を破って命が産まれ出ることはない。それと同じように、肉体霊（無精卵）だけでは子宮の外へは出られない。

本霊の精子と肉体霊の卵が一つに成れるように、天の夫と地の妻が一体と成れるように、お互いが同じ姿、同じ心に成れるように、聖霊から人間に指導が行われる。それが、聖霊による洗礼だ。本霊は、元から聖霊と同じ心を持つ存在なのだ。
人間は、天（霊界）に居る本霊と共に聖霊と心を一つにしなければ、決してミロクの世へ出ることはないと、普段当たり前に在る鶏卵《けいらん》を型にして万人に見せられていたのだ。
『ルカによる福音書　十五章　放蕩息子《ほうとうむすこ》』にある父と子の喩《たと》えに登場する人物の正体は、子が人間の肉体霊で、父が自分の魂の生みの親である聖霊なのだ。
そして、すべての人間が放蕩息子となっていた。イエスを信じてキリスト教を心から信仰していたとしても放蕩息子であったのだ。それは聖霊に従っている人が居ないことで判る。今のキリスト教徒は、生きて実在する聖霊という存在を知らない。それは、聖霊による洗礼を与えるべきイエスが、まだ復活していないのだから仕方がないことなのだ。

だが、そんな状況からイエスが復活したら次の福音が力を発揮することになる。

マタイによる福音書　十二章　聖霊《せいれい》に対《たい》する罪《つみ》
「だから、あなた方《がた》に言《い》っておく。人《ひと》の犯《おか》すどんな罪《つみ》も冒瀆《ぼうとく》も赦《ゆる》される。しかし、聖霊《せいれい》に対《たい》する冒瀆《ぼうとく》は赦《ゆる》されない。また、人《ひと》の子《こ》に言《い》い逆《さか》らう者《もの》は赦《ゆる》される。しかし、聖霊《せいれい》に言《い》い逆《さか》らう者《もの》は、この代《よ》でも後《のち》の代《よ》でも赦《ゆる》されない」。

これを読めば、『人《ひと》の子《こ》（イエス）』の言葉よりも『聖霊《せいれい》』に従えと、イエス自身が語っていることが判る。これは、聖書に残されたイエスの言葉が、冒瀆《ぼうとく》された解釈《かいしゃく》で理解されていることを見透かした上で、そんな解釈の教えに『言《い》い逆《さか》らう者《もの》は赦《ゆる》される』から心配するな、という意味で残された言葉だ。

イエスの残した言葉は、本来十二人と七十二人に向けられている。それは、イエスが直接指導する弟子に向けて語られた言葉だ。聖書では七十二人に向けた言葉は少ない。だが、七十二人は十二人に準じた存在なので、七十二人に当たる者も弟子と自覚して読んでほしい。

弟子以外の一般の人たちは、そのことを理解した上で学びなさいというのがイエスの本来の教えだ。天国の住人となる者たちは、世界の中心で何が起きているのかを十分に知り、正しく理解しておく必要がある。筆先を通して中心を鏡に見ていたならば、それを知らないとは言えないはずだ。

話を戻して、イエスの解釈が冒瀆されているということについて、少し話そう。

マタイによる福音書　十三章　喩《たと》えを用《もち》いる理由《りゆう》

弟子《でし》たちはイエスに近寄《ちかよ》って、「なぜ、喩《たと》えであの人《ひと》たちにお話《はな》しになるのですか」と言《い》った。イエスは答《こた》えて仰《あお》せになった、「あなた方《がた》には天《てん》の国《くに》の秘義《ひぎ》を悟《さと》る恵《めぐ》みが与《あた》えられているが、あの人《ひと》たちには与《あた》えられていない。持《も》っている者《もの》は、さらに与《あた》えられて豊《ゆた》かになるが、持《も》っていない者《もの》は、持《も》っているものまで取《と》り上《あ》げられる。だから、わたしは喩《たと》えであの人《ひと》たちに語《かた》るのである。

キリスト教に関わる神父や牧師、シスターたちは、自分には『天《てん》の国《くに》の秘義《ひぎ》を悟《さと》る恵《めぐ》みが与《あた》えられている』と思っているのかもしれない。

だが、『天《てん》の国《くに》の秘義《ひぎ》を悟《さと》る恵《めぐ》みが与《あた》えられている』者は、十二人と七十二人の国主となる者だけだ。『与《あた》えられている』者たちの数は非常に少ない。そして、それ以外の天国に行く民たちは、必要なものは何もない。それこそ肉体すら不要なのだ。この世の物は天国には持って行けないモノなのだ。国主でも『与《あた》えられている』のは『秘義《ひぎ》』で、物質とは関係がない。そこのところを理解してほしい。

実地の時、最終的には、国主となるイエスの弟子たちは綾部の大本に集められる。しかし、その前に国主たちの直接の教育は、それぞれの聖霊が一日二十四時間付きっきりで行われる。

また、一般の民となる人たちの中でも意識の高い者は、一人に　柱の聖霊が憑き、付きっきりで教育を受け、その教育に目処が付いたら綾部の大本に集められる。

あなたが善の神の末裔《まつえい》であると信じるなら、自らが成すべきことを成して、その上で聖霊による洗礼を受けよう。それが、天の父（神界）から『賢《かしこ》いおとめたち』に呼びかける声なのだ。

と言っても、聖霊の声が聞こえるというわけではなく、聖霊が現れたのが見えないけど判るという状況だ。そんな状況で安易に語りかけて来る神は悪神なのだ。聖霊は、ニール・ドナルド ウォルシュ著《ちょ》の『神との対話』のように、優しく穏やかに語りかける存在ではないと知っておこう。そんな緩《ぬる》い神では、九分九厘を越えることはできないのだ。

さて、成すべきことも含めて、これがどんな状態なのかは、次で話すことにしよう。

身魂研き

このタイトルにある《身魂研き》の内容が人々を救い、ミロクの世への扉を開く最も重要な鍵となる。今、自分が住んでいるその場所で、身魂研きができなければ、綾部の大本の大舞台に寄り付くこともできない。この言葉は、綾部の大本が地の高天原になった時に真実となる。だがこの話は後にしよう。

神は、その身魂研きの御用を王仁三郎にさせるために、イエスと同じ霊魂である王仁三郎を、悪に落とした。それは、王仁三郎を使って身魂研きの実地を行い、それを人々に鏡として見せて学ばせ、人々に実際に身魂研きをさせるためだ。それ故、筆先に書かれた身魂研きの具体的な内容は、ほぼ、王仁三郎に対して語られていた。とは言っても、筆先に書かれた具体的な内容は、それが身魂研きに関わることだとはほとんどの者が思わないだろう話に秘められていた。だから、誰にも判らなかった。そんな秘密をこれから開示していく。

だが、王仁三郎の前に、イエスによって開示されていた《身魂研き》について語ろう。

門は何処にある？

次の福音から《身魂研き》の話を始めよう。

マタイによる福音書　七章　狭《せま》い門《もん》
「狭《せま》い門《もん》から入《はい》りなさい。滅《ほろ》びに至《いた》る門《もん》は広《ひろ》く、その道《みち》は広々《ひろびろ》としていて、そこから入《はい》る人《ひと》は多《おお》い。しかし、命《いのち》に至《いた》る門《もん》は何《なん》と狭《せま》く、その道《みち》は細《ほそ》いことか。そして、それを見出《みいだ》す人《ひと》は少《すく》ない」。

身魂研きの話なのに、何故、この福音が出て来たのか？

それは、『狭《せま》い門《もん》』を入った先で身魂研きが行われるからだ。つまり、『狭《せま》い門《もん》』に入らなければ、どんなに厳しい修行をしても身魂研きには為《な》ってはいなかった、ということだ。

では、『狭《せま》い門《もん》』とは何処にあるのか？

また、『滅《ほろ》びに至《いた》る門《もん》』とは何を指《さ》すのか？


ちょっと、ネットで調べてみたけれど、正しい答えに至っているものは見られなかった。なので、まず大枠としての答えを書こう。


『狭《せま》い門《もん》』とは人の心の中に在る。そして、『滅《ほろ》びに至《いた》る門《もん》』とはこの世界のことなのだ。

『滅《ほろ》びに至《いた》る門《もん》』を具体的に言えば、物質万能の科学の力で、人間の知恵でこの世界に天国を造ろうと考えることが、『滅《ほろ》びに至《いた》る門《もん》』なのだ。

『狭《せま》い門《もん》』とは、心を清く正しくすることで天国へ行こうという道に向かう『門《もん》』だ。これは、普通の宗教の一番根本の、教えとも言えないことだと思う。神に仕えようとする者ならば、皆、心を清く正しく在ろうとしているだろう。だが、実はそれが『狭《せま》い門《もん》』の手前に居る人たちなのだ。

多くの信者が、『狭《せま》い門《もん》』の前で、祈り願うばかりで、その門の中へ入ろうとは為《し》ない。『命《いのち》に至《いた》る門《もん》』とは、天国に至る門。その門をくぐって天国に至る。そして天国に至る『その道《みち》は細《ほそ》い』のだ。だから一瞬でも気を抜けば、道を踏み外してそのまま地獄に落ちてしまうくらいの細い道だと心得てほしい。この天国に至る道がどれほど険《けわ》しい道か、そのことを知らないのなら、あなたはまだ『滅《ほろ》びに至《いた》る門《もん》』の中に居る。『滅《ほろ》びに至《いた》る門《もん》』の中は、実は平和で穏やかなのだ。それが、この世界の、今の宗教団体の在り様なのだ。

天国は神界に在る。人が天国に行くには、神界の天国に至る大峠を歩いて登って行かなければならない。

人が天国に行くということは、人がこの世界から神界へ、住む場所を移すということだ。喩《たと》えで言えば、ラノベではよくある話だが、平民が王城に住み込みで働くようなものだ。たとえ平民でも王城に居れば王城に相応《ふさわ》しい礼儀作法が求められる。そんな礼節を身に付けなければ王城で働くことはできない。だから、人が天国に行くには神界の礼儀作法を身に付けなければならない。それを身に付ける過程が『道《みち》』なのだ。そんな道が、平和で穏やかな道だと思うのならお目出度《めでた》い人である。

なんて言うと、宗教儀式の所作ばかりを厳しく教える宗教団体が出来上がるのだが、それこそが、その団体が神や霊を全く判っていないことを証明している。彼らは全く逆のことをやっている。だが、これはまた別の機会に話そう。

今の宗教の信者は、宗教の門はくぐったけれど、そこはまだ『滅《ほろ》びに至《いた》る門《もん》』の中なのだ。

なので、本当の天国に至る《細い道》について、これから書いていこう。

細い道の道すがら

『狭《せま》い門《もん》』の先の《細い道》で何が行われるのか？

それについては、次の福音に語られている。

マタイによる福音書　五章　殺人《さつじん》
あなたを訴《うった》える人《ひと》と一緒《いっしょ》に行《い》く途中《とちゅう》で早《はや》く和解《わかい》しなさい。そうでなければ、訴《うった》える人《ひと》は裁判官《さいばんかん》に引《ひ》き渡《わた》し、裁判官《さいばんかん》は下役《したやく》に引《ひ》き渡《わた》し、あなたは牢《ろう》に入《い》れられる。よく言《い》っておく。最後《さいご》の一《いち》クァドランスを払《はら》うまで、あなたは決《けっ》してそこから出《で》ることはできない

さて、この福音は何をイメージして語っているのか、またそれをどう解釈するのか、想像してほしい。多分、人それぞれに自分なりの物語が出来上がっていることだろう。

この福音が、人が天国に向かう道すがらのことだと判った人は居ないようだ。

イエスの言葉は預言であるから、真実は未来に在る。しかし、今の宗教研究者は過去に遡《さかのぼ》って証拠を探し出し、これまでの認識を検証しようとするばかり。彼らには未来が読めないのだから、過去をほじくり返すしか手段がないのだ。

だが、残念ながら過去には答えは存在しない。何故なら、これから我々の身に今まで経験したことが無いことが起こるからだ。

では、解説しよう。

この福音で、まず、明確にすべきは、『あなたを訴《うった》える人《ひと》』だ。この『人《ひと》』とは《聖霊《せいれい》》なのだ。天国へと続く細い道を歩むには聖霊の助けが必要になる。その天国へと歩む『あなた』と聖霊との様子を語っていたのがこの福音だ。

では、細かく解説しよう。

まずは、この福音の登場人物を正しく理解しよう。『訴《うった》える人《ひと》』は聖霊だと話した。次は『裁判官《さいばんかん》』だが、この存在は名前だけなら子供でも知っている有名人、閻魔大王《えんまだいおう》だ。筆先を見よう。

大本神諭　一巻P五七　明治二十六年　月　日
艮《うしとら》の金神《こんじん》は、此《こ》の世《よ》のエンマと現《あら》われるぞよ。

『エンマ』とは、人を天国に行くのか地獄に落とすのかを決める存在。それは『裁判官《さいばんかん》』ということだ。その『裁判官《さいばんかん》』が、『艮の金神《うしとらのこんじん》』だ。すると、『下役《したやく》』はその金神の眷属になる。

そして、ここに出て来る『あなた』とは自分のことだと思えば良い。

登場人物が明確になったところで、次は『牢《ろう》』について明らかにしよう。

この福音には、『あなたは牢《ろう》に入《い》れられる』と語られ、次に『あなたは決《けっ》してそこから出《で》ることはできない』と続くのだから、出ることができない『そこ』とは『牢《ろう》』のことだと思うだろう。その認識も間違いではないが、『そこ』と『牢《ろう》』が、同じだという認識では間違いになる。

『最後《さいご》の一《いち》クァドランスを払《はら》うまで』『出《で》ることはできない』という『そこ』とは、払えば出られる場所なのだ。

でも、『決《けっ》してそこから出《で》ることはできない』『牢《ろう》』という場所もある。なので、この二つの場所を明確にする。

まず一つ目の、《出ることができない『牢《ろう》』》とは、最後の審判の後の地獄のことなのだ。

そして二つ目の、《払えば出られる場所》とは、《細い道》の途上のことなのだ。その《細い道》では、聖霊による洗礼が行われていて、その洗礼という修行が満了すれば出ることが可能となるのだ。


ここまで解ったところで、最初から解説しよう。

『あなたを訴《うった》える人《ひと》と一緒《いっしょ》に行《い》く途中《とちゅう》で早《はや》く和解《わかい》しなさい』とは、《あなたに改心せよと訴える聖霊と、あなたは早く和解しなさい》となる。『あなたを訴《うった》える人《ひと》』が聖霊なのだからこの解釈になる。

次に、『そうでなければ、訴《うった》える人《ひと》は裁判官《さいばんかん》に引《ひ》き渡《わた》し、裁判官《さいばんかん》は下役《したやく》に引《ひ》き渡《わた》し、あなたは牢《ろう》に入《い》れられる』については、『和解《わかい》』できなかった場合の話で、そうなると『あなたは決《けっ》してそこから出《で》ることはできない』ということになる。

ここまでを纏《まと》めると、《和解できなければ、聖霊はあなたを艮の金神に引き渡し、最後の審判が行われ、艮の金神の眷属たちによって、地獄の牢《ろう》に永遠に入れられる》ということになる。


だが、その最終地獄の牢に入れらずに済む方法も書かれている。

それは、最終地獄の牢に入れられる前に、自分から牢に入ることなのだ。

次は、その出ることができる牢について話そう。

この、出ることができる牢とは、『あなたを訴《うった》える』聖霊によって『あなたは牢《ろう》に入《い》れられ』た如《ごと》くの状態に置かれる、ということなのだ。

あなたが聖霊に出会ったなら、聖霊から二十四時間監視されて、肝心なところで動けないとか言葉が出ないとか、そんな不自由な状態にさせられて、それはもう閉じ込められたような気分にさせられるのだ。細い道を歩み始めると、そんな心情をあなたは味わうだろう。こんな状態が、出ることができる牢なのだ。


しかし、『和解《わかい》』が間に合わずに最後の審判となったら、本当の牢に移されて終わってしまうことになる。だから、《聖霊に捉えられている》間にあなたは聖霊と和解する必要がある。その聖霊からの牢獄状態から逃《のが》れる唯一の方法が、『最後《さいご》の一《いち》クァドランスを払《はら》う』ことなのだ。

では、この『一《いち》クァドランス』とは何なのか？

これが判らなければ、あなたの未来は地獄の一択となってしまうのだ。


さて、あなたはイエスの言葉を理解できたかい？　その上でイエスの言葉を信じられるかい？

それとも、やっぱり解りませんと言って、何も解っていない神父や牧師の話を信じることにするのかな。

いずれにしても、あなたの前に聖霊が現れたら、神父や牧師に相談しては駄目だよ。神父や牧師たちは、あなたの前に聖霊が現れたと言っても信じないし、何も解らないからそれは悪霊だと決めつけ、これまで通りの定型文を言うだけだからね。

聖霊が現れたら、神父や牧師が寄《よ》って集《たか》って「悪霊退散《あくりょうたいさん》」と言って何をしようと、聖霊は絶対に離れないからね。

そんな無駄なことをするより、聖霊と共に聖書や筆先をゼロから読み直して学び直すことをお勧めするよ。

さて、『一《いち》クァドランス』の答えを書こう。

『クァドランス』は貨幣単位なのだが、あなたは何クァドランス持っているだろうか？

この問いに答えるために、あなたの現在の資産を当時の貨幣価値に換算するなんて手間をかける必要はない。これは天国に行くには捨てなければならないゴミ一つが『一《いち》クァドランス』なのだ。現代を生きる人間には、そのゴミが数百万、数千万と有る。なので、あなたがどんなに貧乏人でも大金持ちでも、数百万から数千万クァドランスの大金持ちなのだ。

これについては、そういうものなんだと理解してほしい。その上で、次の福音を見てみよう。

マタイによる福音書　十九章　富《とみ》の危険《きけん》

そこでイエスは弟子《でし》たちに仰《おお》せになった、「あなた方《がた》によく言《い》っておく。金持《かねも》ちが天《てん》の国《くに》に入《はい》るのは、難《むずか》しいことである。重《かさ》ねて、あなた方《がた》に言《い》っておく。金持《かねも》ちが神《かみ》の国《くに》に入《はい》るよりは、らくだが針《はり》の穴《あな》を通《とお》るほうが易《やさ》しい」。

今の人間は、どんな貧乏人でも借金持ちでも数百万クァドランスの大金持ちなのだ。人は天国に行くには必要のないゴミを、大量に溜め込んでいる。そのゴミとは、知識という名のゴミなのだ。その知識とは、日常を生きる知識から教育によって得たもの。また、宗教団体から得た神霊界や神に関する情報のことなのだ。

また、そんな情報レベルのゴミとは別に、人間はその身と心に大量のゴミを溜め込んでいる。

そのゴミとは、借金の方のゴミなのだ。

次はそのことについて話そう。

身と心のゴミ

まずは、この《身のゴミ》と《心のゴミ》、どちらがより問題になるのか？　それについて話そう。

はっきりと言ってしまえば、身に付いたゴミは、借銭済《しゃくせんなし》をすればそれで済《す》む。この借銭済《しゃくせんなし》とは、悪行を精算することなのだ。

次は、この借銭済《しゃくせんなし》について書かれた筆先を見よう。

大本神諭　一巻P八　年　月　日
世界《せかい》は今《いま》が罪《めぐり》の借銭済《しゃくせんなし》であるから、罪悪《めぐり》のひどい処《ところ》ほど、きびしき戒《いまし》めがあるぞよと申《もう》して知《し》らしてあるが、この世界《せかい》は、後《あと》にも前《さき》にも無《な》いみせしめが出《で》て来《く》るぞよ。

一人一人、全員にまとめて『借銭済《しゃくせんなし》』をすれば、世界は大分ひどいことになる。だが、身のゴミは、ひどい目に遭えばそれで終わる。それをじっと耐えていれば済むのだから、何も考える必要はない。

だが、心にあるゴミは、それでは取れない。自分で見つけて取り除かなければならないのだ。

その《心のゴミ》については、以前『五章　殺人《さつじん》』で参照した部分の前に書かれている。

マタイによる福音書　五章　殺人《さつじん》

あなた方《がた》も聞《き》いているとおり、昔《むかし》の人々《ひとびと》は、『殺《ころ》してはならない。人《ひと》を殺《ころ》した者《もの》は裁《さば》きを受《う》ける』と命《めい》じられていた。しかし、わたしはあなた方《がた》に言《い》っておく。兄弟《きょうだい》に対《たい》して怒《いか》る者《もの》はみな裁《さば》きを受《う》ける。また兄弟《きょうだい》に『ばか者《もの》』と言《い》う者《もの》は、最高法院《さいこうほういん》に引《ひ》き渡《わた》され、『愚《おろ》か者《もの》』という者《もの》は、火《ひ》の地獄《じごく》に落《お》とされる。

この福音で理解したいことは、『人《ひと》を殺《ころ》した』という事実は《身のゴミ》となり、思ったり考えたりしたことは《心のゴミ》になるということだ。

心のゴミは、そんな考え方をする心を改めなければ、取ることができないと心得てほしい。この心を改めることを《改心》と言う。

だが、この『兄弟《きょうだい》』の話は判りやすい単純な話だ。改心は、そんなレベルの問題ではない。

しかし、まずは『兄弟《きょうだい》』レベルの罪について語っている福音から見てみよう。

マタイによる福音書　六章　主《しゅ》の祈《いの》り

人《ひと》の過《あやま》ちを赦《ゆる》すなら、あなた方《がた》の天《てん》の父《ちち》もあなた方《がた》を赦《ゆる》してくださる。しかし、あなた方《がた》が人《ひと》を赦《ゆる》さないなら、あなた方《がた》の父《ちち》も、あなた方《がた》の過《あやま》ちを赦《ゆる》してくださらないこの福音は、『人《ひと》の過《あやま》ち』についてのことなので、『兄弟《きょうだい》』レベルの話だと判る。人類は皆兄弟とは、まさに正しく、人は一つの宇宙（子宮）の中で一卵性双生児《いちらんせいそうせいじ》ほど似てはいなくても、多卵性多生児《たらんせいたせいじ》の兄弟だ。元を辿れば、すべては撞の大神様から生まれているのだから文字通りの兄弟なのだ。

この福音は、『人《ひと》の過《あやま》ち』を自分が赦すならば、相手が自分のことをどう思っていようとも、少なくとも天《てん》の父《ちち》はあなたを赦しているぞという意味だ。つまり、人レベルの話ならば、『人《ひと》の過《あやま》ちを赦《ゆる》す』だけで天国に行ける条件は満たしている。

だが、それだけで天国に行けるわけではない。なので、《改心はそんなレベルの問題ではない》と言った。

では、何に対して改心しなければならないのか？

それは、聖書の理解が足りない。そして、筆先の理解が足りないことに対して、改心が必要なのだ。

神が判らないのに、神に対して平然としている。それは、神を侮《あなど》っていることに他《ほか》ならないのだと、そのことを自覚してほしい。神を無視して侮っているから、判らないと平気な顔で生きて居られた。

それは宗教者も同じ、神を信じると言いながら、神から目を背けている。宗教者は、神が現れる時には頭《こうべ》を垂《た》れて神を見てはいけない、と神を見ないことを正しい態度だと言う。そう言って、神から目を背けることを正当化する。だが、その態度こそが自らの心の有り様なのだ。あなたの心は神の前から逃げている。しかし、そんな心は聖霊が現れたら吹き飛んでしまうだろう。あなたがどれほど神を侮っていたのか、その時に、心の底から、嫌というほどに判るぞ。《神を畏《おそ》れよ》、この言葉の意味を身をもって学べるぞ。

それを判った上で、自らの心を改めて、天の父に絶対の服従をすることで天の父から赦される。

天（霊界）の父、それは、あなた一人に与えられた聖霊なのだ。あなたはその聖霊から、本当の神を身をもって学ばされる。その聖霊からの教えが解って来ると、今までの宗教の、この世界に根付いた教えは、天国に行くには邪魔にしかならない情報だったと判る。そうして今までの教えの一切が、無駄なゴミとなる。この世界の常識、現代の常識、国の常識、地域の常識、組織の常識、法律やルールも、またこの世界の科学や物理の法則、数学すらも無意味になるのが天国だ。無から有を生み出せる神が、人間が理解する数学や物理法則に縛られる理由なんて無いのが当たり前なのだ。

そんな情報過多で頭でっかちの数千万クァドランスのゴミ持ちの現代人がそのゴミを捨て、身魂に付いた借金も返して、何もかもすっきりして最後の『一《いち》クァドランス』になったなら、それが『、《ほち》の一霊《いちれい》』なのだ。その『、《ほち》の一霊《いちれい》』がその人の本来の姿なのだ。そして、天国に行けるのは、その本霊（、《ほち》の一霊《いちれい》）の姿にまで磨き上げることができた身魂《みたま》だけなのだ。

身魂研《みが》き、そして身魂磨《みが》き。身魂を研磨《けんま》してゴミをそぎ落とし、肉体霊に付いた余計なゴミを一切削《けず》り取って、本霊の姿を顕《あらわ》にすることが身魂研きなのだ。
『最後《さいご》の一《いち》クァドランスを払《はら》うまで、あなたは決《けつ》してそこから出《で》ることはできない』
《肉体霊に付いたゴミを削ぎ落とし顕《あらわ》になった本霊と同等となった自我を、自ら聖霊に捧げる（払う）までは、あなたは決して聖霊の包囲網から、逃れることはできない》という意味なのだ。

しかし、そう言ってはいるのだが、肉体霊をそこまで磨き上げたなら、その人はもう、聖霊と一体の存在に成っている。だからもう聖霊と同じ感覚になって、聖霊の囲《かこ》いを意識しなくなった、というのが正しい理解なのだ。そこで聖霊から解放されたなら、これまでの努力が無意味となってしまうのだ。

これが成されて、聖霊と本霊と肉体霊の三位一体《さんみいったい》が完成する。本霊は、肉体と肉体霊の行いを見ながら身魂の完成を待っていた。それ故、身魂が完成したら、即《そく》三位一体と成る。これが、個人における三位一体の形なのだ。

ここまで語ったことが、狭《せま》い門《もん》から入《はい》って歩む狭い道で行われることで、その到達点が三位一体《さんみいったい》なのだ。

この三位一体となった人間が、最後の審判を越えて天国に入る。人は、最後の審判の前にそれを成さねば天国には行けないのだ。

聖書には、このように正しき道が、今まで誰も気付けなかったとしても、明確に示されていたのだ。それとは違う道は、『滅《ほろ》びに至《いた》る門《もん》』を歩んでいると理解してほしい。

その『滅《ほろ》びに至《いた》る門《もん》』は、世界中に無数に在る宗教の門、『その道《みち》は』地上をくまなく取り巻くほどに『広々《ひろびろ》としていて、そこから入《はい》る人《ひと》は多《おお》い』。だがそれは、本当の道ではなかった。

さあ、聖霊を求めなさい、そうすれば与えられる。聖霊に会うことこそが、『狭《せま》い門《もん》』だったのだ。

マタイによる福音書　七章　祈《いの》りの力《ちから》
求《もと》めなさい。そうすれば与《あた》えられる。探《さが》しなさい。そうすれば見出《みいだ》す。たたきなさい。そうすれば開《ひら》かれる。

この福音は、『狭《せま》い門《もん》』と対応していると判るだろう。

『狭《せま》い門《もん》』では『見出《みいだ》す人《ひと》は少《すく》ない』と言った言葉は、『見出《みいだ》す』になり、『狭《せま》い門《もん》』は『そうすれば開《ひら》かれる』のだ。

だがこれを読めば判るだろう。あなたを救う聖霊も、あなたの求めによって与えられる。

正しい救いの門を見出し、それを望むという確固たる意思を示さなければ、この門は開かれない。

イエスが再臨して聖霊を強制的に授ける前に、心ある者は、自ら望んで聖霊と会う必要がある。この心ある者が、イエスの本当の弟子であり『三段目《さんだんめ》の立役者《たちやくしゃ》』となる者なのだ。

ところで、少し前に出した、『金持《かねも》ちが神《かみ》の国《くに》に入《はい》るよりは、らくだが針《はり》の穴《あな》を通《とお》るほうが易《やさ》しい』という言葉だが、この中の、『らくだが針《はり》の穴《あな》を通《とお》る』という言葉のイメージが解るだろうか？

これは、《『針《はり》の穴《あな》』を通して世界をのぞき見る》というイメージなのだ。あなたがこの本を読んで、イエスの言葉にも筆先にも、全く新しい世界を見たなら、それは、あなたが認識する世界観に針で刺した点ほどの穴が開《あ》いたということだ。ゆくゆくは、その穴の向こうの世界にあなた自身を投入しなければ天国には行けないことになる。それは、この世界のすべてを捨てて行く世界だと理解しよう。

そして、この世界のあらゆる雑事、雑品、心配事、すべてを捨てて、針の穴を通れるくらいスッキリとこの世の荷物（ゴミ）を捨てきってしまえば、天国へ行くのは簡単だ。ということを、『金持《かねも》ちが神《かみ》の国《くに》に入《はい》るよりは、らくだが針《はり》の穴《あな》を通《とお》るほうが易《やさ》しい』と表現していたのだ。

この針の穴を通るために、自分を『、の一霊《ほちいちれい》』にまで磨き上げる必要があったということなのだ。

王仁三郎の身魂研き

さて、王仁三郎の身魂研きの具体的な話をしよう。

だが、王仁三郎の経綸の中でも、筆先の何処《どこ》に身魂研きのことが書かれているのか？　と言いたくなるほど、これを理解できる者は居ないだろう。

神は王仁三郎を鏡にして、人々に身魂研きを学ばせようとしていた。だが、この経綸の実地の本番は、誰も知らない所で行われていた。それこそ、それを行った当の本人もそれと知らずに行っていたのだから、事前にそれを分かる者は誰も居なかった。

これより、この王仁三郎の身魂研きの内容を皆に解るように解説していく。

解説を何処から進めて行こうか？

ここは王仁三郎のことなのだから、王仁三郎の筆先から出そう。

伊都能売神諭　Ｐ四三～　大正七年十二月二十二日（旧十一月二十日）

神《かみ》から見《み》れば、まだまだいろはのいの片方《かたほう》までも判《わか》りてはおらんぞよ。この節分《せつぶん》を堺《さかい》といたして、ソロソロと経綸《しぐみ》の玉手箱《たまてばこ》を開《あ》けるから、浦島太郎《うらしまたろう》の日本男子《にほんだんじ》よ、腹帯《はらおび》を確《しっか》りと〆《しめ》てござれよ。

今《いま》まで一生懸命《いっしょうけんめい》になりて善《ぜん》と思《おも》うて歓《よろこ》んで致《いた》して来《き》たことが、薩張《さっぱ》り煙《けむり》となって消《き》えてしもうから、了見《りょうけん》の違《ちが》う守護神人民《しゅごじんじんみん》が大多数出現《たっぴつでる》ぞよ。今《いま》の人民《じんみん》の精神《せいしん》の持《も》ち方《かた》では、余程改心致《よほどかいしんいた》さんと、日本男子《にほんだんじ》の桃太郎殿《ももたろうどの》も、何《なに》ほどかしこい猿知恵《さるぢえ》でも、何《なに》ほど強《つよ》い犬《いぬ》を使《つこ》うても、雉子長泣女《きじななきめ》の先導《みちびき》でも、鬼《おに》が島《しま》の征伐《せいばつ》が六カ敷《むつし》いぞよ。

正反対《さかさま》に鬼《おに》に征服《や》られるようなことになるぞよ。


この筆先で注目する所は、『浦島太郎《うらしまたろう》』と『桃太郎《ももたろう》』だ。

浦島太郎と桃太郎は、日本に昔からある民間伝承の物語。

それが何故、伊都能売神諭《いづのめしんゆ》に書かれているのか？

それは、この昔話《むかしばなし》に神からの重要なメッセージが込められていたからなのだ。


最初に桃太郎について語る。桃太郎を語るなら、まずは《鬼》から語るとしよう。

大本神諭　四巻Ｐ一三四～　大正五年旧三月二十三日
艮《うしとら》へ押《お》し込《こ》まれて艮《うしとら》の金神《こんじん》と、世界《せかい》の万《よろず》の神《かみ》に鬼神《おにがみ》、祟《たた》り神《がみ》と為《し》られて居《お》りて、悪神《わるがみ》にしられて居《お》りたのが、元《もと》の大国常立尊《おおくにとこたちのみこと》であるということが、

この《鬼》とは、悪神たちから『鬼神《おにがみ》』と言われた艮の金神＝『国常立尊《くにとこたちのみこと》』が《鬼》の正体だ。

『桃太郎《ももたろう》』の昔話は、筆先の天地創造を知れば、その真実が判るだろう。

天地を造った撞の大神様や国常立尊から、悪神たちが天地を奪い取ったことを『桃太郎《ももたろう》』という昔話にして後世に伝

えていた。あなたが、昔話の主人公である『桃太郎《ももたろう》』を英雄だと思うのなら、悪神の陣営に属する人間だ。だから神は、『正反対《さかさま》に鬼《おに》に征服《やら》れるようなことになるぞ』と悪神陣営に属する者たちに警告していた。実力行使の大峠が来る前に、口で警告しているうちに早く改心をせよ、ということだ。

その改心に向けてやるべきことが、『浦島太郎《うらしまたろう》』の昔話の中に秘められていた。

たかが昔話、だが、この物語の中にたくさんの秘密が込められていた。この昔話を読み解いて、ひとつの理解へと到達しよう。

気の遠くなる話ではあるが、段階を追って解説する。これまでの話もそうなのだが、解ることによって、これまで全《まった》く解っていなかったということを判るのだ。

答えにつながるヒントは、いくつも自分の身近な所に有った。なのに何も気付けていなかったのだと解る時が来た。今まで、自分の認識の外にあった真実、それを理解するのは生易《なまやさ》しいことではないと判るようになれば、筆先にも真剣に向き合う必要があると判るだろう。

神が、『いろはのいの片方《かたほう》までも判《わか》りてはおらん』と言う言葉に甘えて、解らなくても良いんだなんて安易な所に胡座《あぐら》をかいてないで、そろそろ意味を、ちゃんと理解せねばならん時が来たのだ。天国に行ける者は神だけだ。何も解らん者を神とは言わない。《解る》という大峠を登れよ。

まずは、『桃太郎《ももたろう》』の話を詳細に解説しよう。

桃太郎には、犬《いぬ》、猿《さる》、雉《きじ》が付き従った。この三匹は何を意味するのか？　そこから話して行こう。

この犬《いぬ》、猿《さる》、雉《きじ》の三匹に込められた意味は、次のように表現すれば誰にでも判る。

神は居《い》ぬ。神は去《さ》る。神は帰辞《きじ》。

神は居ないぞ。神は去ったぞ。神は世界を治める職を辞して帰ったぞ。

桃太郎は、この三匹にきび団子を与えた。この《きび団子》とは、力になる団子、団子は団語、塊《かたまり》の語、ここまで言えば、言霊《ことだま》のことだと判るだろう。

ここまでをまとめると、悪神たちは、「神は居《い》ぬ」「神は去《さ》る」「神は帰辞《きじ》」の言葉に言霊を込めて、これを善の神に嗾《けしか》けて追い出した、となる。そうやって悪神たちは、善の神から天も地も奪い取った。これを言い換えて、宝の山を持ち帰ったと表現した。桃太郎の物語を読んで思うのは、桃太郎に宝の山の正当な所有権は有ったのか？　ということだ。なのでやっぱり、勝てば官軍とはこのことなのだ。

と、このことは置いておいて、桃太郎の話は、筆先の天地創造に書かれた過去の出来事とは違うのだが、人という視点から見れば、この解釈で正解となる。つまり、桃太郎の話は、人間に真実を語らずに物事の本質が判るように語られたものなのだ。

だが、ここまでの解説では、まだ答えに到達していない。桃太郎の話は、これでまだ半分なのだ。なので、もう少し解説を進めよう。

さて、この解説のように、「神は居《い》ぬ」「神は去《さ》る」「神は帰辞《きじ》」と言って神を虐《いじ》めたから、神が逃げて行った、なんてことが真面目な話、有り得るだろうか？　と考えてほしい。

そう考えれば、そんなことで神が逃げるなんて有り得ないと思うだろう。そう、それが正解だ。

では、何故、そんなやり方で神から天地を奪い取れたのか？
実は、それが可能だったのだ。そしてそれは、悪神に唆《そそのか》された人間が望んだことでもあった。
この「神は居ぬ《い》」「神は去る《さ》」「神は帰辞《きじ》」の言霊は、神には効果が無かった。だが、人間には有効に働いた。それは、この言葉が人間への暗示になり、そのうちに、人間自身が自分に自己暗示を掛けてしまったということなのだ。
判るだろうか？　人間はそうやって、神を認識できなくする暗示をかけて、神を感じられなくなり放蕩息子になってしまったのだ。そうやって人は、《神は居るのか居ないのか判らん》と、真面目な顔で言うようになった。また、そんな認識の人間が中界に行くことで、同じ霊界であるのに、天と中界も分離して、中界から天を見ることができなくなり、人間は中界の中が天のすべてだと勘違いするようになったのだ。

人間の方から神を否定して、神を無《な》き者にしてしまった。人間はそうやって、神が造ったこの大地を、神など無くても世界は出来たという好《い》い加減《かげん》な理屈を立てて、神は居ないのだから地球は俺たちのものだと所有権を主張して、地球を神から奪い取ったという意識すら無く、すべては自分たちの物だと勝手に使っている。

人間が、「神は居ぬ《い》」「神は去る《さ》」「神は帰辞《きじ》」と自己暗示を掛けて、神に対して心を閉ざしたのが、この世の混乱の始まりだったのだ。人間は昔、そんなことをしてしまったと教えていたのが桃太郎の話なのだ。

マタイによる福音書　七章　祈《いの》りの力《ちから》
求《もと》めなさい。そうすれば与《あた》えられる。探《さが》しなさい。そうすれば見出《みいだ》す。たたきなさい。そうすれば開《ひら》かれる。

自分に自己暗示を掛けて人間の方から神に対して心を閉ざしたのだから、この福音に書かれているように、人間の方から神に心を開《ひら》いて、自ら『求《もと》めなさい』『探《さが》しなさい』『たたきなさい』というアクションを起こさなければ、神への扉は『開《ひら》かれる』ことはないと、これを教えとして福音書に書き残していた。

またこのことは、筆先では次のように書かれている。

大本神諭　一巻P二五七　明治三十六年旧六月四日
素盞嗚尊《すさのおのみこと》の霊魂《みたま》が体主霊従《あくく》に覆《かえ》りて、天地《てんち》の岩戸《いわと》を閉《し》めた故《ゆえ》に、～略～　今度《こんど》は一番《いちばん》に此《こ》の霊魂《みたま》から御改心《ごかいしん》をして貰《もら》わねば、天地《てんち》の岩戸《いわと》は何時《いつ》まで掛《か》かりても開《ひら》けんから、変性女子《へんじょうにょし》の改心《かいしん》が一番《いちばん》であるぞよ。

この筆先を読めば、桃太郎というキャラクターの元となったのは、『素盞嗚尊《すさのおのみこと》』だったと判る。

だが、この筆先の重要な箇所は、『天地《てんち》の岩戸《いわと》』と書かれた所だ。

岩戸には、『天《てん》』と『地《ち》』の、二つの『岩戸《いわと》』があった。

この『地《ち》の岩戸《いわと》』が、人の心の中にある『岩戸《いわと》』だったのだ。この『岩戸《いわと》』こそが、人間の方から開かねばならないものだったのだ。

ところで、筆先を読めば判る通り、遙か昔に『天地《てんち》の岩戸《いわと》を閉《し》めた』のは、『素戔嗚尊《すさのおのみこと》』なのだ。なのに神は、『変《へん》性女子《じょうにょし》の改心《かいしん》が一番《いちばん》であるぞよ』と、王仁三郎に改心を求めている。それは何故なのか？

そこに理由があったが故に、王仁三郎に『素戔嗚尊《すさのおのみこと》の霊魂《みたま》が授《さず》け』られた。

『素戔嗚尊《すさのおのみこと》』は悪神で、神とは心根が違っていて、口で説明されても自分の行いの何が罪なのか、そこが理解できていなかった。そこで神は、王仁三郎を通して『素戔嗚尊《すさのおのみこと》』に改心を経験させ、己の間違いを分からせようとしたのだ。

だが、王仁三郎は、その御用を果たせずに終わった。それで、改心の経綸《しぐみ》は、明かされることなく来世のその時まで持ち越されたのだ。

この果たせなかった御用は、永い時を経《へ》て、今、ここに書き記《しる》すことで、『改心《かいしん》』の経綸《しぐみ》は開示された。

これから、天国への直行便、九分九厘九毛《くぶくりんきゅうもう》の最終最後の時を天《あま》駈ける銀河鉄道、その切符を与えてくれる聖霊に会う方法について語ろう。(ゴダイゴの銀河鉄道999《スリーナイン》の歌を思い出しながら、(でも、アニメ原作は無視)日本語の歌詞が良い。《あの人はもう思《おも》い出《で》》の過去に、今は人の肉体を捨て、蛇体の竜の姿でたくさんの仲間が連《つら》なり崩壊する宇宙を疾駆して喜びの新世界へと向かうシーンを思おう。これは、この世界で成すべきことを果たした者の歓喜の歌なのだ。この本を最後まで読んで、この心情が分かるようになれば、あなたも、この神の経綸を判ったということなのだ)

さて、時を今に戻そう。いかにして聖霊に会うのか。それが具体的に示されていたのが『浦島太郎《うらしまたろう》』の昔話だったのだ。

この物語の始まりは、浦島太郎が浜辺で虐《いじ》められている亀を助けたところから始まる。

この《亀《かめ》》とは、自分自身の本霊のことだったのだ。

神は居るのか居ないのか判らん、霊なんて信じない、あの世なんて無い、そんな考えの人は、本霊を虐《いじ》めている人だ。

あの世を信じる人でも、霊と言えば肉体霊の浮遊霊や先祖霊程度の、行けても中界止まりの幽霊くらいの認識で、人は霊が元だと言われても、本霊を誰も見たことがなく本霊がどんな存在かも知らなかったのだ。本霊なんて誰も知らんのだから、本霊を見ようとする者は誰も居なかったのだ。

この状況は、クラスメイトから完全無視の虐めのような状態に本霊があったということなのだ。浦島太郎は、そんな本霊に目を向けて意識できたことで、亀（本霊）を救う、という形を示した。

浦島太郎とは、自分の本霊を見つけ出した人なのだ。この『浦島太郎《うらしまたろう》』の物語は、本霊を発見したことから始まる経験を、昔話として日本人に知らせていた。つまりこれは、未来で大峠を登る人々に向けて与えられた教えとなる話なのだ。

浦島太郎は、本霊という万年《まんねん》を超えて生きる亀を助けたことで、本霊に乗って竜宮城の乙姫に会うことになった。肉体が本霊を頼《たよ》って、竜宮城（神界）に行く、というのが浦島太郎の物語なのだ。

では、この『浦島太郎《うらしまたろう》』とは一体誰のことなのか？

その答えのヒントになるのが、次の筆先だ。

大本神諭　二巻P一八一　大正五年旧五月十四日

何事《なにごと》も筆先《ふでさき》に書《か》いてあるが、未申《ひつじさる》の金神《こんじん》の身魂《みたま》は改心《かいしん》の出来難《できにく》い性来《しょうらい》であるから、物《もの》が遅《おそ》く成《な》りたのであるから、何彼《なにか》の事《こと》を素直《すなお》に致《いた》したら、物《もの》が速《はよ》うなりて、世界《せかい》が速《はや》く善《よ》く成《な》ると云《い》う事《こと》が、筆先《ふでさき》で気《き》が付《つ》けて在《あ》ろうがな。

この筆先の『未申の金神の身魂《ひつじさるこんじんみたま》』とは、『身魂《みたま》』と書かれているので、王仁三郎のことになる。王仁三郎の魂を生んだ親が『未申の金神《ひつじさるこんじん》』なのだ。

その『未申の金神《ひつじさるこんじん》』の別名が『竜宮の乙姫様《りゅうぐうおとひめさま》』だ。このことは、トコトンまで隠されているので、私も最近になって判ったことだ。これについては、次の筆先や他にも多くの筆先から読み解いたので、ここではそうなのだと思ってほしい。

この王仁三郎の親が乙姫様なのだから、浦島太郎とは王仁三郎だ。そして、王仁三郎にとって竜宮の乙姫様は、生みの親であり、経《たて》の親であるが故に、聖霊となる。

次は、亀が虐められていた《浜辺》について語っている筆先を出そう。

大本神諭　四巻P七九　大正四年旧五月四日
明治《めいじ》二十五年《ねん》から、口《くち》と手《て》とで知《し》らしてある実地《じっち》の事件《こと》が、世界《せかい》の片端《はし》から浜辺《はまべ》から始《はじ》めるぞよ。
国常立の命《くにとこたちみこと》の次《つぎ》に、乙姫殿《おとひめどの》の御用《ごよう》という事《こと》が、お筆先《ふでさき》で知《し》らしてあるが、筆先通《ふでさきどお》りに出現来《でてく》るぞよ。

この筆先は、地上での筆先に対する御用のことを言っていて、『国常立の命《くにとこたちみこと》』は《出口直を使って筆先を地上に降ろす》御用を行い、その『次《つぎ》に』行われる『乙姫殿の御用《おとひめどのごよう》』とは、《筆先を解る者を地上に育てる》という御用なのだ。

『次《つぎ》に』行われる『実地の事件《じっちこと》』とは、『世界《せかい》の片端《はし》から浜辺《はまべ》から始《はじ》める』と語られていた。これは、この世界の端《はし》っこ、この世（陸《りく》＝土）と、霊界（海＝水）の、境《さかい》である『浜辺《はまべ》』から始めるということなのだ。

肉体は、聖霊という本当の自分の親と会うことで、中界ではない本当の霊界を知る。

それが、出口直によって筆先を降ろした『国常立《くにとこたち》の命《みこと》の次《つぎ》に、乙姫殿《おとひめどの》の御用《ごよう》』として行われた。

この『乙姫殿《おとひめどの》の御用《ごよう》』が、『実地《じっち》の事件《こと》』と表現された実地の本番の始まりのことだったのだ。

その『乙姫殿《おとひめどの》の御用《ごよう》』とは、我が子の魂の肉体に、本当の神を解らせることであった。


浦島太郎の物語を思い出してみよう。

浦島太郎は、浜辺というこの世とあの世の境に自ら向かい、亀の現状を理解して助けた。

亀が子供たちから暴力を振るわれるシーンは、無視されるという虐《いじ》めも心にとっては暴力なのだと、真実を何も知らない子供のような無邪気な行いも、受けた当人には辛い状況だったのだ。

浦島太郎は、その亀（本霊）を助けて、竜宮城へと向かった。竜宮城は、海の底の深海《しんかい》に在る。その深海とは神界《しんかい》（本当の神の居る所）だと暗に伝えていた。人は、本霊に運《はこ》ばれて聖霊に合うことになる。


さて、今時の神を信じる人間には、完璧に抜け落ちている認識がある。

ここで重要なことは、人間が、自分の命の元である本霊という、本人にとって《最も身近な神》を、意識もせず認識すらもしていない、ということが問題なのだ。

キリスト教徒ならば、イエスを信じ唯一神を信じて信仰するのは大切なことではある。

だが、本人にとって《最も身近な神》であるはずの本霊が、信仰から完全に抜け落ちていた。

この本人にとって《最も身近な神》を意識することが、正しき《天国の門》であり『狭《せま》い門《もん》』へと通じる道であったのだ。

大本神諭　二巻P二三二　明治三十三年閏八月二日
綾部《あやべ》の大本《おおもと》の御世継《およつぎ》に成《な》るのは、一度《いちど》は実地《じっち》の所《ところ》へ行《い》って下《くだ》さらんと、誠《まこと》の御用《ごよう》がさせられんぞよ。～略～　出《で》口《ぐち》に一同《いちどう》みな結構《けっこう》な処《ところ》へ連《つ》れ行《い》かせるぞよ。

『綾部《あやべ》の大本《おおもと》の御世継《およつぎ》に成《な》るのは』紅様ではあるが、ミロクの世の『御世継《およつぎ》』は、三人世の元となる三人なのだ。『綾《あや》部《べ》の大本《おおもと》』で、《教祖》と言われる存在は、その三人だけ。それ以外は皆《教主》止まりだ。今現在、紅様が教主であるのは、まだ本物ではないからだ。

しかし、その理屈では、王仁三郎も型の時には本物ではなかったのに教祖と呼ばれたのは間違いとなるのだが、それも引っ掛けだったのだ。と言うか、王仁三郎には、実地の本番で地上で教祖になる機会は無いので、型の時に教祖になって、三人世の元の型を示す必要があったのだ。また、その理屈を延長すれば、紅様もいずれ教祖と呼ばれる時が来るということになるのだが、その答えは後で語ろう。

さて、ミロクの世の『御世継《およつぎ》』になるべき王仁三郎も、死んであの世の『結構《けっこう》な処《ところ》』で修行して、再びこの世に生まれて来た。だが、肉体霊はリセットされてすべてを忘れ、肉体も新しくなって、修行したことを知らず、地上を生きて地上の常識を学び、神を解らない状態にされていた。だが、自分の聖霊や本霊、兄姉である守護神はそのことを知っている。

それ故、それらの存在や聖霊から様々なアプローチがあり、神に異常とも思えるほどの関心を持ちつつ、世間や宗教の神に対する一般的な認識と、自分の感覚のずれを感じながら、それでもこの世界の常識に囚われて、神を解ったようで実は何も解っていないという状態で生きていた。

私は、神に対して異常なほどの関心を持って、神という存在を調べ探求していた。だが、《神は存在するのか》という根本となる疑問に、確信を持てずに居た。

しかし、この長年の懸案事項であったこの問題にいい加減決着を付けようと、本腰を入れて考えて、どうしたら神が実在することを証明できるのかを本気で考え始めた。だが、いくら考えても上手《うま》い方法を思いつかず、終《つい》にやけを起こした。

もう、考えるのはやめて実践だ。神に会えたら居る。会えなかったら居ない。結局、それが確実な確認方法なのだ。取《と》り敢《あ》えず、神が居るつもりで、トコトンまで神を探して、それで会えたら居る。そこまで努力して、それでも会えなかったのなら居ないのだと、真実がどうであろうと、私の中ではその結果が結論だと、そう決めて神を探した。

だが、どうしたら神に会えるのか、その方法を考えた時に、私が設定した条件が、自分に一番近い神に会うということだった。何故なら、M七十八星雲に神が居ても会うことも確認する方法も無いからだ。

そんな安易な考えで、自分にとって最も身近に居る神を求めた。

しかし、結果を見れば、その安易さが正解だった。

「神は居る。絶対に居る。居て当たり前、神は常に私を見ている。いつも私のそばに居る」

私はそう念じながら、神が自分の傍《かたわ》らに居ることを感じようとしていた。

そうやって、一週間、二週間、三週間と経《た》つうちに、とうとうノイローゼになりそうな精神状態に追い込まれてしまった。トイレに入っている時も近くに居る神を感じて、

「ふざけんな、馬鹿野郎、見てんじゃねえ！」

と、叫びたくなるような、そんな精神状態になってしまったのだ。

それでもそんなことを続けながら、その日も、一日の仕事を終え、ご飯を食べ、風呂に入り、布団に入って、さあ寝ようと目を閉じたその瞬間。

あれ？　ここは何処だ？　私はどうなった？

私は寝入ったという感覚も無く、気付いた時には誰かの巨大な掌《てのひら》の上に立っていた。周りは真っ暗で、見えるのは掌《てのひら》とそこから伸びる腕と、ボンヤリと見える甲冑《かっちゅう》のような装いの胸元、暗くて顔も見えず、閻魔大王かと思ったけれど、どうやら女性のように見える。そう見ていながらも、圧倒的な存在感と威圧感に恐怖を感じるばかり。もう、こんな所一秒だって居られない。そう思って飛び降りようと掌から顔を出して下を覗《のぞ》けば、遙か下に懐かしく感じる街《まち》の灯《ひ》が見えて、あぁ、帰りたい。だけど帰れない。とても飛び降りて無事でいられる高さではない。これは一体どうしようかと考えているうちに意識を手放し、どうやら本当の眠りに落ちていた。

そんなことが、次の日も、その次の日も、三晩続いたその日に、私はとうとう切れた。その威圧してくる圧倒的な存在から、どうやって逃げようかとばかり考えていたのに、切れてしまったのだ。

「ふざけんな馬鹿野郎、煮るなり焼くなり好きにしやがれってんだドアホー！」

と、中指を立ててファックユーしてしまったのだ。が、そのうちに場面は暗転し、真っ暗な眠りに落ちていた。

それから、一日二十四時間、一年三六五日、夢で見たままの状態で、神の掌《てのひら》の上でまな板の上の鯉《こい》状態で、精神的にではあるが好きなように切り刻まれて煮られ焼かれてズタボロにされることになった。私の面子《めんつ》もプライドも、私自身が思う《私という存在》すらもボロボロにされて砕け散ってしまったのだ。あの夢の中で神の掌から飛び降りなかったことを後悔しつつ、それでも飛び降りずに善かったと胸を撫で下ろしながらも。

神を知らない私は、何も知らずに神に逆らっていたと学ばされた。そして、神を知らない私こそが、悪魔とか獣と言われる存在であったのだと思い知ったのだ。

神に会ってから三年半ほど経《た》った頃、私は神に完全敗北を認め、無条件降伏を宣言して、神から赦され祝福された。

判るだろうか?

《自分にとって最も身近な神》とは、図《はか》らずも自分の本霊だったのだ。私は自分で気付かずに本霊を呼び出していた。そして、その本霊に運ばれて霊界に行き、私は聖霊（本霊の親）に遭《あ》った。《会う》ではなく《遭う》という字を使ったのは、正《まさ》しく災難に遭ったという感覚だからだ。

肉体の自我が霊界に居る聖霊に会うには、本霊を頼る以外に方法は無い。肉体霊を頼ったら、中界に行って悪神に会うだけなのだ。王仁三郎の神懸《かんがか》りはこちらだったのだ。王仁三郎は、ここでも間違いのお手本であったのだ。

しかし、よくよく考えれば、無自覚とはいえ本霊を呼び出して、結果、聖霊に会えたのだ。

何はともあれ、私は何も知らずに、神を求めて与えられ、狭《せま》い門《もん》を入って、細《ほそ》い道《みち》を歩いていた。

そして最後《さいご》の一《いち》クァドランス（意識の中ですべてを捨てさせられた自分自身）を神に捧げて、神（聖霊）に赦され祝福されたのだ。

私は、それら一連の流れを経験して、その後で、筆先や聖書を読んで、私の経験したことがこんなふうに記されていて、そのように解釈するのだと理解したのだ。

こんな解説が書けたのは、経験したからこそ、ということだ。

だが、私が祝福された時、私はまだ筆先を知らなかった。聖霊に教育されていたとは言え筆先を知らなければ本当の意味での改心はないと今なら判る。だからこのことは、神が私を型にして鏡に見せるためであったと理解したのだ。浦島太郎の昔話の通り、乙姫（浦島太郎の聖霊）と共に暮らして、神の真実を朧気《おぼろげ》という程度ではあったが学んだ。

その後で筆先を学び、生まれ変わった王仁三郎は、身魂の改心を終え、準備は整《ととの》った。

しかし、本格的な活動をするには、まだ成《な》すべきことがある。

マタイによる福音書　二十六章　ペトロの否認《ひにん》の予告《よこく》

「あなたによく言《い》っておく。今夜《こんや》、鶏《にわとり》が鳴《な》く前《まえ》に、あなたは三度《さんど》わたしを知《し》らないと言《い》う」。ペトロはイエスに言《い》った、「たとえ、あなたと一緒《いっしょ》に死《し》ななければならないとしても、決《けっ》してあなたを知《し》らないとは言《い》いません」。他《た》の弟子《でし》たちもみな、同《おな》じように言《い》った。

イエスは、生きている時、最後にはすべての弟子に裏切られた。イエスは、これまでの行いのすべてを否定されて死んだのだ。だが、イエスは死んで後《のち》、霊となって活動した僅《わず》かな期間で、《キリスト教》という揺るがぬ信仰を築き上げていた。

結局、イエスの活動は、死んでからが本番だったのだ。

映画のマトリックスの主人公も、仮とは言え死を越えたその先で本領を発揮して救世主に成った。

伊都能売神諭《いづのめしんゆ》を読めば、伊都能売《いづのめ》となった変性女子の御用は肉体が有ってはできないことだと判る。

だから、肉体を持っていては救世主には成れないのだ。そんな中、三人のうちで、地上に最後まで残って活動するのが紅様だ。なので彼女は、とっても大変でご苦労な役割なのだ。

ところで、映画の話を出したので、こういったエンターテインメントが割と神からのお知らせを含んでいる、ということを伝えておこう。

アニメ映画の《アナと雪の女王》も神からのお知らせだった。本来、雪の女王は悪であり恐れられる存在だ。それは揺るぎない設定であったはずなのに、それがこのアニメで覆《くつがえ》された。

大本神諭　一巻P九二　明治三十二年　月　日

今迄《いままで》は、世《よ》の本《もと》の神《かみ》を北《きた》へ北《きた》へ押《お》し籠《こ》めておいて、北《きた》を悪《わる》いと世界《せかい》の人民《じんみん》が申《もう》して居《お》りたが、北《きた》は根《ね》の国《くに》、元《もと》の国《くに》であるから、北《きた》が一番《いちばん》に善《よ》くなるぞよ。

北半球では北は寒い雪の国。凍てつくばかりの雪の女王が、『一番《いちばん》に善《よ》くなる』時が来たことをお知らせしたのがこのアニメだ。『北《きた》へ押《お》し籠《こ》め』られていた善の神々が復活する時が来たことを全人類に知らせるために、善の神から《アナと雪の女王》を作らせたのだと理解してほしい。善の神（聖霊）の復活の時を人々に知らせるために、神は世界中で大ヒットさせたのだ。

また、日本では《君の名は。》のアニメが作られ世界中で大ヒットした。

これは、紅様の本霊の名、『木花咲耶姫命《このはなさくやひめのみこと》』の名を思い出せという内容だ。君が何者なのか、君の名と共に思い出せ、とその思いを込めたのがこのタイトルだ。それは王仁三郎の生まれ変わりに対しても同じ。王仁三郎の本霊の名は『彦火々出見命《ひこほほでみのみこと》』。臣《おみ》でも民《たみ》でもなく、その『君《きみ》』の名は、誰なのかを思い出せと、その肉体に目を覚ませと呼びかけていた。実地の本番のこの時に、この二人が己の本霊の名を思い出さなければ、火の雨が降って誰一人助からずに世界が終わるぞと伝えていたのがこのアニメだ。

世界中の、たった二人のために作られたのがこの映画だ。だが、それが全人類に関わることだった。誰もが無関心では居られなかったのがこの映画だったのだ。

そして、こういった神のお知らせには、必ず悪が付きまとう。それは《君の名は。》が人気が出て来た頃に大流行したピコ太郎のＰＰＡＰだったり、《アナと雪の女王》では、その前座で上映されたドタバタ喜劇の短編アニメだ。全く意味の無い内容で人を笑わせるのだけが効能なのだ。

こんなふうに、善の神が動けば、悪神も活動しているのが判る。善の神の行いを、邪魔したり混ぜっ返したりするのが悪神なのだ。

この宇宙の法則

また、もう一つ、この宇宙の法則について書いておこう。

ただし、これは、これまでの法則だと思ってほしい。実地の本番が現実に発動すれば、阿鼻叫喚の地獄絵図がそのまま目の前に現れる。だから、その時にはこれまでの法則なんてものは無い。

なので、一応、これまでの法則として書き残す。


日本の政治で平成の自民党の大敗北は、記憶に残っていることだと思う。自民党が敗北して民主党が政権を取った。

これが何故起こったのか？　その理由を書いていこう。

自民党が大敗北する八年前の平成十三年、小泉純一郎は《自民党をぶっ壊す》と言って総選挙を行い大勝利を得た。

その時、日本人の大多数が《自民党をぶっ壊す》ことに賛成した。自民党員は投票するという行為により、《自民党をぶっ壊す》ことに賛成し、野党は、《自民党なんかぶっ壊れてしまえ》と野党に投票した。そう考えれば、日本人のほとんどが《自民党をぶっ壊す》ことに賛成したと判るだろう。

日本にはこんな言葉がある。《桃栗三年柿八年》。種を蒔《ま》いて実を収穫するまで、三年、八年かかることを語る言葉で、これがこの世界の法則なのだ。

自民党は大勝利の裏で、《自民党をぶっ壊す》という原因（種）を蒔《ま》いてしまった。そして、八年後に日本人が選択した通りの結果（実《み》）を収穫した。

人間の心が未来を選択している、という最も分かりやすい例としてこれを挙げた。

この世界に、影すらも無い所に種を蒔くことができるのが、人間の心だ。その選択が、ほぼすべての日本人の思いならば、有り得ないことでも起きてしまうのがこの世界だ。

こんなふうに、人の心が世界に影響を与えることを、筆先では次のように語ってる。

大本神諭　五巻P一三一　明治三十六年旧五月六日
此《こ》の世界《せかい》は、浮《う》き島《しま》で在《あ》るから、世界《せかい》の人民《じんみん》の精神善《せいしんよ》くば、世《よ》も治《おさ》まりて行《い》くなれど、人民《じんみん》の心悪《こころあ》しくば、天《てん》も地《ち》も何事《なにごと》も、其《そ》の通《とお》りに曇《くも》りて了《しま》うのじゃ。

自民党にとって、『悪《あ》し』きことは、自民党が壊れること。過激な言葉で民衆を煽《あお》って、やっちまったということなのだ。

そうやって、平成十七年にも小泉総理によって自民党が大勝利したのに、次の総理からの政権の不甲斐ない姿を晒《さら》して、これでは自民党が敗北するのも当然だと誰もが思うような状況が作られて、その大勝利からわずか四年、小泉劇場が終わってからなら、たった二年で大敗北したのだ。

これは、《自民党をぶっ壊す》という結果に向かって自民党が大敗北するための原因が作られたと考えなければ説明の付かないことなのだ。それほどにあの大勝利から一転した不甲斐ない様は説明のできないことだったのだが、世界の法則を知らず、ただ人間の活動だけを見る人たちでは、その不思議に疑問も持たずに過ぎ去ってしまうのだろう。

小泉総理自身、自分が蒔いた種で様々な不祥事に塗《まみ》れ、それを切り捨て英雄のように立ち回っていた。まるで政治を舞台にした素盞嗚命《すさのおのみこと》現代版だ。そうやって一人《ひとり》、己の正義を英雄の如くに貫いて、ズタボロとなった政界をそのままにして逃げ切ったのだ。今にして思えば、彼は日本の政界を九分九厘に向かわせる御用であったのだ。なので、こんな特殊な御用の人間の行いを参考にしてはいけない。

一般の人の教訓として書いておこう。

「口は災いの元」

この言葉は正《まさ》に正しく、悪魔に言質《げんち》を与えてはいけないという話なのだ。

だが、時に未来は、自分や周りの人の言葉から見えてしまうことがある。その未来を決める言葉は、霊魂から来る。それ故、第三者には分からずとも、事件や事故の当事者にとっては、その出来事は予定調和というものなのだ。

ついでなので、こんな話もしておこう。

電子レンジでチンするような奇蹟は、悪神の所業だと理解してほしい。

だが、福音を読めば、イエスも病治《やまいなお》しの奇蹟を行っている。これもレンジでチンで、善の神もやっていることではあるのだが、これには深い理由がある。このイエスが起こした奇蹟は、天国には病《やまい》を患《わずら》う者は一人も居ないということを知らせるためなのだ。天国に入る者には病気の者は居ないのだから、イエスによって救われて天国に入る者は、結果として《病が治る》ことになる。

それ故、病が治ったことが救いだという単純な理解では間違いになる。なので、病治しのために神を求めるなら、悪魔が口を開けて待っている所に行くようなものなのだ。今時、そんなことで病が治ったなら、それは悪神がやっている。王仁三郎が大本で行った病治しは、王仁三郎の前世であるイエスの行いを混ぜっ返すために行われていたのだ。

また、レンジでチンするように、プラスチック成形の製品を作る行いは、桃栗三年柿八年をチンするようにやってしまうのと同じだと理解してほしい。神はそれを是《ぜ》としないが故に、プラスチックを自然に還元させないのだ。プラスチックゴミの海洋汚染をニュースで見るように、神が認めないものは、あとで我が身に返って痛い目に遭うのがこの世の仕組みだ。

また他にも、医者がどんなに頑張ろうと、病人が一向に減らず、更に医者自身が追い詰められて行くような現状になるのは、本当の原因に対処していないからだと、そんな理解が必要になる。

あっちでも死ぬな、こっちでも死ぬなと、死を忌避《きひ》して、人間が一生懸命社会を改善する努力をした果てに、人間はただ暑いという理由で死んでしまう熱中症なんて病を患《わずら》うことになった。

社会をどんなに良くしようと頑張っても、結局、人の心が未来を決めている。それは、人の心が神の心に添《そ》っているのかで決まるのだ。

なので、善の神は、これまでの人間の認識を改めて、その心の在り方を変えろと主張する。

悪神は、心を無視してこの物質世界を科学の力で改変して良くしようと試みる。だが、それは決して良い結果には成らない。今の科学万能は、一見立派に見えて、実際はあらゆることが行き詰まっていると知っているだろう。科学技術の最先端ばかりを見ていれば、夢の有る未来を見るようで素晴らしいと思うだろう。だが、ふと脇を見れば、気付かぬうちにゴミに埋もれているのがこの世界の有り様なのだ。

さて、そろそろ王仁三郎に話を戻そう。

王仁三郎の実地の御用

王仁三郎の実地の御用の本番は、王仁三郎の生まれ変わりが肉体での修行を終えて、綾部の大本に現れた時に始まる。

まずは、王仁三郎の御用の全体を俯瞰《ふかん》した筆先から出そう。

伊都能売神諭　Ｐ一二二　大正七年十二月二十三日
女子《にょし》の御用《ごよう》は、三千世界一度《さんぜんせかいいちど》に開《ひら》く梅《うめ》の花《はな》の開《ひら》いて散《ち》りて跡《あと》の実《み》を結《むす》ばせ、スの種《たね》を育《そだ》てて、世界《せかい》を一《ひと》つに丸《まる》めて、天下《てんか》は安穏《あんおん》に国土成就《こくどじょうじゅ》、万歳楽《ばんざいらく》を来《きた》さすための御用《ごよう》であるから、

『女子《にょし》』とは王仁三郎で、この筆先には王仁三郎の御用が書かれている。

王仁三郎は、『開《ひら》いて散《ち》りて跡《あと》の実《み》を結《むす》ばせ』と、これは《型の時》には、大本で悪の道を『開《ひら》いて』、『散《ち》りて（死んで）』大本と世界に『（悪の）実《み》を結《むす》ばせ』た、ということだ。

しかし、同じ言葉が《実地の時》になれば、『開《ひら》いて（生まれて）散《ち》りて（死んで）跡《あと》の実《み》を結《むす》ばせ』となる。《実地の時》の『跡《あと》の実《み》』とは、『世界《せかい》を一《ひと》つに丸《まる》めて、天下《てんか》は安穏《あんおん》に国土成就《こくどじょうじゅ》、万歳楽《ばんざいらく》を来《きた》さす』こと、なのだ。

また、『スの種《たね》』とは、実地の本番で《、《ほち》の一霊《いちれい》と成る御用の身魂》のことで、この本を読んで、、《ほち》の一霊《いちれい》に成ろうとする者が『種《たね》』なのだ。王仁三郎が直接育てる『スの種《たね》』は、十二人、七十二人のことだと判るだろう。

イエスも王仁三郎も、王仁三郎の来世も、死んでからが本番だ。

だが、『世界《せかい》を一つ《ひと》』にするためには、この世界に対してやらなければならないことがある。

新約聖書には、こんなことが書かれている。

マタイによる福音書　二十四章　再臨《さいりん》の徴《しるし》
稲妻《いなずま》が東《ひがし》から西《にし》まで閃《ひらめ》き渡《わた》るように、人《ひと》の子《こ》の来臨《らいりん》もまたそのようである。死体《したい》のある所《ところ》には禿鷹《はげたか》が集《あつ》まる。この苦難《くなん》の日々《ひび》が過《す》ぎ去《さ》るとたちまち、
太陽《たいよう》は暗《くら》くなり、
月《つき》は光《ひかり》を失《うしな》い、
星《ほし》は天《てん》から落《お》ち、
天《てん》のもろもろの力《ちから》は揺《ゆ》れ動《うご》く。
その時《とき》、人《ひと》の子《こ》の徴《しるし》が天《てん》に現《あらわ》れる。するとその時《とき》、地上《ちじょう》のすべての民族《みんぞく》は悲《かな》しみ、人《ひと》の子《こ》が大《おお》いなる力《ちから》と栄光《えいこう》を帯《お》びて、天《てん》の雲《くも》に乗《の》って来《く》るのを見《み》る。

この『人《ひと》の子《こ》の来臨《らいりん》』は、綾部《あやべ》の大本《おほもと》に現れる。ならば、『死体《したい》のある所《ところ》』とは大本である。

大本の役員が五人しか残らないのなら、それ以外の者たちは『死体《したい》』として在る。

だが、そうすると、『禿鷹《はげたか》』とは何だろう？

それは、新聞雑誌記者、テレビリポーター、野次馬、被害者の親族や知り合いの花を手向《たむ》ける人たち。

紅様にとっては『苦難《くなん》の日々《ひび》』だ。なんとも厳しい話で嫌な役割だ。

そして、この大本の大峠が終わると、次に、神が人間に当たり前に在るように見せていた宇宙の姿が崩壊して地上も壊れる。それから、全世界に向けて『人《ひと》の子《こ》の徴《しるし》が天《てん》に現《あらわ》れる』ということになる。

まずは、大本の大峠とはどういうものなのか、紅様に焦点を当《あ》てて見ていこう。

大本の大峠

大本の第一次、第二次弾圧事件は、神が型として実地に見せたことなのだが、実地の本番ではどうやら、型の時とは比較にならないような事態になるようだ。

『二十四章　再臨《さいりん》の徴《しるし》』を読めば、『死体《したい》』が存在し、それも大騒ぎになるほど多数なのだ。

紅様が、事態を正しく理解し、正しく世界に伝えられるなら良いが、多分、今のまま筆先を読み解けないようでは、世界に終わりが来たことを正しく伝えることはできそうにない。

ただ、この大本の惨劇の首謀者は、善の神であり、その手先となって働く王仁三郎の霊魂なのだ。

大本の役員たちは、自身が信仰する王仁三郎聖師《せいし》に直接引導を渡されるのだから本望だろう。


次の筆先は、紅様の大峠について書かれている。

伊都能売神諭　P六一　大正七年十二月二十四日（旧十一月二十二日）

> 立替《たてか》えが始《はじ》まりてもなるべくは今《いま》の姿《すがた》のままで立替《たてか》えをいたしてやりたいのが神《かみ》の胸一杯《むねいっぱい》であれども、あまり曇《くも》りようが惨《ひど》いから艮《とど》めは矢張《やは》り昔《むかし》からの経綸《しぐみ》どおりに尉《じょう》と姥《うば》とが現《あらわ》れて松《まつ》の根本《ねもと》の大掃除《おおそうじ》を致《いた》して、天《てん》に届《とど》いた高砂《たかさご》の古《ふる》き松樹《まつぎ》の植《う》え直《なお》し、末代続《まつだいつづ》く神代《かみよ》に代《か》えてしまうぞよ。

この筆先にある『尉と姥《じょううば》』の二人は、『尉《じょう》』が国常立尊《くにとこたちのみこと》、『姥《うば》』が豊雲野尊《とよくもぬのみこと》なのだ。

また、『松《まつ》の根本《ねもと》』とは、《綾部の大本》のことだ。ミロクの世という松《まつ》の世《よ》（常緑＝永遠の天国の世）の基《もと》となる場所が綾部の大本なので、それを『松《まつ》の根本《ねもと》』と表現していた。

つまり、『松《まつ》の根本《ねもと》の大掃除《おおそうじ》』とは、綾部の大本を『大掃除《おおそうじ》』するということだ。

そして、『天《てん》に届《とど》いた高砂《たかさご》の古《ふる》き松樹《まつぎ》の植《う》え直《なお》し』の『松樹《まつぎ》』とは、松竹梅の松である紅様なのだ。紅様が『天之宇受売命殿《あめのうずめのみことどの》』のまま増長して『天《てん》』にも『届《とど》』くほど尊大に成長した有り様を、小さく刈り込んで『植《う》え直《なお》』す、ということだ。これは、紅様を『、《ほち》の一霊《いちれい》』になるまで身魂研きをさせるという意味だ。

『立替《たてか》えが始《はじ》まりてもなるべくは今《いま》の姿《すがた》のままで立替《たてか》えをいたしてやりたいのが神《かみ》の胸一杯《むねいっぱい》であれども』と、神は言っているけれど、初めからそれは無理な話だった。神にそうさせる気が在ったのなら、そうなるように神が仕組《しく》んでいたはずなのだ。だがそれでも、紅様が気付いて早くに改心できていたならば、そうなる目も少ない可能性として在った、という話なのだ。

伊都能売神諭　P二四五～　大正八年三月十日（旧二月九日）

> この大本《おほもと》には、昔《むかし》の神代《かみよ》から罪《つみ》を作《つく》りて来《き》た体主霊従《あく》の身魂《みたま》の人民《じんみん》ほど、先《さき》へ引《ひ》き寄《よ》せて、御魂《みたま》の借金済《しゃっきんす》ましの

ために大望《たいもう》な神界《しんかい》の御用《ごよう》をさしてあるのであるから、

この筆先は、どう解釈するのだろう？

素直に読めば、《神は、悪に落ちている人民を大本に引き寄せて、借金を返させる御用をさせている》と読み取るのだろう。しかし、この解釈は違う。

神には裏も表もあるのだぞ。なんて言うと、裏表があるのは悪ではないのか？　なんてお目出度《めでた》いことを言う人も居るだろう。けれど、悪魔は自分の欲望には忠実なのだ。その素直な欲望に、素直に欺《だま》されているのが今の人間だ。だから筆先が判らんのだ。素直に筆先が判らないと言うその素直な心が、悪魔に欺されているという何よりの証拠となるのだ。

正しい解釈をしよう。『昔《むかし》の神代《かみよ》から罪《つみ》を作《つく》りて来《き》た体主霊従《あくしん》の身魂《みたま》の人民《じんみん》』とは、《悪神の血筋の人間》という意味で、『御魂《みたま》の借金済《しゃっきんす》まし』をするということは、《酷《ひど》い目《め》に遭《あ》う》ということだ。

簡単に言えば、今の『この大本《おほもと》には』悪神の方の身魂を集めてあって、その時が来るまで、『大望《たいもう》な神界《しんかい》の御用《ごよう》』という、《世界を九分九厘に向かわせる悪の方の御用》をさせていた。そうやって本当の九分九厘の時が来たら、自分が積み上げた悪の御用の『御魂《みたま》の借金済《しゃっきんす》ましのために』、自らが断罪されることになる。

その時になれば、悪には容赦ないのが、善の神。

その結果、大本に大峠が出現する。その時には、役員でも信者でも大本に集《つど》う悪の身魂は断罪される。

そうやって世界に終わりの時が来たぞと、その先触《さきぶ》れが、大本の大峠だ。

この断罪を大本に実現させるために、紅様には『天之宇受売命殿《あめのうずめのみことどの》』に為《な》っていて貰《もら》わねばならなかった。

こうして、綾部の大本という地上の聖地で、悪の幹部は一網打尽にされる。そんな悪を一掃するために、大本に悪が集められて居たのだ。

紅様は、そうやって身も心もボロボロの失意のドン底に落とされて改心を強要される。

澄子の身魂研き

澄子の生まれ変わりの紅様の改心は、大本に大峠が来て、やっと始まる。

澄子（紅様）の改心について、筆先には次のように書かれている。

大本神諭　一巻P一九三　明治三十七年旧八月三日
海潮《かいちょう》（王仁《おに》の一名《いちめい》）が善《よ》く成《な》れば、半年後《はんとしおく》れて澄子《すみこ》が善《よ》く成《な》るぞよ。澄子《すみこ》が善《よ》くなれば、次《つぎ》に役員《やくいん》が善《よ》く成《な》る。役員《やくいん》が善《よ》くなれば氏子《うじこ》が善《よ》く成《な》るぞよ。

『海潮《かいちょう》（王仁《おに》の一名《いちめい》）が善《よ》く成《な》れば』と、こんなふうに書かれているのだが、王仁三郎の本霊が大本に来臨してから、『半年後《はんとしおく》れて澄子《すみこ》が善《よ》く成《な》る』ということだ。そうして、『澄子《すみこ》が善《よ》くなれば』、『役員《やくいん》が善《よ》く成《な》る』。そして『役員《やくいん》が善《よ》くなれば』、『氏子《うじこ》が善《よ》く成《な》る』。と、上が善くならなければ、下が善くなることはないと教えている。

大本神諭　一巻P二二四　明治三十四年旧六月三日
奥山《おくやま》の紅葉《もみじ》の在《あ》る中《うち》にと思《おも》えども、〇〇〇〇それは心《こころ》で感得《とら》れよ。暑《あつ》さ凌《しの》いで秋吹《あきふ》く風《かぜ》を待《ま》てど、世界《せかい》は淋《さび》しくなるぞよ。一旦《いったん》は、世界《せかい》は言《い》うに言《い》われん事《こと》が出来《しゅったい》いたすぞよ。

『紅葉《もみじ》』は、紅様のことなので、この筆先は紅様に向けた内容となる。『〇〇〇〇』に何が書かれているのかは判らない。筆先には、所々に『〇〇〇』と、文字が伏せられているのだが、これは筆先を簡単に読み解けないように、王仁三郎というよりも艮の金神によって隠されたのだ。それは、下手に情報を開示して実地の本番の時に悪神に悪用されて神の経綸の邪魔をされないための処置なのだ。

まあ、それはそれとして。

初《しょ》っ端《ぱな》の『奥山《おくやま》の紅葉《もみじ》の在《あ》る中《うち》にと思《おも》えども』とは、前の解説と同じように《綾部の大本に紅様が生きている内にと思っているけれど》となるのだ。だが、生きている間に紅様の改心は無理だろうから、次に続く『〇〇〇〇』にはそれをほのめかす言葉が入るのだろう。とは言え確証はないのでこのことはこれまでとしておく。

大本の大峠で、大本の周囲を巻き込んで広大な範囲が壊滅状態になる。それを見た世界中が言葉を失うほどのことが起きるのだ。人類はもう、本当に滅亡するんじゃないかと思うほどのことが起きて、世界中の人々が意気消沈する。それを神は、『世界《せかい》は淋《さび》しくなる』と言った。

そして、『一旦《いったん》は、世界《せかい》は言《い》うに言《い》われん事《こと》が出来《しゅったい》いたす』のである。これはもう『一旦《いったん》』と言いながら、この世界の終わりの時なのだ。神からすれば、この世が終わってもまだ終わりではないので、『一旦《いったん》』という表現になるのだ。

世界がそんな状況を迎えても、『澄子《すみこ》が善《よ》く成《な》』って来ると、次の筆先になる。

大本神諭　一巻P三〇　明治二十五年旧正月
三千世界《さんぜんせかい》の事《こと》は、何一《なにひと》つ判《わか》らん事《こと》の無《な》い神《かみ》であるから、淋《さび》しく成《な》りたら、綾部《あやべ》の大本《おほもと》へ出《で》て参《まい》りて、お話《はなし》を聞《き》かして頂《いただ》けば、何《なに》も彼《か》も世界一目《せかいひとめ》に見《み》える神徳《しんとく》を授《さず》けるぞよ。

紅様は、筆先を解るようになり、『何一《なにひと》つ判《わか》らん事《こと》の無《な》い神《かみ》』と一つになって、『綾部《あやべ》の大本《おほもと》』に在るようになる。そうなれば、『何《なに》も彼《か》も世界一目《せかいひとめ》に見《み》える』ように成る。
そうなれば、次の筆先だ。

大本神諭　一巻P二五五　明治三十六年旧六月四日
此《こ》の神表《かみおもて》に成《な》りかけたら、我《われ》も私《わし》もと申《もう》して、金銀持《きんぎんも》ちて世話《せわ》さして呉《く》れと申《もう》して、詰《つ》めかけて来《く》るなれど、今《こん》度は身魂《みたま》に因縁《いんねん》の無《な》き人民《じんみん》の金《かね》は用《もち》いられんぞよ。今《いま》は態《わざ》とに、此《こ》の大本《おほもと》の中《なか》は淋《さび》しく致《いた》して見《み》せてあれど、先《さき》に成《な》りたら金銀《きんぎん》は雨《あめ》の降《ふ》る如《ごと》く、謝絶《ことわり》に困《こま》る様《よう》に成《な》りて来《く》る世界《せかい》の大本《おほもと》で在《あ》るぞよ。
神《かみ》の道《みち》はチットも慾《よく》は致《いた》されんから、金《かね》が欲《ほ》しい様《よう》な精神《せいしん》では、今度《こんど》の大望《たいもう》は成就《じょうじゅ》いたさんぞよ。

『此《こ》の大本《おほもと》の中《なか》は淋《さび》しく致《いた》して見《み》せてあれど』と、《大本がドン底に落ちた状態だったとしても》と、紅様が改心して神を判るようになれば、世界中から人々が集まって来るようになる。

『金銀持《きんぎんも》ちて』が、貴金属とかお金のことだと思っているのと間違いの元になる。なので、『金《かね》が欲《ほ》しい様《よう》な精神《せいしん》では、今度《こんど》の大望《たいもう》は成就《じょうじゅ》いたさん』とわざわざ書いて忠告をしている。

ここでの『金《きん》』とは、金神《こんじん》と言うように善の神のことで、『銀《ぎん》』は善の天使のことだ。日本中から金神の霊魂を持つ人間や、世界中から善の天使の霊魂を持つ人間が集まる。それ故『身魂《みたま》に因縁《いんねん》の無《な》き人民《じんみん》（悪神の眷属となっている人間）』は、お断りなのだ。

金銀の霊魂を持った人々が集まり出してからが、大本の本当の正しい神の御用の始まりとなる。紅様の身魂研きが完了することで、実地の二段が終わり、次の三段目が始まる。王仁三郎の身魂の改心が初段、澄子の身魂の改心が二段だ。その二段が終わるまでに『役員《やくいん》』や『氏子《うじこ》』や一般の人たちの中で改心できた者が、三段目の立役者になれる人たちなのだ。

つまり、その立役者とは、八人、四十八人、十二人、七十二人の者たちなのである。

ただ、ここで言う人間や人々とは、『身魂《みたま》』のことなのだ。これまでは、人間と身魂は同じ扱いにしていた。だが、身魂とは本来、〝肉体霊〟と〝魂〟のことなのだ。つまり、大本に集まると言うけれど、それは中界に集まると理解してほしい。そして、『金銀《きんぎん》』とは、この筆先では聖霊のことなのだ。なので、『金銀持《きんぎんも》ちて世話《せわ》さして呉《く》れと申《もう》して、詰《つ》めかけて来《く》る』者たちとは、聖霊による洗礼を受けた人たちのことで、身魂研きが完了して、神や天使の聖霊から綾部の大本に行くように言われた者たちのことなのだ。

預言の真実

さて、ここまで語って来たが、その内容は過去の出来事から未来に起こることにまで及んでいる。未来については、筆先に秘められた預言を解説していると理解してほしい。

多くの人たちは、預言と言えば、人類の滅亡とか天国の到来を想像すると思う。ただそれは、全体の風景とか状況を見ようとしていると思うのだが、その認識では、筆先からも何も読み解けはしない。

新約聖書を読めば、イエス・キリストの活動は旧約聖書に預言されていたことなのだ。イエスはその預言の通りに活動していると福音書に記されている。それは、マタイによる福音書でも彼方此方《あちらこちら》に書かれているのだが、その中から二十一章にある旧約聖書から引用してイエスが語った預言を抜き出してみる。

マタイによる福音書　二十一章　エルサレム入城《にゅうじょう》
「シオンの娘《むすめ》に告《つ》げよ。見《み》よ、あなたの王《おう》が来《く》る、柔和《にゅうわ》で、ろばに乗《の》って、荷運《にはこ》びろばの子《こ》ろばに乗《の》って」

イエスはこの預言を成就させるために、弟子にロバを用意させた。
イエスはすべてを知って行っていた。

しかし、この預言が成就するまで、この預言を読んでも誰もその真実の意味（単純明快な事実）を理解できなかった。

だが、判ってしまえば誰でも『子《こ》ろば』に乗ることくらいはできる。

しかし、それでもやはり、イエスという人間と、時と場所と状況が揃《そろ》わなければ預言は成就したとは言えないのだ。

ところがこの預言には、時も場所も不明で、登場人物も『あなたの王《おう》』と書かれているだけ、事が起こるまですべてが不確定なのだ。なのにこの預言が成就する時には、人と時と場所と状況が揃い、その預言が成就したことを誰もが知るのである。

聖書の預言、筆先の預言。神からのお知らせは、人々にすべて開示されている。

だが、その預言が成就するまで、人々は何も判らずにいることになる。

こうやって、イエスを殺させたイスラエルの人々は、イエスが『あなたの王《おう》』だったことを後で知ることになった。

後で知ったが故に、その者たちは、神の前で、後の時代の人々の前で、《ざまを晒《さら》す》ことになった。

そんな、ざまを晒した彼らが取れる手は、イエスを否定するか、イエスを殺した己の罪を、誤魔化して如何《いか》に信仰するのかという選択しかなかったのだ。

まるっとイエスを否定できれば簡単だった。だが、イエスの言葉と奇蹟に真実を垣間見て、そこに救いを求め、イエスを信仰する道しか選べなかった者が居る。しかし、その者はその道を選んだが故に、直接手を下《くだ》してはいないとしても、イエスを見殺《みごろ》しにしたという事実が自分の中に重くのしかかることになった。

イエスの一番の弟子たる使徒たちを筆頭に、イエスを否定した罪を背負うことになった。

そのことに折り合いを付け、自分を正当化する上手《うま》い言い訳を作って信仰を貫いてはみたが、その結果、イエスを信仰しながら、その信仰は土台から歪《ゆが》みを内包することになった。

彼らは信仰とともに自分自身に重い罪を背負った。背負ってそれを信者に対して誤魔化したのだ。それ故、彼らは、人の罪をアダムとイブの原罪《げんざい》にまで遡《さかのぼ》って語る。でもそんな原罪は、それ以外の人間の罪を含めて、ノアの箱舟で語られる大洪水で罪はすべてリセットされている。神は人間に対してそれほどのことをやったのだから、神が大洪水以前の人間の罪を問えるはずがないだろう。

でも彼らは、真面目過ぎた。原罪を言い訳に利用したのも宜《よろ》しくはないが、そんなことを無意味に追求して信仰を歪めてしまったのだ。そうやって本来考えるべき事柄から目を逸《そ》らしてしまった。

本来の見るべきことを次に語ろう。

イエスは自らを『人《ひと》の子《こ》』と言った。そして、『人《ひと》の犯《おか》すどんな罪《つみ》も冒瀆《ぼうとく》も赦《ゆる》される』と言ったのだ。人の子に対する罪は許される。しかし、そのイエスの言葉に胡座《あぐら》をかいて真実を求めようとせず、私は赦されていると、それを愛だと思い込んでイエスに甘える者たちばかり。

イエスは聖霊と火で洗礼を授ける者。まだ洗礼の時ではない現在、あなたは赦されているのではなく裁きを猶予されているだけなのだ。その間に、遠い過去の問う必要のない原罪を嘆くよりも、もしかして前世か前々世か、もっと前世にイエスを殺せと叫んだ民衆の一人か、もしかするとイエスを貶《おとし》めた当事者かもしれない罪を、イエスに謝らなければ、あなたはイエスの前で、教会という断罪の間で、何も知らずに裁きの時まで、さまよえる子羊の心のままで居ることになる。子羊とは、屠《ほふ》られて祭壇に捧げられる存在だ。残念ながら、子羊の心の者には救いは無い。子羊とは獣なのだ。無害で可愛い家畜に思えたとしても、それは獣の類《たぐ》いなのだと知れよ。

教会のイエスの十字架の前で、跪《ひざまず》いて祈りを捧げるあなた。あなたのその姿は、『あなた（イエス）の敵《てき》をあなた（イエス）の足元《あしもと》に置《お》くまで』と預言された、その状況そのままの姿だと思いませんか？

何も解らずにイエスに敵と認識され踏み潰される時を迎えるのか、気が付いて立ち上がり、イエスに正面から対峙《たいじ》して真実を見極めようとするのか、それを決めるのはあなただ。選びなさい。

イエスに挑み、真実を求めるその心が、開くべき『狭い門《せまいもん》』なのだ。

そして、その挑む心こそが、『求《もと》めなさい』という言葉に込めたイエスの願いなのだ。

聖書に残されたイエスの言葉に挑み、真実の探求者となりなさい。真実の探求こそ獣から脱却《だっきゃく》する唯一の方法だ。

これまでのような、神父や牧師という権威が語る温《ぬる》い教えを安易に信じるような心では甘えるばかりの信仰となって、その心ではイエスの救いの手からこぼれ落ちてしまうのだ。

そこを理解してほしいと願う。

さて、預言の真実について、ここでまとめておこう。

神の預言とは、人類全体というよりも、一人に対することを語っていると気付くだろう。歴史のターニングポイントは、その日その時その場所で、その状況でその人が成すことなのだ。それを判るなら、その他大勢の他人事のような立ち位置の信仰心では、神の真実など判るはずもないと判るだろう。それを理解できるなら、核心に近づこうと自らの意識を中心へと進めて行く努力が必要だと知れるだろう。そうやって一人（中心）を見ることが、その人を《鏡に見る》ことになり、幹に枝が繋がる在り方となるのだ。

その、《鏡に見る》ことの意味を理解してほしい。

新約聖書を読めば、マタイ、マルコ、ルカ、ヨハネとそれぞれに福音書が残されている。同じようなことを語りながら、それぞれの性格が表れて、微妙なところが統一されていない。人間側から見れば、統一できなかったから併記されたと思うのかもしれない。だが、神としては、十二人の使徒がそれぞれに教えを受け取って、個性ある宗教国家を造ってほしかったのだから、それで正解なのだ。

つまり、本来ならば、十二人分の福音書があるべきなのだ。ただ、イエスの語ったことにギリギリ沿っていたのがこの四人だったのかもしれない。この四人以外は、大分個性的な内容になっていて、イエスの残した教えとしては、採用されなかったのだろう。

新約聖書に残されている通り、神の教えは一神教と言いながら、その教えの内容は一律ではなかったのだ。

イエスの教えも、十二人が個性を持って教えを受け取ってほしいが故に、《見て学ぶ》という方法が取られていた。この《見て学ぶ》という手法を筆先では《鏡に見る》と表現していたのだ。この十二人が個性を持てなかったとしたなら、『地《ち》の塩《しお》』『がその持《も》ち味《あじ》を失《うしな》っ』てしまうことになるのだ。

イエスの教えは、万人に対して一律ではない。故に、あなたが『民《たみ》』であるならば、人に教えを請うにしても、その教える者が自らの師（国主）でないならば、間違った教えを学ぶことになる。だが、基本的には改心して身魂磨きを行うことが、万人《ばんにん》に共通のまずすべきことで、教えの内容についてはその先のことなのだ。

それに、聖霊がひとりひとりに個別指導をしてくれるので、そんな心配をする必要もないのだ。

死を味わわない者

さて、もう一つ踏み込んだ話をするために、視点を変えて聖書の別の所から言葉を拾い出して解説していこう。福音書にはこんな言葉がある。

マタイによる福音書　十六章　イエスに従《したが》う者《もの》
人《ひと》の子《こ》は父《ちち》の栄光《えいこう》に包《つつ》まれて、み使《つか》いたちとともに来《く》る。その時《とき》、その行《おこな》いに応《おう》じて、一人《ひとり》ひとりに報《むく》いる。あなた方《がた》によく言《い》っておく。ここに立《た》っている者《もの》の中《なか》には、人《ひと》の子《こ》がみ国《くに》とともに来《く》るのを見《み》るまでは、決《けっ》して死《し》を味《あじ》わわない者《もの》がいる

『死《し》を味《あじ》わわない者《もの》』、なんて羨《うらや》ましいと思う人も居るのかもしれないが、ここまで解説してきたなら『死《し》を味《あじ》わわない者《もの》』が具体的に誰のことを言っているのか、よく理解できている人なら見当が取れるだろう。『ここに立《た》っている者《もの》の中《なか》には』と限定されていて、この福音の参照していない冒頭の部分には、『イエスは弟子《でし》たちに仰《おお》せになった』と書かれているので、『死《し》を味《あじ》わわない者《もの》』は弟子たちの中に居ると判る。

では、弟子の中の誰なのか？

イエスの弟子の中心は十二人だ。その十二人は九分九厘の時に地上で自らの国に住む人々を集めるという重大な御用が与えられている。そして引っ掛け戻しの経綸《しぐみ》がある故に、十二人は筆先の型の時代に生まれ、もう一度、実地の本番

に生まれる。

なので、イエスの弟子である十二人は、当時の死を含まず、最低でも二度、肉体の死を味わうことになる。

だが、ただ一人、その御用から外れてしまった者が居る。その者は、生まれて行うべき御用を失い、それ故に死ぬこともなくなった。

その『死《し》を味《あじ》わわない者《もの》』とは、裏切り者のユダなのだ。ユダも当時の死は免《まぬが》れることはできないが、『人《ひと》の子《こ》がみ国《くに》とともに来《く》るのを見《み》るまでは、決《けっ》して死《し》を味《あじ》わわない』ことになった。つまり、『人《ひと》の子《こ》がみ国《くに》とともに』来たならば、その後に死を味わう、と暗《あん》に語られている。

その『死《し》』とは、《魂の死》なのだ。

それは次の福音を読めば判る。

マタイによる福音書　十章　誰《だれ》を恐《おそ》れるべきか
魂《たましい》も体《からだ》も地獄《じごく》で滅《ほろ》ぼすことのできる方《かた》を恐《おそ》れなさい。

『魂《たましい》も体《からだ》も地獄《じごく》で滅《ほろ》ぼすことのできる方《かた》』とは天の父だ。

その天の父とは、その魂を生んだ親なのだ。

最後の審判の時までは、ユダの霊魂《れいこん》は生かされる。

そんなユダに対して、イエスはこう言った。

マタイによる福音書　二十六章　裏切《うらぎ》りの予告《よこく》
人《ひと》の子《こ》を裏切《うらぎ》るその人《ひと》は、不幸《ふこう》である。その人《ひと》はむしろ生《う》まれなかったほうがよかったであろう

なんと、そんな御用の魂も在ったのだ。

これらのことから判るのは、ユダは善の魂だった。その善の魂が、師であるイエスを裏切れば、魂すら抹消されるということなのだ。
だがこれは、ユダを《イエスを売った裏切り者》と、単純な事実として理解するのではなく、イエスに従わず、他人に従ったことで裁かれることになったと理解してほしい。人々の理解がそこまで行かなかったのなら、ユダが行った教訓は、それすら無意味となる。

『死《し》を味《あじ》わわない者《もの》』なんて、なんて羨《うらや》ましいと思ったら、トンデモナイ話だった。
イエスの言葉も、引っ掛け戻しが満載なのだ。

ところで、十二人の使徒のうちの一人であるユダが脱落した。椅子は十二人分あって、一人減ったからと椅子まで減らすわけにもいかない。なので、不足した一名を補充する必要がある。
で、その一名は誰なのか？　というのがここからの話になる。

使徒言行録　一章　マティア、使徒《しと》となる
すべての人《ひと》の心《こころ》を知《し》っておられる主《しゅ》よ、この二人《ふたり》のうち、あなたはどちらをお選《えら》びになったかを、お示《しめ》しください。～略～　そして、二人《ふたり》のためにくじを引《ひ》くと、マティアに当《あ》たった。こうして彼《かれ》は十一人《じゅういちにん》の使徒《しと》の仲間《なかま》に加《くわ》えられることになった。

と、マティアが使徒になった経緯が語られている。だが、それは正しいのだろうか？

イエスは、言行録で次のように語っている。

使徒言行録　九章　サウロの回心《かいしん》
イスラエルの子《こ》らの前《まえ》にわたしの名《な》をもたらすために、わたしが選《えら》んだ器《うつわ》である。わたしの名《な》のために、どれほど苦《くる》しまねばならないかを、わたしは彼《かれ》に示《しめ》そう

イエス自身は、サウロが『わたしが選《えら》んだ器《うつわ》』だと言っている。他の十一人の使徒と同じように、『わたしの名《な》のために、どれほど苦《くる》しまねばならないか』というほどの十字架を背負った人物だと言っているのだから、彼が十二人目の新たな一人となる者なのだ。

『使徒言行録　一章』で行われたくじ引きは、くじを引くその前に、その中に当たりが無かった。なんと残念なくじ引きであったことか。

それにしても、イエスの言葉よりも、くじ引きで十二人目が決められたのだ。これを見れば、もうここで悪が混じっ

たと判る。

今更それを言っても仕方のないことだが、サウロの御魂が十二の国を造る一人だと知っておいてほしい。

とは言っても、これも型なので個人を特定するよりも、《悪が混じった》ということを知っておけば良い。

残念なことに、お役御免となったユダは、失敗のお手本として、魂すら消されるという定《さだ》めを人々に鏡に見せるという役割を果たすことになった。

でも、何故ユダは、地獄に落ちて生きることも許されず、存在すら消されてしまうのか？

それは多分、善の魂には、いつまでも真っ暗な地獄に居ることは耐えられないからなのだろう。悪の魂なら、蝉《せみ》の幼虫のように永遠とも思える時を土の中で平気で生きていられる。だが、善の魂が地獄に落ちてしまうと、それはもう懺《ざん》悔《げ》と後悔《こうかい》ばかりで永い時が苦痛ばかりとなってしまうのだ。だから天の父は、ユダの罪をこの世が終わるまでの二〇〇〇年ほどで赦すことにした、とそう思うのだ。

だが本来、善なる者は、神界へと産まれ出なければならない。なので、今度は産まれ出ることについて書いていこう。

幼子たち

イエスの言葉には、こんな言葉がある。

マタイによる福音書　十九章　天《てん》の国《くに》と幼子《おさなご》たち
幼子《おさなご》たちが、わたしのもとに来《く》るのを妨《さまた》げてはならない。天《てん》の国《くに》は、このような者《もの》たちのものだからである

イエスは、天国に行ける者は『幼子《おさなご》』『のような者《もの》たち』だと語っている。それは、当然のことながら見た目のことではなく心の在り方が『幼子《おさなご》』のようでなければならないのだ。
しかし、『幼子《おさなご》』が、単なる無垢なる者では、アダムとイブのように蛇に唆《そそのか》されれば罪に落ちてしまうことになる。
次は、この『幼子《おさなご》』が、筆先ではどのように書かれているのか。それを見てみよう。

伊都能売神諭　P二五七　大正八年四月十三日
この大本《おほもと》は改心改心《かいしんかいしん》と一点張《いってんば》りに申《もう》す所《ところ》であるが、その改心《かいしん》はどうしたら良《よ》いかと申《もう》せば、生《う》まれ赤子《あかご》の何《なに》も知《し》らぬ天真爛漫《そのまま》の心《こころ》に立《た》ち帰《かえ》りて大馬鹿《おおばか》になるということであるぞよ。

『生《う》まれ赤子《あかご》の何《なに》も知《し》らぬ天真爛漫《そのまま》の心《こころ》に立《た》ち帰《かえ》りて大馬鹿《おおばか》になる』と書かれていて、これを読めば単なる無垢な存在

で良いと思うだろう。実際にそれで正しい。正しいのだが、皆さんが何となくでも想像することとは少しばかり違うのである。

現在、我々が住んでいるこの世界も霊界も、《子宮の中》に在る。そのことは、筆先に次のように書かれている。

伊都能売神諭　P一八五　大正八年二月十八日（旧一月十八日）
天《てん》も水《み》（六《み》）、中界《ちゅうかい》も水《み》（六《み》）、下界《げかい》も水《み》（六《み》）、で世界中《せかいじゅう》の天地《てんち》中界三才《ちゅうかいさんさい》が水《み》（六《み》）ばかりでありた世《よ》に

『世界中《せかいじゅう》の天地《てんち》中界《ちゅうかい》』全部が、水《みず》ばかり、という世界が《子宮の中》ということになる。実際に、妊婦の子宮の中は羊水で満たされた《水《みず》ばかり》の世界だ。『天《てん》』は霊界で羊水、『地《ち》』は物質世界で胎児に対応する。人間の胎児も水が主成分で、それ故に地も水となる。そして『中界《ちゅうかい》』なのだが、これは、胎児が出すオシッコや便《べん》なのだろう。本当に出ているのかは知らないけれど。

そういうわけで、この子宮の中は、『天《てん》も水《み》（六《み》）、中界《ちゅうかい》も水《み》（六《み》）、下界《げかい》も水《み》（六《み》）』の水の世界なのだ。我々はこの子宮の中から産まれ出なければならない。産まれ出たその場所が本当の神界なのだ。

その神界に産まれ出た時の、我々の状態について書かれている筆先が次だ。

伊都能売神諭　P一一四　大正七年十二月二十三日
五《ご》は天《てん》の数《かず》で火《ひ》という意義《こころ》であって、火《ひ》の字《じ》の端々《はしばし》に〇《まる》を加《くわ》えて五《ご》の〇《まる》となる。火《ひ》は大《だい》の字《じ》の形《かた》で梅《うめ》の花《はな》、地球《せか》

上《い》の五大州《ごだいしゅう》に象《かた》どる。六《ろく》は地《ち》の数《かず》で水《みづ》という意義《こころ》であって、水《みづ》の字《じ》の端々《はしばし》に〇《まる》を加《くわ》えて六《ろく》の〇《まる》となる。火《ひ》は人《ひと》の立《た》つ形《かたち》で水《みづ》は獣類《けもの》の形《かたち》であるぞよ。

さて、これは何を言っているのかと思うだろう。

この筆先で、ここで論じる所は、『火《ひ》は人《ひと》の立《た》つ形《かたち》で水《みづ》は獣類《けもの》の形《かたち》である』の箇所だ。

でもその前に、本当の神界と子宮の中の世界の対応を理解しよう。

五、六、七のミロクの神界で、火は五、水は六、地は七に対応する。この子宮の中の世界では、火は天《ご》、水は地《ろく》、地は地成《なな》に対応する。《ミロクの世》という《天国》へ、子宮の中から産道を通って、五の神界、六の神界、七の神界のそれぞれに行くことになる。

七の神界は、地上に生きる者たちが行く所で、それを子とするならば、六の神界は、我々の親が行く所となる。ここで言う親とは聖霊のことだ。そして、五の神界は、我々の兄や姉が行く世界だ。この兄や姉は、今まで守護神と言っていた存在だ。

その兄や姉の神界での状態が、『火《ひ》は人《ひと》の立《た》つ形《かたち》』と書かれており、父や母が行く神界での状態が、『水《みづ》は獣類《けもの》の形《かたち》』と語られている。

この『人《ひと》の立《た》つ形《かたち》』とか『獣類《けもの》の形《かたち》』とは何を言っているのか？　そこを理解しよう。

最初に確認しておく。

神界には獣《けもの》は居ない。この場合の獣とは、悪神とか悪魔のことだ。

では、『獣類《けもの》の形《かたち》』とは何を表しているのか？

それは人間の赤ちゃんが《はいはい》をする形だ。これは四つの手足で歩き回る姿なのだ。それが我々の親たちの神界での状態ということだ。

では兄、姉はどんな状態なのか？

それは、やっと人として立ち上がり、ヨタヨタと二本足で歩き回る姿になる。そう、これは人の赤子が成長する姿を語っていた。

それでは、子である我々はどんな状態なのか？

これについては筆先に書かれてはいない。だが、親の状態から推測できるだろう。

我々は産まれたばかりの赤子の姿、まだ首も据わらない状態なのだ。

我々は、天国という階段の最下層に位置する存在、無限に成長する神の世界の始まりの場所で、子宮から飛び出して、神の手に抱《いだ》かれている状態なのだ。


ここまで流れで書いてきたが、我々の親である聖霊の本来の有り様を書いておく。

それは、親であるはずの聖霊が、何故、はいはいする赤ちゃんなのか？

という疑問に対する答えでもあるのだ。

我々の父母である聖霊が、この子宮に入る前の天国の位置は、五六七《みろく》の天国の最上段の一の神界だと思われる。

神界での成長の流れは、七の神界で首も据わらない状態から五の神界のヨチヨチ歩きになり、少年期を経《へ》て段々と成長し、一の神界で神として成人（成神《せいじん》）を迎えるのだろう。一の神界まで成長して、やっと神として子を生める時節となったのだ。

我々の親は、一の神界から子を生むために子宮の中に入り、子が子宮から産まれる時に共に出て、神界では六の神界に行き七の神界の我々を指導する役割となる。その指導が終われば、もう一段上の次元の神界へと行き、そこで天国の階段の最下段に繋がるのだろう。

そう理解して、やっと五六七《みろく》の世《よ》の神界での聖霊を含む全体の流れがスッキリと収まったのだ。

我々の親である聖霊は、子宮から出た後も我々を教育するために、我々の直上《ちょくじょう》で我々を導《みちび》く。成神《せいじん》にまで成長した親が、『獣《けもの》類の形《かたち》』にまで戻って我々を教育してくれるのだ。

何故そんなことになるのかと想像するなら、天国の最上段の教えは、我々ではまだまだ理解できないレベルに在るからなのだろう。多分《たぶん》我々は赤ちゃん言葉であやされている、と、そんなレベルなのだ。つまり、私が書いているこの筆先の解説も、神から見れば胎児レベルであることは間違いないのだろう。そんな感じで、その上に居る我々の兄姉ですら、神界ではまだまだヨチヨチ歩きの赤ちゃんの扱いなのだ。

自分が立派な大人だと思っていても、天国に行ったら赤児《あかご》からやり直し。

自分が大人だと思っているような心の有り様では、天国に入国する要件から外れてしまうことになる。

つまり、私は神父だ、牧師だと、人に教えることができる立派な大人だと自負する心の人では、神の意図から外れ、地獄に落ちる条件を満たすことになる。

では、神父や牧師は人々に何を教えたら良いのか？　実は、悪神の《愛にできることはもう無い》のだ。これが、《愛にできることはまだあるかい》と、人が世界に問《と》うた神からの答えだ。その時には、有無をも言わせぬ聖霊が世界を支配する。

そんな世界でも、人として立派な大人で在ることは正しい。だが、心は赤子の如く今までの知識を脇《わき》に置いて、聖霊から素直に学ぶ姿勢を取らねばならないのだ。

『生《う》まれ赤子《あかご》の何《なに》も知《し》らぬ天真爛漫《そのまま》の心《こころ》に立《た》ち帰《かえ》りて大馬鹿《おおばか》になるということであるぞよ』、ここまで説明すれば、この言葉の意味も理解できるだろう。

子宮の中は水の世界。そこでは胎児は呼吸をしなくても生きていける。だが、子宮から出たら呼吸をしなければ死があるだけ。この子宮の中では、自分の肉体すら神から与えられて生かされていたのだ。人間は、たとえ孤独の中で、一人で生きて来たと思っていたとしても、実際は神の手の中よりも手厚く加護された子宮の中だったのだ。そんな子宮の中から出るには、意識して自発的に生きることを学ぶ必要がある。自分の命すら神から与えられていたことにも気付かず、井《い》の中《なか》（子宮の中）の蛙《かわず》で居たのが我々の有り様だったのだ。

子宮の中の常識は、子宮の外では通用しない。我々は出産の時を迎えている。最早《もはや》、今までの常識や知識は何の役にも立たない時が来たと知る時なのだ。

この世界の知識は何時《いつ》でも手放せるように、心の準備をしてほしい。もう、どんなに財産を貯めても、何の役にも立たない時が来た。そして、天国では何の前知識も必要ない。我々は、首も据わらない赤ちゃんから神を始めることになる。だから、『何《なに》も知《し》らぬ天真爛漫《そのまま》の心《こころ》』で、そこから、ゼロから神の社会を学んで行けば良いのだ。

とは言え、この世界に神が経綸《しぐみ》したことを理解して、本人が納得して正しい天国を目指す必要がある。その時に天国へと導く神を疑わないように、最低限の情報をここで提供しているのだ。

この本の内容は、善の神から善の身魂に向けた、知っておくべき最低限の情報なのだ。

自分で納得できるように、この本から学んだことを元にして、自分なりにこの世で得た情報や経験を再構築してほしい。こんな神が居るように見えなかった世界でも、神が陰《かげ》から活動していたことをしっかりと理解して、そうして心を整えることで、天国に行く途中の道すがらにある未曾有《みぞう》の未来を生きる覚悟が決まる。そのためにも最低限の正しい知識は必要なのだ。

これから迎える最後の審判という壮絶な状況を、善の神を判らずに乗り越えることはできない。

人間の母親が子を産む時、これまでの人生で経験したことのないほどの痛みに苦しむのは、この宇宙からの出産の苦しみを人々に伝えるために与えられていた。神が、人間にだけ与えた産みの苦しみという現実（万事）は、この未来が来ること（一事）を型に見せるためだと理解してほしい。

真実の神を知り、真実を貫《つらぬ》く人でなければ、最後の審判を越え天国に行くことはできない。

この世界で学ぶべきことを学び、そのすべてを捨てる覚悟を持つことで、『何《なに》も知《し》らぬ天真爛漫《てんしんらんまん》の』『そのままの心《こころ》』のままに、ミロクの世を始められる。学び、捨てることが重要なのだ。

その時が来るまでに、このことを納得して疑うことなく未来を生きる術《すべ》を身に付けてほしい。

神と悪神の違い

ここで語るのは、善の神と悪の神の違いについてだ。

まずは、価値観の違いというところから話を始めよう。

悪神の価値観とは、今、この世界を席巻している価値観を言う。

この世界の現実に則した価値観は、資本主義、経済社会。民主主義、個人主義、多数決社会。平和主義、競争社会。平等主義、格差社会。と並べて出してみた。

この辺りのことは、私にはあまり興味がないので、あれこれ言うのは無しに願うと言っておく。この中にある格差社会って、価値観じゃないって言いたい人も居ると思うけれど、競争社会の結果としてある意味それを積極的に容認しているのだから、それも価値観というものだろう。

話を進めよう。

基本的に主義と社会は、常に相反する内容を持つ、と言うかそのように並べてみただけだが。それでも○○主義は理想で○○社会を現実とすれば、理想に向けて社会を良くして行こうと皆で努力するのが、現在の社会の価値観だろう。そしてそれが、悪魔のやり方になる。

悪魔とは、自分の心よりも、自分の能力の向上や周囲の環境を変えることに労力を費やす。

ここでは一例に、悪神のやり方、その中でも罪に対する贖罪《しょくざい》の仕方というものを見てみよう。

伊都能売神諭　P一九七～　大正八年二月二十日（旧一月二十日）
素盞嗚尊《すさのおのみこと》に重《おも》き罪《つみ》を負《お》わせて、外国《がいこく》へ神退《かみやら》いに退《やら》われたので、素盞嗚尊《すさのおのみこと》は神妙《しんみょう》に罪《つみ》を負《お》い、贖罪《しょくざい》のために、世《せ》界中《かいじゅう》の邪神《じゃしん》を平定遊《へいていあそ》ばし、終《つい》には八岐《やまた》の大蛇《おろち》を退治《たいじ》して、叢雲《むらくも》の剣《つるぎ》を得《え》、これを天照皇大神《あまてらすすめおおかみ》に奉《たてまつ》られたのであるぞよ。

『素盞嗚尊《すさのおのみこと》』は悪神である。

つまり、悪神が、『世界中《せかいじゅう》の邪神《じゃしん》を平定《へいてい》』したと書かれているのが、この筆先だ。

悪神は、悪の頭《かしら》である『八岐《やまた》の大蛇《おろち》を退治《たいじ》して』英雄的存在となった。

我々が思う《英雄》の原形として在るのが、『素盞嗚尊《すさのおのみこと》』だ。

だが、『素盞嗚尊《すさのおのみこと》』は、地の世界の悪神のリーダーなのだ。つまり、『素盞嗚尊《すさのおのみこと》』が見せた英雄的活動とは、悪ならばこう在るべき、というお手本を見せていた。

そして、『叢雲《むらくも》の剣《つるぎ》を得《え》、これを天照皇大神《あまてらすすめおおかみ》に奉《たてまつ》られた』と語っているのだが、『天照皇大神《あまてらすすめおおかみ》』も悪神なのだ。

つまり、悪神が『邪神《じゃしん》を』『退治《たいじ》』して悪神に『叢雲《むらくも》の剣《つるぎ》』を献上した。

結局、悪神の悪神による悪神のための舞台を用意して、立派なことをやったように見せていただけ。これは、悪神と邪神がお膳立てして作り上げた茶番劇なのだ。

素戔嗚尊《すさのおのみこと》は、この英雄的活動で悪を裁《さば》き、己の罪の『贖罪《しょくざい》』を完了させた、ということなのだ。

この素戔嗚尊《すさのおのみこと》の行いを現代的司法から見れば、退治する相手の主張を確認したのかとか、第三者の意見を聞いたのかとか思うのだが、『世界中《せかいじゅう》の邪神《じゃしん》を平定《へいてい》』って書かれていても、その内容は殺して回っていたのだろうから、どう考えても何の確認もせず断罪したのだろう。あとで参照する『若姫君命《わかひめぎみのみこと》』に対する行いを見ればそう言い切れることも判ると思う。こんなあきれ果てた行動で『贖罪《しょくざい》』を終わらせ、その行動を姉神が英雄扱いにしたのだ。これが悪神の正義なのだと理解してほしい。

と、悪の正義を語ってみたところで、では、善の神の正義とはどんなものなのか？　と、問うても、なかなか見当が付かないだろう。

これは、悪神と善の神では、世界に対する認識の前提条件が違うので、理解するのが難しいのだ。神は世界に対してどう語っているのか、イエスの言葉から探《さぐ》ってみよう。

マタイによる福音書　十七章　悪霊《あくれい》の追放《ついほう》
あなた方《がた》によく言《い》っておく。もし、あなた方《がた》に一粒《ひとつぶ》の芥子種《からしだね》ほどの信仰《しんこう》があれば、この山《やま》に向《む》かって、『ここからあそこへ移《うつ》れ』と言《い》えば、山《やま》は移《うつ》る。あなた方《がた》にできないことは何《なに》もない

今時の人間が、山を動かそうと思ったら、重機やダンプを使って、土を積み込んでは運んでと、少しずつでも土を移動することを考えるだろう。だが神は、言うだけでそれを実現してしまう。

この子宮の中は、水という物質（霊界）と、土という物質（この世）を材料とする世界だ。だが、これらの物質は重

いのだ。なので、心だけで動かすには時間がかかり、物質に直接関与するやり方の方が早く結果が出せる。しかし、今度行く天国は、神界であり火（気）という物質の世界だ。この気は、軽くて動かしやすく、心と連動するほどに親和性がある。それ故にイエスはこう言った。

マタイによる福音書　二十六章　最高法院《さいこうほういん》の裁判《さいばん》
わたしは神殿《しんでん》を打《う》ち壊《こわ》し、三日《みっか》のうちにそれを建《た》て直《なお》すことができる

『打《う》ち壊《こわ》』す『神殿《しんでん》』はこの世界にある『神殿《しんでん》』。『建《た》て直《なお》す』『神殿《しんでん》』とは、ミロクの世に十二人や七十二人の弟子たちが造り上げるたくさんの国土のことなのだ。山を移すなんてレベルの話ではなく、何も無い所から数百万数千万の人々が住む国を造ってしまえるのだ。それも、『三日《みっか》』もあれば十分という話だ。なので、山を移すなんて小さいことなら、『一粒《ひとつぶ》の芥子種《からしだね》ほどの信仰《しんこう》』でも可能だとイエスは言った。

だが、心と世界がこれほどに連動する、という世界を理解できるだろうか？
それは、十二人や七十二人の国主たちの心一つ、怒りという感情の爆発一つで、自らが治める国土を崩壊させてしまうほどに危ういということなのだ。我々が行く天国とは、神の力が圧倒的に強い世界なのだ。
皆が望む天国も、そういった意味では危《あや》ういところがあると理解しておく必要があるのだろう。

その《危うい》ということについて、参照した天地創造の中に書かれていたのだが、気付いただろうか。

筆先からその部分を切り出してみよう。

伊都能売神諭　Ｐ一九七　大正八年二月二十日（旧一月二十日）
若姫君尊《わかひめぎみのみこと》は三男五女神《さんなんごじょしん》の八柱神《やはしらかみ》を養育《よういく》して、立派《りっぱ》に神代《かみよ》の政治《せいじ》を遊《あそ》ばしておりた処《ところ》へ、元《もと》の素盞嗚之命《すさのおのみこと》様《さま》がまた地《ち》の世界《せかい》へ降《くだ》りて非常《ひじょう》に御立腹遊《ごりっぷくあそ》ばして、若姫君命《わかひめぎみのみこと》の生命《いのち》を取《と》り、天《てん》も地《ち》も一度《いちど》に震動《しんどう》させ、再《ふたた》び常夜《とこよ》の暗《やみ》となり、万《よろず》の妖神《わるがみ》が荒《あば》れ出《だ》し、どうにもこうにも始末《しまつ》が付《つ》かぬようになりたので、

これを読んで、『元《もと》の素盞嗚之命様《すさのおのみことさま》が』『若姫君命《わかひめぎみのみこと》の生命《いのち》を取《と》』ったから『天《てん》も地《ち》も一度《いちど》に震動《しんどう》させ、再《ふたた》び常夜《とこよ》の暗《やみ》となり、万《よろず》の妖神《わるがみ》が荒《あば》れ出《だ》し、どうにもこうにも始末《しまつ》が付《つ》かぬように』なった、と流れの通り理解するのは正しい。

だが、『天《てん》も地《ち》も一度《いちど》に震動《しんどう》させ、再《ふたた》び常夜《とこよ》の暗《やみ》となり、万《よろず》の妖神《わるがみ》が荒《あば》れ出《だ》し、どうにもこうにも始末《しまつ》が付《つ》かぬように』させたのは誰なのか？

との問いに、『素盞嗚之命様《すさのおのみことさま》』と答えたなら、それは間違いになる。

『若姫君尊《わかひめぎみのみこと》』が『立派《りっぱ》に神代《かみよ》の政治《せいじ》を遊《あそ》ばしておりた』時の『地《ち》の世界《せかい》の主宰神《つかさがみ》』は、『若姫君尊《わかひめぎみのみこと》』だ。つまり、『地《ち》の世界《せかい》の主宰神《つかさがみ》』である『若姫君尊《わかひめぎみのみこと》』の心が乱れたから『どうにもこうにも始末《しまつ》が付《つ》かぬようにな』った、ということなのだ。『主宰神《つかさがみ》』には、それほどの責任が有ると理解してほしい。世を持つには、たかが自分が殺されたくらいで心を乱すようではいけない、ということだ。

大本神諭　四巻P八五　明治四十一年旧六月八日
規則破《きそくやぶ》りた稚比売岐美命《わかひめぎみのみこと》の御霊《みたま》の慚愧《ざんぎ》を、

『規則破《きそくやぶ》りた稚比売岐美命《わかひめぎみのみこと》』と、『素盞嗚之命様《すさのおのみことさま》』に殺された被害者であるはずの『若姫君尊《わかひめぎみのみこと》』が、何故『規則破《きそくやぶ》り』の罪を負うことになったのかと考えるなら、『主宰神《つかさがみ》』が《世を暗闇にするほどに心を乱した》という一点においてなのだ。

これが、善の神が国を治める者に求めることなのだ。それを示すために『若姫君尊《わかひめぎみのみこと》』がこの御用の役を負《お》って見せていたのだ。

ここまで解説すれば、筆先が、天の規則を教える書だと判るだろう。

悪神ならば、『万の妖神が荒れ出し《よろずわるがみあばだ》』た結果に、『世界中の邪神を平定《せかいじゅうじゃしんへいてい》』するという対処をすれば、罪は許されている。それが悪神の罪に対する認識なのだ。それ故『素盞嗚之命様《すさのおのみことさま》』は、早々に許されて自由に活動していた。

だが、善の神が犯した罪は、何をしても許されない。そのことを教えるために、『若姫君尊《わかひめぎみのみこと》』が罪を負って見せた。仮の世界であるこの子宮の中だからこそ、この失敗を見せることができたのだ。本当の神界でこのような事態になったら、許されることは永遠に無いと理解してほしい。壊れたら取り戻せない。それが真実であるが故に、許されることではないのだ。それ故、そうさせないことが善の神の正義なのだ。

本当の神界にある天国では、悪というものは一片《いっぺん》の欠片《かけら》も存在しない、とはこういうことなのだ。

悪いことが起きる前に、悪いことが起きる心を制御して悪いことを起こさせない。それが善の神の在り方なのだ。国を治める者は、自分の心が世界に多大な影響を与えることを理解し、その全責任を持たなければならない。だが、それを知った上で、それでも心配は無いぞと書かれているのが次の筆先だ。

伊都能売神諭　P二六　大正七年十二月二十二日（旧十一月二十日）
目無堅間《めなしかたま》の神船《みふね》はこれから出《で》て来《く》るぞよ。水火地《しおつち》の大名《おきな》は何処《どこ》に現《あらわ》れておるか、これを知《し》りた人民今《じんみんいま》に一人《いちにん》も無《な》いが、灯台元暗《とうだいもとくら》しの譬《たと》えの通《とお》りの世《よ》であるぞよ。

ここで取り上げるのは、『目無堅間《めなしかたま》の神船《みふね》』だ。この『目無堅間《めなしかたま》』とは、船体に継ぎ目が無く、浸水しないという意味だ。前にも書いたが、この『神船《みふね》』こそが十二人、七十二人が造り上げる《国土》であり『神殿《しんでん》』となる。日本の国土は、八人、四十八人が造る。その国土が、『目無堅間《めなしかたま》の神船《みふね》』という水が入り込んで沈むことがないように、国土を造る者たちは聖霊に鍛えられ綾部の大本でも鍛え上げられる。たかが子宮の中の出来事で何が起ころうとも、たとえ人類が絶滅《ぜつめつ》しようとも、また自分が殺されようとも揺らぐことのない心を造り上げるのが、天国で国土を造る役割のある者としての責任なのだ。そして、その言葉通り子宮の中の世界は終わりを迎える。

筆先の最後の『灯台元暗《とうだいもとくら》し』の『元《もと》』とは、筆先が降ろされた《綾部の大本》のことを言う。しかし、今の大本にはそんなことを考えている者は一人も居ない。そんな何も判らん大馬鹿者を一掃するために、大本は大峠に突入する。そうして、大本の手が付けられないほどの惨状を見て、もう、世界は終わるのだと気付く人たちが世間からもボチボチと出て来ることになるのだろう。

話を戻そう。

国土である『目無堅間《めなしかたま》の神船《みふね》』は、そこに住む人々にとっては『神殿《しんでん》』になる。国土全体が『神殿《しんでん》』なのだ。その『神殿《しんでん》』は国主の数だけ在ると判るだろう。このことは、聖書にも書かれている。

ヨハネによる福音書　十四章　父《ちち》への道《みち》であるイエス
わたしの父《ちち》の家《いえ》には、住《す》む所《ところ》がたくさんある。～略～　わたしが行《い》って、あなた方《がた》のために場所《ばしょ》を準備《じゅんび》したら、戻《もど》ってきて、あなた方《がた》をわたしのもとに迎《むか》えよう。

『父《ちち》の家《いえ》』とは《天国》のことで、『住《す》む所《ところ》がたくさんある』とは《国土がたくさんある》ということだ。そして、『あなた方《がた》のために場所《ばしょ》を準備《じゅんび》したら』と言ったその『場所《ばしょ》』が、《綾部の大本》なのだ。大本が大峠を終えたら、その『準備《じゅんび》』は完了となり、『あなた方《がた》をわたしのもとに迎《むか》え』る計画が実行される。しかし、これとは矛盾するように思える次の言葉がある。

ヨハネによる福音書　十三章　新《あたら》しい掟《おきて》
『わたしが行《い》く所《ところ》に、あなた方《がた》は来《く》ることができない』

これは、イエスが神の魂であり、十二人の使徒が天使の魂で、魂の所属が違うので住む所が違うことに由来する言葉だ。また、イエスは外国で十二人の使徒を教育したら日本に戻って活動する必要があり、十二人の使徒は外国での活動があるという話でもある。

ヨハネによる福音書　十三章　ペトロの否認《ひにん》の予告《よこく》
イエスはお答《こた》えになった、「わたしの行《い》く所《ところ》に、あなたは、今《いま》はついて来《く》ることはできないが、後《あと》でついて来《く》ることになる」

『今《いま》はついて来《く》ることはできない』とは、イエスはもうすぐ地上での御用を終わり死ぬことになるのだが、ペトロは生きてイエスの教えを広げる仕事が地上にあるので、『今《いま》は』死んではいけない、という意味だ。
でも、『後《あと》でついて来《く》ることになる』。それは綾部の大本で、実地の時には本当の、《この言葉通り》イエスによって大本に集められ、イエスに連れられて十二と七十二の『神船《みふね》』が民を乗せて、子宮の外の広大な神界へ向けて出航することになるのだ。

預言が成就する時

最後の審判は何時《いつ》来るのか？

これは、キリスト教圏の話ではなく、全人類に関わることなのだ。この最後の審判の時が筆先には書かれている。

ただし、筆先だけでは時期を特定することはできない。では、どうやってその時期を特定するのか？

それが、《実地に見せてある》と神が語る通り、現実を見ることで判るのだ。


不思議なことは、神からのお知らせである。

筆先は、明治から大正を駆け抜けた。型の実地は王仁三郎が生きていた時代だ。ＮＨＫの朝ドラは大概この時代を繰り返す。そして、型に見せたことを忘れるなと太平洋戦争の特集を繰り返す。

それは、神が日本の国民に、型に示したこの時代から学べと教えていたからだ。でも神を知らぬ公共放送では、その型に込められた神の意図を示せはしない。

それでも、そうやって現実の時は流れ、今は平成から令和へと変わった。

神が示した型は、出口直《でぐちなお》と王仁三郎が行った。実地の本番は王仁三郎の生まれ変わりと、澄子の生まれ変わりが行う。

それは、筆先の経綸を、型を示した出口直から実地を行う王仁三郎の来世へバトンタッチしたことを表す。型から実地への示しは、明治は平成に、大正は令和に対応する。と言っても明治は四十五年まであり、平成は三十一年で、年数が合わない。

しかし、筆先では、明治は四十五年で終わりではないのだ。

それは、次の筆先に書かれている。

大本神諭　一巻P二一三　明治三十七年旧七月十二日
明治《めいじ》五十年《ねん》を真中《まんなか》として前後十年《あとさきじゅうねん》の間《あいだ》が、世《よ》の立替《たてか》えの正念場《しょうねんば》であるぞよ。それまでに神《かみ》の経綸《しぐみ》が急《せ》けるから、
何《なん》と申《もう》しても今度《こんど》は止《と》めては下《くだ》さるなよ。
明治《めいじ》五十五年《ねん》の三月三日《がつみっか》、五月五日《がついつか》は誠《まこと》に結構《けっこう》な日《ひ》であるから、

これは、明治三十七年に神が書かせた筆先なのだが、いくら未来のこととは言え、神が『明治《めいじ》五十五年《ねん》』なんて現実に存在しない年のことを語るだろうかと疑問に思い、そこに深い意味が在るのでは？　と、黙考《もっこう》する。

筆先は明治二十五年から出口直に降ろされた。明治が五十五年まで続いたとして、五十五年から筆先の始まりの二十五年を引けば三十一年となる。艮の金神は、こうやって明治に神が存在した期間を三十一年ということにして、平成の三十一年と合わせていた。

そして、もう一つ大事なことは、平成という元号が人為的に終わったということなのだ。

元号は、天皇が崩御し、新たな天皇が立つことで変わる。そのこれまでの常識が平成の終わりとともに変わった。

神の奇蹟とは、これまでの常識では有り得ないはずのことが、何の不思議もなく行われることを言う。

そのことは、筆先には次のように書かれている。

伊都能売神諭　Ｐ一一三　大正八年一月十一日（旧大正七年十二月十日）
何《なに》もかもキチンと秩序《ちつじょ》を立《た》て行《ゆ》くのが神《かみ》の行《や》り方《かた》、

ということで、すべてが人間の目に見える所で行われて、人間には何の不思議も感じない手段で、神はこれまで有り得なかったことを、あっさりと変えてしまうのだ。

逆に言えば、奇蹟のような奇蹟は、悪魔から来るということだ。その奇蹟とは、マリア像やイエスの像が血の涙を流すとか、そんな話だ。本当の神の奇蹟は、客寄せパンダにするような奇蹟ではない。

平成から令和へ元号が変わったのは、神からのお知らせなのだ。その上、新たな元号は令和となった。

この令和もまた神からのお知らせだとすれば、その意味は、《神の命令に和せよ》となる。

これが外国人（天使の身魂）が相手なら《神の命令に従え》と、天使なら神の命令に素直に従えば天国に行くことができる。だが、日本人（神の身魂）であるならば、神を理解し神に和さなければ天国に行くことはできないのだ。その理由は、ここまでこの本を読んで来たなら判るだろう。

令和は日本の元号であり、日本人に向けられた神からのメッセージなのだ。

神の命令（筆先の言葉）に従うだけでは足りない。神の心（筆先）を解り、神の心に和さねば、その者に未来は無い。令和という元号も、これまでの慣例とは違い日本の万葉集から決まった。このことも、令和になって日本の神がこれから表になると教えていたのだ。

つまり、令和という今の時代が、実地の本番ということなのだ。

神は、令和という元号で日本人に、《時は来たぞ。準備せよ》と教えていた。

これらのことから、明治から大正という型に見せたことが、平成から令和にかけて実地の本番が行われるということが判る。

それ故に、大正の年号を令和に置き換えれば、その日付がそのまま実地が行われる日となる。

そう理解した所で、次の筆先を見よう。

伊都能売神諭　P一二四～　大正八年一月十九日
永《なが》らくの神界《しんかい》の仕組《しぐみ》の成就《じょうじゅ》する時節《じせつ》が参《まい》りて、弥々今年《いよいよこんねん》は五六七《みろく》の神政《よ》の始《はじ》まりとなりたぞよ。大正《たいしょう》七年旧《ねんきゅう》十月《がつ》三日《か》は、五六七《みろく》の神政《よ》の守護《しゅご》の始《はじ》まりであるから、神界《しんかい》にては大正《たいしょう》七年《ねん》十月《がつ》から以後《いご》を神聖元年《しんせいがんねん》と申《もう》し、大正《たいしょう》八年《ねん》の節分《せつぶん》から神聖二年《しんせいにねん》となるのであるから、節分《せつぶん》が済《す》みたらこの大本《おほもと》の中《なか》から大変《おおが》わりを致《いた》すなれど、

『大正《たいしょう》八年《ねん》の』『節分《せつぶん》が済《す》みたらこの大本《おほもと》の中《なか》から大変《おおが》わりを致《いた》す』のだから、大本の大峠は『大正《たいしょう》八年《ねん》の節分《せつぶん》』から始まると語られている。しかし、これは型に見せて語ったことなので、実際には令和八年の節分から、大本は大峠へと突入することになる。

大本神諭　一巻P一九三　明治三十七年旧八月三日
海潮《かいちょう》（王仁《おに》の一名《いちめい》）が善《よ》く成《な》れば、半年後《はんとしおく》れて澄子《すみこ》が善《よ》く成《な》るぞよ。澄子《すみこ》が善《よ》くなれば、次《つぎ》に役員《やくいん》が善《よ》く成《な》る。
役員《やくいん》が善《よ》くなれば氏子《うじこ》が善《よ》く成《な》るぞよ。

『澄子《すみこ》が善《よ》く成《な》る』ためには『海潮《かいちょう》（王仁《おに》の一名《いちめい》）が善《よ》く成《な》』る必要がある。

王仁三郎の来世の身魂は、死んで『大正《たいしょう》七年旧《ねんきゅう》十月三日《がっか》』に大本に来て。『大正《たいしょう》八年《ねん》の節分《せつぶん》』に最後の身魂研きが完成するのだろう。それは次の筆先にある。

大本神諭　二巻P二〇四　明治三十三年閏八月一日
上田《うえだ》の改心《かいしん》が出来《でき》るに就《つ》いては、純《すみ》の改心出来《かいしんでき》るなれど、上田《うえだ》が艮《うしとら》の金神《こんじん》が是《これ》で宜《よ》いと申《もう》すように成《な》りたら、純《すみ》の改心《かいしん》が出来《でき》るぞよ。

『上田《うえだ》（王仁三郎）』の改心には、大本で『艮の金神《うしとらこんじん》』の最終確認が入ると書かれている。

時系列を合わせると、王仁三郎の身魂が大本に戻るのが『大正《たいしょう》七年旧《ねんきゅう》十月三日《がっか》』。それから半年ほど身魂に付いた今世のゴミを落とし筆先の理解の修正がされて、王仁三郎の身魂が完成する。そうして王仁三郎の身魂が『、の一霊《ほちいちれい》』にまで磨かれると、『東の大空《ひがしおおぞら》』からイエスの本霊が『天の火《てんひ》』となって降《くだ》り来る。それが成ると、大本の大峠とともに紅様の身魂研きが始まる。それが『大正《たいしょう》八年《ねん》の節分から《せつぶん》』なのだ。大本の大峠と紅様の身魂研きは、半年ほどで終える。そうして、全世界が代《よ》の終わりの大峠へと突入して行く。

伊都能売神諭　P一三　大正七年十二月二日（旧十月二十九日）

出口直《でぐちなお》の御魂《みたま》は木花咲耶姫殿《このはなさくやひめどの》の宿《やど》りた身魂《みたま》の三代直霊《さんだいなおひ》に憑《うつ》りて、直霊主尊《なおひぬしのみこと》となりて、地《ち》の神界《しんかい》の御用《ごよう》を致《いた》さす経綸《しぐみ》が成就《じょうじゅ》いたしたから、これからの大本《おほもと》の中《なか》はこれまでとは大変《おおが》わりが致《いた》すぞよ。

『三代直霊《さんだいなおひ》』とは、既に紅様のことだと説明した。その紅様の本霊が『木花咲耶姫《このはなさくやひめ》』で、紅様の身魂に『出口直《でぐちなお》の御魂《みたま》』が『憑《うつ》』って、『地《ち》の神界《しんかい》の御用《ごよう》を致《いた》さす経綸《しぐみ》（体制）』が出来上がった。

紅様の身魂磨き（立替《たてか》え）は『尉《じょう》と姥《うば》』によって行われる。この筆先はその先の話だ。

『地《ち》の神界《しんかい》の御用《ごよう》を致《いた》さす経綸《しぐみ》』とは立直《たてなお》しの御用なので、紅様の改心ができて『木花咲耶姫《このはなさくやひめ》』の本霊が現れてからの御用となる。その時には『出口直《でぐちなお》の御魂《みたま》』が紅様に憑《うつ》って活動するのだが、『これからの大本《おほもと》の中《なか》はこれまでとは大変《おおが》わりが致《いた》す』とは、中界での話になる。

『地《ち》の神界《しんかい》』とは綾部の大本のことなのだが、地上の綾部の大本は完全に崩壊して復旧もできない状態のまま置かれる。

それでも『大変《おおが》わり』をするのは、中界に在る『地《ち》の神界《しんかい》』のことなのだ。

大正八年は、令和八年となる。それが九分九厘が過ぎた時。終わりの始まりの時なのだ。

この終わりの始まりから、すべてが終わる時まで、期間はどのくらいだろうか？

そのことについて書かれている筆先が次だ。

伊都能売神諭　P五六　大正七年十二月二十四日（旧十一月二十二日）

三十年《さんじゅうねん》の世《よ》の立替《たてか》えの御用《ごよう》も、最早後三年《もうあとさんねん》に約《つづ》まりてきたから、これからは段々《だんだん》と激《はげ》しく物事《ものごと》がなりて来《く》るから、改心《かいしん》する身魂《みたま》も追々《おいおい》と出《で》て来《く》るぞよ。時節《じせつ》が来《き》たぞよ迅《はや》いぞよ。

終わりの始まりの時が来れば、世界に残された時間は、『最早《もう》後三年《あとさんねん》』なのだ。

たった三年と思うかもしれない。だが、世界を終わらせるだけなら、ノアの箱舟の大洪水の時のように、四十日で滅ぼすこともできる。神からすれば、一瞬で滅ぼすことも可能だ。だが、今回は三年の月日を要して行われる。それは、『立替《たてか》え』と、ミロクの世の型を造る『立直《たてなお》し』をしなければならないからだ。

しかし、全人類を相手に、たった『三年《さんねん》』でそんなことができるのか？

と思うだろう。そこで次の筆先を見よう。

伊都能売神諭　Ｐ二二一～　大正七年十二月二十二日（旧十一月二十日）

いつも三十年《さんじゅうねん》で世《よ》の立替《たてか》えと致《いた》すと申《もう》して知《し》らしたことが、モウ一分《いちぶ》になりて、跡三年残《あとさんねんのこ》りたなれど、水《みず》も漏《も》らさぬ仕組《しぐみ》であるから、三年《さんねん》の間《あいだ》は、変性女子《へんじょうにょし》の手《て》を借《か》りて立替《たてか》え立直《たてなお》しの御用《ごよう》を致《いた》すから、これからは一日《いちにち》ましに世界《せかい》から判《わか》りて来《く》るから、何《なに》ほどの鼻高《はなだか》でもなるほどと往生《おうじょう》をいたすようになりてしまうぞよ。

これを読めば『三年《さんねん》』あれば、『水《みず》も漏《も》らさぬ仕組《しぐみ》』だから、十分『立替《たてか》え立直《たてなお》し』は間に合う、と語られている。

つまり、『三年《さんねん》』で十分に事は足りる。

終わりの時が来れば、ＳＤＧｓ《エスディージーズ》なんて言ってるようでは地獄行きだ。そんな無意味なことをやって天国に行くための努力を怠《おこた》るのなら、それが当然の結果となる。それは、高校を受験する受験生が受験勉強をせず、ボランティアを一生懸命にやっているようなものだ。

筆先には天国に行ける合否の基準が書かれている。神が定めたその明確な合否判定のルールを知らず、自分が身勝手に信じた善悪のルールで押し通そうとしても、それはやみくもに迷走しているだけだと気付いてほしい。

神を解らずに天国に行けるなんて、有り得ないと知れよ。


先ほどの筆先に戻ろう。

『何《なに》ほどの鼻高《はなだか》でもなるほどと往生《おうじょう》いたすようになりてしまうぞよ』と、『なるほどと往生《おうじょう》いたす』のだ。それは、神の力を存分に思い知って、己の無力さを十分に知り『なるほど』と納得して、『往生《おうじょう》』しなさい、ということなのだ。

そうやって、神に完全敗北を認めて、『往生《おうじょう》』することで改心は完了する。


また、『三十年《さんじゅうねん》』というワードが出て来たが、これも型に見せていたことだ。

神は、出口直に艮の金神が憑《かか》った年から『三十年《さんじゅうねん》で世《よ》の立替《たてか》え』を終わらせると言う。それは、神の時間ではなく、人間の時間が基準になる。

よく宗教関係者は、イエスの再臨の約束も未《いま》だに実現していないのは神の時間で語っているからだと考えている。筆先に書かれたミロクの世が来るという預言も『三十年《さんじゅうねん》』と言いながら未だに実現していないのは《神の時間》というものがあるからだと、大本の役員は想定している。だが、霊能者なら神霊界には時間は無いと知っているはずだ。神霊界に時間が無いのなら、時間について語るなら、この世界の時間を基準にするしかないと判るだろう。

この預言に対する《時間》の問題は、本書で、《型に見せた時代》と《実地の時代》があるということで解決している。そして、二〇〇〇年前にイエスが活動して見せたことも《型に見せたこと》なのだと理解してほしい。何時《いつ》の日にか、《実地の本番》が来る日のために、神がイエスを使って語って見せたのだ。

大本神諭　五巻P二二五　明治三十二年旧六月
国会開《こっかいびら》きは、人民《じんみん》が何時《いつ》までかかりても、神《かみ》が開《ひら》かな開《ひら》けんぞよ。開《ひら》いて見《み》しょう。神《かみ》では、月《つき》も日限《にちげん》もチンと致《いた》して在《あ》るぞよ。

型の時は、岩戸開きの時が延びた遅れたと神が散々に言っていた。だが、実際には終わらないのだから、そう言って誤魔化すしかなかったのだ。

しかし、今度は実地の本番だ。だから今度は、『月《つき》も日限《にちげん》もチンと致《いた》して在《あ》るぞ』というこの筆先の言葉が現実になる。ただ細かいことを言えば、私が神に遭《あ》った日を、実地の本番の始まりの三十年の起点として、預言の刻限が正しいとすれば、三十年を過ぎてしまうので、私以外に誰も知らないことだとしても、神が《延びた》と言ったことは、実地の本番の今回でも嘘ではないのだ。

もう何を語ろうと、人間に残された時間は、後少《あと》ししかない。

私も自分だけのことなら、まだじっくりと筆先を読み解いていたいと思う。

だが、もう終わりの時が迫っている。だから、まだ完璧じゃないと思いながらもこの本を出す。

私は、筆先と出会って六年ほどでここまで読み解いて来た。

しかし、これから先は、あなたがこの解説の内容を検証しながら筆先を読み解いて行くことになる。

世界が壊れながらもまだ保《たも》っているうちに、御用の者たちよ、研鑽《けんさん》せよ。

新型コロナは、出歩いている暇はないぞと教えている。

筆先の学びは、ひとり静かに隠《こも》って居る時にこそできるのだ。

だが、それを理由にして、仕事を辞める選択をしてはならない。

あなたは筆先の学びと聖霊による洗礼を同時に受けなければならないのだ。

聖霊による洗礼はあなたが今居るその環境が学びの場となる。聖霊と共に居るのなら、環境を変えても聖霊からは逃げられないと解るだろう。つまり、夜は筆先の勉強に充《あ》てることになるので、飲み歩いている時間はないのだ。

戦いの時

伊都能売神諭　P七　大正七年十二月二日（旧十月二十九日）
世界《せかい》は九分九厘《くぶくりん》となりて、昔《むかし》からの生神《いきがみ》の経綸《しぐみ》は成就《じょうじゅ》いたしたから、変性男子《へんじょうなんし》若姫岐美尊《わかひめぎみのみこと》は天《てん》に上《のぼ》りて守護《しゅご》いたすから、日《ひ》の大神《おおかみ》、月《つき》の大神《おおかみ》、天照皇大神《あまてらすおおかみ》、御三体《ごさんたい》の大神《おおかみ》は、地《ち》へ降《お》りまして今度《こんど》の御手伝《おてつだ》いを遊《あそ》ばすなり、

ここに書かれた『御三体《ごさんたい》の大神《おおかみ》』は、これまでの解説を理解するなら、『日《ひ》の大神《おおかみ》』は悪の神であり、『月《つき》の大神《おおかみ》』は善の神なのだ。

では『天照皇大神《あまてらすおおかみ》』は、善か悪か？

『天照彦命《あまてるひこのみこと》』なら善の神、『日《ひ》の大神《おおかみ》』の子の『天照大御神様《あまてらすおおみかみさま》』なら悪神なのだ。ここでは、それについての検証はしないが、結論としては悪神の方だと考えている。

その『御三体《ごさんたい》』が、『地《ち》へ降《お》りまして今度《こんど》の御手伝《おてつだ》いを遊《あそ》ばす』、とこの筆先は語る。

それは、天で善の神のナンバーⅠ《ワン》、悪の神のナンバーⅠ《ワン》・ナンバーⅡ《ツー》が地上に降りて来るということだ。

善と悪のトップが、地上で相対する。

善と悪が会するのは、地上で戦いを行うためなのだ。

善と悪のトップが『今度《こんど》の御手伝《おてつだ》いを遊《あそ》ばす』と書かれたその内容は、善悪それぞれが己の軍団に鬨《とき》の声を上げると

いうことになる。

つまり、『世界《せかい》は九分九厘《くぶくりん》』の時を迎えて、善と悪の総力を注いだ最後の戦いの火蓋が切って落とされるというのがこの筆先の内容だ。

だがこれは、血で血を洗うというような争いではない。

大本神諭　一巻P一五八　大正元年旧八月十九日
今度《こんど》の戦《たたか》いは、人民同士《じんみんどうし》の戦争《たたかい》では無《な》いぞよ。国《くに》と国《くに》、神《かみ》と神《かみ》との大戦争《おおたたかい》であるから、海外《むこう》の国《くに》の策戦計画《しぐみ》は、日本《にほん》の人民《じんみん》では誰《だれ》も能《よ》うせん仕組《しぐみ》で在《あ》れど、世《よ》の元《もと》の生神《いきがみ》には敵《かな》わんぞよ。

『今度《こんど》の戦《たたか》いは、』最後の審判のための戦いだ。この筆先は、実地の本番の《最後の審判》に向けて書かれたものと理解してほしい。それ故に、型に見せた戦争のような『人民同士《じんみんどうし》の戦争《たたかい》では無《な》い』ということなのだ。それは、神国日本と、それ以外の悪神の国の『国《くに》と国《くに》』との戦いであり、善の神と悪の神の『神《かみ》と神《かみ》との大戦争《おおたたかい》』となるのだ。

しかしこの戦い、はっきりと言っておく。善と悪の神が揃《そろ》って地上に降りて来る、ということだ。

つまりこの時には、霊界での戦いは終わり、悪神は、善の神に帰順している。つまり、地上での戦いは、善の神と悪神の打ち合わせ通りの戦いということになる。

これはそういう戦いだと理解してほしい。

では、《この戦い》とは何なのか？　そんな戦いにどんな意味が在るのか？

それは、《人を改心させる》という戦いなのだ。人を改心させるために、善の神と悪の神が協力して戦うことになる。

実は、この戦いが『ヨハネの黙示録』なのだ。

黙示録は、目茶苦茶な内容なので真面《まとも》に読む必要はない。黙示録に書かれた内容は、人の心の中の心象風景なのだ。

また、この『神《かみ》と神《かみ》との大戦争《おおたたかい》』を子供向けに分かりやすく表現していたものがある。それは外国の古い漫画やアニメに描かれていた。それは、天使と悪魔が人の頭の上で言い争っているシーンに見せていた。

ただアニメでは、自分の良心を具現化した天使と、自分の悪い心が現れた悪魔が争っていて、それはどちらも自分自身で、人間が主体であったから気楽に笑っていられた。

だが、今度《こんど》の実地の本番では、本当の天使と悪魔が現れて人を心底悩ませることになる。その様子が、『地《ち》へ降《お》りまして今度の御手伝《おてつだ》いを遊《あそ》ばす』という状況なのだ。


子供の頃、母親が口うるさいと文句を言っていた人たち。今度神が地上に降りたなら、一日二十四時間、一年三六五日、片時も離れずあなたに付きまとうことになる。ウッザイなんて生易しい事態ではないぞ。

そして神を信じていると言う者たち、神社や教会で神の前でだけ身を正して頭を下げて、その時以外は神のことなどすっかり忘れて生きている者たち、一日中神に付きまとわれれば嫌でも気付くだろう。神に対してそんな裏表のある態度で生きて行けるのかい？　神の前で頭を下げるのが礼儀なら、神が二十四時間、目の前に居たら、あなたは飯を食うこともできないぞ。神に対する態度を根本から考え直さなければ、どうにもならないと判るだろう。

これまでの常識に囚われた人たちが、そんな状況に置かれたら、『ヨハネの黙示録』の内容そのままの無茶苦茶な状況に追い込まれ、人格崩壊するほどの壊滅的な事態に落ちる。これこそが、『聖霊による洗礼』だ。『聖霊による洗礼』によって引き起こされるその人の心の状態が、『ヨハネの黙示録』なのだ。それは、世界が滅亡するほどに、自分が信じていた世界観が完膚《かんぷ》なきまでに崩壊するという内容なのだ。

その目的を達成するために、善の神と悪の神が協力して、あなたを取り巻く日常に強制介入を行う。そうやってあなたを改心させる教育が始まる。その教育方法は、言葉で優しく説いて聞かせるなんてものではなく、日常という身近な現実を見せつけ、それに対する思考と行いを見て、その合否には飴《あめ》と鞭《むち》で応《おう》じるというやり方なのだ。

この《日常という身近な現実》に神が絡《から》むと圧倒的な違和感を感じる。それは、あなたの周りの人が、あなたを教育するために神が操っているとしか思えないような行動をすることで判る。それも、反面教師として行動する。つまり、あなたの周りで操られている人たちは、皆、悪神に使われている。あなたは、そんな状況に耐えながら、悪の行いを見せつけられ、その身に受けながら、善の在り方を探し出さねばならない。

ま、神は、そんなやり方をすると思ってほしい。自分の日常に神が介入し、自分の常識が壊れていく。自分が立っている常識という地面が足元から崩壊する。その状況はなかなかに悲惨なので、頑張れ！　とだけ言っておく。

そんな神のやり方に翻弄されるなら地獄の日々だろう。だが、本当の神から、神と世界の真実を学ぶ絶好のチャンスだと思えば、これほどに楽しいことはないはずだ。己が探求者で求道者だと自覚するなら、それこそ千載一遇《せんざいいちぐう》の時となる。

これまでは、神を信じると言いながら、神の居ない世界を生きていた。そんな神の居ないのが当たり前だった己の世界観を壊し、神の居る世界観を構築しなければならないのが今度のミッションだ。それこそが、筆先が語る『立替《たてか》え立《たて》直《なお》し』の内容なのだ。

『立替《たてか》え立直《たてなお》し』とは、聖霊による洗礼で人格崩壊させることが立て替えで、立て直しとは『立替《たてか》え』で更地となった人格に、筆先の勉強で新たな人格（神格）を形成させることなのだ。それ故、それを型に見せる綾部の大本は、型でも実地の本番でも更地になるのが定《さだ》めというものなのだ。

この世界の常識の一切を壊さなければ、自分の中に天国の世界を構築することはできない。それを成さねば人は天国には行けない。だから、『聖霊による洗礼』は、天国に行く者ならば誰もが通らなければならない道となる。道はこの一つだけなのだ。

それ故イエスはこう語った。

ヨハネによる福音書　十章　イエスは羊《ひつじ》の門《もん》

わたしは門《もん》である。わたしを通《とお》って入《はい》るなら、その人《ひと》は救《すく》われる。

イエスは、人びとを天国へと導く聖霊を授ける者であるが故に『門《もん》』なのだ。

マタイによる福音書　十六章　イエスに従《したが》う者《もの》

人《ひと》の子《こ》は父《ちち》の栄光《えいこう》に包《つつ》まれて、み使《つか》いたちとともに来《く》る。その時《とき》、その行《おこな》いに応《おう》じて、一人《ひとり》ひとりに報《むく》いる。

この『み使《つか》いたち』が『聖霊《せいれい》』だと分かれば、この福音の言葉が明確になるだろう。しかし、この福音の言葉通りに、イエスから最後の最後で強制的に『一人《ひとり》ひとりに』聖霊を授けられるなら、『その時《とき》、その行《おこな》いに応《おう》じて、一人《ひとり》ひとりに報《むく》いる』という言葉により、その人たちには大変な苦難が一塊《ひとかたまり》となって一度に来てしまうことになる。

なので、この本を読んだなら、そうなる前に自ら気付いて、聖霊を求めれば、その行いに聖霊も幾分か優しく導いてくれる、なんてことはなく、有る分だけの『借銭済《しゃくせんなし》』はきっちりと行われ、必要な身魂磨きもしっかりと成《な》される。しかし、その『借銭《しゃくせん》』を教材にして身魂磨きが行われるので、身魂磨きをしながら『借銭済《しゃくせんなし》』ができるので一石二鳥なのだ。その上、身魂磨きの学びの材料として『借銭《しゃくせん》』が使われるということは、必然的に『借銭《しゃくせん》』の分割払いとなるので、生きているうちに身魂磨きが完成する可能性が高いのだ。

こんな話をするということは、多分予想できるだろうが、つまり、大変な苦難が一塊《ひとかたまり》となって一度に来れば、大概の人はそれで死んでしまうことになる。そこで死んだなら、その者たちは、あの世での身魂磨きになる。その場合の身魂磨きは、王仁三郎の身魂磨きとは違うもう一つの身魂磨きのやり方になる。その身魂磨きについては後で語ろう。

自ら聖霊を求めたなら、その聖霊に導かれながらイエスの真実の教えを理解して、自らの心に灯明《とうみょう》（教え）を灯《とも》し、己が進む道を照らしなさい。聖霊に導かれるなら、細い道でも踏み外しはしない。

善なる者の身に、未来で何が起こるか理解できたかな?
善なる者には、聖霊が下る。
腹を括《くく》って自らの聖霊を求めなさい。

隣人を愛せよ

マタイによる福音書　二十二章　最《もっと》も重要《じゅうよう》な掟《おきて》
『隣人《りんじん》をあなた自身《じしん》のように愛《あい》しなさい』

参照した掟は第二の掟なので、この言葉の前には第一の掟がある。この第一の掟の主《しゅ》は日の出の神なので、これが判れば第一の掟に悩むことはない。筆先を学べば良いのだ。なので、第一を飛ばして第二の掟の話をする。

イエスの教えは、ほとんどが最後の審判に向けての話なのだ。

この『隣人《りんじん》』も、その時に向けて語られた言葉となる。

聖霊による洗礼を受けている時、あなたの最も身近にいる『隣人《りんじん》』は誰か?

つまり、これはそういう話なので、その答えは問《とい》に書かれている通り、聖霊となる。

あなたに憑《つ》く聖霊は、あなたを導く経《たて》の親だ。

聖霊とあなたの関係は、型に見せたマリアとイエスになる。ただ、マリアとイエスに人間的な親子関係を見てはいけない。生まれ方そのものが教えなのだ。

イエスは処女受胎で生まれたと、そのことばかりが奇蹟のように言われている。しかし、そこで本当に伝えたかったことは、人の魂は、一柱の神から生まれるということなのだ。

イエスの誕生に見せたことは、神の親子は一卵性親子だと教えることだった。

そして、イエスにとっての聖霊は、マリア（女）だと型に見せていた。その実際は、イエスの魂の親が坤《ひつじさる》の金神《こんじん》（豊《とよ》国主尊《くにぬしのみこと》）で、それはイエスが変性女子《へんじょうにょし》である、ということだったのだ。

聖霊とはあなたの魂の生みの親で、あなたとあなたに憑く聖霊は、役割も含めて一卵性の親子だと、このイエスの出生に見せ、教えていたのだ。だが、聖母マリアと言われたイエスの母親は豊国主尊《とよくにぬしのみこと》の霊魂ではなく、マリアとイエスの親子関係は、人はまだ放蕩息子の状態であることを示していたのだ。なので、マリアはイエスを産むという御用だけだったのだ。ただ、男と女の性を入れ替えて生まれるのは、一つの神界ではイエスともう一人の、二人だけなのだ。

話を戻そう。聖霊とあなたは一卵性の親子なのだから『隣人《りんじん》をあなた自身《じしん》のように愛《あい》しなさい』とイエスは言ったが、一卵性親子であるならば『あなた自身《じしん》のように愛《あい》』するのは難しいことではないはずなのだ。

でも、今の人間にはそれができない。

それは何故か？　それは、生まれてから今まで親子の縁が切れていたからなのだ。

それが今度、イエスによって親子の縁が結ばれるのが、聖霊による洗礼と言われることなのだ。

その聖霊による洗礼が始まると、次の福音が本当の意味を発揮する。

マタイによる福音書　五章　敵《てき》への愛《あい》

あなた方《がた》の敵《てき》を愛《あい》し、あなた方《がた》を迫害《はくがい》する者《もの》のために祈《いの》りなさい。それは、天《てん》におられる父《ちち》の子《こ》となるためである。

前項で語ったように、『あなた方《がた》の敵《てき》』とは、悪神に操《あやつ》られている人たちのことだ。だが、その悪神は、『天《てん》におられる父《ちち》（撞の大神様）』の命令を受けて活動している。それは『あなた方《がた》』が『天《てん》におられる父《ちち》の子《こ》となるため』に協力している、ということなのだ。

つまり、『あなた方《がた》を迫害《はくがい》する者《もの》』たちは、あなたを天国に送り出すために、自らが地獄に落ちる行いを為《な》すのだ。それを知るならば、あなたは、『あなた方《がた》を迫害《はくがい》する者《もの》のために』感謝の『祈《いの》り』を捧げたくなるだろう。あなたの心がそこに至《いた》れないのなら、あなたはまだ天国に行く資格は無く、聖霊から与えられる地獄のような日々は続く。

マタイによる福音書　五章　同害賠償《どうがいばいしょう》
悪人《あくにん》に逆《さか》らってはならない。右《みぎ》の頬《ほお》を打《う》つ者《もの》には、ほかの頬《ほお》も向《む》けなさい。

聖霊による洗礼を受けている間、それは、聖霊に二十四時間監視されている状態だ。それ故、その時に起きた出来事は、すべてが聖霊の支配下にあり、聖霊の意図したこととなるのだ。

その時の対処方法について語っているのがこの福音だ。その対処とは、『悪人《あくにん》に逆《さか》らってはならない』ということだ。人間は、肉体を持って天国に行くことはできない。この絶対条件を知って聖霊の下《もと》に居るのなら、たとえあなたが死んでも何の問題もないと知っておこう。もし、死ねるチャンスがあれば、率先して死んでしまった方がよっぽど楽なのである。もしも、それであなたが死ねたのなら、それは聖霊が認めたことなのだ。

この世界はこれから壊れていく。先に行けば行くほど、生きるのは難しくなる。そんな状況になったら、聖霊から学びを得ることも難しい。だが、それでも天国へ行こうと願う者は、世界が逼迫《ひっぱく》する厳しい環境に恵みを頂くこともできず飢えと渇きの中で死を待つだけとなる。しかし、そんな時をだらだらと死を待っていても時間を無駄にするだけなのだ。

その時に、先ほどの福音が意味を放《はな》つ。

ところで、この福音、『悪人《あくにん》に逆《さか》らってはならない』と言いながら『ほかの頬《ほお》も向《む》けなさい』と、《悪人に向かって行け》とも言っている。つまり、悪人に殺されに行きなさいと教えているのだ。そう、有り得ないと思うだろうが、これは死に方を教えている。

『無理《むり》にも一《いち》ミリオンを歩《ある》かせようとする者《もの》』が居たら、『一緒《いっしょ》に二《に》ミリオン歩《ある》』いて自分を殺させるチャンスを与えなさい。

でも、それでも生き残ったならば、あなたにはまだ地上で学ぶべきことがある。

しかし、この行いは、神を試しているのではないかと言う人も居ると思う。

『マタイによる福音書　四章　荒《あ》れ野《の》での試《こころ》み』で、『主《しゅ》を試《こころ》みてはならない』と書かれている。

だが、『悪人《あくにん》に逆《さか》らってはならない』と、悪人と相対することになったなら、それは聖霊があなたに与えたことだ。

そして、イエスが《逆らわずに悪人に向かって行け》と教えている。ならば、その通りにやってみれば良い。わざわざ自分から悪人に向かう必要はないが、向こうから来たなら、やって、聖霊から答えを頂けば良い。その結果死んだのなら、それが最善のことなのだ。でも、生き残ったのなら、神が仕組んだことだから割と無謀な結果にはならず、そこからも学ぶべき多くのことを教えられる。

神を試みることと、真実を学ぶために神に挑むこととは、その心根が違うことを理解しよう。神に挑む者は、矛盾《むじゅん》を矛盾のままにしてはいけない。神には本来、矛盾は存在しない。それでも、矛盾があるとあなたが思うのなら、自分の認識にこそ矛盾があるということなのだ。これを前提にするが故に、矛盾には、自分には解らない神の真実が隠されていると判るのだ。それなのに、この矛盾を探求しないのなら、それは、神のぶどう園で働く者ではなく、ぶどう園の外で口ばかり働かせて神の計画を邪魔する宗教学者（獣《けもの》の者たち）であるのだ。

神のぶどう園で働く者とは、神の真実（果実）を得《え》る（収穫する）者たちだ。神のぶどう園は、狭い門を入った先の細い道にある。そこで聖霊を前にして、そんな宗教学者（第三者）的な態度で居るのなら、それこそ生きても地獄、死んでも地獄を味わうぞ。どうせ目指すなら学者（客観的）な心を捨てて探求者、求道者で在れよ。

話を戻そう。

終わりの時、地上での苦行を終え天国に行く支度《したく》ができた身魂は、肉体を捨て霊魂《れいこん》となり、綾部の大本に集合する。この綾部の大本に集められる霊魂の数は、数十億にもなる。なので、肉体が有ってはとても集められるような数ではない。

綾部の大本に集《つど》うべき人たち、特に日本から遠い外国の人たちは、肉体を捨てて霊魂で向かうことで、移動の手段と移動距離と、大本に収容できるスペースの問題を克服する。

イエスは、そんな彼らを、綾部の大本で同じ霊魂の姿で迎え入れる。

そして彼らは、綾部の大本で仕上げの修行を行いつつ自らが乗るべき『目無堅間《めなしかたま》の神船《みふね》』を見つけ、子宮の外に出る（輪廻《りんね》から解脱《げだつ》する）時を待つのである。

その間も地上では、『世《よ》の初《はじ》めから今《いま》に至《いた》るまでかつてなく、また今後《こんご》もないような、大《おお》きな苦難《くなん》が起《お》こる』。天国へ行くべき者が、早くに修行を終えれば、世界が崩壊する苦難を経験する必要はない。修行が遅れれば周囲の苦難に巻き込まれ、苦行が増すことになる。

できるなら、早く修行を始めていただきたいと思う。

と、ここでこの項を終わるのも良いと思ったのだが、もう一つ話しておこう。

少し前、《つまり、悪人に殺されに行きなさいと教えているのだ》と書いたが、こんな話は、真面《まとも》に聞いていたら、有り得ないと思うだろう。でもそれは、聖霊による洗礼がどれほどのモノかを知らないからそう思うのだ。聖霊による洗礼の内容は、黙示録そのもの。それはもう、何度も死んでしまいたいと思うほどに、これまで自分が築き上げた人間性と価値観の一切《いっさい》を否定される。それ故、人によっては自分を殺してくれる人が居れば、自ら自分の首を差し出してしまいたくなるほどの状況に置かれる。だが、そんな状況であなたが死のうとしても、聖霊は決してあなたを死なせはしない。

では、この状況をどうしたら脱《だっ》せられる？

その答えは、もう書いてある。読み返しておくれ、最後《さいご》の一《いち》クァドランスを輝《かがや》かせておくれよ。

もう、ただただ、《人の死が許せない》とか、《人の命は重い》だなんて、今時の人道主義な考え方では、神の経綸《しぐみ》を判ることはないと知れよ。

人間らしくこの世にしがみつくことばかり考えていては、この世でも地獄、あの世でも地獄だ。

二〇〇〇年前、イエスが語りイエスが示したその死に様《しざま》と、イエスの教えを貫《つらぬ》いた者たちの、非業の死に様を知っているだろう。その型に見せた死に様は、端《はた》から見れば、とても耐えられないものだっただろう。だが、それを型に見せたのだから、それは実地の本番でも行われる。

しかし、もう実地の本番なのだから、人に見せることも未来に残すことも不要だ。だから今度は、毎日のニュースに見るような、事件の一つに紛れて終われば良い。己の中で貫いた善は、表には出さず、そのまま天に持って行きなさい。

その心を世間に知らせる必要はないのだ。

イエスが型に見せた様々な出来事は、すべてが実地の本番に向けたもの。だから、実地の本番の時には、型に見せたような異常さを見せる必要はない。

ただ、日々流れるニュースの一コマのように、己の死など、その中に紛れてしまえば良いくらいに思えよ。

もう終わる世界だ。この世界で何を言おうと言われようと、最早《もはや》、何の意味も価値も無い。

あなたが本当の善を解って、その善を声高に叫んでみても、この世界に受け入れられることはないだろう。

真実は、綾部の大本、中界に在る地の高天原で示せよ。

わたしはアルファであり、オメガである

ヨハネの黙示録　二十一章　新《あたら》しい天《てん》と地《ち》
わたしはアルファであり、オメガである。初《はじ》めであり、終《お》わりである。

ここにある『わたし』とは、唯一神と、唯一神と心を一つにする善の神々のことだ。

『アルファであり、オメガである』と『初《はじ》めであり、終《お》わりである』は同じことを言っている。

しかし、これは何を伝えようとしているのか？

このことについて考えてみよう。

と言ってはみたが、実はもう答えは書いてある。

筆先を読めば、善の神は天地創造の時に現れ、天地を造ったら悪神たちに押し込められた。

そして、次に善の神が現れるのは、九分九厘が来た時であり、それは、最後の審判の時だ。

つまり、善の神は、『初《はじ》め』と『終《お》わり』の時にだけ現れて、その間は隠れて居た。

でも神は、ユダヤの民やイスラエルの民の前には現れたじゃないか。と言う人も居ると思うのだが、実際に現れたのは唯一神ではなく、唯一神の意思を伝える神や天使であり預言者たちだ。

イエスは最後の最後に救世主として現れる。なので、イエスとして現れた二〇〇〇年前は、預言者としてだった。

《神は『初め《はじ》』から『終わり《お》』まで生き通しである》と言うのは正しい。だが、この福音での『初め《はじ》であり、終わり《お》である』の解釈としては間違いになる。

本当に唯一神がこの世に居たのならば、これまでのような社会の在り方が赦されるわけがないのだから、その一点を見ても、唯一神がこの世界に居なかったことは判るはずだ。

これまでの世の中は、悪神、悪魔が支配する世界であった。その中にあっても正しい道を示そうと善の神から預言者が降ろされ、天使たちが真実を伝えに地上に現れていた。だが結局、彼らが伝えたその真実も、地上の人々に正しくは伝わらず、歪められた教えにされていた。

しかし、最後の審判も近づいて来たので、この本で正しい教えを伝えることになったのだ。


最後の審判を行うのは、善の神だ。

この世界を見よ。こんな世の中しか造れなかった神は、悪神だと判るだろう。

マタイによる福音書　七章　偽預言者《にせよげんしゃ》
あなた方《がた》はその結ぶ《むす》実《み》によって彼ら《かれ》を見分け《みわ》ることができる。茨《いばら》からぶどうを、薊《あざみ》からいちじくを取る《と》ことができるだろうか。すべて善い《よ》木《き》は善い《よ》実《み》を結び《むす》、悪い《わる》木《き》は悪い《わる》実《み》を結ぶ《むす》。善い《よ》木《き》は悪い《わる》実《み》を結ぶ《むす》ことができず、悪い《わる》木《き》は善い《よ》実《み》を結ぶ《むす》ことができない。善い《よ》実《み》を結ば《むす》ない木《き》はみな、切り倒さ《きたお》れて火《ひ》に投げ入れ《ない》られる。このように、あなた方《がた》はその実《み》によって彼ら《かれ》を見分け《みわ》ることができるこの福音が語る『実《み》』とは《結果》のことだ。この『実《み》』は《成果《せいか》》とも言う。

それ故、この争いと揉め事が蔓延する狂った世界という現実（結果）を見れば、この世界は悪神が運営していたと言えるのだ。

『悪《わる》い木《き》』とは悪神、『悪《わる》い実《み》』とはこの世界なのだ。

こんな世界にした悪神たちは、『悪い実《み》』とはこの世界なのだ。

それが悪神に対する最後の審判となる。それ故、この世に必死でしがみ付く人間は、こんな世界にした悪神たちと共に『火《ひ》に投《な》げ入《い》れられ』ることになるのだ。


でも、この世界だって、裸同然の狩猟生活から農耕民族へ、産業革命から経済発展へ、人々の暮らし向きも上がって来て、それなりにいろいろと頑張っているじゃないかと思う人もいるだろう。もうちょっと頑張れば天国だって実現できるかもしれないと主張する者も居るだろう。

だが、あなたの知る天国って、《努力して実現する所》、なのかな？

あなたが思う天国は、頑張って造る天国ではなく、最初から天国として在る天国ではないだろうか。

実際、天国は最初から天国だ。

我々が住むことになる天国は、僅《わず》か三日で造られて、それから永遠に天国として在る。

では、その天国を造る者たちとは、どのような者たちなのか？

それを福音から見てみよう。

マタイによる福音書　二十章　ゼベダイの子《こ》らの願《ねが》い
あなた方《がた》の中《なか》で偉《えら》くなりたい者《もの》は、かえってみなに仕《つか》える者《もの》となり、あなた方《がた》の中《なか》で第一《だいいち》の者《もの》になりたい者《もの》は、みなの僕《しもべ》になりなさい。人《ひと》の子《こ》が来《き》たのも、仕《つか》えられるためではなく、仕《つか》えるためであり、多《おお》くの人《ひと》の贖《あがな》いとして、自分《じぶん》の命《いのち》を与《あた》えるためである

この福音は、天国での話になる。『あなた方《がた》の中《なか》で偉《えら》くなりたい者《もの》は、かえってみなに仕《つか》える者《もの》となり』と、国土を造る者たちは、『みなに仕《つか》える者《もの》』なのだ。

国主が造る国土は、その国土に住む民《たみ》の願いを国主が叶えることで出来上がる。国土そのものを造り、そこに有るあらゆる物、山も川も動植物も、建築物、建造物も、すべてを造るのが国主だ。民の足元を支える大地を与える者、故に国主となる者は『みなに仕《つか》える者《もの》』なのだ。

また、後半は『人《ひと》の子《こ》』であるイエス自身のことなのだが、イエスも十二人を直接《指導《しどう》する》と言うよりフォローする者、支《ささ》える者として、『みなに仕《つか》える者《もの》』となるのだ。

だが、その後に続く『多《おお》くの人《ひと》の贖《あがな》いとして、自分《じぶん》の命《いのち》を与《あた》えるためである』は、ちょっと意味合いが違う。これを語ると話が逸《そ》れてしまうのだが、折角《せっかく》なのでここで話しておこう。

この言葉の意味を正しく理解してほしい。

『自分《じぶん》の命《いのち》を与《あた》える』とは、《イエスを彼らに殺させる》という意味なのだ。

神は、何故イエスをむざむざと殺させたのか？　それは『多《おお》くの人《ひと》の贖《あがな》いとして、』なのだ。

つまり、イエスを殺した罪を贖わせるために、イエスは殺されるという形で彼らに命を与えた。目《め》には目《め》を、《私をあれほどに貶《おとし》めて無実の罪で殺したのだから、あなた方も理由の如何《いかん》を問わず、どのような目に遭って殺されても文句は無いよね。私を殺した罪を贖わせてあげるよ》というのが本当の意味だ。

それはつまり、《神は、最後の審判であなた方を皆殺《みなごろ》しにする権利を、神のひとり子（イエス）を殺させることで得たぞ》ということなのだ。

イエスの前で跪《ひざまず》いて自分の都合《つごう》をイエスに祈《いの》る（押し付ける）ばかりで、福音の真実（神の計画）を分かろうとしない愚《おろ》かさを知れよ。神と人とで、思いがすれ違っていては何も解らずに地獄を味わうことになるぞ。

筆先の解読について

さて、筆先の言葉から、《読み解く》ということについて、もう少し話そう。

変性男子について

変性男子《へんじょうなんし》と変性女子《へんじょうにょし》、この言葉は何度も出して解説もして来た。だが、変性男子が誰なのか、基本に戻って筆先からその根拠を出しつつ、一つだけ、勘違いされると困るので書いておく。

変性男子で、最初に思い浮かべるのは出口直だろう。

教団大本《おほもと》では、深く考えもせず、そう語り継いでいる。

まずは、その根拠となる筆先を出そう。

大本神諭　三巻P二三二　大正七年旧正月十二日

善《ぜん》の行《や》り方《かた》と悪《あく》の行《や》り方《かた》とを、末代《まつだい》書《か》いて遺《のこ》す綾部《あやべ》の大本《おほもと》であるから、変性男子《へんじょうなんし》の身魂《みたま》の出口直《でぐちなお》が書《か》いた筆先《ふでさき》を、

『変性男子《へんじょうなんし》の身魂《みたま》の出口直《でぐちなお》』とストレートに書かれている。このことは筆先に何度も出されているのだから、出口直

が『変性男子《へんじょうなんし》』であることに疑いを挟む余地はない。
だが、変性男子は、他にも存在する。それは次の筆先を読めば判る。

大本神諭　七巻P一五三　大正五年旧三月十四日
大国常立尊《おおくにとこたちのみこと》変性男子《へんじょうなんし》の御魂《みたま》が大出口之神《おおでぐちのがみ》と顕現《あらわ》れて、三千世界《さんぜんせかい》の身魂《みたま》の洗濯《せんたく》を始《はじ》めるぞよ。

この筆先では、『大国常立尊《おおくにとこたちのみこと》』が『変性男子《へんじょうなんし》』だ。
では、次の筆先は、どうだろう。

伊都能売神諭　P一六一　大正八年二月十三日（旧一月十三日）
変性男子《へんじょうなんし》若姫君命《わかひめぎみのみこと》は元来《がんらい》の善神《ぜんしん》であるから、

この筆先では、『若姫君命《わかひめぎみのみこと》』が『変性男子《へんじょうなんし》』である。

つまり、『変性男子《へんじょうなんし》』は、ここまでで三人、実際は『木花咲耶姫《このはなさくやひめ》』も含めて四人となる。
『変性男子《へんじょうなんし》』とは、《男子が女子に性を変えた》という意味で、《男の神が、女の神を生んだ》ということで、生んだ方の男神も、生まれた方の女神も『変性男子《へんじょうなんし》』ということなのだ。
変性女子《へんじょうにょし》は、その反対、《女の神が男の神を生んだ》ということだ。このことをわざわざ変性男子、変性女子と言っていることは、これらが特殊なことであるからだ。艮《うしとら》の金神《こんじん》と坤《ひつじさる》の金神《こんじん》だけが、性を変えて子を生む御用なのだ。

しかし、出口直については、この説明に当《あ》て嵌《は》まらない。

大本神諭　二巻P二二九　明治三十三年閏八月二日
出口《でぐち》の因縁《いんねん》は、中々六カ《なかなかむつ》敷《し》いなれど、元《もと》からの因縁《いんねん》は昔《むかし》からなり、斯現世《このよ》の因縁《いんねん》も、元《もと》は八人《はちにん》の血筋《ちすじ》で手分《てわ》け致《いた》して、間配《まくば》りて仕組《しぐみ》が為《し》て在《あ》るぞよ。
〜略〜　お前《まえ》は婦人《おんな》に生《な》りて来《き》ては居《お》れども、婦人《おんな》では無《な》い、男子《おとこ》じゃと申《もう》して在《あ》ろうがな。七人《しちにん》の女《おんな》じゃと申《もう》して在《あ》ろうがな。

この筆先には、出口直は『婦人《おんな》に生《な》りて来《き》ては居《お》れども、婦人《おんな》では無《な》い、男子《おとこ》』だ、と言っている。

直《なお》の前世は、洗礼者ヨハネという男で、本当は男で、魂は男なのだ。それが肉体を女にして産まれて来たのが出口直なのだ。

つまり、出口直の場合は、魂が男で肉体を女とする、一人で『変性男子《へんじょうなんし》』なのだ。

これが、出口直を『変性男子《へんじょうなんし》』とする根拠だ。

これが何を意味するのかと言えば、出口直は、『国常立尊《くにとこたちのみこと》』が生んだ子ではない、ということだ。

では、出口直は、誰の子なのか？

この答えは既に書いたが、復習の意味も含めて再度、検証しておこう。

三人世の元は皆、撞の大神様、国常立尊、豊国主尊《とよくにぬしのみこと》の子なのだ。その子は皆、国常立尊が若姫君命を生んだように、『御霊《みたま》を』『半分《はんぶん》』に分けて生まれた。

変性女子である王仁三郎（彦火々出見命《ひこほほでみのみこと》）は、豊国主尊の子だ。

国常立尊が若姫君命を生んだのは、前回のこと。では今回は誰を生んだのか？

それは、出口澄子（木花咲耶姫命《このはなさくやひめのみこと》）だ。つまり、澄子も『変性男子《へんじょうなんし》』なのだ。

では、ここまでを整理しよう。

豊国主尊＝王仁三郎

国常立尊＝出口澄子

とくれば、三人世の元で残るのは、撞の大神様と出口直だ。

『御霊《みたま》を』『半分《はんぶん》』に分けて生んですぐに、また半分に分けて生むなんて、神と言えどもさすがに無謀なことだと思える。なら生めるのは一人だけ。そうであるならば、直を生めたのは撞の大神様だけとなる。

撞の大神様は、厳《いづ》の御魂《みたま》である国常立尊を生み、瑞《みづ》の御魂《みたま》である豊国主尊を生んだ。

つまり、撞の大神様は、厳と瑞、両方の性質を持つ。

出口直は三人世の元の一《いち》の主《ぬし》だ。撞の大神様の直系の子であり、撞の大神様と同じ厳と瑞、両方を受け継いだ存在だ。

それ故日本と外国の二人の君をまとめる大君となれるのだ。

そして、撞の大神様は悪神も生んでいる。だから、撞の大神様の中には悪の性質も在ることになる。そして、三人世の元には、全員に少なからず悪の性質が含まれているのだろう。だからこそ、悪の中で平然と悪事をして居られたのだ。そう思うと、八人四十八人は、善のみの性質であろうから、よっぽどこの世界を生きるのが大変だったのではないかと思える。

ところで、前の筆先の最後にある、『七人《しちにん》の女《おんな》じゃ』については、いろいろと考えてはみるのだが、開示された情報からは、残念ながら誰なのかは分からないのだ。

一度目の天の岩戸開きについて

筆先には、今度の天の岩戸開きは二度目だと言っている。その筆先を出そう。

大本神諭　七巻Ｐ一九六　明治三十三年旧四月七日
此《こ》の筆先《ふでさき》は、神《かみ》と仏事《ぶつじ》との世《よ》の立替《たてか》えの筆先《ふでさき》じゃぞよ。末代《まつだい》の宝《たから》に致《いた》す筆先《ふでさき》じゃぞよ。今《いま》では変化《ばか》して御用《ごよう》を命《さ》して居《お》るから、誰《たれ》も判《わか》り難《にく》いなれど、此《こ》の筆先《ふでさき》に出《だ》した事《こと》は、皆毛筋《みなけすじ》も違《ちが》わぬように出《で》て来《く》るぞよ。二度目《にどめ》の天《あま》の岩戸《いわと》が開《ひら》けるのじゃぞよ。

『二度目《にどめ》の天《あま》の岩戸《いわと》が開《ひら》ける』と聞いたなら、では一度目は何のことだろうと考えもせず、次のことだと思うだろう。この天の岩戸開きについて、筆先の天地創造から抜き出してみる。

伊都能売神諭　Ｐ一九七　大正八年二月二十日（旧一月二十日）
天《てん》に坐《ま》します天照大御神様《あまてらすおおみかみさま》は終《つい》に地球之洞穴《あまのいわと》へお隠《かく》れ遊《あそ》ばし、天《てん》地《ち》も真《しん》の暗《やみ》となってしもうたので、八百万《やほよろず》の神々《かみがみ》が地《ち》の高天原《たかあまはら》の竜宮館《りゅうぐうやかた》に神集《かむつど》いして、艮《うしとら》の金神《こんじん》は思兼神《おもいやりのかみ》となりて、色々《いろいろ》と苦心《くしん》の末《すえ》に天之岩戸《あまのいわと》を開《ひら》き、天地《てんち》は再《ふたた》び照明《あきらか》になったのであるぞよ。

多くの人が、これが一度目だと思うだろう。


だが、二度目の天の岩戸開きとは、《子宮（宇宙）から出ること》なのだ。

『地球之洞穴《あまのいわと》』と、ルビが『あまのいわと』と書かれていても、《地球《ちきゅう》の洞穴《ほらあな》》から出ることと宇宙から出ることとではスケールが違い過ぎると思うのだ。

それに、この『地球之洞穴《あまのいわと》』『隠《かく》れ』は、悪神が仕組んだ茶番劇なのだ。

それ故、これを一度目と、善の神が言うとは到底思えないのだ。


では、本当の一度目とは、何を指《さ》すのか？

それはもう、答えは書いてある。一度目は、神がこの土団子だった子宮を膨らませて《子宮の中に入って来たこと》なのだ。

たくさんの神が、この子宮の中に精子のように入ったことが、一度目の天の岩戸開きだった。

子宮に穴を開けて入ったことが一度目、そして今度は、子宮に穴を開けて出て行くことが二度目なのだ。何も考えず、悪神がやった茶番劇を一度目の天の岩戸開きだと思っていると、本人が無自覚でも悪が混じることになる。

悪が一厘でも混じれば地獄落ち。それが無意識の部分にあろうとも地獄行きなのだ。これを理解するのなら、自分の中に無自覚な部分が有ってはならない、と判るだろう。

また一つ戻って、変性男子について。変性男子を例にして説明したが、一を聞いて十を知るくらいでなければ筆先は読み解けない。

筆先には『御霊《みたま》を』『半分《はんぶん》』に分けたと書かれているのは、国常立尊と若姫君命だけだ。だが、それが三人世の元の全員に対応するのではないかと考えることも重要な読み解く方法なのだ。

三歩進んで二歩下がるくらいに、じっくりと確かめながら筆先を読み解いてほしい。

本書では、同じことが何度も繰り返し書かれていると思うのかもしれない。これは、私自身が現在進行形で筆先を読み解いているからなのだ。同じ筆先を少し違った視点で見て理解を深める。そうやって理解を深めながら筆先の整合性を検証していると思ってほしい。

人間の認識する世界観は、蜘蛛《くも》の巣を張り巡らせるように脳内シナプスが繋がって出来上がっている。それは無意識の深い部分にまで根を張って出来上がっている。その世界観を根本から作り直すことが我々がミロクの世に行くために必要なことなのだ。その新しい世界観は、唯一神からのものであるが故に、ミロクの世に行くために必要なことなのだと理解してほしい。

だが、唯一神から降ろされた筆先の解読は、何処までも一筋縄では行かない。

真実とはシンプルなものではある。だが、そのシンプルな答えが出たからとそれで満足していては、神の経綸《しぐみ》の本当の奥深さを解らずに終わってしまうこともあるのだ。

閑話　仮の世界は終わる

人の中には、この物質世界を仮の世界だと言う者が居る。
だが実際は、この世も霊界も、子宮の中のすべてが仮の世界だ。
悪神は蝉《せみ》と同じ。蝉は七年を土の中で生き、二週間を飛び回る。
悪神にとって、その二週間に相当する期間がこの世界だ。
善の神から見れば、二週間を子宮の中で過ごし、七年を天国で生きる。
善の神からすれば、本当の世界が子宮の外で、子宮の中が仮の世界だ。
善の神は、我が子の魂を悪に染めて羽目を外させ、
間違いを経験させるために、この仮の世界を与えた。
今は、最後の狂騒、祭りのフィナーレ、真夏の夜の悪夢が終わりを迎える。
善なる者は、豊かに実る永遠の秋《とき》を、沈まぬ太陽に照らされて生きる。

私について

イエスは福音の中でこう語った。

ルカによる福音書　二十四章　エマオへの途上《とじょう》での出現《しゅつげん》
モーセとすべての預言者《よげんしゃ》から始《はじ》めて、聖書全体《せいしょぜんたい》にわたってご自分《じぶん》について書《か》かれていることを、二人《ふたり》に説明《せつめい》された。

イエスは、自分のことが旧約聖書に書かれていることを知っていた。この福音は、そのことを弟子に語ったことを言っている。だが、その内容についての記述は福音に残されてはいない。これは多分、聞けば確かに『聖書全体《せいしょぜんたい》に』『書《か》かれている』のだから、わざわざそれについて書き残す必要はないと思ったのかもしれないし、また、イエス本人から聞いた『二人《ふたり》』も、本人の経験でしか語れない繊細なことで、それらを書き残せなかったのだろうとも思う。

そのようなことが私にも有る。それは神が私に施《ほどこ》した教育でもあった。しかし、それらは本当に些細《ささい》なことで、その些細なことの積み重ねによって、物事の裏に隠された真実を垣間見ることになったのだ。

私には四人の子供が居る。その子供が出来た時、それは受精した瞬間に、私の子供として産まれる霊魂から知らせが来た。それは、ピンと来るという程度の知らせなのだが、それで四人とも出来たと判ったので、妻に「出来たよ」と教えたのだが、さすがにその時は信じてくれなかったが、出来たのなら産まれて来るのが道理なのだ。

ところで、ここから学んだことは、《人間は受精した瞬間を起点として歳を数える》ということだ。

なので、昔の数《かぞ》え年《どし》というのは、子宮の中に居た時も年齢に入れて、子宮の中で約一年を過ごして、産まれた時を一歳とするという理屈であった。

現代の考え方は、産まれた時を〇《れい》歳の始まりとしている。この考え方は、子宮の中で生きている期間を無いものとしていたことに気付かされた。

一般の人間には、受精した正確な時を判ることはない。人間に判るのは産まれた時だ。だからその時を始まりとした、という理屈は判る。だが、神の真意に添った考え方なのは、昔ながらの数え年の方だった。

ところで、この考えが何処に通じるのかと言えば、我々人間は子宮の中の胎児の立場に在る、ということに繋がる。胎児の年齢を無視した現代の考え方は、我々の置かれた状況、つまり、子宮の中に居る我々の存在自体を否定していたのだ。

大分省略した説明ではあるが、私は、そうやって我々が子宮の中に居るという事実を教えられた。

これと同じように、私自身についてもいろいろと教えられていた。ただ、それがあまりに多く、その上、一つひとつが長い説明を要する話になってしまう。つまり、この話を細かく語ればもう一冊本が出来てしまうことになるのだが、さすがにそれはと思うので、端折《はしょ》ってなるべく簡単に話を進めようと思う。

徴《しるし》

まずは、私に付けられた徴《しるし》について話そう。

でもその前に、徴と言えば次の福音があるのでそれを出そう。

マタイによる福音書　十二章　ヨナの徴《しるし》
その時《とき》、何人《なんにん》かの律法学者《りっぽうがくしゃ》とファリサイ派《は》の人々《ひとびと》が、イエスに、「先生《せんせい》、徴《しるし》を見《み》せていただきたいものです」と言《い》った。すると、イエスは仰《おお》せになった、「邪《よこしま》で神《かみ》を捨《す》てた時代《じだい》は徴《しるし》を求《もと》める。しかし、預言者《よげんしゃ》ヨナの徴《しるし》のほかには、どんな徴《しるし》も与《あた》えられない。ヨナが三日三晩《みっかみばん》、海《うみ》の怪物《かいぶつ》の腹《はら》の中《なか》にいたように、人《ひと》の子《こ》も三日三晩《みっかみばん》、大地《だいち》のふところにいる。裁《さば》きの時《とき》には、ニネべの人々《ひとびと》が今《いま》の時代《じだい》の人《ひと》とともに立《た》ち上《あ》がり、今《いま》の時代《じだい》の人《ひと》を罪《つみ》に定《さだ》める。なぜなら、ニネべの人々《ひとびと》は、ヨナの言葉《ことば》を聞《き》いて悔《く》い改《あらた》めたからである。

イエスは当時、預言者としてそこに在った。それ故、預言者として、己《おのれ》自身の未来の徴《しるし》を語った。それが、『三日三《みっかみ》晩《ばん》、大地《だいち》のふところにいる』ということだった。

イエスとしても、徴について聞かれたからと、自分のことを民衆の前で長々と語れる状況になかっただろうから、簡単にそのように答えたのだろう。でも、『聖書全体《せいしょぜんたい》にわたってご自分《じぶん》について書《か》かれていること』は有ったのだ。

私に、何故これほど徴《しるし》を付けたのかと、そう問うなら『邪《よこしま》で神《かみ》を捨《す》てた時代《じだい》』だから、となるのだろう。

これらの徴を簡単に出してみよう。と言っても、一つ一つは些細なことなのだ。

王仁三郎は変性女子《へんじょうにょし》だ。私の喉仏は、外見からは全く見えない。声変わりはしているが、私にとっては、《女子》という徴か？　と思う程度のことではある。

私の両足の小指の爪は、大小二つに割れている。その意味は、爪の数が六＋六＝十二、十二人の弟子が居ると教えていると思われる。

子供の頃、用水路に落ちそうになって、慌《あわ》てて柵《さく》を掴《つか》んだら、柵の上に張られていた有刺鉄線を掴んでしまい、掌《てのひら》の真ん中に釘が刺さった。その跡が四十過ぎまで残っていた。

仕事中、甲側の手首の辺りをカッターで切って、医者で縫《ぬ》ってもらったことがあるのだが、抜糸して暫《しばら》く、薄く張った皮膚の下で血が固まったように見えたので、爪で掻《か》いて取り出したら、小さいがまるで平らな頭のある釘のようだった（これは、掌《てのひら》に刺した釘で、十字架上に人間の体重を保持できるだろうかという疑問から、手首に釘を刺したのではないかという話があることを知っていたが故に、ここに血の釘を見せたのかもしれない）。


次は、私の名前と筆先との繋がりについて書こう。

私の名前は、《竹田文義《たけだふみよし》》なのだが、これが筆先に書かれた一寸《ちょっと》変な話に関わる。

最初の《竹》は、『竹《たけ》はがいこくの守護《しゅご》』と前に書いた通り。

《田》と《文》については、筆先に次のように書かれている。

大本神諭　二巻Ｐ八五　大正四年旧六月十一日
さッぱり悪神《わるがみ》の自由自在《じゆうじざい》に爰迄《ここまで》は致《いた》して、元《もと》の御先祖様《ごせんぞさま》を機関《きかい》であるというようなことを申《もう》して、天《てん》の日神月神《おふたかた》は大《だい》の字《じ》さか様《さま》、丸《まる》に十《じゅう》になりてあるということが、明治《めいじ》二十五年《ねん》に、初発《しょっぱつ》に書《か》かしてあろうがな。丸《まる》に十《じゅう》、八《はち》分余《ぶあま》り真黒《まっくろ》うして、白《しろ》い場所《ところ》が、二分《にぶ》切《き》れて居《お》ろうがな。身魂《みたま》が彼《あ》の通《とお》り、その又二分《またにぶ》の身魂《みたま》が曇《くも》りて居《お》るぞよ。

『丸《まる》に十《じゅう》』は、○《まる》と十《じゅう》、○《まる》を□《しかく》にして十《じゅう》と合わせると、《田》になる。私の中で丸と四角が繋がるのは、私がこのことを知る前から、書類にサインをする時には田を丸く書いていたということがあるからだ。

《文》については、この筆先だけでは解らないので、更に二つの筆先を出そう。

大本神諭　六巻Ｐ一七六　大正五年旧五月十八日
向《むこ》うの国《くに》の悪神《あく》の陰謀《たくみ》も、エライ陰謀《たくみ》で在《あ》るなれど、頭《かしら》と尾《お》と斗《ばか》りで、肝腎《かんじん》の胴体《どうたい》が無《な》いから、大事《だいじ》の所《ところ》が抜《ぬ》けて居《お》るから、サアという所《ところ》で間《ま》に合《あ》わん、

大本神諭　五巻Ｐ一〇三　明治三十六年旧正月一日
此《こ》の大本《おおもと》は、他《ほか》の教会《きょうかい》の行《や》り方《かた》とは薩張《さっぱ》り行《や》り方《かた》が違《ちが》うから、此《こ》の大本《なか》は、筆先《ふでさき》を充分腹《よくはら》へ入《い》れんと何《なに》も判《わか》らん、

『六巻Ｐ一七六』を読めば、『悪神《あく》』は『肝腎《かんじん》の胴体《どうたい》が無《な》い』ということだ。つまり腹が無いのだ。そして、『五巻Ｐ一

○三』では、善《ぜん》とは『筆先《ふでさき》を充分腹《よくはら》へ入《い》れ』た、腹の有る存在ということだ。

また、『二巻P八五』では、『天《てん》の日神月神《おふたかた》は大《だい》の字《じ》さか様《さま》』に見えているということで、それは《見ている悪の方が実際は逆様《さかさま》になっている》ということなのだ。

では、この三つの筆先を合わせてみよう。

まずは、《逆様の大の字》を正して『大《だい》』にする。でもその『大《だい》』には腹が無い。その『大《だい》』に腹を入れると、《文《ふみ》》という字になる。これは、《筆先が腹に無い大化物＝王仁三郎》が、《筆先が腹に入った私》に成ったという意味で、つまり、筆先を解いて聞かせる御用ができるようになったということだ。

そして、最後に《義《よし》》なのだが、この文字を上下に分けて、《羊》と《我》となれば、《我、羊《ひつじ》（姫《ひめ》）なり》と読めるだろう。羊姫《ひつじひめ》とは坤《ひつじさる》の金神《こんじん》だ。ここにも変性女子の徴《しるし》がある。

筆先から読み解いて自分の名前を解読して来たが、私には、それ以前から気付いていたことがあった。それは、《文義》という名なのだ。

『大《だい》』の字が人型《ひとがた》を表すように、《文》も人型になる。そして、名前を縦書きにすると、文の文字が義という字に持ち上げられているように見えて、《我、生贄《いけにえ》の羊のように天に捧《ささ》げられた人（型）》と読めて、それは、十字架に磔《はりつけ》にされたイエスの姿に重なって見えてしまったのだ。

実は、《文義》がイエスの形だと理解したのは、日月神示《ひつきしんじ》を読み解いていたからだ。

この日月神示との出会いも、巷《ちまた》にある解説本を読んで、その違和感だらけの解説に疑問を持って、自分なりに読み解いてみようと、のめり込んでみたことが始まりだった。

既に、日月神示は偽物だと書いたが、私にとっては筆先を読み解く練習としてこの神示《しんじ》があったのだ。この神示も、私と縁があった。それは、日月神示が《ひふみ神示》とも言われていたことだ。

このひふみ神示を数字にすると、一二三四《ひふみしんじ》となる。私の名前を数字にすると、二三四四《ふみよし》になる。私の名前に《ひ》＝神霊が付くと、一二三四四《ひふみよし》となる。《私に神が憑《つ》いて完全体となる》との意だ。

日月神示は近所の本屋で買えたのだが、大本神諭は見る影も無く、私にはそれを得る機会も無かった。その状況で、神を学ぶテキストとして在ったのが日月神示だった。その日月神示にも私のことが書かれていた。

そして、桃太郎と浦島太郎の話も日月神示で理解を深めたのだ。いくら私でも、筆先の桃太郎と浦島太郎の言葉だけで、あそこまで読み解けはしなかったということだ。

そういう意味で、日月神示は私専用の、筆先を解読するための練習本であった。でも、矢張《やは》り日月神示は、型に見せた人間が本物ではなかったので、肝心な所がぼやけた教えになっていたのだ。


他にも、私の生まれた時から住んでいる住所の番地が、ちょっと頓知《とんち》を効《き》かせれば、五六七《みろく》と読み取れてみたり。私の産まれ育った所が『駿河《するが》』と言われた所で、私の住む所が綾部の大本から、同《どう》緯度で真東《まひがし》だったり。私の生まれがアクエリアスエイジのアクエリアスだったり。

また、私の親たちの名前にも徴《しるし》がある。祖父には《一》、父には《十三》の数字が名にある。それはキリスト教を象徴する数字、唯一神の《一》と、イエスと十二使徒の合計、《十三》なのだ。

女性側には、曾祖母、祖母、母の名を繋げて、《ふで《ふでさき》、ときをえて《じせつまいりて》、ひのよとなる《ひのでのしゅご》》と読める。こちらは日本の象徴である筆先の言葉だ。ただ母については、漢字にして読み替える必要がある。

ここまで読んで、これを単なる偶然だと言い張るのか、それともこじつけだと思うのか。でもこれは世間の人に対して徴を示すために行われたことではなく、私自身が覚悟を決めるために示されたのだと思っている。はっきりと言ってしまえば、他人がどう思おうが、私が私を何者だと思うのか、それを自覚させるために神が経綸したことなのだ。

《私が、実地の本番を始める最初の一人である》

それを私に自覚させることが、徴を付けた神の目的なのだ。神がこれほどに私に徴を付けたのは、私自身が、『邪《よこしま》で神《かみ》を捨《す》てた時代《じだい》』の象徴であったということなのだ。なので、他人の評価は全く関係がない。私がこの本を出版したとしても、それで私が世に出たいわけではない。ただ、預言の成就のためなのだ。

他には、浦島太郎、桃太郎の所でも話したが、近所にまるで読み解けと言わんばかりに、そんなものがあったのだ。だがこれも、十年以上の歳月をかけて実地に知らされ、更に奥へと気付きを得て読み解いて来たのだ。

ここまでが、一応でも形に見えることだ。

その他にも、実地に見せるように、経験から学ばされたこともある。

ここからは、長い年月をかけて学ばされたことを語ろう。

私は何者？

私は、主に公共の土木工事を生業《なりわい》にする小さな会社を経営する家に、三男として生まれた。私は三男ではあるが、次男は私が産まれてすぐに事故で亡くなってしまい、実質次男として育った。そして、私が社会人になる前に長男も亡くなり、実質的に長男になってしまった。多分これは、型に見せた王仁三郎の、三人世の元の三人のうちの、大本での順位を見せていたと思われる。

王仁三郎が大本に来た最初は下っ端の三番目。それが澄子と結婚して二番目になり、出口直が昇天して大本のトップになったことを表したのだろう。私と大本の繋がりを、こんな形で見せている。

子供の頃の私は、おとなしい静かな子で引っ込み思案、病気がちで小学生からアレルギー性鼻炎が酷くて、呼吸するのも辛く、朝起きれば目やにで目は開かず、生きていること自体に不自由しているような子だった。多分これも、前世に『智利《ちり》や誤目《ごもく》』を他人《ひと》の『耳《みみ》や目《め》や鼻《はな》』に詰めたことが業《ごう》として現れたのだろう。

神に関しては、中学の終わり頃から「神は居るのか？」という疑問から始まり、学研『ムー』で不思議世界の裾野を広げ、神について書かれた本を読み漁《あさ》り、《神の居る世界》というものを探求していた。

学研『ムー』で強く引かれた記事が、大本の出口直と王仁三郎を紹介する程度の、たった一ページの記事だった。そのことを今思えば、大本に縁があったのだと分かる。

五十代の初め頃まで、私は日本神道、仏教寄りの考え方をしていた。だが、筆先を読み深く学ぶことになって、新約聖書を深く読み、イエスが言いたかったことが判るようになった。実は私は、それまでキリスト教が大が付くほどに嫌いだったのだ。

神に関する様々な本を読んで、《人は皆、神である》ということは判っていた。しかし、自分が何者かということについては、《皆《みな》、神なのだから私も神なのだ》と漠然《ばくぜん》と思うだけだった。とは言っても、イエスが大工《だいく》の子で私が土方《どかた》の子なのは、イエスが神殿の建て直しのために産まれて来たのに対して、私は神殿の土台から造り直すためだという意識も頭の片隅にあったりもしたのだ。


そんな状態の時に、神からお知らせが来た。と言っても、言葉ではなく実地に知らされた。

そのお知らせの始まりは、私が現場監督をする工事現場での事故だった。

私が担当する現場で事故があり、その事故を隠したことがバレて、労災隠しとして労働基準監督署から取り調べされた。それが私の知らない間の事故で、下請け業者が隠していたのがバレたという顛末《てんまつ》だった。それが親指の先端を潰した程度の事故で、本人は結構痛かっただろうけれど、それほどの事故とも思えなかったが、それでも私は監督署から取り調べされて、私は大分不機嫌になってしまったのだ。

しかし、このことについて神が何を考えていたのか、それが判ったのは事故から一年以上経った頃のことだった。

それは、新聞で知らされた。

労災事故の判決の記事が新聞に掲載された。そこには、《○□産業○□△社長、労災隠しで書類送検》とか、そんなことが書かれていた。ところがその同じ新聞の同じ紙面に、先ほどの記事から十数センチ離れた所に、もう一つ記事があった。そこには、《蛍《ほたる》の会会《かい》長○□△、蓮華寺池《れんげいじいけ》公園の池に蛍の幼虫を放流した》という記事だった。

経理のおばちゃんが労災隠しのことが出てるよってわざわざ持って来た新聞に、そこに思いもしないもう一つの記事を見つけて、「何これ！」って驚いて笑ったのだ。それは、「この二つの記事の同姓同名の○□△が同一人物だと知る人は少なかろう」と笑ったのだ。

私もこの二つの記事が、同じ紙面で同一人物で繋がるというなかなかにない状況を見て、これは神からのお知らせだろうかと思って考えてしまった。そうして出た結論は、想定外のものだった。

書類送検については、《罪人》と解釈する。この記事を見て、私の名前は出てないけれど、私も罪人になってしまったなあと思ったのだ。そして蛍の幼虫の記事は、蛍を《光》、幼虫を《子》とすると、蛍の幼虫は《光の子》となる。

光の子とは、神の子、神の子はイエス。イエスは罪人として殺された。

○□△は私の父親だ。

この二つの記事を纏《まと》めると、《○□△の子は、かつて罪人として殺されたイエスだ》と、読み取れてしまった。

あまりに衝撃的だった。

このことは筆先に次のように書かれていた。

大本神諭　七巻P一三一　明治三十三年閏八月二十三日

神《かみ》の方《ほう》は、何時《いつ》なんどきにでも着手《かか》るから、一旦新聞《いったんしんぶん》を出《だ》して置《お》かんと、新聞《しんぶん》で表現《あらわ》れるからという事《こと》を、日本《にほん》に丈《だけ》なりと見《み》せて置《お》かねば、神《かみ》の役《やく》が済《す》まんから、この筆先が実地になると、こうなるのね。と、何とも手の込んだことをしてくれると思う。

でも、普通に考えて、この新聞記事で『(イエスが) 表現《あらわ》れる』と言われても誰も判らんだろ！　って思う。これで判るのは当人のみだ。

大本神諭　四巻P六三　明治三十五年旧七月十二日
親《おや》の運《うん》は児《こ》に在《あ》るという事《こと》が譬喩《たとえ》に在《あ》るが、児《こ》が出世致《しゅっせいた》したら、親《おや》の名《な》は出《だ》してやるぞよ。

あの新聞記事には私の名は無く、親の名のみが出ていた。そのことについては、この筆先に書かれていた。神もご丁寧にお知らせするものだと思う。でもやっぱり、こんなの、私以外誰も判らんよね。

ところで、『児《こ》が出世致《しゅっせいた》したら』と書かれていることについては、世間的には全く出世していないけれど、神から見たら『出世《しゅっせ》』したということなのだ。

浦島太郎が玉手箱を開けたら、《髭《ひげ》を生やしたおじいさんになった》と昔話に語られていたことは、《神に成った》という意味なのだ。

それってどういうことだ？　と思うのなら、神はどんな姿をしているか？　と、自分に問うてみてほしい。

あなたがイメージする昔ながらの神の姿は、髭を生やしたおじいさんの姿をしているだろう。

浦島太郎が玉手箱を開けておじいさんに成ったとは、そういう意味なのだ。

乙姫様（聖霊）から玉手箱（神徳）を頂いて、おじいさん（神の子）に成ったということなのだ。

多分、イエスが自《みずか》らを「人の子《ひとのこ》」と言っていたのは、イエスの時には預言者の立場で、未来に神の子になる経綸《しぐみ》があることを知っていたからだと推測する。

まあ、それは置いておいて、『浦島太郎《うらしまたろう》』の筆先に書かれた『経綸《しぐみ》の玉手箱《たまてばこ》を開《あ》ける』とはそういう意味なのだ。放蕩息子となり獣に落ちた子が、神と共に過ごし、口は悪いが調教されて神の子に成ったと、そういう意味だと思えば良い。

だが、私が何故《なぜ》浦島太郎と桃太郎のことについて、これほど考えたのかと言えば、私の家の近くに橘神社《たちばなじんじゃ》があり、隣の町内の名が鬼島《おにがしま》だったからだ。

私の産土《うぶすな》神社でもある橘神社に祀《まつ》られている神は、弟橘媛命《おとたちばなひめのみこと》だ。

弟橘媛命は、日本武尊《やまとたけるのみこと》に伴《ともな》って日本各地を回《めぐ》っていた。或る日、海を渡ろうと船を出したが、海が荒れだして、それは海神（竜神）が怒って荒れているのだと理解した姫は、荒れた海を静《しず》めるために海に飛び込み、海の底へと沈んで行った。

これを読み解くと、深海《しんかい》（神界《しんかい》）の竜神の居る所は竜宮で、弟橘媛命が竜神（艮《うしとら》の金神《こんじん》）の妻とすると、弟橘媛命は竜宮の乙姫様となる。

それ故、弟橘媛命が竜宮城に戻れば、荒れた海が収まると判っていて海に飛び込んだということなのだ。

この日本武尊と弟橘媛命の話は、弟橘媛命の献身的お涙頂戴の話ではなく、浮気がバレた……、という人間的解釈はやめようね。

遊んでしまった。真面目に戻ろう。

聖霊の立場から表現すれば、誕生したばかりで何も知らない自分の子を在野《ざいや》に解き放ち、親無しの孤独の中で悪というものを散々に体験させ、そうやって悪を学ばせておいて、時が来たからと、息子を取り戻して教育を施《ほどこ》し、神の子としての体裁を整えるのが聖霊の仕事なのだ。

つまり、ルカによる福音書十五章の放蕩息子《ほうとうむすこ》は、神の必然だったということで、だからこそ放蕩息子が帰って来た時あれほど喜んで迎え入れたのだ。ついでに言うと、聖霊の子で放蕩息子でない子は一人も居ないということだ。そして正しい子は一人のみなのだから、言いつけを守る小賢しい兄は、悪の方の子だったということなのだ。兄が桃太郎の系統の者なら、『わたしのものはすべてお前《まえ》のものだ』と言った父の言葉は何も間違っていないと解るだろう。《お前たちは私が造った物を好きなように使っているぞ》ということなのだ。

人間からは皆同じ人間に見えたとしても、神は善と悪を同じ扱いにはしない。そしてこの話は、宗教にしがみ付く者が兄、宗教から逃げ出した者が弟だ、という解釈もできる。宗教は神から始まっている。だが、今の宗教はすべて悪に落ちている。そんな宗教から逃げ出して本当の父に出会ったのが弟なのだ。

善の魂であるならば、何処に居ようとも自分自身が放蕩息子であると気付けるはずなのだ。


だが、三人世の元の御用の者は、鏡に見せるのが御用だ。

その御用の者についての話に戻そう。

結局、あの労災事故は『新聞《しんぶん》で』『日本《にほん》に丈《だけ》なりと見《み》せて置《お》かねば、神《かみ》の役《やく》が済《す》まんから』という理由で起こされたことだった。しかし、当時の私は神がこんな計画を立てていたなんて知らなかった。だから、取り調べの後は大分《だいぶ》腹を立てていた。

私は、《私が怒れば世界が壊れる》と、神からそう教えられていた。だが、私の怒りの所為《せい》で小さいとは言え様々な事件事故が多発していた。なのに、それでも怒りが収まらず、神から怒りを収めるようにと、あらゆる手段で何度も伝えられていた。

と、こうは書いたが、基本、私はあまり怒る方ではない。聖霊に会ったのは二十九歳の時、聖霊との地獄の修行は三年半ほどで終えた。とは言え、この修行を終えたというのは、絶対服従を誓って赦されただけのことで、学びという修行は今でもというか永遠に続く。その地獄の修行の期間でも、死にたいという思いはあっても、から笑いでごまかし、怒りというものはあまり感じていなかった。それを思うと、事故の後のあの怒りは、考えさせられることは多々有ったけれども、今考えてもちょっと異常な怒りだったと思う。

多分、この怒りは、神が私に、心と現実の関わりを学ばせるために与えられたのだ。事故があったのは年度末、次年度は幼稚園の保護者会の会長をすることが決まっていた。なのでその怒りとは別のところで、子供たちのために世界の平和を願っていた。で、一年が過ぎた翌年度に、その私の心が現実にどんな影響を与えるのか、それを数値で知らされることになった。

管内の関連する業者を集めて行われる安全大会で、交通事故や犯罪、また労災事故等の報告があった。その報告では、例年に比《くら》べ、あらゆる犯罪や事故が半減し、死者も半分ほどだったのだが、労災事故の死傷者数だけが倍増していた。これほどに顕著な結果を見せられて、私の心に在るものが、現実にこれほど広く影響を与えるのだと学ばされたのだ。

ところで、《この怒りは、神が私に、心と現実の関わりを学ばせるために与えられた》と、先ほど書いたのだが、普通こんな話を納得できるだろうか？　感情すら自分のものとは限らないと言っているのだから、人によっては納得するのは難しいのではないかと思う。

しかし、感情なんて何かの刺激で発生して、それで人は行動してしまうのだから、神や悪魔が、それを刺激して人間を動かすのは簡単なことなのだ。神が居るのか居ないのか判らんと言っている人ほど、神に対して無防備で、自分の心に注意を向けないから、アッサリと神に操《あやつ》られてしまうことになる。人はそうやって、悪神の手駒にさせられることになるのだ。

私は何者？　の二

私が小学生の時、プールの授業で着替えをしていた時、友達のおちんちんを見て、自分と違うと思って母に聞いたことがある。

「僕のおちんちん、みんなと違うみたいだけど何で？」

そう聞いたら、母は、「ごめんね」と言って教えてくれた。

その話と調べたことを纏《まと》めると、私が生まれて四カ月ほど経《た》った頃、私の次兄が事故で亡くなり、母がそのことで私の世話を忘れて、オムツの中がとんでもないことになって、おちんちんが腫《は》れて、病院に行ったら先端の皮を取ることになったということだった。

私は中学生の頃にテレビを見て、ある宗教ではそれを《割礼《かつれい》》と言うのだと知った。

そして大人になって、聖書の解説本を読んで、どのようにして割礼が始まったのかを知った。でも、私の場合は宗教的な意味はないから、他人事のようにそうなんだと思うだけだった。
それが四十歳で新聞記事のお知らせを受け、五十代の始まりに大本の筆先を読み、理解を深めて行くほどに、聖書の解釈もその意味を違《ちが》えることになった。

創世記　十七章　割礼《かつれい》と契約《けいやく》
「わたしは全能《ぜんのう》の神《かみ》である。わたしの前《まえ》に歩《あゆ》み、完全《かんぜん》な者《もの》であれ。わたしはお前《まえ》と契約《けいやく》を立《た》て、お前《まえ》をますます多《おお》く増《ふ》やそう」。～略～
お前《まえ》の名《な》はアブラハムである。わたしがお前《まえ》を多《おお》くの国民《こくみん》の父《ちち》とするからである。わたしはお前《まえ》の子孫《しそん》をますます多《おお》く増《ふ》やし、わたしはお前《まえ》を諸国《しょこく》の民《たみ》の父《ちち》とする。多《おお》くの王《おう》がお前《まえ》から出《で》るであろう。わたしは、お前《まえ》との間《あいだ》に、またお前《まえ》の跡《あと》に続《つづ》く子孫《しそん》との間《あいだ》に契約《けいやく》を立《た》て、それを永遠《えいえん》の契約《けいやく》とする。お前《まえ》とお前《まえ》の跡《あと》に続《つづ》く子孫《しそん》の神《かみ》となるためである。～略～
お前《まえ》たちが守《まも》るべき契約《けいやく》は次《つぎ》のとおりである。すなわち、お前《まえ》たちの男子《だんし》はみな、割礼《かつれい》を受《う》けよ。お前《まえ》たちは包《ほう》皮《ひ》の部分《ぶぶん》を切《き》らなければならない。これは、わたしとお前《まえ》たちの間《あいだ》の契約《けいやく》の徴《しるし》となる。

とうとう、旧約の方の聖書を出してしまった。この聖書も、これまでと同じフランシスコ会聖書研究所訳注からの参照だ。聖書も筆先も型に見せるという手法で人々に伝えている。なので、あまり古い話になると実地の本番の型の型の型、みたいな話になって面倒なのだ。筆先の中だけの話でも、実地の本番と型の実地、筆先に見せたことと大本の型に見せたこと、またその実地もこれから来るし、世界にも現れる。それだけでも説明が大変なのだ。なので、あまり参照元を増やしたくはないのだ。

という此方《こちら》の事情は置いておくとして、そんな解読方法に基づいて『割礼《かつれい》と契約《けいやく》』を読み解いてみよう。

『わたしは全能《ぜんのう》の神《かみ》である』と言った存在は誰か？

そう問えば、それは唯一神ではあるが、実際には善の神々たちだ。

そして、『アブラハム』はイエスの型で、王仁三郎の役割の者として語られ、アブラハムは最終的には『彦火々出見《ひこほほでみの》命《みこと》』の次の役割となる『言霊幸彦命《ことたまさちひこのみこと》』に見立てられていた。

また『多《おお》くの王《おう》』とは、イエスの弟子である十二人であり七十二人なのだ。

神は、未来のことを、当時の人を型にして語っていた。

それが解れば、『わたしはお前《まえ》を諸国《しょこく》の民《たみ》の父《ちち》とする』という言葉が『緯《よこ》』の親子の関係を表し、その通りだと判る。


神の教えは、《実地の本番を型に見せる》という手法で行われる。未来の一事《いちじ》のために万民がその型を行う。中心で行われる一事を万民が体験する。その心は、皆がその当事者として在れ、ということだ。神の教えがそうであるが故に、未来を見なければ何も判らないことになる。


これで神の言葉に焦点が合い、意味が明確になった。そこで、もう一度全体を俯瞰《ふかん》して見る。

過去（アブラハム＝聖書）と、未来（イエスの来々世《らいらいせ》＝筆先の実地）を通して見る。

すると、『割礼《かつれい》を受《う》け』た『子孫《しそん》』である、未来に生まれる『アブラハム』を、『諸国《しょこく》の民《たみ》の父《ちち》とする』と、そんな意味を抽出《ちゅうしゅつ》できる。

『アブラハム』はイエスの型で、実地の『諸国《しょこく》の民《たみ》の父《ちち》』とは、イエス霊魂だ。

なのでこの解釈を現実に当てはめれば、《未来に『割礼《かつれい》を受《う》け』た者はイエスである》となる。

『割礼《かつれい》と契約《けいやく》』に書き残された神の約束を果たすために、キリスト教徒でもユダヤ人でもない私が割礼を受けた。本来、割礼を受ける理由のない私を割礼させるために、神は私の次兄を殺した。

神とはそういう存在だ。神は人に、人を殺すなと言うくせに、神は人を平気で殺す。

皆さんは、それをどう思うだろうか？

これを、人間らしく考えても感情が騒ぐばかりで答えは出ないだろう。

なのでそんな人間的な感情は、とりあえず脇《わき》に置いておく。

神は、目的を持ってすべてを意図して行っている。そのことを理解しよう。

例えば、裏切り者のユダについて考えてみる。


現実という型の実地に見ても、イエスからユダの後任として選ばれたサウロは、その当時でも十分に成人している。つまり、ユダの失脚の時にサウロの魂を生んでいたのでは間に合わないことが判る。なので、ユダの他《ほか》に、本来の十二人目となる魂は、最初から用意されていたと判る。

また、人間の妊婦を見ても、十月十日の時が満ちて出産を迎える。神が生んだ魂も、受精から出産の時期は皆大概《たいがい》同じだと思われる。子宮内世界が出来た初期に生まれた魂は、現実にこれだけの時を経て、出産の時を迎える。なので、イエスの生きて居る頃に生まれた魂では、成長の期間が足りず未熟児《みじゅくじ》以前の状態で、産まれ出ることはないと推測される。

なので、十二番目の使徒の親も、他の聖霊と同じように子を生んでいて、それ故、ユダを生める者は、十二使徒の親には居らず、生めたとすれば撞の大神様だけとなるのだ。

これらのことを考えて出た結論は、ユダは最初から魂すら消される者として生まれて来た、ということになる。そういう魂を生んでそれを行い、我々に見せることが重要な教えとなるから、それは為《な》されたのだ。


善の神は、悪神に腑抜《ふぬ》けにされた人々から見ると、想像を絶するほどに厳しい。

「愛は地球を救う」

そんなことを言う人間は、天国には行けない。物質的に、人を救済しようとする者も、人から救済を受けて生き延びようとする者も、天国には行けないのだ。

上を見て聖霊を頼る者、自ら救われようと聖霊と共に大峠を登る者、そうする者だけが天国に行ける。

裏切り者と言われたユダは、イエスが本当の救世主であることを証明しようと画策《かくさく》した。そのために敵の言葉に乗ってイエスを売ってしまった。

イエスが神なら、殺されるはずがない。何かの奇跡が起きて、イエスが神であることが証明される。

だが、そのユダの思いは独《ひと》り善《よ》がりだった。ユダは、自分の妄想的未来図を神に押し付けていた。

ユダは自分の思いを実現するために、神にそれを求めた。その瞬間、人間が主《しゅ》で神が従《じゅう》となった。

ユダは、体主霊従《たいしゅれいじゅう》を行った。それが許されざる罪となった。

ユダの親は唯一神。ユダにとっての聖霊は唯一神なのだ。

ユダは唯一神に、我の意《い》に従えと望んだ。それが赦されない過《あやま》ちだった。

マタイによる福音書　十二章　聖霊《せいれい》に対《たい》する罪《つみ》
だから、あなた方《がた》に言《い》っておく。人《ひと》の犯《おか》すどんな罪《つみ》も冒瀆《ぼうとく》も赦《ゆる》される。しかし、聖霊《せいれい》に対《たい》する冒瀆《ぼうとく》は赦《ゆる》されない。

ユダの行いは、『聖霊《せいれい》に対《たい》する冒瀆《ぼうとく》』に価《あたい》した。これこそがユダが犯《おか》した罪だったのだ。
これを人々に心底《しんそこ》判らせるために、ユダに失敗させて見せたのだ。
この失敗が、人間にとって取り戻すことのできない失敗であったが故に、ひとつの魂を犠牲にしてでも、これを行い聖書に書き残させたのだ。

大本神諭　三巻P一一二～　大正四年旧正月二十三日
一寸《ちょっと》でも悪《あく》が混《ま》じりたら、日本《にほん》の地《おつち》の上《うえ》には居《お》れんように、何《ど》う言《い》いても成《な》りて来《く》るのが、世《よ》が変《か》わるのであるぞよ。

この筆先を読めば、『一寸《ちょっと》でも悪《あく》が混《ま》じりたら』、ミロクの世の『日本《にほん》の地《おつち》の上《うえ》には居《お》れんように』なるということだ。『聖霊《せいれい》に』心の底まで覗《のぞ》き込まれて、自分の中から悪がなくなるまで指摘され、改心させられる。そんなことができるのは、自分の親である聖霊以外に居ないと気付くなら、『聖霊《せいれい》に言《い》い逆《さか》らう者《もの》は、この代《よ》でも後《のち》の代《よ》でも赦《ゆる》されない』ということこの言葉が心に響いて来るだろう。

一人の犠牲を立ててでも、多くの魂を救うのが神だ。それが、善の神が我々に示した覚悟だ。それを理解せよ。

悪神は、落ち行く魂を救わんと手を差し伸べる。それは、おお、よちよちと抱きしめて、お前は可愛《かわい》いと頭を撫《な》でる行為《こうい》。

善の神は、大峠を登ろうと足掻《あが》く魂を救う。それは、「お前は間違っている」と叱《しか》り、我が子を鞭打《むちう》つ行為だ。

私の次兄の死など、本当に大したことではなかった。

私の次兄だった霊魂は、今は私の次男として生きている。次男は神の目的のために自らの人生を捧げた者としてご褒美《ほうび》を頂いた。それ故次男は、何だかんだと有りながら、割と恵まれた人生を送っている。

とは言ってみたが、本人がどう思っているか、聞いてはいないのではあるが。

もう一つ、話をしよう。

私の長兄は、数年の闘病生活を経て二十五歳の時に癌《がん》で死んだ。私が二十歳の時だった。その長兄の死にも意味はあった。だがこれは、聖書というよりも、筆先というよりも、それに向かうための経綸の仕込みという感じであった。

長兄が癌に罹《かか》り、手術で一度は回復したが、再発したことで、両親は神に縋《すが》った。

一生懸命に神に縋り、私の母親は、長男の病が治って生き延びたなら神に帰依《きえ》しても良いと言うほどに願った。だが、長男は死んでしまった。それ故、両親は神を信じるという思いは無くなってしまったのだが、神からすれば、それこそが狙いだった。

実は私は、四十二歳で死ぬと、神から暗に教えられていた。でも私は、そのことをあまり本気で考えてはいなかった。私が二十八歳の時に、彼女に「結婚するか？」と聞いた時、彼女は「うん」とだけ答えただけだった。だがその時、私の頭に声ではない声を聞いた。それは、「四十代前半で死んでね」という言葉だった。それは、彼女の霊魂の声だと理解した。

私は、二十代の半《なか》ばから四十二歳で死ぬと教えられていた。その上彼女の霊魂は四十代前半で死んでくれと言う。これは《割《わ》れ鍋《なべ》に綴《と》じ蓋《ぶた》》というやつだな。運命とは肉体には判らずとも、そうやってお互いの霊魂が同意して出来ているのだと納得した。

でも、私は今、五十代も後半、つまり、私は四十二歳では死ななかった。

それは何故か？

それは、両親が神に縋《すが》ったからだ。

両親が息子の無事を願ったから私は生きた。両親の願いは、長男には間に合わなかったけれど、三男には間に合ったのだ。

だが、両親は私が死ぬ運命だったことは知らない。だから、神は願いを叶えてくれなかったと思っている。

だが、神は願いを叶えていた。

母親は、願いが叶ったら神に帰依するくらいの覚悟で神に願った。なのに、願いが叶っていたとは知らず、願いは叶わなかったと落胆して、神に帰依しなかった。

母親が、神との約束を違《たが》えたことの罪は、私に向けられた。

親の因果が子に報《むく》いとはこのことだ。

私は、神に対する母の罪を贖《あがな》うために、強制的に神に帰依させられた。


前に書いたように、私は、私の意志で神に遭い神を学び神に帰順《きじゅん》した。だがその裏で、神は私の両親から文句を言わせないように私の所有権を得ていたということだ。

結局神は、願いを叶えた借金のかたとして、両親から私を、まんまと奪い取ったのだ。

私の両親は、このことを何も知らない。言っても認めないだろう。だが神は、物事に対して丁寧に筋を通している。

しかし、これらの出来事は、どう考えても神がすべてを仕組んでいて、神のマッチポンプなのだ。だが、私から見れば、神がこんな面倒な手順を踏むこと自体が不要だとも思えるのだ。だがそれでも、ここまでやって筋を通すのが、《善の神》という存在なのだ。


しかし、神が両親から私を奪い取ったと言っても、現世的に親子が離ればなれになったわけではない。

だが最早《もはや》、ども成らん。私は、自分の魂の親が誰なのかを知っている。


癌で死んだ長兄は、今は私の長男に生まれ変わっている。

その長男は、長い闘病生活の末《すえ》死ぬという神から与えられた御用を立派に果たし、ご褒美を頂いて生まれた。長男は、チートとも言える鋭い感覚となかなか図太い性格を持っていた。それ故に、子供の頃は母親と衝突して逆に苦労をしたが、その鋭い感覚は、運動、音楽、芸術、あらゆる方面で発揮され、図太い性格は皆をまとめるリーダーとなって目立ち、まあ女性にはよくモテていた。

長男と次男、比較しては申し訳ないが、神の基準というものを考えてみる。すると、同じ神の御用を立派に果たしたとしても、一瞬で死んだ次兄と、長い闘病生活の末死んだ長兄で、神は苦労に相応して報いていることが判る。

私の子供たちは、今はこの世界を楽しんでいる。けれど、《親の因果が子に報い》で、これからはどうなるのか。まあ、申し訳ないとは思うのだが、世界は終わりを迎える。

もう、ども成らん時が来たのだ。

と、ここまで書いて来たのだが、この項の最後に、『割礼《かつれい》』という行いで、神が何を伝えたかったのかを書いておこう。

世界の中心では、たった一人に向けて、再臨したイエスが誰なのか、それを教えるためにあったのだ。

しかし、一般に向けた意味もある。

『割礼《かつれい》』とは、《皮を取る》という行いだ。それは型に見せるため。それが実地になれば《肉体を脱ぐ》ということになるのだ。それはつまり、《天国へは肉体を脱いで行く》と教えていたのだ。

これは古い話なのだ。思考の途中ではあらゆる教えと思えるものも見えては来る。だが、割礼の意味については、これで良しということにしようと思う。

この世界を終わらせる理由

善である者と悪である者、この違いは何処から来るのか？

それは、誰から生まれたのかという出生の違いだ。

善である者とは、天（子宮の外）から来た者とその子たち。

悪である者とは、地（子宮の中）に居た者とその子たちだ。


悪である者たちの願いは、現代社会の世相に見て取れる。

障害者の殺人事件の報道と、出生前検査で堕胎《だたい》したという報道。障害者の殺人は絶対否定なのに、出生前検査での堕胎には、否定する報道はない。胎児であろうと人殺しであることは変わらないはずなのに、何故だろうと思う。

こんな報道に触れて、悪神の思いを感じ取る。

悪神にとっては、子宮から出ないことが正しいのだ。

善の神の最後の審判とは、この子宮から出るか出ないかの出生前検査なのだ。悪神は子宮から出ないことが願いなのだから、堕胎されることこそ本望なのだ。だからこのことについては積極的に反対はしない。

だが障害者の殺人は、悪神にとっては、善の神に魂すら消されるということを想起してしまうのだ。悪神からすれば、ちょっと出来の悪い霊魂だからと、それで消されてしまうなんて絶対に反対と言わずには居られないことなのだ。

だが、こんな話は、信じられない人は、信じないでいただきたい。

これを解ろうと思う人は、人間社会が善の神や悪神の意志と密接に関係していると、《筆先の内容を実地に見る》ということに対して、理解の参考にしてほしいと思って書いたのだ。

でも、常に筆先が主で、実地は従として見ることを意識してほしい。


話を戻して。

こんな感じで二者は目指すべき方向性が違うのだから、価値観が違うのは当然となる。

この違いは善悪という概念を込めた言葉を使うよりも、種が違うと考えた方が納得しやすいだろう。

アリとキリギリス、性善説と性悪説、どっちが正しいかではなく、どちらも在ったのだ。

つまり、根本的に違うのだから、分かり合うことは難しい。

神は、その難しいことを善の魂に判らせるために、この世界を造った。

善の魂は、悪を心の底から判ったところで悪を卒業する。

では、何のために悪を学ぶのか？

それは、これから生きる永遠の善を、疑うことなく生きるために、悪では永遠を構築できないと判るために悪を学ぶのだ。

そして、善の神が子宮から出た後で悪神が土の中に凍結されるのは、悪神だけでは永遠を構築できないが故なのだ。

例えば、米ソ冷戦時代、時計の針が人類滅亡の二分前まで来ても滅亡しなかったのは、善の神が滅亡を止めたからだ。

つまり、悪神は止めるつもりは無かったということだ。誰も知らなくても善の神は、悪神に隠れて人類を守っていた。

もし人類が滅亡する事態になったとしても、それで全員が死ぬわけではない。だが、そこに生き残った者たちの生き様はそれこそ酷《ひど》いものなのだ。そんなテーマで書かれた小説や漫画、映画を見たことがあるだろう。

結局、悪神だけでは、無意味な悲劇が永遠に繰り返されるだけであるが故に、凍結された方が、まだ大多数の悪神も幸せであるが故に、凍結されるのだ。

生きることこそ意味が有る。深く考えもせずそう信じている人は、終わらない苦痛、繰り返される悲劇、そんな状況でも意味があると本気でそう言えるのか？　それでもあなたがそう言うのなら、あなたは加害者側の立場だぞ。

悪神だけしか居ない世界であっても、虐《いじ》めるやつが居れば、虐められるやつも居る。今でも常識を外した人間が、自分の行いを自分で正当化させて平気で虐《いじ》めや虐待《ぎゃくたい》、ＤＶをやって生きている。それが永遠に続く被害者を思って、生きて居れば良いことがあると言えるのか？　いつまでも虐められていなさいと言えるのか？　エスカレートする悪意を何世代も重ねて、それを永遠に繰り返させるのか？

今の一見、平和な日本社会ですら、ＴＶを見れば、常識を失った人間が織りなすニュースが毎日報道される。その状況で世界が壊れて来れば、もっと酷《ひど》いことになるだろう。

この悪神が支配する世界でも、その裏で善の神がコントロールしていたのだ。その善の神が完全に居なくなった世界が、どのようになっていくのか。私は知りたいとも思わない。

それ故に、善の神が居なくなった世界で、悪魔たちを凍結することは、善の神の愛だと思ってほしい。

人間レベルの価値概念で、安易に神の愛を語っていては、これからの時代を神を信じて生きることはできない。善の魂の者なら善の神の愛を疑ってくれるなよ。

善の魂は綾部の大本に集合する

ミロクの世に行く者は、王仁三郎（イエス）の霊魂が呼びかけ、綾部の大本に集められる。

紅様も自身の修行を終えて、、の一霊《ほちいちれい》にまで鍛え上げられたら、日本の善の霊魂に集合を呼びかける。その時には紅様もこの世の肉体を捨てている。

そして善の霊魂が大本に集まったら、世界は本格的に壊れて行く。

東京、大阪、何故今まで曲《ま》がり形《なり》にも経済活動ができていたのか？

そう思うほどに、日本は経済的に息の根を止められる。

新型コロナごときで、世界中の経済は大打撃だ。この《コロナ》を数字にすれば、《五六七《ころな》》となる。誰が新型コロナをコントロールしているのか判るだろう。六六六《みろく》の大神が五六七《みろく》の大神に成るというお知らせなのだ。六六六《みろく》の大神と五六七《みろく》の大神は、唯一神の働きを名として現している。現在の唯一神は、五六七の世へ向かう働きをしている、ということだ。

まあ、これも収束して喉元過ぎれば過去の話となるのだろう。だが、一つが終わっても次々と問題が噴出することになろう。

五六七《みろく》の大神の活動が本格的になれば、地上にはこれまで以上に災害が多発する。

天国へ行くべき霊魂が綾部に集まれば、もう地上に主要な善の身魂は居ないことになる。そうなれば、善の神が地上を破壊するのに躊躇《ちゅうちょ》する必要はない。

地上から善の身魂が引き揚げてから、悪神たちに向けた現実が崩壊するもう一つの黙示録が始まる。

善の身魂には、聖霊による洗礼で、心の中で黙示録を味わった。だが、悪の身魂は肉体で黙示録を味わう。物質至上主義者たちは、崩壊する世界を見て絶望を味わうことになる。

それを行うのが、王仁三郎だ。

王仁三郎は『彦火々出見命《ひこほほでみのみこと》』となって世界を蹂躙《じゅうりん》する。

この『彦火々出見命《ひこほほでみのみこと》』の名の意味は、最初の『火』が、霊《れい》のヒで、それは聖霊を表し、善の霊魂に聖霊による洗礼を授《さず》けることを示す。そして次の『火』が、悪神の眷属の人間に向けた『火』なのだ。このことは、次の福音に書かれている。

マタイによる福音書　三章　洗礼者《せんれいしゃ》ヨハネの宣教《せんきょう》

だから善《よ》い実《み》を結《むす》ばない木《き》はすべて切《き》り倒《たお》され、火《ひ》に投《な》げ入《い》れられる。わたしは水《みず》で、あなた方《がた》に悔《く》い改《あらた》めの洗《せん》礼《れい》を授《さず》ける。しかし、後《あと》から来《こ》られる方《かた》は、わたしよりも力《ちから》のある方《かた》で、わたしはその方《かた》の履《は》き物《もの》をお脱《ぬ》がせする資格《しかく》もない。その方《かた》は聖霊《せいれい》と火《ひ》で、あなた方《がた》に洗礼《せんれい》をお授《さず》けになる。

説明した通りのことが書かれている。

『後《あと》から来《こ》られる方《かた》』とは、外国に見せた型の時にはイエスのことで、日本に見せた型の時には王仁三郎のことだった。

ただ、実際にその活動をするのは、王仁三郎の来世の御用なのだ。

福音の意味を簡単に言えば、善には『聖霊《せいれい》』を授け、悪には『火《ひ》』で焼き殺すと書かれていた。

《君の名は。》の次の作品、《天気の子》の主人公は、神の道ではなく悪魔の道を選んだのだと、本書を読めば判るだろう。残念ながら、その選択の先には、水没した東京ではなく、火で焼かれた誰も住めない世界になる。

アニメでは、神（竜神）の世界に行こうとする女の子を、男の子が地上に引き落としていた。その子供が誰なのかを特定すれば、女の子は紅様、男の子は大本の役員信者だ。女の子に縋《すが》り付いて引きずり落とす。こう言えば、このアニメで大本での紅様と役員の関係の真実が仄《ほの》かに見えるだろう。

その結果、世界は存続するというアニメが描く結末になった。女の子を捕《つか》まえてさえおけば、世界が存続できると未来を描いていた。だが、残念ながら、このアニメの結末は悪魔側の人間が見る夢に過ぎない。ラストの水没した東京は、水《み》ばかりの代が続くことを願う悪神側の人間の願望だ。

作者は何故、竜神が何もして来ないと思ったのだろう？

それは、今まで通り神は手を出して来ず、最後の審判など来ないと思っているからだ。それに、もし最後の審判があるとしても、まだその時ではないと信じているからだ。

なので明確に伝えておく。時は来た。最後の審判は目の前にある。もうその時には、竜神（聖霊）が人に負けるわけがないのだ。人間の肉体どころか魂（神）すら消し去ることができる神が、何故人間に負けることがあると思うのか？

子供（人間）の願いを叶えるのが親（神）だと安易に信じる人間の愚《おろ》かさか？

悪神信仰に毒された人間の考えることは、甘えたことばかり。悪神は、世界が困窮することなど眼中に無いから、安易に人間の願いを叶えてしまう。その結果が、この世界の現状なのだ。

環境問題とは、悪神が人間に好き勝手にやらせた結果だと気付きたくない人間に突き付けた、神からのメッセージなのだ。

最後の審判の時に、人間の知恵や勇気で勝てると思うなよ。

神（聖霊）に負けることでしか、人は天国には行けない。

善の身魂は、神に負けて天国に行く。

悪の身魂は、神に負けて地獄（悪神にとっての天国）に行くのである。

それが、正しい道だと理解せよ。

神に勝ったと勘違いしている者は、最後には神から魂すら消されることになる。

そうやって、善も悪もきっちりと修《おさま》る。

この世界は、ごちゃ混ぜの世界、それをただ、キチンと分けるだけなのだ。

そうなる時が来たのだ。

誰もが喜ばしい時代が来る。

だから、最後の最後には、我《わ》が儘《まま》を言わず、善でも悪でも唯一神の願いに素直に従えば良いのだ。

もう、地上で聖地を奪い合うごちゃ混ぜの弊害《へいがい》は無くなる。ミロクの世では、どの宗教にも必要な土地は与えられる。

そしてそれぞれの宗教の教祖は、綾部では、の《ほち》一霊《いちれい》となった本霊の姿で、ミロクの世では魂の蛇体の竜の姿で、実体を見て拝むことができる。その時には、信者であるあなたも、教祖と同じように、魂の姿である蛇体の竜の姿なのだ。

綾部の大本が地の高天原になる

綾部の大本に、天国に向かうべき霊魂はすべて集合する。それは次の筆先に書かれている。

大本神諭　一巻P三五　明治二十五年旧正月
福知山《ふくちやま》、舞鶴《まいづる》は外囲《そとがこ》い。十里四方《じゅうりしほう》は宮《みや》の内《うち》。綾部《あやべ》はまん中《なか》になりて、金輪王《こんりんおう》で世《よ》を治《おさ》めるぞよ。綾部《あやべ》は結構《けっこう》な処《ところ》、昔《むかし》から神《かみ》が隠《かく》して置《お》いた、世《よ》の立替《たてか》えの真誠《まこと》の仕組《しぐみ》の地場《じば》であるぞよ。

『福知山《ふくちやま》、舞鶴《まいづる》は外囲《そとがこ》い。十里四方《じゅうりしほう》は宮《みや》の内《うち》』とは、善の身魂が集合するエリアだ。

綾部の大本を中心に日本の霊魂が集まり、それを取り囲むように外国の霊魂が集まる。その外周部に位置するのが『福知山《ふくちやま》、舞鶴《まいづる》』となる。

この『十里四方《じゅうりしほう》』にその時が来たら、肉体を持った人間がそこに存在できるだろうかと考えるのだ。が、多分、無理だろうと結論する。つまり、と言うか、そういうことなので、前に『骨子《もと》の役員《やくいん》は五人在《ごにんあ》りたら良《よ》いのじゃ』ということなのだが、この五人は、肉体を持って地上に生き残るという話ではなく、天国に行く資格がある者が『五人《ごにん》』という意味なのだ。

のんきな大本の役員様たち

大本の役員は、教主が紅様になって、紅様が無能であることに落胆し、陰で教主を馬鹿にしている。

それは、大本の役員が私に話したことから判る。


「紅様には、七人の神が憑《つ》いている」

数年前に、そんなことを私に言った者が居た。

紅様には七人くらい神が憑いていると言わなければ威厳が保てないからそう言ったのだろう。つまり、紅様自身には存在価値が無いと、その者は暗にそう言ったのだ。

紅様は、芸術のセンスも、まあ、それなり。取り立てて評価できるものが無いから、何とか威厳を付けようと役員たちはあれこれと画策《かくさく》する。

紅様は、これまでの教主がしてきた神懸《かんがか》りもできない、霊感すら無い只《ただ》の人なのだ。

出口の血統なのに使えない。それが大本の役員の紅様に対する評価だ。

でも、信者の前では、教主様と崇《あが》め奉《たてまつ》るべき存在だ。

そうして、大本の役員様たちは、大本という組織を、どう維持発展させて行こうかと苦心する。

「紅様には、七人の神が付いている」

私は、その言葉を思い出して笑ってしまった。

紅様と七柱の神。つまり、八頭だね。頭が八つあれば尾も八つあるだろう。

つまり、紅様には、『八頭八尾《やつがしらやつお》の蛇神《じゃしん》』が憑《つ》いていると言いたいわけね。違う所で、他の役員にそんな話をしたのだが、大本の役員様たちは、それを聞いて慌《あわ》てたようだ。

そこで次は、紅様の霊魂《みたま》は、『金勝金《きんかつかね》の神様《かみさま》』だと言い始めた。紅様の威厳を『金勝金《きんかつかね》の神様《かみさま》』に求めたのだ。なので『金勝金《きんかつかね》の神様《かみさま》』は女の神だと言い出した。

だが、残念ながら『金勝金《きんかつかね》の神様《かみさま》』は、五六七《みろく》の世《よ》の天国で六の世界の唯一神となる者だ。撞の大神様や日の出の神と同じ役割の神だ。なので『金勝金《きんかつかね》の神様《かみさま》』は、紛《まご》うことなく男の神なのである。

大本の役員様たちは、捏造《ねつぞう》がお得意なようで。どうせ、人間には神は判るはずがないと好き勝手やってくれている。ここまで神を馬鹿にしたことをやっているのだから、最後の審判の時、閻魔大王《えんまだいおう》の前で言い訳もできまいよ。

大本の役員様たちは、何故、紅様が無能なのか、その理由を考えたことがあるだろうか?

紅様は、実地の本番の御用を行う三人世の元の最後の一人なのだ。

紅様には悪神と神懸《かんがか》りをさせないように、艮《うしとら》の金神《こんじん》と出口直の霊魂が守っている。だから紅様には、半端な霊感など無いのが必然なのだ。

紅様は本来、出口直の霊魂と繋がって、その本領を発揮する。出口直が日の出の神で、日の出の神と『金勝金《きんかつかね》の神《かみ》様《さま》』は同じ役割で同じ心を持つ神なのだ。それ故紅様が出口直と心一つに繋がれば、『金勝金《きんかつかね》の神様《かみさま》』が表に出て来ることになる。

だが、現在の紅様は、地上を見て、地上を何とかしようとしか考えていない『頭《あたま》を三角《さんかく》に成《な》る所《とこ》まで捻鉢巻《ねじはちま》きで気《き》張《ば》って』いる状態なので、出口直の霊魂と繋がることができないのだ。

紅様は、今はまだ、大本の役員様たちに囲まれて、真実を見えなくされている。

でももう、時は来ている。有無すら言わせず、紅様も変わる時が来たのである。

まあ、大本の役員様たちも何とか生き残ろうと頑張るのが当然なので、こんなふうに書かれてしまったら、いろいろと言い訳を考えるのだろうけれど、それは大本の信者に対してで、神の真理を無視した処《ところ》で終始する話となるのだろう。

いずれにしても、何処まで行っても王仁三郎の呪縛から解放されるつもりはないだろうから、何を言おうともそれまでのことなのだ。

紅様の身魂磨きの内容

王仁三郎の身魂磨きについては既に書いた。だが、それだけでは片手落ちなのかも、とも思えてきている。

しかし、紅様の身魂磨きを鏡に見せるのは紅様なのだ。なので私が余計なことを言っても困るかな、とも思ったのだが、紅様にはもう書き残す機会はないだろうとも思うので、ここに書いておこうと思う。

紅様の身魂磨きについては、次の筆先にある。

大本神諭　三巻P二二〇～　大正七年旧正月十二日

世《よ》の立替《たてか》えが段々《だんだん》と近寄《ちかよ》りたから、是《これ》までの如《よ》うな事《こと》には行《い》かんから、一《いち》か八《ばち》と云《い》う事《こと》を、向《むこ》うの国《くに》の悪《あく》の頭《かしら》に書《か》いて見《み》せて置《お》くが良《よ》いぞよ。今《いま》の日本《にほん》の番頭《ばんとう》のフナフナ腰《ごし》では、兎《と》ても恐《こわ》がりて、コンナ事《こと》を書《か》いて見《み》せて遣《や》るだけの度胸《どきょう》は在《あ》りは致《いた》すまいなれど、神《かみ》の申《もう》すように致《いた》したら間違《まちが》いは無《な》いぞよ。

この筆先の『一《いち》か八《ばち》』とは、『一《いち》』が唯一神である撞の大神様を表し、『八《ばち》』が八頭八尾《やつがしらやつお》の大蛇神《だいじゃしん》を表している。

『今《いま》の日本《にほん》の番頭《ばんとう》』は紅様で、この筆先には、紅様に対することが書かれている。大本の役員が言った通り、紅様には八頭八尾の大蛇神が憑《つ》いていた。

大本神諭　五巻P二六六　明治三十六年旧六月

各自《めんめ》に重荷《おもに》が持《も》たして在《あ》るから、

紅様に持たされた重荷は、八頭八尾の大蛇神だった。この神が『向《むこ》うの国《くに》の悪《あく》の頭《かしら》』なのだ。これでこの筆先のピントが合って、この筆先に書かれた状況が見えて来ただろう。筆先に書かれていることが、遠い国の話のように思っていては、見えて来るものは何もないのだ。今の大本の役員の頭の中がどうなっているのか。それは、次の筆先に書かれている。

伊都能売神諭　P二六五　大正八年四月二十三日

日本《にほん》は神国《しんこく》であるから、太古《むかし》の神世《かみよ》からの固有《もと》の教《おし》えを守《まも》りて御用《ごよう》を致《いた》せば、何一《なにひと》つ邪神界《がいこく》の自由《じゆう》にはできぬ神《しん》国《こく》であるなれど、今《いま》の日本《にほん》の守護神人民《しゅごじんじんみん》は、肝腎《かんじん》の脚下《あしもと》にある結構《けっこう》な神宝《たから》を、我《われ》と我手《わがて》に踏《ふ》み付《つ》けて少《すこ》しも顧《かえり》みず、遠《とお》き遠《とお》き西《にし》の大空《おおぞら》ばかり眺《なが》めて、浮雲《うきぐも》の天《てん》に御魂《みたま》を取《と》られてしもうて、日本《にほん》の国《くに》の今《いま》の困難《こんなん》、

『遠《とお》き遠《とお》き西《にし》の大空《おおぞら》ばかり眺《なが》めて、浮雲《うきぐも》の天《てん》に御魂《みたま》を取《と》られてしもうて』ということだ。『遠《とお》き遠《とお》き西《にし》の大空《おおぞら》（西方浄土《さいほうじょうど》）』の『浮雲《うきぐも》の天《てん》（幻《まぼろし》の天国）』を見るばかりで、足元に天国に行く教えが書かれた筆先（『結構《けっこう》な神宝《たから》』）に気付きもしない。肝心の役員がこの状態なのだから『日本《にほん》の国《くに》の今《いま》の困難《こんなん》』となっているのだ。

今の日本の国の困難が、大本の役員と何の関係がある？と、大本の役員も日本人の誰もがそう思っているのだが、それこそ大いに関係がある。

大本神諭　五巻Ｐ八　明治三十一年旧七月十六日
何時《いつ》までも、神《かみ》の道《みち》に敵対《てきた》えば敵対《てきと》うた丈《だけ》、永《なご》う苦《くる》しむ丈《だけ》の事《こと》であるぞよ。

大本の役員が筆先が判らんと、『神《かみ》の道《みち》』を無視しているのだから、日本の国も苦しむことになる。大本が世界のお手本なのだ。

大本神諭　一巻Ｐ一四九　大正三年旧七月十一日
此《こ》の大本《おほもと》は世界《せかい》に在《あ》る事《こと》が皆写《みなうつ》るから、大本《おほもと》にありた事《こと》は、大《おお》きな事《こと》も小《ちい》さい事《こと》も、善《よ》き事《こと》も悪《あ》しき事《こと》も、皆世《みなせ》界《かい》から出《で》て来《く》るから、

大本で筆先という間違いのない教えがあるのに、信者にそれを正しく教えることができない。それは信者を欺《だま》しているということだ。その大本の行いを日本に写して、日本中であらゆる詐欺《さぎ》が横行している。そして、大本が神霊界の嘘を吹聴するが如《ごと》く、世界中にフェイクニュースが飛《と》び交《か》っている。
そして、とうとう世界から新型コロナウイルスという獅子身中《ししんちゅう》の虫《むし》が出て来た。
これが大本に帰って来て写ることになる。

伊都能売神諭　Ｐ二二七～　大正八年三月七日（旧二月六日）

外部《そと》からは指一本《ゆびいっぽん》さえることのできぬ、立派《りっぱ》な天地《てんち》へ一貫《いっかん》した教《おし》えであれども、獅子身中《しししんちゅう》の虫《むし》が大本《おほもと》の中《なか》に発生《わい》て、大本《おほもと》を破《やぶ》るのであるから、皆《みな》のお方《かた》心得《こころえ》た上《うえ》にも心得《こころえ》て、獅子身中《しししんちゅう》の虫《むし》にならぬように致《いた》してくだされよ。
自分《じぶん》から誰《だれ》も獅子身中《しししんちゅう》の虫《むし》になろうと思《おも》うものは無《な》けれども、知《し》らず知《し》らずの間《あいだ》に神《かみ》の教《おし》えの大元《おおもと》を誤解《とりちがい》いたして、間違《まちご》うたことを申《もう》したり、変《へん》な行動《おこない》を致《いた》して良《よ》い気《き》になりておるから、神界《しんかい》の却《かえ》って邪魔《じゃま》をいたすのであるぞよ。一生懸命《いっしょうけんめい》に神《かみ》の御用《ごよう》を致《いた》したと想《おも》うておる人民《じんみん》ほど、取《と》り違《ちが》いが多《おお》いのであるぞよ。

型の時には、王仁三郎が『獅子身中《しししんちゅう》の虫《むし》』となって大本を貶《おとし》めた。その貶めた大本に胡座《あぐら》をかいているのが、今の大本の役員なのだ。

今度は実地の本番となる。

神からすれば、貶めた大本を立て直すために、本来、先頭に立って『獅子身中《しししんちゅう》の虫《むし》』と成らねばならないのが紅様なのだ。しかし、『今《いま》の日本《にほん》の番頭《ばんとう》のフナフナ腰《ごし》では、兎《と》ても恐《こわ》がりて』と、当てになりそうにない。

だが、これは紅様がやるべき御用なのだ。『大本神諭　三巻　P二二〇〜』には、紅様がやるべき御用が書かれている。再度この筆先を出そう。

大本神諭　三巻P二二〇〜　大正七年旧正月十二日

世《よ》の立替《たてか》えが段々《だんだん》と近寄《ちかよ》りたから、是《これ》までの如《よ》うな事《こと》には行《い》かんから、一《いち》か八《ばち》と云《い》う事《こと》を、向《む》うの国《くに》の悪《あく》の頭《かしら》に書《か》いて見《み》せて置《お》くが良《よ》いぞよ。今《いま》の日本《にほん》の番頭《ばんとう》のフナフナ腰《ごし》では、兎《と》ても恐《こわ》がりて、コンナ事《こと》を書《か》いて見《み》せて遣《や》るだけの度胸《どきょう》は在《あ》りは致《いた》すまいなれど、神《かみ》の申《もう》すように致《いた》したら間違《まちが》いは無《な》いぞよ。

大概は説明したので、核心となる部分を解説していこう。

この筆先の核心部分は、『コンナ事《こと》を書《か》いて見《み》せて遣《や》るだけの度胸《どきょう》は在《あ》りは致《いた》すまいなれど、神《かみ》の申《もう》すように致《いた》したら間違《まちが》いは無《な》いぞよ』という所だ。

しかし、『コンナ事《こと》を書《か》いて見《み》せて遣《や》る』と言っても何を書くのか？

それは『一《いち》か八《ばち》』、どちらが天下を取るのかということを『向《むこ》うの国《くに》の悪《あく》の頭《かしら》に書《か》いて見《み》せて置《お》く』ということなのだ。

『一《いち》か八《ばち》』かを選ぶには、筆先を理解しなければ選ぶことはできない。筆先を無視して、何も考えずに『八《ばち》』を選ぶなら簡単なことで、それはこれまでの大本のやり方だった。しかし、真っ当な人間として正しく物事を選択しようとするのなら、ちゃんと『一《いち》』の言い分も聞いて理解しなければならない。

神は、まず、紅様にその態度を求めている。このことを『一《いち》か八《ばち》と云《い》う事《こと》を』という短い言葉に込めていた。

その意図を理解して、紅様が筆先を学び、それを『向《むこ》うの国《くに》の悪《あく》の頭《かしら》に書《か》いて見《み》せて置《お》く』という、行いをすることで、紅様自身が、筆先を深く理解できるように成っていく。

何事でも、人に正しく教えようとするなら、教える側は様々なことを考えねばならなくなる。筆先を『悪《あく》の頭《かしら》』に教えるならば、筆先を深く考えることになる。すると、筆先から様々な気付きが出て来る。

『八《ばち》』という広い世間（世界）と、『一《いち》』という一点突破《いってんとっぱ》（世界に穴を開ける針）の筆先と、『一《いち》か八《ばち》』かを分けて考えるなら、『一《いち》』を理解するには、筆先のみで考えなければならないことに気付くだろう。

紅様にとっての世間、それは大本の役員信者だ。そんな身内に距離を取って、紅様が筆先を深く考えるようになると、筆先に書かれた神の世界が紅様の心の中に構築されていくことになる。

そうやって、紅様が真実の神を理解できるようになると、『向《む》うの国《くに》の悪《あく》の頭《かしら》』と対等に渡り合えるようになり、紅様自身が神であることを自覚できて来れば、たとえ相手が『悪《あく》の頭《かしら》』だろうと調伏《ちょうぶく》できるようになるのだ。

そこまでできてきたら、この筆先に書いてあるように、『神《かみ》の申《もう》すように致《いた》したら間違《まちが》いは無《な》いぞよ』という言葉が正しかったと判ることになる。


でも、紅様がこれをやれるのかと言えば、大分心配なのだ。

それ故、二段構えの改心の経綸があある。

そのことが、次の筆先に書かれている。

伊都能売神論　P二五　大正七年十二月二十二日（旧十一月二十日）
富士《ふじ》と鳴戸《なると》の昔《むかし》からの経綸《しぐみ》が判《わか》りて来《き》たら、世界《せかい》は激《はげ》しくなりて、がいこくが薩張《さっぱ》り帰順《おうじょう》いたして、日本《にほん》へ末代《まつだい》従《したが》うようになるぞよ。

『富士《ふじ》と鳴戸《なると》の昔《むかし》からの経綸《しぐみ》』が、二つの経綸だ。

この二つとは、『富士《ふじ》の経綸《しぐみ》』と『鳴戸《なると》の経綸《しぐみ》』ということだ。

『富士《ふじ》の経綸《しぐみ》』は《大峠を登れ》という経綸で、これは自らの意志で歩むやり方だ。

富士の稜線《りょうせん》を大峠に見立てて、それを登って天国に行くのが『富士《ふじ》の経綸《しぐみ》』なのだ。

昔から《富士の頂上には神界が在る》と言われていたのは、この経綸のことなのだ。なので、富士の山頂に実際に神界が在る、というわけではない。

この富士《ふじ》の経綸《しぐみ》は、自ら筆先を理解しようと努力し、聖霊と共に歩む道のことだ。これについては、既に書いてあるので良しとする。


では、『鳴戸《なると》の経綸《しぐみ》』とはどんな経綸なのか？　このことについて書こう。

『鳴戸《なると》』とは鳴門《なると》。鳴門と言えば渦潮《うずしお》が有名だ。人は、この渦潮を見て何を思うだろう？

そう、巨大な洗濯機だ。実際、そんな名前の洗濯機があったと記憶している。

洗濯と言えば、こんな筆先があったと思い出すだろう。これを再度出そう。

> 大本神諭　一巻P六〇　明治二十六年　月　日
> 是《これ》から世界中《せかいじゅう》神国《しんこく》に致《いた》して、世界《せかい》の神《かみ》も仏《ほとけ》も人民《じんみん》も、勇《いさ》んで暮《くら》さすぞよ。
> 神《かみ》、仏事《ぶつじ》、人民《じんみん》なぞの世界中《せかいじゅう》の洗濯致《せんたくいた》して、此《こ》の世《よ》を返《かえ》すぞよ。

身魂磨きには、二つのやり方がある。

自ら『富士《ふじ》の経綸《しぐみ》』に挑《いど》まない者は、神から鳴門《なると》の渦潮《うずしお》ばりの超大型洗濯機に放《ほう》り込まれる。

そうやって、強制的に改心をさせられることになる。

これが『鳴戸《なると》の経綸《しぐみ》』だ。最早《もはや》、衣類同然の人間扱いしてもらえない状態で強制的に改心させられる。

神は、救うべき者は、そんな目に遭わせてでも救う。


私としては、紅様がこれに該当しないことを願う。良い鏡で在ってほしいと願うのだ。だが、これも役割なのだろう。

王仁三郎の生まれ変わりは、『富士《ふじ》の経綸《しぐみ》』を人々に鏡に見せる御用。

紅様は、『鳴戸《なると》の経綸《しぐみ》』を人々に見せる御用だ。しかし、この経綸を実際に目の当《ま》たり《あ》にしても悲劇を見るだけで、その意味を解りはしないだろう。この解説を読まなければ、経綸の真実を知ることはできない。

それでも、この二人は、二つの救いがあることを人々に見せる御用なのだ。

終わりが来る前に

さて、ここまで書いて来たが、こんな話を信じられるだろうか？

この本が語ることが、正しいのか間違いなのか、それを確認する方法は、ある。

それは、綾部と亀岡の大本教団が崩壊するところを見れば、一目瞭然となるだろう。だがその前に何カ所か壊れていれば、その中の一つと思って、たまたま当たっただけ、と言う者も居るのだろう。

それでも、大本教団が崩壊するところを見て、大本神諭、伊都能売神諭を勉強してみようと思う者が居ても、これらの神諭は大本教団の出版社が製造販売しているのだから、そうなってからでは手に入れることはできない。なので、その前に、本だけは購入しておいてほしい。

少なくとも三段目の立役者に成るべき人なら、大本の崩壊前に学んでおかなければならないのだ。

本の購入は、綾部でも亀岡でも売店で購入できる。大本から遠ければ電話で注文すれば郵送してもらえるので、ネットで連絡先を確認してほしい。

それすら手遅れになったなら、近所の大本の信者を探して、見せてもらうという方法もある。だが、借り物では本腰を入れての勉強には向かないだろう。

また、本を購入しても、付属する《栞《しおり》》は読まない方が良い。読むなら王仁三郎がいかに善に悪を混ぜ込んでいるのか、その巧みな言葉で、真実と嘘を語る様を見てほしい。とは言っても、筆先を十分に読み込めない者では、逆《ぎゃく》に欺《だま》されてしまうことになる。また霊界物語は、参考程度にも読んではいけない。読む時間が無駄になるという以上に、筆先が分からなくなるので駄目なのだ。

神諭《しんゆ》を学ばなかったとしても、その内容を聖霊から学べば良いとは言えるのだが、それでは十人並《じゅうにんなみ》で終わる。それでも、中界（地の高天原）で直接正しい答えを聞いた方が簡単で早いわけだが、地上で頑張れば、その御利益《ごりやく》は計り知れないものとなる。

このことについては次の筆先に書かれている。

大本神諭　六巻Ｐ一二二　明治三十三年旧八月二十日
今悪《いまわる》く申《もう》して居《お》れども、是《これ》でも実地《じっち》の経綸《こと》が判《わか》りて来《き》たら、復出《またで》て来《く》る人《ひと》が出来《でけ》るぞよ。物《もの》を知《し》るなら先《さき》に知《し》らんと、真実《まこと》の御神徳《おかげ》は無《な》いぞよ。後《あと》で知《し》りては十人並《じゅうにんなみ》じゃ。功名《てがら》は成《な》らんぞよ。

あの世で教えてもらうようでは『十人並《じゅうにんなみ》』で、『功名《てがら》』とは成らない。

この世で、誰よりも早く学んであの世で教えられる立場になることで、自らの国に住む民《たみ》を集めることができる。これができる者が三段目の立役者ということなのだ。

三段目の立役者とは、臣《おみ》であり国主であり指導する立場の身魂なのだ。だから、民とは次元の違う苦労をすることになり半端なことは赦されないので、主要な聖霊と君《きみ》から指導される。

ただ、国主とまでは成れなくても、国土の中で町や村の長の役割を担う者も居るだろうから、『功名《てがら》』を立てた者から、それを担う者が選ばれることもあるのだろう。

洗濯されるような安易な身魂は、普通の一般の民《たみ》となる。

しかし、紅様は、君《きみ》だけれど人々に鏡に見せるために洗濯される御用を受けるのだから、そこは勘違いしないようにしてほしい。

悪神の手柄

次の筆先は、悪神の方の手柄について書かれている。ただこれは、守護神に向けての内容なのだが、悪神の眷属で括《くく》れば悪の身魂を持つ人間も含まれるので、人間も無関係という話ではない。

大本神諭　五巻Ｐ一九六　明治三十三年旧八月八日
何《ど》の神様《かみさま》でも、御手柄次第《おはたらきしだい》で出世《しゅっせ》を為《さ》すと申《もう》して在《あ》るから、稲荷《いなり》でも白狐《びゃっこ》でも何神《なにがみ》でも、誠《まこと》を貫《つらぬ》きた神《かみ》から御用《ごよう》に使《つこ》うて、手柄《てがら》を為《さ》せて与《や》るぞよ。

大本神諭　五巻Ｐ二二四　明治三十二年旧六月
此《こ》の神業《こと》扶翼は、神《かみ》は皆一《みなひと》ツで在《あ》るから、稲荷《いなり》でも何《なに》でもチットも構《かま》わぬぞよ。この神業《こと》が成就致《じょうじゅいた》したら、諸国《しょこく》の神《かみ》の御大将《おんたいしょう》に成《な》るので在《あ》るから……。

この『稲荷《いなり》でも白狐《びゃっこ》でも』とは、悪神の方の守護神に該当するのだが、そんな悪神でも、『諸国《しょこく》の神《かみ》の御大将《おんたいしょう》』に成れるとは、神はどういうつもりで語っているのだろうか?

まず、この疑問から始まる。何故なら、悪神はミロクの世には行けないのだから、『諸国《しょこく》の神《かみ》の御大将《おんたいしょう》』に成りようがないのだ。

このことを踏まえて出て来た答えは、この『諸国《しょこく》の神《かみ》の御大将《おんたいしょう》』とは、ミロクの世のことではなく、次の子宮の中の天地創造の時に、自分が締め固めた土地の『諸国《しょこく》の神《かみ》』に成れるように計《はか》らうということなのだろう。そうすると、『この神業《こと》』という神業の内容とは、悪神の方のナンバーⅠ《ワン》、ナンバーⅡ《ツー》のように善の神に従って御用を行うことなのだと推測する。

悪神の方でも、善の神を解らなければ、行いは当然、悪になる。

悪神でも、善の神を解って善の神に従って『神業《こと》』を行うなら、悪に見える行いも悪の評価とはならないのだ。

つまり、そういうことなので、悪神の眷属たちも、筆先を探求する価値があるということになる。

筆先の勉強

大本の信者たちは、大本神諭、伊都能売神諭の筆先をご神体のように扱っている。だから、神諭をとても綺麗《きれい》に保っている。だが、筆先は、天国に行くための教科書であり参考書なのだ。

もし、自分の子供が、学校の勉強が解らないと言ったなら、「では教科書を見せてごらん」と言って教科書を見て、その教科書がとても綺麗だったら、「本当に勉強しているのか?」と疑って、「これでは解るわけがないだろう」と、あなただってそう言うだろう。

ここまで言えば、神諭を綺麗に並べて置いて、筆先が解らないなんて言う者は、小学生以下の態度の者だと判るだろう。本を読んでも理解しない、絵本がお似合いの幼稚園児が大本の役員信者の心の様《さま》だ。

大本の役員信者の心が、筆先を学ぶ以前の状態に置かれている。これが、甘えた人間が思う《生まれ赤子の心》なのだ。そのように在るように、王仁三郎から言われていることを守っているのが大本の役員信者たちなのだ。

筆先を本気で学ぼうと思うなら、神諭《しんゆ》には、傍線《ぼうせん》・付箋《ふせん》・覚え書き、様々に手が加えられていることだろう。それでも足りなければ、ノートに書き出したり、パソコンに打ち込んだりして、検索できるようにといろいろと努力するだろう。

本気で理解しようと思うのなら、そのくらいはするはずだろう。

でも、大本の信者たちは、神諭を神器とかご神体だと思い、お札や御守りのように、持っているだけでご利益があると思っている。しかしこれでは、神諭を、インチキ宗教の高価な壺《つぼ》と何も変わらない扱いにしているだけなのだ。

だから次の話をしよう。

筆先は『いろは』なのだ。この『いろは』が神国の言葉なのである。《言葉》とは、平仮名も漢字もない音《おと》なのだ。その音が言霊《ことだま》なのだ。神界では言葉に意味が込められているが故に、同じ音《おん》に違う意味を理解する。

地上の言葉ならアクセントだったり言葉の繋がりで判別する。だが、その〝音《おん》〟を素直に文字にしたとすれば、出口直が書いた筆先のように平仮名ばかりとなる。

つまり、出口直の筆先が平仮名ばかりなのは、神界の言葉が音であることを伝えるためなのだ。

神の言語は、日本人が普段使っている日本語そのもの。だが、〝音《おん》〟をそのまま『いろは』の文字にしても、それでは意味が伝えられないので、王仁三郎は、出口直の筆先に漢字を当てて、意味を判るようにしたのだ。


出口直の筆先は、神の言葉そのまま。神諭は人間が解るように加工されたもの。それ故、神諭は筆先よりも一段下の扱いになる。しかし、人間にとって神諭は、筆先を判るための参考書となるのだ。

なので、出口直の書いた筆先はご神体扱いにするのは正しい。だが、神諭は、筆先の参考書とするために人々に与えられたものなのだ。だから神諭は、人間が勉強のために身近に置いて使い倒すべきものなのである。神はそれを望んで、王仁三郎に筆先を神諭にしてまとめさせた。なので、王仁三郎が漢字や句読点を当てた神諭に一切の間違いは無い。

と、言ってはみたが、時にわざと言葉を足らなくさせて、ミスリードするように仕向けてみたり、またその上、王仁三郎が神諭の解釈を間違うようにわざと誘導していたりするのだが、神諭自体に間違いは無いのである。


大本の役員は理解できるだろうか？

出口直のお筆先に対する解説として、《善の神が解説した大本神諭、伊都能売神諭》と、《悪神が横やりを入れた霊界物語》の二つが在ったということなのだ。

そして、そのどちらにも王仁三郎が十全に関わっている。王仁三郎を聖師と仰《あお》ぐ大本の役員は、何故神諭《しんゆ》をここまで蔑《ないがし》ろにできたのだろうかと思う。

本当に不思議に過ぎると思うのだ。だが、これも神と王仁三郎に仕組まれていたことなのだ。

謎解きは、ランチより大事

《人はパンのみに生きるにあらず》を、今時のエンタメ系表現でタイトルにしてみた。ちょっと、謎解きをしてみようと思いこのタイトルにしたのだ。とは言え、この本はすべてが謎解きではあるのだが。ところで、《人はパンのみに生きるにあらず》の原文を出してみよう。

マタイによる福音書　四章　荒《あ》れ野《の》での試《こころ》み
『人《ひと》はパンだけで生《い》きるのではない。神《かみ》の口《くち》から出《で》るすべての言葉《ことば》によって生《い》きる』
と書《か》き記《しる》されている

『神《かみ》の口《くち》から出《で》るすべての言葉《ことば》』を理解せずに、『神《かみ》の口《くち》から出《で》るすべての言葉《ことば》によって生《い》きる』ことは不可能だと思い至《いた》れるのなら、『神《かみ》の口《くち》から出《で》るすべての言葉《ことば》』の謎を解かなければ、何も始まらないと分かるだろう。つまり、《謎解きは、ランチより大事》というのは、割と的《まと》を射ているのだ。

まあ、これはこれとして、実は、ずっと気になっていたことがあった。

大本神諭　六巻Ｐ一七三　大正五年旧五月十八日

大国常立尊《おおくにとこたちのみこと》の御魂《みたま》を、半分《はんぶん》の御魂《みたま》が、勿体《もったい》なくも天《てん》の天照皇太神宮殿《てんしょうこうだいじんぐうどの》の御妹御《おいもとご》の稚日女君之命《わかひめぎみのみこと》と女《おんな》に変化《へんげ》て、

この筆先を簡単に言えば、『大国常立尊《おおくにとこたちのみこと》の御魂《みたま》を、半分《はんぶん》の御魂《みたま》が』『稚日女君之命《わかひめぎみのみこと》』に成ったと書かれている。

自分の御魂《みたま》を半分《はんぶん》にすると、その御魂はどうなってしまうのだろうか？　ということだ。

普通、物体を半分にしたら体積は半分になるはずだ。では、御魂《みたま》の場合はどんなことになるのか、と思ったのだ。

常識的思考で、御魂《みたま》の質量が半分になれば、もしかして、力も半分になるのでは？　と考えた時、あぁ、だからかと納得できるものがあった。

伊都能売神諭　Ｐ一九四　大正八年二月二十日（旧一月二十日）

天《てん》に坐《ま》します日《ひ》の大神《おおかみ》伊邪那岐之尊様《いざなぎのみことさま》が九天《つくし》の日向《ひむか》のアオウエイ五大母音《たちはなのおど》のカサタナハマヤラワ《あはぎがはら》で禊身《みそぎ》し給《たま》い、祓戸四柱《はらいどよはしら》の神様《かみさま》を生《う》み遊《あそ》ばし、最後《さいご》に右《みぎ》の御眼《おんめ》を洗《あら》いて月球《げっきゅう》を造《つく》り、左《ひだり》の御眼《おんめ》を洗《あら》いて日球《にっきゅう》を造《つく》り、御鼻《おんはな》を洗《あら》い給《たま》いて素盞嗚之命《すさのおのみこと》を生《う》み遊《あそ》ばし、御自分《ごじぶん》は天《あめ》の日能若宮《ひのわかみや》に鎮《しず》まり遊《あそ》ばし、月《つき》の大神様《おおかみさま》は月界《つきのよ》の御守護《ごしゅご》を遊《あそ》ばすことになり、天照大御神様《あまてらすおおみかみさま》は天上《てんじょう》の御主宰《おんつかさ》となられたが、素盞嗚命《すさのおのみこと》は海原《うなばら》を知《し》ろし召《め》すべしと仰《おお》せられたので、

『日《ひ》の大神《おおかみ》』は多くの神を生んで、『日球《にっきゅう》』の『日能若宮《ひのわかみや》に鎮《しず》まり』と、それは、隠居《いんきょ》したということだ。

『月《つき》の大神様《おおかみさま》』も、『月球《げっきゅう》』に『月界《つきのよ》の御守護《ごしゅご》』という名目で隠居《いんきょ》したのは、筆先では語られてはいないが、神を生んで力を失ったからだと思われる。『大国常立尊《おおくにとこたちのみこと》』が押し込められたのも、『稚日女君之命《わかひめぎみのみこと》』は前回で、今回は『木花咲耶姫命《このはなさくやひめのみこと》』を生んで力を失ったからなのだろう。その失った力が完全復活するまでが、子宮の中に居る期間なのだろう。

だから、善の神は『初《はじ》め』と『終《お》わり』にしか居なかったのだ。


しかし、そう考えると、更に疑問が湧《わ》く。

何故《なぜ》神は、神（子）を生んで力を失うリスクがあるのに、安全な神界ではなく、わざわざ危険のある悪神が居る子宮の中で子を生むのか？　ということだ。

このことについては、次の筆先に書かれている。

大本神諭　六巻P一九〇～　大正五年旧十月二日
善《ぜん》の身魂《みたま》と悪《あく》の身魂《みたま》とが拵《こしら》えて在《あ》りて、ドチラで末代《まつだい》の世《よ》が続《つづ》いて行《い》くという事《こと》を、悪《あく》の世《よ》の末《すえ》と成《な》りた所《ところ》で顕《あら》わす為《ため》に、天地《てんち》から為《さ》せられて居《お》るのじゃが、

善と悪、『ドチラで末代《まつだい》の世《よ》が続《つづ》いて行《い》く』のかと、それを判らせるために、この世界は造られた。

悪神には悪神なりの正義を立てさせ、その正義では幸せにはなれないことを身をもって学ばせるために、この世界の運営も悪神に任されていた。

唯一神が、この子宮内の世界も悪神も造ったのは、善の神の子に悪を学ばせるためだったのだ。

この苦労ばかりの四苦八苦の世界は、唯一神が意図して造り上げた世界。神から見れば、この子宮内世界は、すべてが悪だったのだ。この子宮内は悪神が逃げることのできない悪神の牢獄だったのだ。神はその牢獄の中に我が子を生み

落とした。

とは言え、神にも慈悲はある。悪神にも、善神のような神も、悪魔のような神も居る。『伊邪那岐之尊様《いざなぎのみことさま》』、『天照大御神様《あまてらすおおみかみさま》』は、悪神でありながら日本の守護神をやれたのは、この二神が善を分かる神であったからなのだ。

だが、そんな『悪《あく》の世《よ》』も、もう現状のまま存続させることも難しいだろう。

神は、科学と学で最も発展したこの状態で、悪こそ無敵と増長しきった悪に対して、この悪という代《よ》を終わらせるのだ。その時には、圧倒的な神の力が発動する。

撞の大神様の名にある撞《つき》とは、鐘撞《かねつ》きの撞棒《つきぼう》のことなのだ。子宮をお寺《てら》の鐘《かね》に見立てれば、子宮内宇宙全体に響き渡る鐘《かね》の音《ね》を発する《根本《こんぽん》の源《げん》》という意味なのだ。

伊都能売神諭　P一七七～　大正八年二月十八日（旧一月十八日）
田庭《たにわ》の国《くに》は世界《せかい》の始《はじ》まり、淤能碁呂島《おのころじま》の正中《まんなか》で、天地《てんち》を造《つく》り固《かた》めた世《よ》の音《ね》の世《よ》の元《もと》、言霊《ことたま》の最初《もと》に鳴《な》り出《い》でし、天地経綸《てんちしぐみ》の霊地《れいち》であるぞよ。出口《でぐち》の守《かみ》と申《もう》すのも言霊《ことたま》の活用《はたらき》のことであるぞよ。それで綾部《あやべ》の大本《おほもと》へ出《で》て来《こ》ねば、天地《てんち》を一声《いっせい》の下《もと》に震動《しんどう》させ、雨風《あめかぜ》を自由《じゆう》に使《つか》い、雷神《らいしん》を駆使《くし》するということはできぬのであるぞよ。天地経綸《てんちしぐみ》の神力《しんりき》なる言霊《ことたま》アオウエイ五大母音《ごだいぼおん》は、綾《あや》の高天原《たかあまはら》の神屋敷《かみやしき》が大本《おほもと》であるぞよ。

『天地《てんち》を一声《いっせい》の下《もと》に震動《しんどう》させ』る撞の大神様が世界の中心、地の高天原《たかあまはら》に降り立ち、世界に『言霊《ことたま》』を響かせる。

悪神でありながらすべてを理解している『伊邪那岐之尊様《いざなぎのみことさま》』と『天照大御神様《あまてらすおおみかみさま》』を引き連れて。


この子宮内宇宙は完全閉鎖が定めなのだ。

この悪の世界の一切が否定され、抹消される。

善は、この世に姿も形も無く筆先の中にだけあった。

何が善で何が悪なのか？

それは、唯一神が決めていたのだ。

それ故、『マタイによる福音書　五章　誓《ちか》い』で『髪《かみ》の毛《け》一筋《ひとすじ》でさえ、あなたは白《しろ》くも黒《くろ》くもできない』と、このイエスの言葉の通り、この唯一神が決めた道以外に、天国を生きる道は何処《どこ》にも無かったのだ。


ふとした疑問の結論が、聖書や筆先の言葉となって戻って来る。

思考の行き着いた先に神の言葉がある。

そういった経験を、あなたもたくさん積み重ねて神の意識を学んでほしい。

そうすることで、神の言葉があなたの中に溶け込んでいく。

そうやって、ただ読んだだけでは理解することができない、生きて実在する神の味わいを得るのである。

ミステリと言う勿《なか》れと云うことなり

この項のタイトルは、ジョーク混じりであるけれど、テレビで見ていて面白い言葉があったので出してみる。

《真実は人の数だけある。だが、事実は一つだ》、とこんなことを言っていた。

話の流れで、それはそれで納得できるのだけれど、神からの話をしよう。

《円柱《えんちゅう》》をイメージしてみよう。この円柱は、見る方向で丸に見えたり四角に見えたりする。つまり、見る視点で事実は違って見えるのだ。視点が動かなければ、これがそれぞれの事実になる。

では何故、事実は一つであると言えたのか？　それは主人公という一人の視点で見ているからだ。このドラマは、殺人事件の謎解きで、犯人を特定するという一つの事実を示す必要がある。それ故に、事実が一つでなければ、ドラマの制作者としても困るというものなのだ。

だが、神の真実は犯人捜《さが》しではない。

天国では、唯一神の教えを一つの真実として、それを見て国主が得た事実を真実として、国主が思う世界観で『目無《めなし》堅間《かたま》の神船《みふね》』という国土が造り上げられる。国主の数だけ多彩な世界（事実）が出来上がる。暑い国も寒い国も、緑豊かな国も砂漠の国も、水の豊かな国も海に囲まれた国も、国主の思う真実が明瞭となるような世界になっているのだ。

天国で言う事実とは、その出来上がった世界のことで、それは国主が得た真実が、結果として現れたということなのだ。唯一神の教えが示す明かりを真実として、それを受け取った八人十二人の真実を形にして表したのが国土なのだ。

それは、真実を一つにしてたくさんの事実が現れたということなのだ。

そして、国主の中に在る真実は、唯一神を見て得た真実であることを国主が十分に理解している状態。それは、正しき真実が唯一神に在ることを自覚しているということだ。真実を一つにしてたくさんの事実がある世界。それが天国なのだ。

この物質世界は、事実を無理矢理一つにしようとして、真実を個人に押し込めてばらばらにした世界だ。物理法則とは、事実を無理矢理一つにした結果、出て来たものだ。科学者、物理学者はそれを求めるけれど、普通の人間の日常に、そんなものは全く関係ないことなのだ。

アインシュタインは、この世界を解明することで神を解ろうとした。このアインシュタインの考え方は、ユダヤ人を象徴する思考なのだろう。だがこのユダヤ人の、神に対するアプローチのやり方は間違いだった。それ故、神が型に見せた第二次世界大戦で、多くのユダヤ人が断罪されることとなった。

日本は神国。日本には一筋縄ではいかない様々な不思議がある。

ここでは、『真実』という言葉の不思議に迫ってみよう。

『真実』という言葉についての一般的な世間の認識は、これまで隠れていた事実が分かることで真実が判った、と言うように、その真実も単なる事実に過ぎなかった。それ故、《真実はひとつ》という言葉に違和感を持たなかった。

だが、《ミステリと言う勿《なか》れ》の主人公、久能《くのう》整《ととのう》君は、《真実は人の中にあって見えないもの》という認識で、『真実』という言葉を一歩進めてくれた。これをもう少し進めて、神が居る世界での『真実』について語ろう。

神を探求する者にとっての『真実』とは、神の意志や意図を理解することで《真実が解った》、と認識する。この認識を前提とすると、《真実はひとつ》という言葉に違う意味が出てくる。《真実はひとつ》とは、《神の意志はひとつ》

と言っているのと同じで、それはつまり、《神は一人》と言っていることになるのだ。

しかし、不思議なことに、日本での一般的な神の認識は、《神は八百万《やおよろず》》なのだ。真実が神に在るとするなら、日本では真実は、八百万有るのが当然となるはずだ。ところが、久能整君も、神のような存在が居るとするのならと、その存在を、暗に唯一の存在として認識しているのが判る。

ここでは、人間の思考には、幾つもの矛盾が内包されていると認識してほしくて書いた。


では、《真実はひとつ》と刑事ドラマで言わせている裏の存在が居るとしたら、それは誰だろう、と問うてみる。

すると、それは唯一神しか居ないと判るだろう。

日本では、人の気付かないところで邪神と唯一神が綱引きをしている。

それ故、日本では一切が硬直してしまうことになる。

政治も経済も教育問題も、社会も会社も学校も、あらゆる所で解決策が在るのに事態が進まないのは、日本には邪神の思う通りにはさせない存在が居るからなのだ。

この世を良くしようと邪神の正義を行おうとする者たちには、そんな存在は邪魔で邪魔で許しがたいだろう。

そうやって、人は善の神である唯一神と対立することになる。

今の日本は、実地の本番が陰で進行していて、人の目には見えなくとも善と悪が戦う最前線なのだ。それ故に、一切が硬直したままに身動きできずに在る国なのだ。

日本で、改革改革と何年も叫びながら、それが全く進展しない理由を挙げてみた。

しかし、改革改善という小手先の手段では、もう世界は持続不可能なところに来てしまっている。

そんな半端な改善しかできない善は、もう、不要なのだ。

そんな半端なことしかできない善は、もう、悪として断罪されなければならない。

そうして、善と悪とが引っ繰り返ることになる。

そう成らなければ、天国は来ないのだから。


ということで、天国について、もう少し書いていこう。

大本神諭　二巻P一〇三　大正四年旧六月十三日
神《かみ》というものは、暑《あつ》さ寒《さむ》さの厭《いと》いもなく、昼夜《ひるよる》も構《かま》わずに守護致《しゅごいた》して居《お》りても、人民《じんみん》には判《わか》ろまいがナ。

これを読めば、神は寝なくても生きて居られると判る。神は寝る必要がないのだ。

では、何故、この世界の人間は眠るのか？

それは、守護神が人間の活動中の守護をしていては、守護神自身の御用ができないからなのだ。人間の守護をするのが守護神の御用とは言え、守護神自身にもやることがあるのだ。


欲という観点から言えば、神には睡眠欲というものは無いのだ。その上、食欲も性欲も無い。

神には『暑《あつ》さ寒《さむ》さ』も関係ない。数百万度でも絶対零度でも活動できる。

天国では、掃除も必要ない。汚れることもなく、埃《ほこり》が溜ることもない。怪我もしなければ病気もない。

犯罪などあるわけがなく、不幸に成りようもない世界だ。

だが、そんな世界で何をして生きれば良いのだろう。

大本神諭　一巻P一九九　明治二十七年旧正月三日
神世《かみよ》になれば、人民《じんみん》の寿命《じゅみょう》も長《なが》くなるぞよ。世界中勇《せかいじゅういさ》んで暮《く》らす様《よう》に成《な》るぞよ。
今《いま》の日本《にほん》の人民《じんみん》は、斯様結構《こんなけっこう》な世《よ》は無《な》いともうして居《お》れど、神《かみ》から見《み》れば是位悪《これくらいわる》い世《よ》は、斯《こ》の世《よ》の元《もと》から無《な》いの
であるぞよ。人民《じんみん》と申《もう》すものは、目《め》の前《まえ》の事《こと》より何《なに》も判《わか》らんから無理《むり》も無《な》いぞよ。

この筆先から、その内容はよく分からないけれど、『世界中勇《せかいじゅういさ》んで暮《く》らす様《よう》に成《な》る』のだそうだ。

それぞれの国で信仰を拠《よ》り所《どころ》として、真実を探求して生きるのだろう。

でも、具体的にどんな暮らしをしているのかは分からない。

それでも、皆が『勇《いさ》んで暮《く》らす』というその言葉通りの天国なんだろうと思う。


それに比べて今の世は、ってのが二行目以降の話だ。

でも、世界の在り方が、天国とこの世界では、何故これほどに違うのだろうか？　と思うだろう。

その答えを出してみるなら、悪神の実現したい世界を悪神の理屈で造った世界だから、ということなのだろう。

悪神は、制限されることや苦労が好きなのだ。

その不自由な状態から立身出世やヒーローに成る。そんなドラマを楽しみたいのだ。

人間と守護神でこの世界のドラマは進む。悪の守護神は、この世界にドラマを求めている。それが立身出世なのか、事件なのか、いじめなのか、性同一性障害なのか、病気なのか、精神的病《やまい》なのか、愛憎なのか、様々なドラマを様々に求めてこの世界は出来上がっている。悪の眷属はそれを見て楽しんでいるのだ。

悪の守護神が楽しむために、この世界の人間を操っていた。これが人類の歴史だ。人間がテレビで見るドラマのように、悪神はドラマの制作者となって人間をある程度コントロールしつつ、その成り行きを見て楽しんでいたのだ。

この世界は何故これほどの事件や事故があるのか？　それは誰かがそれを望んでいるからなのだ。

この子宮内世界は、悪神のために在った。

だが、もうそのことについては語る気はない。

もう、こんな呆《あき》れ果てた世界は終わるのだ。

ちょっと修正しよう

筆先の解説を書き進めていくほどに、読みながら読み過《す》ごしていたことに気が付いて、今まで何も考えずに思い込んでいたことの裏から、筆先の言葉が意識に上《のぼ》ってきて、突然、引っ繰り返ってしまうことがある。

これまでもそうやって何度も修正、加筆して来たのだ。だが、失敗から学べるようにわざと残してあった部分について、ここで修正をしていこう。人は、成功よりも失敗から多くを学べるのだから。

そんなわけで、まずは［図一　ミロクの世の世界の姿］を見てほしい。

筆先には『谷々《たにだに》の小川《おがわ》の水《みず》も大河《おおかわ》へ、末《すえ》で一《ひと》つに為《な》る仕組《しぐみ》』と書かれ、聖書では『ぶどうの木』に譬えられるミロクの世の姿。また、伊都能売神諭には『松《まつ》の根本《ねもと》の大掃除《おおそうじ》』と、三人世の元が居る綾部の大本を『根本《ねもと》』としている。『河《かわ》』も『木《き》』も、下が太くて上に行くほど細くなる。その現実を考えるなら、三人世の元の幹《みき》よりも八人十二人の枝《えだ》が上になり、その上に四十八人七十二人の小枝《こえだ》が来るのが必然ではないかと思えて来たのだ。

つまり、［図一　ミロクの世の世界の姿］に描かれた配列は、枝が上に伸びるように描くのが正しい。

人間が造る組織を考えた時、ピラミッド型というものが意識にあって、ついそのイメージで［図一　ミロクの世の世界の姿］を描いたのだが、神の形は自然の中にあったのだ。自然に生えた木が神の示した形だったのだ。

では、五、六、七の神界の位置も上下が引っ繰り返るのか？　と考える。
これについては、次の筆先を見よう。

大本神諭　四巻P四三　大正四年旧六月八日
日本《にほん》の守護神《しゅごじん》よ、改心《かいしん》を致《いた》して、日本《にほん》の人民《じんみん》の性来《しょうらい》を、元《もと》の大和魂《やまとだましい》に致《いた》さねば、日本《にほん》の内《うち》には置《お》かんことに規則《きそく》を決定《き》めるから、今度《こんど》の規則《きそく》は、上代《むかし》の規則《きそく》よりも、モ一《ひと》つ厳《きび》しくなるのであるから……。

この筆先にある『日本《にほん》の守護神《しゅごじん》』とは、我々の兄姉で、前回のミロクの世で七の神界に居た者たちだ。その者たちに『今度《こんど》の規則《きそく》は、上代《むかし》の規則《きそく》よりも、モ一《ひと》つ厳《きび》しくなる』と語っている。
この筆先が、兄姉が七の神界から聖霊の六の神界を飛び越えて五の神界に行く根拠なのだ。『一《ひと》つ』ではなく『モ一《ひと》つ』と言っていることが飛び級する根拠になる。だが、これでは上に上がるのか、下に下がるのか、今一《いまひと》つ判らないので、次の筆先を見よう。

大本神諭　三巻P一三〇～　大正六年旧十月十六日
立直《たてなお》しに就《つ》いては、御三体《ごさんたい》の大神様《おおかみさま》を、モ一《ひと》つ上《うえ》へ御上《おあ》がりを願《ねが》わねば成《な》らぬ。

『御三体《ごさんたい》の大神様《おおかみさま》を、モ一《ひと》つ上《うえ》へ御上《おあ》がりを願《ねが》わねば成《な》らぬ』ということで、七から五へは、『モ一《ひと》つ上《うえ》へ御上《おあ》がり』するので、五六七の神界の配列については、引っ繰り返らないと判る。しかし、ここまで追究しなくても、《五六七《みろく》の世《よ》》で、《七六五の世《くろみよ》》とは言っていないのだから、五、六、七の配列は順番通りなのだ。

また、神界の肉体についての話なのだが、これまで神界では蛇体の竜の姿だと書いて来た。だが、実は本当だろうかとも思っている。それは、国土を造ることができる国主が、民に肉体（アバター）を与えることは不可能ではないと思うからだ。

しかし、このアバターのことを考えると、魂とアバター、この二つが在るからこそ、魂と、本霊と肉体霊が合一する必要があったのだと気付いた。神界も魂と肉体の二重構造の世界だったのだ。それ故、霊主体従《れいしゅたいじゅう》の教えは、神界でも通用するのだろう。どうやらこれで三方《さんぽう》が、上手く填《は》まったように思える。

この考えが正しいのか。それは、綾部の大本（地の高天原）で判るだろう。

繰り返される？

そしてもう一つ、聖霊を百戦錬磨の神と思って書き進めていたのを途中で修正したのだが、まだもう一つ修正が必要な所があった。それは、［図一　ミロクの世の世界の姿］の図の中で、六の神界の国常立尊と豊国主尊の位置が、左右入れ替わることとなのだ。

神界の繰り上がりの流れが、七↓五↓四↓三↓二↓一と来て六に下がり、その後は、もう一段上の次元にある神界の階段の最下段に接続されるという流れだとすれば、国常立尊と豊国主尊が男女を変えて子を産んでいたとしても、女は日本を担当し、男は外国を担当するのは変わらないはずなのだから、六の神界だけが男女が入れ替わるのは不自然ということになる。

そして、その考えを延長すれば、王仁三郎の霊魂は、遙か未来に国常立尊の役をやるのは確定事項となるのだ。

と、こうやって、筆先から遙か先の未来にまで何をするのか判ってしまうと、何とも言えない気持ちになる。艮の金神の御用を考えると、面倒《めんど》くさっ！　と思ってしまうのは私だけか？　ナンバーⅡ《ツー》と言うべきか、一の家来と言うべきか、一番目立つ面倒《めんどう》な役目の立ち位置は、私のキャラではないのだが、霊魂《れいこん》はそういうキャラなのか？　と思ってしまう。でも、もう愚痴は言うまい。

しかし、イエスは王仁三郎で瑞《みづ》の霊魂のはずで、艮の金神は厳《いづ》の霊魂で、厳《いづ》と瑞《みづ》で働きが違うと筆先に書かれているのだが、これも筆先の引っ掛けなのだろう。厳か瑞かというのも役割としての名目で、天でも地でも、ナンバーⅡ《ツー》が一番目立っていることに違いはないのだ。


善の神の繰り上がりの流れが明確になったところで、もう少し考えてみよう。

国常立尊が若姫君命を生んだと、これまで何度も出して来たが、この国常立尊は、一代前の国常立尊ということになる。つまり、今まで兄姉《あにあね》と言ってきた守護神は、血縁的にはちょっと離れた従兄弟《いとこ》もしくは従姉妹《いとこ》という関係になる。でも善の神の親子は一子総伝《いっしそうでん》で劣化しない全く同じ存在だ。だが、気質や性質、できることは受け継いでも、知識については受け継がないようで、学びが必要となるのだろう。そして、この学びこそが善の神の喜びなのだろう。それ故神は、事前に知識を与えるようなことをして、子から学びの機会を奪うことはしないのだ。そして、より学びを深めるために、氷点下のマイナス（悪）から善の学びを始めるのだろう。

この温度ということを思うと、氷点下（悪）にはそれより下がらないという限界があって、高温（善）の方には限界が無いのだ。悪には地獄で氷漬けという活動停止点があり、善の学びには限界は無いということを示しているのだろう。

我々は、現在のマイナス二七三度という極限の極悪状態から、せめて〇《れい》度になって子宮から出るのである。それが、一《いち》にも成れない『、《ほち》の一霊《いちれい》』という存在、ということなのだ。

だが、このマイナス二七三度という絶対零度の状態もこの世界での温度限界に過ぎず、その先には、原子すら押し潰《つぶ》された状態の完全絶対零度というものがあるのだ。その状態が悪神を閉じ込めて身動きもさせない本当の地獄なのだ。

ここで、もう一つ話を進めよう。

前に、撞の大神様が、悪神も生んだと言ったのだが、これまでの流れで考えると、悪神を生んだ神は、一番最初の撞の大神様、それは始まりの始まり、この神以外何もないという状態で存在した唯一の神ということになる。

この神が、あらゆる可能性を追求し、実験して、様々な神を生み出した。そうして、宇宙にたくさんの世界がとっちらかったのだ。そして、何を善とし、何を悪とするのかを決め、神々を再構成したのだ。

この神が、天国とはどういうものなのか、地獄とはどういうものなのかを決めた。

善となる神を集めて天国という世界を造り、とっちらかった世界と共に悪となる神を集めてそれを封印した。永遠に成長する世界を天国として、腐敗してばらばらになり崩壊する世界を地獄とした。

最近の地上という地獄では、大家族が核家族になり、今ではお一人様が当たり前になった。昔は家長が家族をまとめていたが、今では一人一人が権利を主張する。

だが、お一人様では子は出来ん。そんなお一人様がどんな未来を語れると言うのか？

ま、そんな話は置いておいて、悪神の『伊邪那岐之尊様《いざなぎのみことさま》』について、もう一つ思うことを書こう。

この繰り返される世界を『伊邪那岐之尊様《いざなぎのみことさま》』の立場から見れは、遙か昔に生まれた子が、立派になって戻って来て、我が夫となった、ということなのだ。

『日の出の神《ひでかみ》』が成長して『撞の大神様《つきおおかみさま》』となって戻って来た。『伊邪那岐之尊様《いざなぎのみことさま》』にとってこの世界は、十回目なのか百回目なのか、それとも数千回目なのか。

それを何度繰り返そうとも、『伊邪那岐之尊様《いざなぎのみことさま》』にとって『日の出の神《ひでかみ》』は可愛い我が子で、その子が成長して立派な『撞の大神様《つきおおかみさま》』になって戻って来たのだから、元々争うつもりも逆《さか》らう気も、欠片《かけら》ほどもなかったのだ。

《老いては子に従え》、神は老いないので言葉を換えて《子が成人したら子に従え》、何処かで聞いたそんな教えはここに繋がっていた。

これらのことを考えて、この流れで神界全体が上手く回るように見えるので、良しとしようと思う。

もう［図一］を書き直した方が早い気がするけど、そうすると文章も広範囲に書き直すことになって、それも辛いので、そのままということにする。

素盞嗚尊

他に、『素盞嗚尊《すさのおのみこと》』について、もう少し書いておこう。

善の神の神生みが、御魂を半分に分けて生んだことを理解すれば、『素戔嗚尊《すさのおのみこと》』がどのように生まれたのか、それを思い出して笑ってしまうのだ。『素戔嗚尊《すさのおのみこと》』は『伊邪那岐之尊様《いざなぎのみことさま》』が鼻を洗って生まれている。つまり、『素戔嗚尊《すさのおのみこと》』は、鼻水、鼻糞《はなくそ》レベルということだ。それに、『素戔嗚尊《すさのおのみこと》』の役は、姉神の天照大御神様《あまてらすおおみかみさま》とは違い、子宮の中の世界が造られる度《たび》に生まれている。すると、前回『素戔嗚尊《すさのおのみこと》』をやった魂は、今回は別の役をやっていることになる。だとすれば、それは何の役だろうかと思い、そのレベルでも束《たば》になればなんて考えてみれば……、八頭八尾……？　ま・さ・か・とは思うけれど。

しかし、この『素戔嗚尊《すさのおのみこと》』の役割には、いろいろと考えさせられる。『素戔嗚尊《すさのおのみこと》』は型の時に王任三郎と戦って勝利していた。それは、前回の子宮の時もその前も、神の計画に乗せられ勝利していたのだろう。だが『素戔嗚尊《すさのおのみこと》』は、勝たされたことも気付かずに増長《ぞうちょう》し、唯一神に帰順しなかったのだ。

筆先にはこんな言葉がある。

大本神諭　三巻P一四　明治三十一年旧十一月五日
現世《このよ》で御役《おやく》に立《た》てる身魂《みたま》と、国替《くにが》えさして使《つか》う霊魂《みたま》と、又神《またかみ》へ引《ひ》き取《と》る霊魂《みたま》と在《あ》るよって、

『現世《このよ》で御役《おやく》に立《た》てる身魂《みたま》』は、地上で御用のある人間。『国替《くにが》えさして使《つか》う霊魂《みたま》』は、中界で御用のある人。『神《かみ》へ引《ひ》き取《と》る霊魂《みたま》』とは、ユダのように御用を終えて唯一神に取り込まれる魂なのだろう。『魂《たましい》も体《からだ》も地獄《じごく》で滅《ほろ》ぼすことのできる方《かた》』とは、唯一神と我々の魂を生んだ聖霊も、自分の生んだ魂は引き取ること

ができると思われる。

しかし、『素盞嗚尊《すさのおのみこと》』は、唯一神に従わなかったが故に、『魂《たましい》も体《からだ》も地獄《じごく》で滅《ほろ》ぼ』されたのだと推測する。だが、『素盞嗚尊《すさのおのみこと》』を生んだ『伊邪那岐之尊様《いざなぎのみことさま》』は、『素盞嗚尊《すさのおのみこと》』の魂を引き取らなかったのではないだろうか。その結果、邪気となって漂うことになり、次の天地創造の時に、自分の蛇体の体を作る時に、混じり合って本来ではあり得ないはずの八頭八尾という姿になったのだろう。

そう考えると、『素盞嗚尊《すさのおのみこと》』とは、究極の最悪を選択した者として、それを示す役割として在ったのだ。

世界は、三年という歳月を掛けて『立替《たてか》え立直《たてなお》し』される。その三年という年月は、悪神とその眷属たちに、善の神に完全敗北させて帰順させるために与えられた期間なのだ。

善の神に帰順しない霊魂は、善でも悪でも魂すらも消される。その見せしめとなった者が、善の方ではユダで、悪の方は『素盞嗚尊《すさのおのみこと》』だったのだろう。

長らく考えていた《邪気》って何だろう？　という疑問もこれで解決した。

そして、天地創造の話の中で『八頭八尾《やつがしらやつお》の大蛇神《だいじゃしん》』が遅れて出て来た理由も、まずは、粉々にされた自分の身体（魂）を作っていたからだと納得した。

悪神たちの救いの道

そしてもう一つ、『素盞嗚尊《すさのおのみこと》』に関連して伝えておこう。『素盞嗚尊《すさのおのみこと》』は、悪神の方の失敗の型を、鏡に見せていた。

だが、失敗だけを見ても、成功の道は見えはしない。なので話しておこう。とは言っても、実は善の身魂とやることは変わらない。とは言っても、悪神の方の人間には、聖霊は居ないので聖霊による洗礼はない。でも、筆先を全身全霊で真剣に勉強する心ある者には、経綸《しぐみ》として善の霊魂か改心した悪の霊魂からのアシストもあるだろう。それでも、悪神の眷属の人たちは、強制的に『鳴戸《なると》の経綸《しぐみ》』に突入する。

『鳴戸《なると》の経綸《しぐみ》』は、出遅れた善の身魂にも、すべての悪の身魂にも、同じように行われる。

その『鳴戸《なると》の経綸《しぐみ》』とはどのようなものなのか、その内容について語ろう。だが、最初に言っておく。その内容は、前に言った洗濯機に放り込まれるという言葉の印象とは大分違うことになるだろう。

ここでは、最近流行のエンタメから進める。

さて、《鬼滅《きめつ》の刃《やいば》》が流行《はや》っている。私が見ても面白いとは思わないが流行っている。これもお知らせで、これは悪神から悪の眷属に向けてのお知らせなのだ。

この《鬼滅の刃》の舞台は、実地の本番では中界になる。物理法則よりも思いの強さが優先される世界観は、正《まさ》に中界の世界なのだ。

今まで人間に立派に見せていた中界の神、その本当の姿が、作中で《鬼》と言っているあの化け物なのだ。そして人間は、外国の映画やドラマに見るゾンビと同じ、死んでも動き回る人間たち。そんな状況も中界が舞台であるならば何の不思議もない。

これまで悪神は、霊能者に立派な中界を見せていた。だがその実態は、悪神は《鬼滅の刃》に見るような醜悪《しゅうあく》な化け物で、先祖の霊だと思っていたその本当の姿はゾンビだったと、中界の実態を我々人間に暴露したのが、これらの映画やドラマだと理解してほしい。

この姿こそが、善の神から見た中界の本当の姿で、これらのエンタメは、善の神の命令で悪神が中界の実状《じつじょう》を我々人間に暴露して見せていたのだ。これは事前に見せて、人間たちに覚悟をしておけ、ということなのだ。

すべての人が中界に行く本当の九分九厘の時が来れば、人間向けに立派に見せて神霊界だと思わせていた中界は変容する。ゾンビは、その時のあなた自身の姿、それが神が語った『人三化七《ばけもの》』の姿なのだ。

大多数の人間は、災害によって死んで行く。だが人間は、どのような死に方でも死んで終わりではない。死んでゾンビになってからが、彼らの最後の審判の本番なのだ。

それが、ゾンビとなった肉体霊と自分の魂との合一を懸けた、これから語る内容なのだ。


流れとしてはこの通りなのだが、日本から発信された《鬼滅の刃》からキーワードを拾い、そのキーワードと筆先を合わせ、筆先と型の実地に込めた未来に生き残るための教えを書こう。

《鬼滅の刃》の映画や歌詞から見えるキーワードは、《鬼と戦う、全集中、紅蓮の華（炎）、負ける意味を知る、崩れ落ちる世界》だ。これらのキーワードと筆先と、善の神が型の実地に見せたことを合わせて、未来に生き残るために肉体霊となった人間が《やらなければならないこと》について語ろう。

九分九厘を過ぎてから起こることは、型の実地に見せた第二次世界大戦だ。これが善の神と悪神の最終決戦で、そこに中界に落ちた人間たちや悪神たちがやるべきことが見せてあったのだ。

筆先では、《鬼》とは艮の金神のこと。その金神と全集中で戦えと教えているのが、《鬼滅の刃》だ。

これは、悪神からのお知らせ。もう悪神からも、そう言わねばならない時が来たということなのだ。

悪神たちも、艮の金神を前にして敵前逃亡するのなら、《魂すらも消される》定《さだ》めだ。

その上この戦いは、中途半端《ちゅうとはんぱ》でやめることも許されない。悪の者たちは、全身全霊を懸けて神と戦い、ぐうの音も出ない所まで戦って完全敗北をして、神に帰順する以外に道は無い、と心の底から理解することが求められている。

型の実地の時に、原爆を投下されてやっと敗北を認めた日本のように、最後まで戦うことが求められる。半端なことは許されない。その型は、個人に対しては特攻隊として示されていた。片道の燃料でゼロ戦に乗って戦艦に突っ込む。鬼畜米英の巨大戦艦に小さな飛行機で単身、死にに行く。それこそが型に見せたこと。巨大な鬼（神）に単身飛び込む。神は、その気概をすべての神、すべての人類に求めている。


『素盞嗚尊《すさのおのみこと》』は、型の実地の時に王仁三郎に勝って調子に乗り、実地の本番の時には敵前逃亡した。その結果が前に語った『素盞嗚尊《すさのおのみこと》』の末路だ。

それを知って、それでも逃げるのなら、それがその魂の定めだ。国主（臣）ではない一般（民）の魂では、邪気となって元の魂に戻ることもできずに漂うだけとなる。

善の身魂も悪の身魂も同じ。『富士《ふじ》の経綸《しぐみ》』は自ら神に会いに行く勇気を称えて善き御用となる。だが、善の身魂でも『鳴戸《なると》の経綸《しぐみ》』で逃げたら、自分という存在を消される。

誰であろうと、生き残りたいと願うなら、この最終決戦から逃げることはできない。

今度の中界での最終決戦は、あなたの自我が残るか消されるかの究極の戦いとなる。この世の肉体の死は病気や災害や事故、犯罪等様々だろう。だが、本当の命を懸けた戦いは中界に行ってからなのだ。誰もが中界からは逃げられない故に、誰もが神と相見《あいまみ》えて戦うことになる。そこで神に対して逃げの態度を見せようものなら、魂までも消されることになるぞ。

さて、いろいろと語ってきたが、これらのすべてを綾部の大本で答え合わせをしよう。この回答で何点取れるだろうか？

散々に悩んで考えて出した答えだ。答え合わせが楽しみである。

たとえ合格祈願の御札《おふだ》を買っても、受験勉強をしないのなら、ろくな点を取れず落第することくらい誰だって分かるだろう。どんなにお祈りをしてみても、祈りは勉強の代用にはならない。天国に行くための勉強なのだ。皆も頑張れ。

話は変わって、ひとつの世界について。

天国は、ひとつの世界。巷《ちまた》でよく言われていることなのだが、それは本当の天国でも悪神が行く天国でも、言葉としては《ひとつの世界》であることは同じだ。

ただ、悪神が行く天国は、物質的にひとつに固められた、見た目がひとつの世界だ。しかし、心はバラバラ、それぞれが思い思いの世界を想像して生きる。それは魔法（悪魔の法）が支配する世界。悪魔の法は、バラバラの世界だ。その世界を見ようと思うなら《小説家になろう》の《異世界転生》のジャンルを幾《いく》つも読めば分かる。たくさんの魔《ま》の法《ほう》が支配する世界を読めるだろう。面白いんだけどね。

善の神の天国は、だだっ広い世界。でも心をひとつにした世界、たった一つの神法《しんぽう》が支配する世界だ。その神法が書かれているのが筆先なのだ。

ただこの筆先、規則でありながらも、何処までも楽しめるように、たくさんの謎かけが満載なのだ。

人間の感覚からすれば、何処までも理解しきれない規則なんて、守れないだろ！　って言いたくなるけれど、それこそが、永遠を楽しく生きる、神の法の醍醐《だいごみ》味なのだ。

《悪神たちの救いの道》なんて言って書いてみたが、ほとんどの悪神は、何度もこの世界を経験した百戦錬磨の者たちなのだ。悪神の肉体や本霊は知らなくても魂は何度も経験しているのだから、これ以上、私から何を言っても意味はないだろう。

でも、魂と肉体霊が合一しなかったら、地上を生きた記憶は他人が見た映像程度の記憶で、あなたの思いを魂は受け取れないことになるだろう、と推測してみるのだけどね。

終わりに

正しき答えは、すべてが円環する。

この子宮世界では、胎児のまま一歩も進まない繰り返すばかりの円環した世界だ。

神界は、進んでは戻り進んでは戻る、円環しながらも進んでいく世界だ。

神が決めた道は、矛盾無く円環して、丸く納まる所にある。それを見つけ出してほしい。

『初《はじ》めにみ言葉《ことば》があった』。この『み言葉《ことば》が』筆先だ。

この筆先を思考の始まりとした思考の迷宮が滞りなく円環したなら、それこそが神の道だ。

この円環が広がり、世界を埋め尽くしたなら、それが神の世界、天国となる。

筆先の言葉を考えて考え尽くして神のゾーンに入りなさい。聖霊に抱かれ思考は跳躍する。それを体験しなさい。この世界に、ハリの穴ほどに小さい穴から神界をのぞき見る道具が、神諭《しんゆ》だ。神諭《しんゆ》が人と聖霊を結ぶ。その思考の先に、この子宮の世界を遙かに超えるだだっ広《ぴろ》い神の世界が在る。

井の中（子宮の中）のオタマジャクシに手足が生えて、手足を動かして陸（天国）に歩み出すのは親の世代。我々は、神としては手足が生えてもまだ陸では寝返りも打てない状態で神界に産まれ出る。

しかし、水中を生きるオタマジャクシを思うと、《私の前に道はない》って、泳いでいれば道は無いのが当たり前だと納得した。好き勝手に泳げば、私の後ろに出来る道は、自分の記憶の中にだけ在る。

神の道は、知れば誰にでも判るしっかりと存在する道。その道を歩むための手足が子宮から出る直前でやっと生《は》え揃《そろ》ったということなのだ。そんな納得の仕方を自然から学ぶ。

そして、《勾玉《まがたま》》というあの形が、胎児の初期の姿で、オタマジャクシの姿だと気付く。


我々の魂は、やっと竜神らしい姿の胎児にまで成長して、出産の時を迎えた。

最初は、道が有るとは思えない閉じた産道を押し広げ、陣痛を伴って通る道が、この先の未来だ。


この未来を超えるために、聖霊は授けられる。

自ら聖霊を求め、『富士《ふじ》の経綸《しぐみ》』に挑戦してほしい。

しかし、時が来て『鳴戸《なると》の経綸《しぐみ》』になれば、強制的に聖霊が授けられる。

その時が来たことをラッパを鳴らして聖霊に知らせるのが私なのだ。

だが、その時には、私は肉体を持たない。

私の肉体は、この本を残すために在った。

この本は、今の私の集大成だ。

人の頭で考え、それを神に捧げる。

それこそが、私の最後の審判の試験となる。

故に、ここで語ったことのすべてが正しいとは限らないのだ。

大本神諭　一巻P一一四～　大正五年旧十二月三日

大本《おほもと》の仕組《しぐみ》は、錦《にしき》の機《はた》の仕組《しぐみ》を世《よ》の元《もと》の神《かみ》がいたして、変性男神《へんじょうなんし》、変性女神《へんじょうにょし》の経《たて》と緯《よこ》との二《ふた》つの霊魂《みたま》を現《あら》わして、三千世界《さんぜんせかい》の御用《ごよう》がさして在《あ》るぞよ。

経《たて》の役《やく》は口《くち》で言《い》わせる事《こと》も、手《て》で書《か》かせる事《こと》も、毛筋程《けすじほど》も違《ちが》いはせられん辛《つら》い御役《おんやく》であるなり、緯《よこ》の御用《ごよう》はサトクが落《お》ちたり、糸《いと》が切《き》れたり、口《くち》が曲《いが》みたり、初発《しょっぱつ》には言《い》うた事《こと》も違《ちご》うたりすると云《い》う事《こと》が、今《いま》の世《よ》の乱《みだ》れた世《よ》の経綸《やりかた》が為《さ》して在《あ》ると云《い》う事《こと》は、筆先《ふでさき》にアレ程出《ほどだ》して知《し》らして在《あ》るのに、未《ま》だ取《と》り違《ちが》いをいたして、色々《いろいろ》と申《もう》して居《お》る人民《じんみん》が在《あ》るが、細工《さいく》は流々《りゅうりゅう》、仕上《しあ》げを見《み》て下《くだ》されよと申《もう》してあるぞよ。

この筆先にも『初発《しょっぱつ》には言《い》うた事《こと》も違《ちご》うたりする』と書かれている。今、この時でも『初発《しょっぱつ》』か？　と言われそうだけれど、神諭《しんゆ》の情報からはこれ以上読み解くことは難しく、また、これ以上探求する時間も無いのだ。

だが、すべての正解は、綾部の大本にある。だからもう、この本はこれで良しとしよう。

それでも、この本によって、私は私なりに、皆に鏡に見せたのだ。

しかし、すべてを語りきれたわけではない。神諭も参照したのは一部に過ぎないのだ。またこの本で善だ悪だと散々に書いたが、その実際の在り方は参照すらしていない。それも筆先に書かれているので、神諭を読んでほしい。

この本で語られていない箇所を、あなたが考えて読み解き、埋めてほしい。

知っただけ、教えられただけで終わってはいけない。神の知識は、自分なりに消化して腹に入って命《いのち》となるのだ。

皆、自分なりの答え（命）を持って、綾部の大本で答え合わせをしてほしい。

それが、あなたにとっての最後の審判のお楽しみとなる。

神と成る者たちに、この正しき道が示されたなら、世界は終わりを迎える。

昔から預言されていたことが現実になる。

神の計画が発動する。

それだけのことだ。

だから、天国を目指す者は、これを始めなさい。

道は示した。

待つ時は終わったのだ。

走り出せよ。


二〇二九年、令和十一年の酉年《とりどし》。この地球も宇宙も中界も、霊界すらも消滅する。

伊都能売神論のP二七八には、『果敢《はか》なき最後《さいご》を酉《とり》の年《とし》』、と記されている。

アカシックレコードに数千年先の未来が見えようとも、占いで十年先を語ろうとも、それでも世界は終わりを迎える。

大本神諭　三巻P一〇一　大正六年旧九月三十日
仏事《ぶつじ》の世《よ》の終《おわ》りが末法《まっぽう》の世《よ》と申《もう》して、未《ま》だ万年《まんねん》も続《つづ》くので在《あ》りたのを、世《よ》を縮《ちぢ》めて、艮《うしとら》の金神《こんじん》の世《よ》と致《いた》して、結《けっ》構《こう》な神代《かみよ》に捻直《ねじなお》すので在《あ》るぞよ。

この筆先を見れば、『未《ま》だ万年《まんねん》も続《つづ》く』世界を、神は強制終了させると言っている。
「世紀末に何も無かったではないか」と、文句を言ったとしても終わるのだ。

そもそも、西暦の始まりをイエスの生誕に合わせようとしたのが間違いで、イエスの死を西暦の始まりにしておけば、今が世紀末となるのだ。世の変わり目の区切りを思うなら、西暦の始まりを決めたその当時でも、イエスの誕生の時よりも、死の時の方が《その時》だったと判るだろう。イエスの死の前後に起こった天地の異変は、本当の終わりの時を型に見せていたのだ。しかし、その当時の誰もが、イエスの死から目を背けたかったのだ。そうやって、基準となる時を読み違えてしまったのだ。

もう、神からの知らせを尽《ことごと》く間違えた、西（外国＝天使）を基準とした世界は終わりを迎える。
その間違いを明らかにされて、一切のすべてが終わるのだ。

また、終わりの時を語るなら、キリスト教の悪の中心地である最後のローマ法王の予言や、日本の悪神の中心地である伊勢神宮の最後の遷宮《せんぐう》の予言も、なかなか良い所を突いたお知らせだと思う。とは言っても、学研『ムー』情報の上、私の曖昧《あいまい》な記憶なので、知りたい人は調べてほしい。

世界が終わる三年前まで、世界は壊れながらもそれなりに続いて行くだろう。
だが、それまでの間、悪の眷属たちよ、この本を決して信じてはいけない。命をかけて世界を保つ努力をしてほしい。

天国に行くべき神の子たちよ、聖霊を求めよ。

肉体は目の前の現実に対処しながらも、心は神の道を歩めよ。

聖霊と共に生きて、神（親）との付き合い方を学べよ。

聖霊による洗練なんて言っているけれど、実際には神（親）に手を引かれて歩む道なのだぞ。

長い旅路の果てに出会えた本当の親と共に歩み、腹を割って喧嘩して、わだかまりもすべて解消して、孤独の中で身に着《つ》けた心の鎧《よろい》を脱ぎ捨てて、心から親にすがり付けよ。

分かるだろうか？

赤児の心とは、細い道を聖霊と共に歩み、心の鎧を捨てることなのだ。そして、それが身魂磨きなのだ。

知識という武器や心を守る鎧を捨てて、剥《む》き出《だ》しになった柔らかい心が赤児の心なのだぞ。

身を守る術《すべ》を一切捨てて、心底から安心して神に縋《すが》り付ける赤児と成れよ。


そしてまた、話は変わる。

この世界は子宮の中だ。この子宮について別の見方をすれば、神界の天国を造るのに不要なものを集めた所なのだ。

それを端的に言えば、《この世界は、神界のゴミ捨て場に造られた世界》なのである。

神は、この天と地という物質（ゴミ）をリサイクルして子宮内世界を造った。

なので、前に語った海洋ゴミの話は、この美しいと思っていた世界は、本当の神界を知る神から見たら、ゴミのような世界なんだよと教えるために見せていた、ということなのだ。神は、こうやってこの世界の秘密を暴《あば》いて見せる。つまり、神がそれを行って見せているのだから、人間ではこの世界の環境問題を解決することは不可能なのだ。

　これを知って、それでもゴミに縋り付くのか、それともゴミを捨てて神に縋り付くのか、まだ少しの猶予は与えられている。好きな方を選べよ。


　聖霊が認めるほどに身魂が磨けたならば、綾部の地の高天原に引き寄せるぞ。

彦火々出見命《ひこほほでみのみこと》は、子宮の中の御用が終われば言霊幸彦命《ことたまさちひこのみこと》と名を変《か》える。

　その時には、もう火は要らないのだ。

　この大難が早くに終わりを迎え、言霊幸彦命《ことたまさちひこのみこと》と名乗れる時が来ることを望む。


　私としては、何処まで書いても語り切れた気はしないだろう。

　あらゆることに、あまりにも多くの裏が有る。裏の裏、またその裏にはと何処《どこ》までもと続く。その裏とは、背景に在るモノとか根拠という意味だ。だが、世界は物理法則ではなく神の言葉によって在るのである。

　福音（筆先）を読めよ。そして、この本に鏤《ちりば》めた読み解くヒントを受け取れよ。


　型の実地では、あれほど派手に世界を騒がせたのに、実地の本番の時はとても地味なのだ。

素盞嗚命《すさのおのみこと》が型に見せた実地は、第一次世界大戦。それが実地の本番の時には、小泉劇場なのだ。

　実地の本番の出来事は、型の実地に比べればスケールがとても小さいのだ。実地の本番の出来事は、すべてに小さくなっている。

それは何故か？

その理由は当然にある。小泉劇場は、本当の実地の本番を型に見せていたのだ。

実地の本番は、まずこの世で型を示し、その後で、本当の実地の本番が来るのである。

その本当の実地の本番は、中界で行われることなのだ。つまり、この世界での出来事は、中界の型として、態《わざ》と目に付かないように行われていた。でも、目立ちたがり屋の素盞嗚命《すさのおのみこと》は、政治を舞台にしてメディアの前で行った。でもその意味を一般の人は理解することはない。それでも、素盞嗚命は、小泉劇場で見せたように、中界の本番でも、逃げ切って見せると示していたのだ。

こんな話をしても、この世界の出来事が、未来の中界に繋がっているなんて、考えるのも難しいことだろう。なのでここで知っておくべきことは、実地の本番が中界にあるということは、終わりの三年間の早いうちに、活動の舞台は中界に移行する、と理解しておくことなのだ。

つまり、令和八年の終わりには、この世界に生きている者は居ないのだろうと思われるのだ。

それは次の筆先に書かれている。

大本神諭　三巻P二六〇　大正七年旧正月二十三日
ちくしょう国《ぐに》の如《よ》うに、終《しま》いには、人民《じんみん》を餌食《えばせ》に為んならん如《よ》うな事《こと》が出来《でき》ようも知《し》れんが、何程約《なにほどつま》りて来《き》ても、日本《にほん》の国《くに》は、友喰《ともぐ》いと云《い》う如《よ》うな事《こと》は出来《でき》んぞよ。

この飽食の時代に広域で災害が起こって流通が止まり、救いの手も来なくなったら、すぐに食料が無くなり、極限状態で人が人を食うしかない事態に落ちてしまうことになる。

なので、神はそんな状況にならないように、なるべく早く世界を終わらせる、と語っているのがこの筆先なのだ。

だから、二段目までが地上で筆先を学べる勝負の時なのだ。


ああ、もう話が終わらない。でも、ここで筆を擱《お》くことにしよう。


もう、誰の身にとっても今生《こんじょう》が終われば、人で在る間は、終わりを迎える。

この仮の世界の幻想の死を終えて、誰もが永遠の命に入るのだ。


悪の魂よ、最後の大戦《おおたたか》いが済《す》めば、これで永きのお別れだ。遙か未来でまた会おう。

善の者たちよ、綾部の高天原で再会できることを楽しみにしている。

おまけ、それとも負け巻け捲け撒け?

福音には、偽予言者の話がある。

マタイによる福音書　二十四章　再臨《さいりん》の徴《しるし》

その時《とき》、あなた方《がた》に、『見《み》なさい、メシアはここにいる』とか、『ここに』と言《い》う者《もの》があっても、それを信《しん》じてはならない。偽《にせ》メシアたちや偽預言者《にせよげんしゃ》たちが現《あらわ》れて、大《おお》きな徴《しるし》や不思議《ふしぎ》なことを行《おこな》い、できれば、選《えら》ばれた人《ひと》たちをも惑《まど》わそうとする。


最近は、科学者が地球の終わりを予見しているけれど、彼らを預言者とは言わない。

そして私は、メシアでも預言者でもないので、『ここにいる』とか言わないでほしい。

私は筆先を読み解いただけで、世間一般で言うところの霊感などはないのだから、預言者にはなり得ないのだ。

そして、メシアは肉体が有ってはできないことなのだから、メシアでもないのだ。

大体、この期《ご》に及《およ》んで、メシアを名乗ったとして何ができるのか?

人類が滅亡した責任を負うつもりでメシアを名乗るのなら頑張ってほしい。私には無理だ。

きっと、偽預言者たちや偽メシアたちが、自らが語ったことの責任を取ってくれることだろう。

最近は世紀末も過ぎて人類の滅亡を預言する書籍も見なくなったのだが、この福音を読むと、多くの『偽《にせ》メシア』や『偽預言者《にせよげんしゃ》』が現れるようだ。でも、どうなんだろう。こんな本に刺激される人が居るのだろうか。それでも、本物が出たと思って、一生懸命邪魔しようとする者も居るのかもしれない。そんな声がたくさん出て来たなら、この本は本物ということになるのだろう、とそんなことを思う。

けれども、私自身は静かに穏やかに終わりの時を迎えたいと願うのだ。だが、無理なのだろうなぁ〜。

大本神諭　四巻Ｐ二四四　明治三十三年旧八月十三日
世界《せかい》から悪罵嘲笑《わるくいわ》れて、良《よ》く成《な》る経綸《しぐみ》であるから、今《いま》では皆《みな》が辛《つら》いぞよ。是《これ》を凌《しの》がんと、真誠《まこと》が出《で》て来《こ》んぞよ。

伊都能売神諭　Ｐ二二〇　大正八年三月七日（旧二月六日）
明治《めいじ》二十五年《ねん》から出口《でぐち》の手《て》で、新聞《しんぶん》に一旦《いったん》はトコトン悪《わる》く言《い》われて、跡《あと》で良《よ》くなる仕組《しぐみ》じゃと申《もう》して、筆先《ふでさき》で永《なが》らく知《し》らしたことの実地《じっち》が参《まい》りたのであるから、神界《しんかい》の経綸通《しぐみどお》りが回《まわ》りて来《き》たのであるぞよ。

今の教団大本は、ネットでは悪く言うところもあるけれど、新聞に悪く言われることはない。何故なら大本は世間に迎合して悪を行っているからだ。

王仁三郎も悪を行っていたから畳の上で死ねた。出口直は、絶対善を貫いて修行を終えた者であるから畳の上で死ねたけれど、ヨハネであった前世は殺されていた。王仁三郎は来世になっても修行を終え切れていないのだが、それでも悪を示した王仁三郎の最後とは違い、イエスのように善を示して殺されることになるのだろう。

だけど、この本が新聞に取り上げられるほど有名になってしまうのだろうか？　と思うのだが、なるんだろうなぁ。

そうすると、ネットでもテレビでも大炎上だろうなあ。

『天《てん》の国《くに》のこの福音《ふくいん》が全世界《ぜんせかい》に宣《の》べ伝《つた》えられる』なら、誰もがこの本を知ることになるのだろう。

でも、『世界《せかい》から悪罵嘲笑《わるくいわ》れて、良《よ》く成《な》る経綸《しぐみ》』とあるけれど、何時《いつ》まで『世界《せかい》から悪罵嘲笑《わるくいわ》れ』るのかと考えると、《この世が終わるまで》悪く言われることになるのだろう。

結局、人類が滅亡するまでほとんどの人がこの本に納得しないのだ。なので『良《よ》く成《な》る』のは中界に行ってからなのだろう。でもやっぱり、ほとんどの人が死んでも納得しないのだ。なので、《中界で大洗濯》という運《はこ》びとなるのだ。


人間は、この世では死ねば終わりだけれど、中界では死んでも生き返らされるから、改心するまで何度でも殺されることになる。この世で善を貫いて殺されたなら、それで借銭済《しゃくせんなし》となって終わるけれど、殺した方は、中界で何度も殺されることになるから大変だ。殺《や》っちまった方、存分に後悔できるぞ。それでも心の底から改心して神に従えばそれで赦される。でも、痛みと苦しみから逃れようと上面《うわつら》だけの改心では神に見抜かれて終わらんぞ。

神が型に見せたドイツのアウシュヴィッツ強制収容所の悲劇はこれからが本番だぞ。ユダヤ人があの御用に使われたのは、ユダヤの民が神の子であるからだ。型であるから厭《いや》なことは我が子にさせて見せるのが神で、最後の最後の審判の前に間違いを正させるのが神の愛なのだ。悪の子には、そんなことをする価値も理由も無いからこれまで放って置かれていただけなのだ。

今度の実地の本番では、地球上の全土であの屍《しかばね》を晒《さら》すことになる。だがそれでも終わらず、中界ではもっと酷い惨劇が現れる。中界でのあなたの役柄はゾンビだ。残念ながらこのゾンビどもは何度殺されても死なせてはもらえないのだ。

まあ、こんな話は、信じたくない人は信じないでおくれ。と、そう言いたいのだが、あの惨劇を何時《いつ》までも見たくはないので、悪神の眷属の人ほど、この本で神を学んで早めに改心してほしい。服も肉体も脱いで、魂だけの素っ裸になる覚悟を決めて、その未来を納得して受け入れれば良いだけなのだ。人間の肉体すら失うのに、人間らしさを主張する馬鹿らしさを思えよ。屍《しかばね》だらけの地球が、その地球すらも無くなって、それでも地球人だと主張する馬鹿らしさを思えよ。過去にしがみつく間は、血の池地獄ぞ。ゾンビの役から早く逃れる方法があれば、それに挑戦した方が得だと思うぞ。

大本神諭　七巻P一六八　大正五年旧三月十七日
天地《てんち》の先祖《せんぞ》が実地《じっち》を始《はじ》めて、判《わか》る所《ところ》へ判《わ》けさして、世《よ》を元《もと》へ復《もど》すと申《もう》すのは御魂《みたま》の事《こと》で在《あ》るから、余程《よほど》の神徳《しんとく》を貰《もろ》うて、出《で》る筆先《ふでさき》を充分《じゅうぶん》のぞきつめて居《お》ると熟《よ》く判《わか》りて来《き》て、門外《かど》に出《で》るのも厭《いや》に成《な》るように成《な》りて来《く》るから、門外《そと》へ出《で》たい間《あいだ》は、誠《まこと》が判《わか》らんので在《あ》るぞよ。

筆先が解ってくると、『門外《かど》に出《で》るのも厭《いや》に成《な》る』って、この言葉が心からそうだと思う今日この頃。

こんな本は、皆で無視を決め込んで捨て置いてくれれば私も平和で居られると思うのだ。でも、それでは『神《かみ》の役《やく》が済《す》まんから』とか言われそうだし。はぁ、なので後はもう惟神《かんながら》（どうとでもなれ）だ。

近所の皆さん、世界の皆さん、いろいろとご迷惑をお掛けしますです。と先に言っておく。

周りが煩《うるさ》くなって来たら、外に出るのも厭だけど、何処かに逃げてしまいましょう。

と、もう、気分はぐだぐだよ。


たった一人から、これが始まる。これを『一厘《いちりん》の経綸《しぐみ》』と言う。

筆先を知る前は、二〇〇〇年前にイエス一人で失敗したのだから、今度はたくさんのメシアが現れて世界を天国へと進めて行くのだろうと思っていたのだ。

だが、筆先は『一厘《いちりん》の経綸《しぐみ》』で、今度もやっぱり一人から始めるのが経綸なのだ。


地上での型の実地は出口直が一厘となり、実地の本番では王仁三郎と同じ霊魂を持つ者が一厘の役を行う。これは、神代《かみよ》の始まりの始まりに、一番最初の唯一神が、たった一人で始めたことをなぞっているからだ。

なので、新たな神界が産まれ出る始まりの経綸も、たった一人から始めることになる。

実際には、出口直が残した筆先を正しく読み解くこの本を出すことが、『一厘《いちりん》の経綸《しぐみ》』の本番の御用となるのだ。


でも、綾部の大本に肉体霊となって裏口から入って艮の金神から合格と言われるまで、結構な日数があるのだけれど、これって、この本で解説したレベルでは合格にはまだ全然足りてないってことだよなぁ。

本書で参照した箇所も、全体から見れば何パーセントだろうかという程度なのだから、そういうことなのだろう。

参《まい》るなぁ～、なのだよ。

始まりの一厘が、こんなグダグダで良いのか？　って自分でも思う。

でも、何処まで行っても、地上の一厘なんて、吹けば飛ぶよなチリのようなモノなのだ。その上、神だって我が子に酷いことをしてるって、判ってやっていることなのだ。だから神は、この地上で、完璧で在ることを求めてはいない。イエスが死に逝《ゆ》く時に、かっこ悪くグダっていたのもそれくらいで良いからなのだ。だからもう、ここまで来たら、開き直るしかないのだ。

すべての人間は、例外なくこの世で死んでからが本当の正念場となる。最後の審判の本番は、中界で行われる。その前にこの世で富士《ふじ》の経綸《しぐみ》に挑《いど》んだ者たちは最後の審判に早《はや》めに合格して、洗濯されている者たちを高見から見物することになるだろう。その時に、やってて良かったと心から思うだろう。

《ミステリーと言う勿れ《なか》》の主人公、常に考え最善で在ろうと願う久能整《くのうととのう》君が、「死んだら何もなくなる。そうだったらいいなと思う」と言っていた。今時の多くの人が、死んだら自分は消えて無くなるんだと、そうであることを望み、そう思い込みたがっている。

それは、死後、中界での最後の審判を無いことにしたいと願っているからだ。そう願わなくては死ぬのが怖くて、とても正気で居ることはできない。人は、そんな未来が在ることを心の何処かで知っている。知っているから強く否定しようとする。

でも、それは逃れることのできない未来。ほとんどの人には、もう生まれ変わる機会を与えられてはいないのだ。この世界のすべてが、《死んだら何もなくなる》のは、確定された未来であるのだ。

死んだら自分が無《む》になる。そう信じたい久能整君は、その言葉の通り、だけど残念ながら対象となる範囲が違っていた。無《な》くなるのは、人としての自分だけではなくこの子宮内世界のすべて、だったのだ。

もう、この世界のすべてが終わる。

伊都能売神諭　P四四　大正七年十二月二十二日（旧十一月二十日）
今《いま》まで一生懸命《いっしょうけんめい》になりて善《ぜん》と思《おも》うて歓《よろこ》んで致《いた》して来《き》たことが、薩張《さっぱ》り煙《けむり》となって消《き》えてしもうから、了見《りょうけん》の違《ちが》う守護神人民《しゅごじんじんみん》が大多数出現《たっぴつでる》ぞよ。

この世の、『善《ぜん》』という概念が終わりを迎える。

この世は、生老病死《しょうろうびょうし》のある世界。神が意図した通り、悪魔たちの身勝手な行いによってあらゆる四苦八苦《しくはっく》を心底から味わえるように、新たに生まれた善の魂の最初の学びの場として、神によって造られた《特殊な世界》だったのだ。

そんな世界の環境に合わせた『善《ぜん》』が、『今《いま》まで』の『善《ぜん》』であった。

神界では、生老病死も四苦八苦も存在しない。悪となる事象も悪魔も、一切無いのが神界だ。善の魂はそんな世界に行く。だから、『今《いま》まで一生懸命《いっしょうけんめい》になりて』この世界で、『善《ぜん》と思《おも》うて歓《よろこ》んで致《いた》して来《き》たことが、』神界では、その前提となる事物《じぶつ》そのものが、『薩張《さっぱ》り煙《けむり》となって消《き》えてしもうから、了見《りょうけん》の違《ちが》う守護神人民《しゅごじんじんみん》が大多数出現《たっぴつでる》ぞよ』ということになるのだ。

イエスが嘗《かつ》て示した《終末の時が来た》、というただそれだけのことなのだ。

この世を終わらせた先に、本当の天国は来る。

これを知って、未来への覚悟を決めてほしい。

我々は、悪を味わい四苦八苦を味わうことが、この世で学ぶべきことだったのだ。それを心底味わうために悪神や悪魔がこの世界に配置されていた。

神は、我々が四苦八苦を十全に味わうという目的のために、悪を放置していた、ということなのだ。

だがもう、我々はこの世界を卒業する。

この四苦八苦の世界で、悪魔的喜怒哀楽《きどあいらく》を学び終えた善の魂は、誰一人見捨《みす》てられることはない。これまでの常識の一切を捨てたなら、みな天国へと上げられる。だから、何の心配もいらない。

あなたが自らの意志で富士の頂を目指そうと、無視を決め込んで鳴戸の海に落ちようと、いずれにしてもあなたが聖霊に出会ったなら、その聖霊に身を任せて学べば、地獄の釜《かま》から掬《すく》い上げられるのだ。

難しいことは何もない。この本を読まなくても救われる者は救われるだろう。

だが、逃げることのできない未来だから、この本を読んで理解するなら、苦労は少なくて済むという話なのだ。

この本を読んで、筆先や新約聖書を読み返してほしい。

神がこれまで隠していた、本当に伝えたかったことが、あなたにも見えてくるだろう。

終わり

引用・参考文献

おほもとしんゆ（大本神諭）第一巻、第四巻、第五巻　昭和五十八年四月三日　初版発行
編者　大本教典刊行委員会　株式会社　天声社
おほもとしんゆ（大本神諭）第二巻、第六巻　昭和五十八年四月三日　初版発行
編者　大本神諭編纂委員会　株式会社　天声社
おほもとしんゆ（大本神諭）第三巻　昭和五十八年六月三日　初版発行
編者　大本教典刊行委員会　株式会社　天声社
おほもとしんゆ（大本神諭）第七巻　昭和五十九年二月四日　初版発行
編者　大本教典刊行委員会　株式会社　天声社
いづのめしんゆ（伊都能売神諭）　平成二十八年九月八日　初版発行
編者　大本教典刊行委員会　株式会社　天声社

新約聖書　フランシスコ会聖書研究所訳注　二〇一二年二月十五日　初版発行
発行所　サンパウロ
聖書　フランシスコ会聖書研究所訳注　二〇一三年二月十一日　初版発行
発行所　サンパウロ
霊界物語　第一巻　霊主体従　子の巻　大正十年十一月三十日　初版発行
著者　出口王仁三郎　編者　大本教典委員会　株式会社天声社

著者プロフィール

竹田 文義（たけだ ふみよし）

昭和40年２月、静岡県の藤枝に生まれる。

地元で義務教育を終えたけれど、勉強もあまりする気が無くて工業高校に行く。

なのに、周囲がもっと勉強しなくて、推薦で大学に行くことになって、その後就職。

子供の頃、自分の視界を外れたところは、本当は何も無い真っ暗な世界なんじゃないかと思って、その片鱗を見ようと何度も振り返っていた。

実際には、そんなものは見えなかったけれど、科学を知ってその感覚は間違いではなかったと理解した。

この世界を構成する物質は、陽子と中性子と電子で、原子一つのレベルでも、その空間には99パーセント何も無いと知った。

この世界は、何も無いのに、在ると思わせるように造られた世界だと理解したのだ。

多分、それが私の心の原風景だったのだろう。

ま、そんな人間が書いた本だと思ってほしい。

神降臨 本当の神が現れる

2023年５月15日　初版第１刷発行

著　者　竹田 文義
発行者　瓜谷 綱延
発行所　株式会社文芸社
〒160-0022　東京都新宿区新宿１−10−１
電話　03-5369-3060（代表）
03-5369-2299（販売）

印刷所　株式会社フクイン

©TAKEDA Fumiyoshi 2023 Printed in Japan
乱丁本・落丁本はお手数ですが小社販売部宛にお送りください。
送料小社負担にてお取り替えいたします。
本書の一部、あるいは全部を無断で複写・複製・転載・放映、データ配信することは、法律で認められた場合を除き、著作権の侵害となります。

ISBN978-4-286-30072-6